P9-ARU-983

NOVELA ESPAÑOLA E HISPANOAMERICANA CONTEMPORANEA

Temas y técnicas narrativas: Delibes, Goytisolo, Benet, Carpentier, García Márquez y Fuentes

María Antonia Beltrán - Vocal

NOVELA ESPAÑOLA E HISPANOAMERICANA CONTEMPORANEA

Temas y técnicas narrativas: Delibes, Goytisolo, Benet, Carpentier, García Márquez y Fuentes

editorial **BETANIA**

Colección ENSAYO

Colección ENSAYO

Portada: *Minotauro*, de Alejandro Romero.

© María A. Beltrán - Vocal, 1989.
Editorial BETANIA.
Apartado de Correos 50.767.
28080 Madrid, España.

I.S.B.N.: 84-86662-46-X.
Depósito Legal: M-29715-1989.

Imprime: Artes Gráficas Iris, S. A.
        Lérida, 41.
        28020 Madrid.

Impreso en España - Printed in Spain.

Para mi esposo, Oscar, y mi hija, "Tati".

Quisiera mostrar mi agradecimiento a todos aquellos que de una manera u otra han contribuido en el proceso de escribir este libro. A la Universidad de DePaul por haberme otorgado el "Competitive Research Grant" y Summer Grant, lo cual me permitió viajar a la ciudad de México a hacer investigación sobre la novela mexicana, y a la Dra. Ivette Jiménez de Báez del Colegio de México por su valiosa y desinteresada ayuda durante mi estancia en México.

También quisiera agradecer a mi colega, la Dra. Mirza González por haber "robado" tiempo a su propio libro para leer el manuscrito y, sobre todo, por sus comentarios y sugerencias tan acertadas. A mis profesores de la Universidad de California Riverside, especialmente a Ana María Fagundo, Philip Gericke, Cándido Ayllón, William Megenney y Hugo Rodríguez-Alcalá (ahora retirado en el Paraguay). A mi familia una inmensa gratitud. Hacia mis padres una deuda eterna por su firme creencia en la educación de la mujer, sus sabios consejos y su apoyo incondicional. A mis hermanas les agradezco toda su ayuda durantes mis años universitarios.

María Antonia Beltrán-Vocal

INTRODUCCION

Durante las últimas décadas, los escritores hispanoamericanos han demostrado que se han emancipado de la lengua, temas y técnicas tradicionales que habían dominado la literatura hispanoamericana hasta principios del siglo XX. La publicidad provocada por el "boom" de la nueva novela hispanoamericana ha mostrado que antes de producirse dicho fenómeno en los años sesenta existe ya en Latinoamérica una narrativa donde se manifiesta la preocupación del novelista por escribir obras que reflejan la autenticidad hispanoamericana pero que, a la vez, son técnicamente innovadoras.

La internacionalización de la narrativa hispanoamericana ha hecho que en los últimos años, los críticos pongan énfasis en el estudio de escritores como Rulfo, Carpentier, Cortázar, Sábato, Fuentes o García Márquez a la par que señalar posibles influencias o coincidencias temáticas y estílicas de novelistas de Hispanoamérica y España.

Este trabajo se propone demostrar que la preocupación por la problemática del hombre contemporáneo es semejante en el novelista peninsular y en el hispanoamericano, los cuales coinciden en muchos de sus temas y técnicas. Para el presente trabajo se han escogido una o dos obras de seis novelistas, a saber: *Parábola del náufrago,* de Miguel Delibes; *Señas de identidad* y

Reivindicación del Conde don Julián, de Juan Goytisolo;
Volverás a Región, de Juan Benet; *El siglo de las luces*
y *El recurso del método,* de Alejo Carpentier; *Cien
años de soledad* y *El otoño del patriarca,* de Gabriel
García Márquez; y *La muerte de Artemio Cruz,* de
Carlos Fuentes. Este trabajo se ha dividido en tres
partes. La primera tiene como propósito presentar la
situación social y política en que se desarrolla la nueva
novela española para de ahí pasar al análisis individual
de Delibes, Goytisolo y Benet, escritores que han
contribuido al desarrollo de la novela española contemporánea. De cada uno de ellos se analizan aquellos
temas y técnicas sobresalientes y en que se asemejan a
los novelistas hispanoamericanos.

En la segunda parte se analiza el fenómeno del
"boom" y su importancia dentro y fuera de Hispanoamérica; seguidamente se estudia a Carpentier, García
Márquez y Fuentes, escritores fundamentales en el
desarrollo temático y técnico de la novela hispanoamericana. La tercera parte consiste en una comparación
de los recursos utilizados por los seis novelistas en su
aproximación a temas como: la dictadura, las guerras
civiles, la identidad, la libertad, la incomunicación, el
aislamiento y la soledad. La tercera parte se ha
dividido por temas para así hacer patentes las semejanzas
y las diferencias entre ellos.

PRIMERA PARTE

LA NOVELA ESPAÑOLA CONTEMPORANEA. SITUACION DEL PAIS Y DESARROLLO DE LA NOVELA.

Para hablar de la novela española contemporánea, resulta necesario retroceder en el tiempo ya que la guerra civil española (1936-1939) influye tanto en los escritores ya adultos que vivieron el conflicto, como en aquellos que siendo niños fueron más tarde afectados por los resultados de ésta.

La llamada época de la posguerra trajo para la ciudadanía española una serie de cambios sociales, políticos y literarios. Con el establecimiento de la dictadura del Generalísimo Francisco Franco, se produjo un aislamiento político y social que impidió la introducción de ideas nuevas al país. El que España fuese expulsada de la ONU empeoró la situación pues se estableció en el interior un férreo sistema de censura. Durante los años cuarenta se cerraron las puertas a todo tipo de obra literaria de autor nacional o extranjero que pudiera contener ideas contrarias a la política vigente. Fue un período durante el cual varios de los escritores que no estaban de acuerdo con las ideas franquistas salieron voluntariamente del país o fueron expulsados. La voz de estos escritores exiliados se escuchó en países como México, la Argentina, Estados Unidos y Francia, aunque en España fueron casi desconocidos durante mucho tiempo debido a la censura. Entre los autores que desde fuera escriben sobre la guerra civil y sus consecuencias se destacan

Max Aub, Ramón Sender y Francisco de Ayala. El régimen de entonces, unido fuertemente a la Iglesia, vigila celosa y constantemente cualquier peligro que aceche la paz, el orden y la religión establecida.

En la década de los cuarenta, se procura enaltecer lo español y rechazar lo que viene de fuera. A nivel literario, los censores buscan cualquier alusión que vaya en contra de las costumbres y la fe. Sin embargo, aún dentro de esta opresiva atmósfera en la que se niega el derecho de expresión se producen obras como *La familia de Pascual Duarte* (1944), de Camilo José Cela y *Nada* (1944), de Carmen Laforet.

En la década de los cincuenta se observa una cierta apertura del régimen franquista. Críticos como Fernando Alvarez Palacios e Ignacio Soldevilla Durante así lo señalan en *Novela y cultura española de posguerra* y *La novela desde 1936. Historia de la literatura española actual.* Durante este período, España empieza a salir de su aislamiento al incorporarse nuevamente a la Sociedad de Naciones en 1952. A nivel económico y social es el momento del éxodo del campo a las ciudades, donde la industrialización ofrece al campesino el sueño de trabajo seguro y mejores salarios. El campo, como apunta Soldevilla Durante, se queda vacío, pero el ritmo de la emigración es tan intenso que pronto las grandes·ciudades se ven rodeadas por un cinturón de miseria.[1] Es en este lapso de tiempo cuando en ciudades como Madrid y Barcelona se forman barrios completos de miseria, llenos de chabolas donde gente de las regiones más pobres de España (castellanos, murcianos, andaluces) viven en condiciones infrahumanas, pero con la esperanza de un cambio que mejore su situación.

---

[1] Soldevilla Durante, Ignacio. *La novela desde 1936. Historia de la literatura española actual* (Madrid: Editorial Alhambra, S. A., 1980), pág. 168.

Con su reingreso en la ONU España se abre además al turismo a través del cual empiezan a introducirse en el país ideas y costumbres de otros países. En el aspecto literario la censura, aunque no desaparece del todo, es menos estricta. El escritor aún debe exponer sus ideas de una forma que no se le prohiba la publicación pero que llegue al lector. Este, tendrá que leer muchas veces "entre líneas" el mensaje del novelista.

La "apertura" beneficia a la literatura española porque se empieza a permitir la entrada en el país de obras hasta entonces prohibidas; se emprende la difusión del neorrealismo italiano y la novela de la "generación perdida" en traducciones españolas e hispanoamericanas. Predomina en esta década lo que los críticos han llamado "realismo objetivo" o "realismo social". Los rasgos de este tipo de novela los expresa así Tomás Yerro Villanueva: "...se postula la sobriedad, la representación del lenguaje coloquial y una objetividad narrativa..." Los temas se buscan en la realidad española, se parte de la atmósfera geográfica y social que rodea al hombre. Sobresalen en este período escritores como: Aldecoa, I. Agustí, J. M. Gironella, Sánchez Ferlosio, Cela, Ana María Matute. [2]

Si en los años cincuenta se produce la emigración a las ciudades, en la década de los sesenta se lleva a cabo un éxodo del obrero español a Europa en busca de mejores oportunidades. Es un período clave durante el cual ya no se puede ignorar que la problemática española se ha vuelto mucho más compleja. Las razones hay que buscarlas, en parte, en la industrialización, el crecimiento demográfico y el establecimiento de bases norteamericanas en lugares estratégicos de Europa. Estados Unidos se ha convertido en uno de los

---

[2] Yerro Villanueva, Tomás. *Aspectos técnicos y estructurales de la novela española actual* (Pamplona: Ediciones Universidad de Navarra, S. A., 1977), pág. 31.

poderes mundiales y su fuerza se deja sentir tanto en
España como en Europa e Hispanoamérica. Es un
período en el que, a nivel internacional, España intenta
proyectar una imagen democrática mientras que, a
nivel interior, el español está siendo oprimido por una
dictadura que no le permite expresar libremente sus
ideas y la orientación literaria se encamina hacia otros
rumbos.

Los novelistas de los sesenta, como dicen Edenia
Guillermo y Juana Amelia Hernández, se alejan de su
anterior adherencia al realismo para enriquecerse con
los experimentos formales y expresivos que se llevan a
cabo en la novela europea y americana, del Norte y el
Sur. Se exploran nuevas formas narrativas y se
persigue una mayor riqueza tanto en la expresión como
en los puntos de vista. El autor aspira a crear su propio
mundo, pero basándose en la realidad. Desea, al
mismo tiempo, llegar no sólo a la gente de su país o a
un grupo social específico sino que busca la trascendencia y la universalidad.[3]

Se experimenta con la estructura y el lenguaje y
muchas veces se percibe que el valor artístico de la obra
estriba precisamente en la manipulación que el novelista
hace tanto de la estructura como de la lengua. Eso no
quiere decir que esta "nueva novela" no lleve un
mensaje ni presente las inquietudes del hombre contemporáneo. Lo que sucede es que los problemas, las
angustias y conflictos del individuo se exponen por
medio de nuevas técnicas narrativas tales como, la
ausencia de puntuación habitual y de párrafos, rompiendo con la expresión tradicional e inventando
nuevas formas que permitan una mejor comunicación.

A nivel estructural se crean una serie de disloca-
mientos que producen en el lector una sensación de

---

[3] Guillermo, Edenia, y Hernández, Juana Amelia. *Novelística española de los sesenta* (New York: Eliseo Torres & Sons, 1971), pág. 24.

caos. Muchas veces el lector mismo debe participar en la estructuración de la novela y buscar el orden tanto de capítulos como de sucesos. Lo que el narrador pretende al hacer esto es inducir al lector a participar del caos y de la angustia del mundo que presenta. Para lograrlo, el novelista actual no se limita a usar técnicas propias de la novela, sino que recurre a la pintura, al cine, a la televisión, a los anuncios comerciales de periódicos, a trozos de música popular, etc. Se encuentran en la narrativa técnicas como el "collage", el montaje, la sucesión de escenas, los paralelismos o la retrospección. El escritor aún va más allá y escudriña en lo inconsciente del hombre. Lo irreal, lo absurdo, lo fantástico o lo que Alejo Carpentier ha llamado lo "real maravilloso" adquieren un aspecto real, creíble, vivible, en autores como Juan Goytisolo, Miguel Delibes y Juan Benet.

Juan Masoliver en su artículo "Diez años de novelística española" opina que la década de los sesenta representa la época más brillante de la literatura española de posguerra y la que continúa el desarrollo de la narrativa española iniciado, en su opinión, con *El Jarama* (1955) de Rafael Sánchez Ferlosio.[4] Sin embargo, la mayoría de los críticos coinciden en señalar *Tiempo de silencio* (1962), como el punto de partida definitivo para la evolución de la nueva novela española. Concuerdan además en que, la originalidad de la obra de Luis Martín Santos está, no en la temática sino en las técnicas nuevas utilizadas en su aproximación a los problemas del hombre. Yerro Villanueva cita a Pedro Correa, quien afirma que los hallazgos de la obra antes mencionada son:

1) el intento de renovación temática, pues

---

[4] Masoliver Ródenas, Juan Antonio. "Diez años de novelística española", *Camp de l'arpa,* núms. 101-102, julio-agosto 1982, págs. 18-19.

frente a la presencia casi exclusiva del hombre humilde en la novela del realismo social, en ésta desfilan varias clases sociales; 2) la decantada asimilación de técnicas, especialmente el monólogo interior y también otros recursos del "Noveau Roman", pequeños ensayos, digresiones y distintas perspectivas, según circunstancia del tema; 3) el "lenguaje neo-barroco digno y denso, apto para expresar el dinamismo interno de los monólogos; 4)...El acierto más que la creación fue la oportunidad.[5]

Yerro Villanueva señala que al margen de la influencia que *Tiempo de silencio* significó para la novela de los sesenta, existen otras circunstancias que ayudaron al desarrollo de la nueva novela española. Dicho crítico indica además, que en este período hay una "entrada masiva de traducciones de novelas francesas del Noveau Roman" gracias al patrocinio de la Editorial Seix Barral. Por otro lado se reeditan obras de escritores tan innovadores como W. Faulkner, J. Dos Passos, A. Gide y F. Kafka. A esto cabe agregar que la literatura hispanoamericana ha alcanzado una madurez que le permite una independencia propia y una libertad renovadora; produciéndose así lo que se ha llamado la "invasión de los hispanoamericanos" en España y otros países.

Aunque la mayoría de la crítica española ignora, o no acepta, la posible influencia de Hispanoamérica en la narrativa española contemporánea, críticos como Yerro Villanueva opinan que al tratar sobre la novela española es imprescindible tomar en cuenta la narrativa hispanoamericana. Según este crítico:

---

[5] Yerro Villanueva, págs. 34-35.

...a estas alturas no es posible descalificar la
novela hispanoamericana, la cual se apoya
en tres elementos básicos: mito, lenguaje y
estructura. Y es que la narrativa hispanoamericana es fundamental para entender algunas técnicas usadas por la narrativa española
de hoy, las cuales vienen de Cortázar, Fuentes,
Vargas Llosa...[6]

Guillermo y Hernández añaden que los "experimentos con el lenguaje" han sido más atrevidos en
Hispanoamérica que en España en autores como: José
Lezama Lima, Julio Cortázar, Mario Vargas Llosa,
Carlos Fuentes, Ernesto Sábato y Guillermo Cabrera
Infante. En ellos y en muchos otros la palabra llega a
adquirir una riqueza de matices inusitada. Ese deseo
hispanoamericano de sacarle a la lengua "su máximo
rendimiento semántico y su más alto valor artístico"
se ha ido extendiendo cada vez más tanto en Hispanoamérica como en otros países donde se habla el
castellano.[7]

La opinión de Yerro Villanueva y otros autores al
situar *Tiempo de silencio* como un punto de partida
en la novela española contemporánea resulta muy
interesante, ya que como él dice, no es sino hasta
después de la aparición de este libro que surgen en
España obras realmente renovadoras como: *Señas de
identidad* (1966), *Experimento de Génesis* (1967),
Volverás a Región (1967), *El mercurio, Reivindicación
del Conde don Julián* (1970).[8] A esta lista habría que
agregar obras tan importantes como: *Cinco horas con
Mario* (1966) y *Parábola del náugrago* (1969).

De los escritores arriba mencionados, Goytisolo es

[6] *Ibid.,* pág. 38.
[7] Guillermo y Hernández, pág. 28.
[8] Yerro-Villanueva, pág. 42.

a quien mayor atención se le ha dispensado por la experimentación que hace tanto con la lengua como con las técnicas y estructuras. Carlos Fuentes lo ha considerado escritor clave en la historia de la literatura hispánica y lo ha situado como el novelista que ha unido a escritores españoles e hispanoamericanos al traspasar las limitaciones geográficas, regionales y ligüísticas.[9] Mas, si bien es cierto que Goytisolo es uno de los escritores españoles más conocidos en Hispanoamérica, existen otros autores que sobresalen en la novela española de hoy y que, como Goytisolo, buscan presentar los conflictos, las angustias del español y del hombre moderno en general; escritores como Miguel Delibes y Juan Benet, novelistas que aportan nuevos enfoques y técnicas a la novela española contemporánea.

---

[9] Fuentes, Carlos. *La nueva novela hispanoamericana* (México: Editorial Mortiz, S. A., 1969).

MIGUEL DELIBES

Datos biográficos y su concepto de la novela

Miguel Delibes nace en Valladolid en 1920; procede de una familia numerosa y es el tercero de ocho hermanos. Goza de una niñez sencilla y hasta 1930 estudia con las Madres Carmelitas. Ese mismo año ingresa en los Hermanos de las Escuelas Cristianas del Colegio de Lourdes, donde permanece hasta 1936. Estos años son, a nivel nacional, un período de confusión social y política. La gente vive en un constante estado de tensión a causa de las dificultades económicas y políticas por las que atraviesa el país. Críticos como Leo Hickley, opinan que la confusión política y las dificultades económicas nacionales influyeron en Delibes, produciéndole un cierto pesimismo de esos tiempos. [10]

Mientras asiste al Colegio se empieza a desarrollar en Delibes una afición por dibujar caricaturas, algo que más tarde le influirá en su labor de periodista en EL NORTE DE CASTILLA. Esta inclinación a la caricatura es un aspecto que se va desarrollando en la caracterización que hace de personajes como las

---

[10] Hickey, Leo. *Cinco horas con Miguel Delibes* (Madrid: Editorial Prensa Española, 1968), pág. 19.

nuevas ricas, doña Claudia y Aurora, en *Aún es de día* o del dictador en *Parábola del náufrago.*

Durante 1936 y 1937 ante la imposibilidad de ingresar en la Universidad, por encontrarse éstas cerradas, Delibes estudia Comercio y aprende a modelar en la Escuela de Artes y Oficios. Al prolongarse la guerra Delibes decide ingresar de marino en el crucero Canarias. Su experiencia de estos años influirá en el hombre y el escritor. En *Conversaciones con Miguel Delibes,* éste señala que eligió la marina no porque encontrase en ella tan sólo el atractivo de la aventura, sino tal vez por el deseo de evitar el enfrentamiento de hombre a hombre o el horror a la sangre, pues en la marina el blanco no es el hombre, sino el barco y al hombre no se le ve de cerca.[11]

Como escritor, esta experiencia la refleja en *Parábola del náufrago.* Delibes mismo, al referirse a esta obra ha declarado:

> ...ahora se me ocurre si la pesadilla marinera de Jacinto San José no tendrá un origen en aquel tiempo. Entonces no pensaba si dormía encima o debajo de la línea de flotación. Ahora sí, lo pienso, cuando embarco, y dormir debajo me aterra. Posiblemente en 1969 estoy recogiendo la cosecha sembrada en 1938.[12]

Pero el caos de estos años de guerra y los deseos de sobrevivir y escapar de la muerte, se manifiestan ya en obras anteriores; entre ellas: *Aún es de día, Mi idolatrado hijo Sisí* y *Cinco horas con Mario.*

Al terminar la guerra Delibes termina su carrera de

---

[11] Ríos, César Alonso de los. *Conversaciones con Miguel Delibes* (Madrid: Editorial Magisterio Español, S. A., 1971), pág. 46.
[12] *Ibid.*

Comercio, sin abandonar la de Derecho. Ambas las termina en Valladolid al mismo tiempo y en 1945 gana las oposiciones para enseñar Derecho en la Universidad de Valladolid. Contrae matrimonio en 1946 y, alentado por su mujer, se dedica más a leer y a escribir.

En 1948 se le otorga el Premio Nadal por sus obra, *La sombra del ciprés es alargada,* obra que causó gran polémica. Algunos críticos como José Ombuena creyeron que el primer premio debería haber sido otorgado a Pombo Angulo por su *Hospital general;* otros dijeron que la novela era mala porque el problema presentado a través de Pedro era inverosímil. A todo lo anterior Miguel Delibes señala que estas críticas, más que desalentarlo, lo motivaron a escribir una novela que como él dice "tuvieran que admitir tirios y troyanos". Su obra es extensa, además de sus novelas ha escrito libros de viajes y de caza:

Aún es de día (1949), *El camino* (1950), *Diario de un cazador* (Premio Nacional de Literatura en 1955), *Un novelista descubre América* (1956), *Siestas con viento sur* (1957), *Diario de un emigrante* (1958), *La hoja roja* (1959), *Las ratas* (1962), *Cinco horas con Mario* (1966), *USA y YO* (1966), *Primavera de Praga* (1968), *Parábola del náufrago* (1969), *El príncipe destronado* (1973) y *El disputado voto del señor Cayo* (1978).

En 1963 debido a sus campañas en EL NORTE DE CASTILLA por una reforma agraria en Castilla y sus denuncias de la miseria sufrida por el pueblo, Delibes tuvo que abandonar su carrera periodística. Al no poder defender sus ideas a través del periódico lo hace por medio de sus obras narrativas sin olvidar lo que el periodismo le ha enseñado; "decir lo más posible con el menor número de palabras".

A nivel literario Miguel Delibes tiene un concepto muy claro de lo que quiere como novelista. Opina que a la novela no deben ponérsele "barreras" ni "etiquetas".

Es un escritor que abiertamente ha "rechazado" las "acrobacias" de la nueva novela cuando éstas se llevan a cabo con la sola idea de deslumbrar al lector. O sea que para Delibes:

> ...novelar o fabular es narrar una anécdota, contar una historia. Para ello se manejan una serie de elementos: personajes, tiempo, construcción, enfoque, estilo..., con estos elementos se pueden hacer todas las experiencias que nos dé la gana..., todas menos destruirlos, porque entonces destruiríamos la novela. El margen de experimentación es inmenso..., pero tiene un límite: que se cuente algo.[13]

El género novelesco para Delibes, no es un entretenimiento burgués; para él ese tipo de función lo desempeñan el cine y la televisión. Según el autor, la novela se ha intelectualizado y plantea problemas, inquietudes e ideas que afectan al hombre y, al mismo tiempo, exige un esfuerzo y participación por parte del lector.[14]

Respecto a la creación de personajes, hay algunos cuya caracterización es difícil de olvidar, ya por sus acciones, su aspecto físico o sus ideas. Refiriéndose al desarrollo de personajes, Delibes se ha expresado de la siguiente manera:

> Yo traslado a mis personajes los problemas y las angustias que me atosigan, o los expongo por sus bocas. En definitiva, uno, si es sincero, se desdobla en ellos. Para mí, en el novelista, sobre el sentido de la observación debe prevalecer la facultad de desdoblamiento:

---

[13] *Ibid.*, pág. 143.
[14] *Ibid.*, pág. 146.

yo soy así, pero puede ser que de otra manera. [15]

La comunicación entre el hombre y el mundo que le rodea es un aspecto que se hace constantemente patente en la narrativa de Delibes. El lenguaje es esencial como medio de comunicación en la literatura. Cree en la experimentación de la lengua siempre y cuando ésta no se destruya. En su concepto, algunos escritores de la nueva novela han llevado demasiado lejos sus tentativas de renovación y han destruido el lenguaje:

> El lenguaje destruido dejaría de ser comunicación y... *el lenguaje, si no sirve como vehículo de comunicación, no sirve para nada.* Suponer que ello comportaría una renovación artística me parece una sandez. [16]

La palabra, como parte del lenguaje y la comunicación, desempeña un papel importantísimo y va adquiriendo diferentes matices en la obra de Delibes. Hay momentos en que llega a lo que él mismo ha rechazado rotundamente, la "destrucción" del lenguaje. Esta esperimentación no tendrá, sin embargo, el propósito de demostrar simplemente que va al ritmo de las técnicas contemporáneas. Recordemos que Delibes piensa que se puede hacer todo tipo de experimentaciones, siempre y cuando se diga y se cuente algo. Lo que él se propone es presentar las presiones y fustraciones que desalientan al hombre contemporáneo. Para lograrlo, Delibes profundiza en el significado de las palabras, abandona los regionalismos y recurre a un

---

[15] *Ibid.,* pág. 58.
[16] *Ibid.,* pág. 137. Todos los subrayados que aparecen en este libro son míos.

lenguaje mucho más universal y a técnicas que si bien venía usando con anterioridad, se intensifican en obras como *Cinco horas con Mario* y *Parábola del náufrago*.

Delibes ante la crítica

El consenso general de los críticos [17] es que Delibes es un escritor clave en la novela española actual. Sin embargo, ha resultado difícil encajarlo dentro de un período o movimiento porque es un autor que lo mismo ha participado en la creación de la novela social así como también ha experimentado los temas y técnicas de la nueva novela. De ahí que resulte difícil aceptar las divisiones que hacen los críticos, entre ellos Ramón Buckley, quien en 1968 divide la obra de Delibes en dos épocas, una NEGATIVA, donde el hombre "...se enfrenta a la sociedad ... y defiende su individualidad que la sociedad trata de quitarle". Se incluyen aquí obras como: *La sombra del ciprés es alargada, Aún es de día* y *Mi idolatrado hijo Sisí*.

En lo que Buckley llama la época POSITIVA, el hombre "...se adapta a una sociedad formada por otros

---

[17] Una visión detallada y general de la obra de Delibes la ofrecen varios críticos, entre los que destacan: Leo Hickey, *Cinco horas con Miguel Delibes: El hombre y el novelista* (Madrid: Editorial Prensa Española, 1968). Francisco Umbral, *Miguel Delibes* (Madrid: Ediciones y Publicaciones Españolas, S. A., 1970). Alfonso Rey, *La originalidad novelística de Delibes* (Santiago: Universidad de Santiago de Compostela, 1975). Silvia Burunat, *El monólogo interior como forma narrativa en la novela española (1940-1975)* (Madrid: José Porrúa Turanzas, S. A., 1980). Rodolfo Cardona, *Novelistas españoles de postguerra* (Madrid: Taurus Ediciones, S. A., 1976). Luis López Martínez, *La novelística de Miguel Delibes* (Murcia: Publicaciones del Departamento de Literatura Española, 1973). Pedro Carrero Eras, "El 'leit motiv' del odio y de la agresión en las últimas novelas de Delibes", *Insula*, núm. 425 (abril, 1982), págs. 4-5. Miriam W. Rice, "El hombre masa en una obra de Delibes", *Language Quarterly*, 14, núms. 1-2 (Fall-Winter, 1975), págs. 17-19, 22. H. L. Boudereau, "*Cinco horas con Mario* and the Dynamics of Irony", *Anales de la Novela de Postguerra*, 2 (1977), págs. 7-17. Ramona F. del Valle Spinka, *La conciencia social de Miguel Delibes* (New York: Eliseo Torres & Sons, 1975).

...y revela si se le quiere llevar a una sociedad de 'hombres masa' ". Entran en esta época: *El camino, La hoja roja, Las ratas, La mortaja* y los *Diarios.*[18]

Dicha división resulta menos admisible si se toman en cuenta además, sus dos épocas estilísticas:

> a) Novelas que se pueden contar, en las que pasan cosas: *La sombra del ciprés es alargada, Aún es de día, Mi idolatrado hijo Sisí* (corresponden a mi época negativa). b) Novelas que *no se pueden contar, que no pasa nada,* es decir, que *no existe una trama en el sentido policíaco de la palabra: El camino, Las ratas* y *La hoja roja* (corresponden a mi época positiva). El autor se limita a exponer ante el lector "un retablo de personajes".[19]

En Delibes no se puede hablar de novelas que se pueden o no contar. Tampoco se puede afirmar que en su "época positiva" no pasa nada en sus obras; sobre todo si se piensa en novelas como *El camino,* donde por medio del niño se nos exponen tanto las emociones de un niño campesino como su manera infantil de ver la vida. Claro que en *El camino* pasa algo, no en el "sentido policíaco de la palabra" puesto que Delibes no es un autor de novela policíaca, pero sí nos adentramos en el desarrollo psicológico del chiquillo. Al meternos en la sicología de Mochuelo, observamos que el niño de comienzos del libro no es el mismo del final; éste ha madurado y ha aceptado una realidad: la de marcharse a estudiar a la ciudad.

En *Las ratas,* Delibes no sólo entra en la psicología

---

[18] Buckley, Ramón. *Problemas formales de la novela española contemporánea* (Barcelona: Ediciones Península, 1973), pág. 91.
[19] *Ibid.,* pág. 99.

de personajes como el tío Ratero sino que además presenta algunos de los problemas que siempre le han preocupado y por los cuales ha luchado también como periodista: la condición del campesino, la falta de agua en Castilla, la reforma agraria y la supervivencia del hombre en una sociedad que no escucha ni atiende a las necesidades del hombre del campo.

José Ortega básicamente acepta la división en dos períodos. Para él, el primero se extiende hasta 1950 y se caracteriza por un "realismo poético" que gira en torno a una problemática del individuo "mediante el desarrollo lineal de un motivo central por un autor omnisciente". En la segunda época, en su opinión, el personaje se enfrenta con una sociedad que amenaza con destruir su identidad. Técnicamente Ortega destaca en este período un perfeccionamiento en la realidad interior del personaje con la exterior o medio social y un control más efectivo del narrador. A las dos épocas anteriores Ortega agrega una tercera, constituida por *Cinco horas con Mario, Parábola del náufrago,* y *Las guerras de nuestros antepasados;* obras que en su concepto representan la culminación del arte narrativo de Delibes. El crítico postula que en esta obras Delibes trata de totalizar la problemática individual y social mediante unos cánones narrativos que no limitan la libertad del lector y abren numerosas posibilidades al diálogo del lector con el personaje.[20]

Edgar Pauk ha intentado también dividir la obra de Delibes en *Miguel Delibes: desarrollo de un escritor.* Pero nuevamente notamos que la división en cuatro períodos es problemática ya que los temas que se dan en un período se repiten en otro. El primer período cubre de 1947 a 1949 y se caracteriza "por el problema de la formación del hombre y la influencia de las

---

[20] Ortega, José. "Dialéctica y violencia en tres novelas de Delibes", *American Hispanist,* 1, núm. 9, mayo 1976, págs. 10-14.

circunstancias personales sobre su actitud ante la vida". El segundo va de 1950 a 1961 y "trata de la inserción del hombre dentro de la sociedad". El tercero abarca de 1962 a 1968, y "se centra en la búsqueda de la justicia social". El cuarto comprende los años desde *Parábola del náufrago* y toca "la más reciente preocupación de Delibes... la opresión social".[21] Sin embargo, temas como la muerte, la opresión social, la pérdida de la individualidad, la naturaleza, la busca de identidad y las guerras son temas que aparecen a lo largo de la novelística de Delibes.

Menos convincente resulta la opinión de Soldevilla Durante, quien inicialmente sitúa a Delibes entre los escritores tremendistas. En su opinión, con *La sombra del ciprés es alargada,* Delibes nace bajo el aura del tremendismo y encuentra que éste todavía es más marcado en *Aún es de día.* Sin embargo, más adelante en su libro, al hablar de la novela social señala que Delibes se distancia notablemente de su novelas de cariz tremendista al escribir *Las ratas.*[22]

Es difícil encasillar a Delibes dentro de una época o movimiento, debería ser visto como un escritor que ha ido desarrollando sus temas y técnicas de acuerdo con las preocupaciones que afligen al hombre contemporáneo. No se puede decir que sea tremendista, como tampoco que pertenezca completamente a la novela social o la nueva novela, ya que como Delibes mismo ha dicho, él adapta sus técnicas a los temas, no viceversa.

Análisis de algunas obras de Delibes

Analizar cada una de las novelas de Delibes

---

[21] Pauk, Edgar. *Miguel Delibes: desarrollo de un escritor (1947-1974)* (Madrid: Editorial Gredos, 1975), pág. 26.
[22] Soldevilla Durante, págs. 127, 170.

ocuparía libros enteros. En este análisis se dedicará más atención a aquellas obras que se encuentran, de una manera u otra, estrechamente ligadas a *Parábola del náufrago,* novela que se estudiará más detalladamente. En dicha obra, Delibes reúne varios de los temas que le preocupan como hombre del siglo XX; la diferencia está en que en esta obra, en comparación con las anteriores, tanto temas como técnicas se desarrollan al máximo.

En la novelística de Delibes existen tres libros muy importantes que anteceden a *Parábola del náufrago* y que son claves para el estudio de dicha obra: *Cinco horas con Mario, Primavera de Praga* y *USA y YO.*

Cinco horas con Mario es una obra que interesa no sólo por los temas, sino también por las técnicas que se utilizan en ella. En esta novela Delibes presenta los conflictos sociales de una generación ya madura (la que ha vivido la guerra) y una nueva que nace, la de aquellos que no la vivieron pero que están sufriendo sus consecuencias (los hijos de Mario). Tanto temas como técnicas no son completamente nuevos; la guerra está sólo como fondo y en lo que se pone énfasis es en la falta de comunicación y en la diferencia ideológica, política y social de Carmen y Mario. Este enfoque de los temas requiere que Delibes recurra a un lenguaje mucho más coloquial para así darnos una visión completa del habla de una mujer de la clase media. Y para comunicar las inquietudes y frustraciones que esta mujer ha sufrido en vida de su marido, el novelista hace uso de técnicas como el monólogo interior, el diálogo, la retrospección, la reiteración, la narración en segunda persona y la ironía.

En *Cinco horas con Mario* predomina un lenguaje preciso, seleccionado y muchas veces marcado por una tremenda ironía. No hay casi descripciones largas, lo que sobresale en esta obra son las oraciones cortas, muchas veces truncadas por Carmen, al querer expresar su enojo y descontento ante la situación que vivió y que encuentra injusta a causa de lo que ella considera indiferencia de Mario.

En *Primavera de Praga,* una de las ideas que resalta es que para alcanzar la paz y el orden social debe existir la igualdad.

> ...el día que los hombres admitan la absoluta igualdad en la educación, la participación político-administrativa del pueblo; el desmontaje de las oligarquías, la reforma agraria, una distribución equitativa de la renta, y el derecho (y la obligación) al trabajo, se habrán aproximado tal vez con carácter definitivo, a la paz y el orden social espontáneamente aceptados (no impuestos).[23]

O sea, Delibes está consciente de lo difícil que es la comunicación y la igualdad entre los hombres cuando éstos se encuentran sometidos a dictaduras en las que no se les permite desarrollarse y aceptar responsabilidades de una manera espontánea. Delibes es un escritor que rechaza los gobiernos totalitarios porque piensa que el poder absoluto corrompe al hombre. Para él:

> ...el primer derecho humano..., radica en no ser gobernado por el dogmatismo fanático, sea del color que sea.[24]

Además, ya también en este libro Delibes toca y recusa el Estado-padre, donde el Estado lo es todo y llega a todas partes. En su opinión, es un tipo de

---

[23] Delibes, Miguel. *La primavera de Praga* en *Obras completas. Tomo IV* (Barcelona: Ediciones Destino, 1970), pág. 520.
[24] *Ibid.,* pág. 522.

sistema donde el estado ordena y controla todo: la siembra, los sueldos, los precios, las carreras, etc. Delibes rechaza este tipo de gobierno sobre todo porque: "Es un estado que da y exige pero al que no es aconsejable levantarle la voz."[25]

Si el viaje a Praga le permite a Delibes reflexionar sobre las autarquías y los derechos humanos, su estancia en Estados Unidos le vuelve mucho más consciente de la mecanización de los países desarrollados y sus consecuencias para el hombre. Su convivencia con la gente de ese país le lleva a la conclusión de que la frialdad, la superficialidad y la deshumanización a que ha llegado el norteamericano son consecuencia del exceso de máquinas, coches, lavadoras, televisores y otros artículos eléctricos. En cierto modo Delibes critica esa sociedad que ha permitido que la mano de obra del hombre sea sustituida por máquinas. En esta obra Delibes analiza y cuestiona la excesiva especialización de un sistema educativo que después de producir profesionales en serie: licenciados, profesores, médicos y otros, elimina a aquellos que no han alcanzado el nivel de perfección exigido por el sistema social.

En *USA y YO* se rechaza la excesiva especialización porque Delibes encuentra que es un fenómeno que limita al hombre a causa de sus escasos conocimientos de otras materias. Y, se alude además al imperialismo norteamericano, que se ha ido estableciendo poco a poco en otros países no a la fuerza, sino a base de sutilezas, a base de ayudas económicas que han terminado por aprisionar a países enteros.

La conclusión que se saca de estas dos últimas obras de Delibes es que éste no es el típico turista. Su propósito al viajar es conocer al hombre, su cultura y sus costumbres, y en su afán por hacerlo entra en los

---

[25] *Ibid.,* pág. 558.

lugares más inesperados, donde pueda captar lo que es realmente la vida social y política de los países que visita.

Parábola del náufrago. Temas

Parábola del náufrago toca unos temas que afectan muy de cerca a España. Sin embargo, el hecho de que a Delibes le preocupe la problemática no sólo del español sino del hombre del mundo en general, hace que esta vez vaya más allá de su propio país. La organización, Don ABDON, S. L., no se encuentra situada en un lugar ni país concreto, lo cual permite que Parábola del náufrago adquiera un carácter universal. La situación presentada en la obra puede ser aplicada a cualquier lugar donde exista un estado dictatorial de la ideología que sea. Esto de hecho existía en España al ser escrito este libro.

Aunque para fines de los sesenta la censura se había atenuado, un escritor no podía aún sacar a la luz una obra tan acusadora sin acudir a técnicas que le permitiesen encubrir o disfrazar la presentación de sus temas. Es conveniente recordar que durante esos años, el régimen franquista busca dar una imagen exterior democrática. El escritor disfruta de cierta libertad para expresar sus ideas, pero debe tener cautela para no atacar directamente ese estado dictatorial y de coerción social en que viven los españoles. Es un período de protestas universitarias en que las voces de las nuevas generaciones son acalladas por la Policía Armada, por "los grises",[26] como se les llamó hasta la muerte de Franco. Esta fachada de orden, paz y democracia que se vende al exterior es falsa, pues, aún cuando el español no esté a favor de la dictadura, no puede hacer absolutamente

---

[26] Alusión a los uniformes grises que llevaba la policía franquista.

nada. El español liberal está consciente de que mientras no se oponga abiertamente a las "fuerzas del orden", mientras no cuestione las leyes de Franco, no tendrá nada que temer.

Es esta vida asfixiante y desesperada la que Delibes presenta en *Parábola del náufrago,* sólo que sin hacer alusión directa a España u otro país. Lo primero que se nota en la obra es que se ha abandonado la estructura lineal y la división de capítulos para crear la sensación de un círculo que comienza con la denigración de Genaro a gen para acabar con la de Jacinto. Al mismo tiempo, se va formando ya desde el comienzo de la obra una sociedad completamente recluida, gris, aislada del resto del mundo, cerrada a toda influencia opuesta a la "Organización". Se crea la atmósfera de un mundo jerárquico, ideado y dominado por el poder que ha alcanzado don Abdón. Todo esto es posible sólo a través de la fábula, de lo irreal, de lo absurdo.

El caso de Jacinto San José se universaliza. Existen muchos como él en el mundo, que siendo hombres comunes que esperan un mínimo de respeto e individualidad, pertenecen a una minoría y son aniquilados por cuestionar un sistema que los oprime. Tanto Jacinto San José como Genaro han recelado de un sistema que no les permite pensar ni preguntar el por qué de lo que hacen en la Casa. En la degradación de Jacinto San José, Delibes está mostrando que en un sistema como el de ABDON, S. L., lo que se busca es hacer de los hombres una "manada de borregos" que, incapaces de pensar y desposeídos de toda personalidad, sigan a su "pastor".

Toda la novela, se puede decir, es el proceso de la aniquilación del hombre. Jacinto es un individuo tímido que vive dentro de la organización DON ABDON, S. L., que es realmente un estado autócrata, donde al hombre no se le permite dar su opinión ni cuestionar absolutamente nada relacionado con el sistema. Como Jacinto, muchos hombres y mujeres viven "felices" o "descontentos" bajo un estado de gobierno que los ha despojado de todo derecho de pensamiento, libertad y comunicación. Vive en un mundo donde se le "proporciona todo", pero donde no le es posible hablar. Cuestionar algo significa dudar del sistema y los hombres que se atreven a hacerlo o que son sospechosos de haberlo hecho, son sometidos a castigos públicos, que son aplaudidos por las masas ignorantes; o son poco a poco reducidos a un estado animal para ejemplo de los demás.

Jacinto es un individuo que, en apariencia, vive "conforme" o trata de convencerse a sí mismo, de que no vive oprimido y que por lo tanto no tiene derecho a cuestionar absolutamente nada, puesto que tanto don Abdón como Darío Esteban buscan tan sólo el beneficio y bienestar de la gente. Muy profundamente, sin embargo, Jacinto es un hombre infeliz y solitario. No es completamente el "hombre en serie" que ha creado la organización; él piensa que es humano y mantiene aún un residuo de personalidad propia. De ahí nace su problemática, de levantar la voz a Darío Esteban, eterno vigilante de don Abdón. Al ser enviado al "refugio de recuperación" Jacinto San José analiza la condición humana y los intereses que la rigen, para llegar a la conclusión de que el hombre siempre tratará de sobrevivir, a costa del hombre mismo si es necesario. Al ser aislado, abandonado e incomunicado, luchará como un náufrago en un "mar de selva" para concluir que así como en el mar, al hundirse un barco, el hombre tiene escasas posibilidades de salvación, igualmente el individuo que vive oprimido en una dictadura no tiene posibilidad alguna de ser él mismo y tiene que vivir acoplándose a las leyes que rigen ese estado.

En la Casa cada hombre tiene un lugar y una ocupación de la que no puede salir. Es un mundo controlado donde el pez grande devora al chico, es decir, donde el hombre es devorado por un sistema mecanizado. El hombre vive en lo que le han hecho creer es un "mundo perfecto", pero inalcanzable para la mayoría, para las masas. Si se reproducen en un esquema a base de círculos, las jerarquías existentes en DON ABDON, S. L., se advierte que mientras don Abdón se encuentra arriba como un ser endiosado y omnipotente, asequible tan sólo a dos jerarquías más, la de Darío Esteban y los científicos, los demás sólo pueden aspirar a verlo desde lejos o en las festividades anuales. Es así como Delibes se acerca a los problemas que preocupan al hombre universal, tales como: las dictaduras que ejercen una fuerte opresión social, la pérdida de la identidad, la falta de comunicación entre los seres humanos, la mecanización, el miedo, la muerte o la soledad (ver esquema en la página siguiente).

Dictadura

Si nos detenemos en el esquema para analizar más detalladamente el tema de la dictadura como medio de opresión social, se puede observar que *en este mundo* de la novela que comentamos, sólo hay tres círculos que se cruzan, el de don Abdón, el de Darío Esteban y el de los médicos y científicos. Los tres unidos forman una autoridad tiránica que mantiene al pueblo en un estado de represión absoluta que impide que el hombre común pueda ascender socialmente.

Darío Esteban, representado por el segundo círculo, es quien más acceso tiene a Abdón y quien más de cerca vigila a los intereses de éste. Se encarga de que todo marche en perfecto orden convenciendo a los que están bajo su mando, con pequeños castigos o con la palabra de que el sistema en el que viven es lo mejor. Darío Esteban es el medio de propaganda más eficaz con que cuenta ABDON, S. L., puesto que es él quien difunde en el pueblo postulados que se convierten en leyes, como: "orden es libertad", "hablar de deportes es más saludable que practicarlos", o, "eludir la responsabilidad es el primer paso para ser felices".

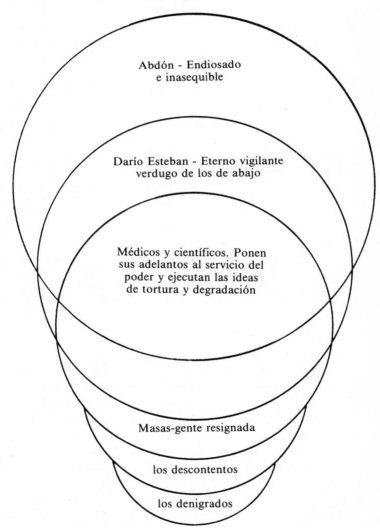

Abdón - Endiosado
e inasequible

Darío Esteban - Eterno vigilante
verdugo de los de abajo

Médicos y científicos. Ponen
sus adelantos al servicio del
poder y ejecutan las ideas
de tortura y degradación

Masas-gente resignada

los descontentos

los denigrados

Todo síntoma de rebeldía es detectado primeramente por este hombre, quien lo transmite a su "jefe", poseedor de una "cara ancha y llena pero *inescrutable"*. Las características que distinguen a Darío Esteban reflejan el deseo de simbolizar en él, más que al hombre, al verdugo. En su descripción, Delibes hace uso de la ironía para presentarnos a un ser que posee unos movimientos y ademanes "cautos y morosos", pero que a la vez, es capaz de infundir entre sus ignorantes "subordinados" un "respeto pastoral". Es un individuo fuerte que hace que las leyes dictadas por don Abdón se cumplan. No tolera que se cuestione nada, y cuando esto ocurre con Genaro Martín y Jacinto San José, les recuerda amenazadoramente que ellos, como los otros, no tienen más derechos que los que les ha otorgado don Abdón. Darío Esteban posee el "don" de la persuasión; su forma de convencimiento la ejecuta de tal forma que quien está siendo reprendido no puede argumentarle nada. Su manera de enfocar los postulados le permite no sólo confundir, sino infundir miedo y acatamiento por parte de aquéllos que representan una amenaza para el sistema; a estos, él les recuerda que no tienen más remedio que aceptar las normas.

a/ Deuda perpetua hacia don Abdón. b/ Nadie debe recibir en el mundo otro dinero que el necesario para dos comidas diarias, un partido de fútbol quincenal y el plazo de amortización periódica del televisor. Dar menos, sería inhumano; dar más, inducir al vicio..., y c/ En don Abdón, S. L., *preguntar equivale a robar...*[27]

---

[27] Delibes. *Parábola del náufrago* (Madrid: Ediciones Destino, 1978), pág. 59. Todas las citas referentes a esta obra aparecerán en el texto.

En el tercer círculo, unidos a Darío Esteban, se encuentran los médicos y científicos, quienen llevan a cabo la despersonalización y degradación del hombre. Dichos correctivos no son vistos como una forma de castigo, sino como un premio, puesto que en este estado dictatorial despojar al hombre de prejuicios y responsabilidades significa abrirle las "puertas del paraíso". La sombra de don Abdón se deja sentir con todo su peso en los círculos jerárquicos que forman su dictadura.

La ciencia, más que medio de conocimiento y mejora para el hombre, significa su destrucción. Los adelantos de la ciencia aquí se han puesto al servicio de las fuerzas malignas que buscan el retroceso, la animalización del hombre. El individuo que ya ha sido degradado y eludido de toda responsabilidad, acepta, aparentemente, el "correctivo" con satisfacción. Sin embargo, muy en el fondo, aún en su estado animal, se observa el sufrimiento del hombre por encontrarse en ese estado.

> Genaro había cambiado mucho y sin embargo aquella transformación *no parecía afectarle* punto y coma se diría que *aceptaba satisfecho la nueva situación* e incluso si Darío Esteban le enviaba un puntapié coma jamás chistaba... al contrario coma encajaba el castigo como merecido coma *doblaba los codos y las rodillas humildemente y... se refugiaba en la garita... se ovillaba y miraba a su agresor... con los ojos enramados... implorantes...*
> (Pág. 12)

Delibes acusa a esa ciencia que se ha deshumanizado y ha puesto sus logros al servicio de sistemas que buscan más que seres humanos, robots, hombres en serie que apoyen cualquier tipo de gobierno. La deshumanización de la ciencia se muestra no sólo en la despersonalización y degradación sino además en que los científicos guardan en secreto los resultados de sus experimentos, que es otra forma de control y poder. Gen no sólo es animalizado, es descuartizado y partes de su cuerpo disecadas. Darío Esteban explica el deseo del doctor Mateu así:

> Tenga usted en cuenta una cosa: la cabeza de su marido de usted de nada les va a servir ni a su marido ni a usted, y me consta, en cambio, que el doctor la gratificará generosamente y, además, y esto es importante, la autorizará en tanto el sentimiento de la pérdida permanezca vivo, la autorizará a usted a visitarla en su despacho las tardes de los jueves y los domingos... (Pág. 155)

En *Parábola del náufrago,* al colaborar la ciencia en el mantenimiento de una dictadura, Delibes la presenta como un enemigo del hombre. En uno de los momentos más desesperados de la obra, el autor hace que el personaje vuelva al momento en que es cuestionado por el médico. Este instante sirve para que se señale cómo la ciencia se ha convertido en un arma de opresión. Jacinto, al intentar que Darío le ayude a salir del refugio grita *socorro* cuando éste, en vez de auxiliarlo, casi lo derriba con la avioneta. Esta palabra clave hará retroceder a Jacinto al momento en que el médico le dice:

> Estamos haciendo todo lo humanamente posible... Presumo que le debo una explicación pero esta prueba me es imprescindible, compréndalo. *El enfermo, por instinto, se parapeta en lo que considera su personalidad pero ésta no existe,* es una pura entelequia.

El enfermo... *no lo admite* porque es un ente vanidoso, testarudo y hermético. *Para relajarlo y obtener de él una reacción espontánea hemos de vaciarlo previamente, despersonalizarlo,* me entiende, ¿verdad? (Pág. 158)

La condición de Jacinto San José y otros como él en el mundo se explica ahora. En un estado dictatorial en que se aparenta una paz y armonía externa, no puede admitirse la existencia de "enemigos". Los que se enfrentan al sistema deben considerarse "enfermos" para así desposeerlos de todo pensamiento y personalidad.

Las acciones de Darío Esteban y los científicos no tendrían ningún sentido si no estuvieran regidas por el poderoso don Abdón, figura que aparece ante los ojos del lector entronizada e inasequible.

Y Jacinto, sentado en el tajuelo, le contempla (a don Abdón) en alto, enmarcado por el baldaquino de oro, *inaccesible, sobre el basamento de mármol de Carrara,* un coro de rubios niños alados decorando la alta cúpula... *Y allí se alza, dominante y mudo, en cuclillas, recuadrado por el dosel y el baldaquino de oro...* (Págs. 22 y 24)

Don Abdón posee además el don de la palabra para manipular a sus súbditos y hacerlos creer que son parte de *su Casa,* separándolos completamente de su círculo, al cual nunca pueden llegar si él no baja.

...no era infrecuente que, al final de la ceremonia, se emocionase y, con lágrimas en los ojos, les dijera que *la Casa era suya y que, por tanro, engrandeciendo la Casa se engrandecían a sí mismos.* Bien mirado, *don Abdón*

> *había revolucionado el lugar* y toda actividad
> y todo comentario giraban ahora en torno
> suyo, *y la gente decía "no éramos nada hasta*
> *que él llegó; todo se lo debemos a su*
> *iniciativa... gracias a don Abdón somos lo*
> *que somos..."* (Pág. 25)

Para esa gente que ha vivido aislada desde la
llegada de Abdón, y que no ha conocido otro mejor
medio de vida, no existe nada mejor que lo que tienen.
La sumisión es tal que el individuo ha perdido todo
sentido de autoestima. Ellos aceptan que "son lo que
son" gracias a don Abdón porque el sistema les ha
hecho creer que al darles todo y evitarles pensar se les
evita el sufrimiento. En estas últimas palabras hay, sin
embargo, una tremenda ironía que va cargada de doble
sentido. Es verdad, el hombre de *Parábola del náufrago*
se encuentra en esa situación gracias a la "revolución"
de don Abdón, que no les permite ninguna salida y les
cierra todas las puertas para poder ser realmente unos
hombres responsables.

El escritor permite que el individuo llegue a esa
sumisión absoluta para, por medio de la analogía de la
mosca, señalar que otra de las fallas de los sistemas
totalitarios reside en hacerle creer al hombre que los
problemas no existen mientras se ignoren o no se
piense en ellos.

> Y es que, ¿sabes tú cuál es lo malo de nuestra
> condición, Jacinto, eh? *...pararte y pensar,*
> que todavía me acuerdo del día que Genaro
> vomitó... porque vio una mosca en la salsa al
> acabar de comer... *la mosca no es lo malo,*
> *Jacinto, convéncete, sino pensar la mosca,*
> *eso, que si no piensas la mosca es como si la*
> *mosca no existiera...* Por eso te prevengo que
> *si a lo que aspira don Abdón es a evitarnos*

> *pensar la mosca, bendito sea... es un hombre*
> *honrado porque quiere que no pensemos la*
> *mosca por la sencilla razón de que sabe que*
> *pensar la mosca es sufrir...* (Pág. 15)

La idea que se proyecta en este desdoblamiento y
juego de palabras es completamente lo opuesto de lo
que se lee. La idea de Delibes es que el ser humano
necesita *pensar* para *existir* y no tiene por qué vivir
agradecido o rendirle pleitesía a un tirano que al
pretender apartarlo del sufrimiento lo despoja no sólo
de su individualidad propia sino de su "existencia".

El opresor de *Parábola del náufrago* busca todos
los medios que puedan darle poder. En él, teorías
científicas como la de Darwin se distorsionan para así
convertirse en un arma más de fuerte opresión.

> *...don Abdón no era evolucionista sino*
> *revolucionista,* esto es, *pensaba que el mono*
> *provenía del hombre y el hombre del mono,*
> las dos cosas, esto es, *que el hombre, tras*
> *progresar hasta la madurez tope, regresaba*
> *al punto de partida* y que el momento de la
> regresión parecía llegado y, de este modo, *al*
> *degradar... no hacía sino facilitarle el retorno*
> *a formas humanas más elementales...,* al
> origen, al estado de naturaleza... *al estado de*
> *felicidad.* (Pág. 62)

Esta teoría es llevada a cabo paso a paso por los
súbditos más cercanos a su círculo jerárquico-científicos
y Darío Esteban. El individuo, una vez que ha
alcanzado una etapa de madurez, en la que puede
estorbar a la Casa, es vuelto a su "estado natural"
porque de esta manera es más "gobernable" y se acalla
cualquier signo de oposición. Delibes ataca fuertemente
este tipo de gobierno o sistema porque encuentra que

priva al hombre de la libertad y justicia mínimas. En don Abdón ha reunido las "cualidades" y defectos de todos los dictadores del mundo, sin distinción de ideología ni credo.

> *En don Abdón he querido resumir todos los padres de la Patria que en el mundo han sido,* y a su alrededor, la cohorte de calamidades (materialismo, adulación, tortura, etcétera) que les ayudan a sostenerse.[28]

La constante alusión a dólares e híbrido americano, hace pensar también en la fuerza, en el poder que ejercen naciones como los Estados Unidos y Rusia, sobre países que se encuentran en proceso de desarrollo. No hay que olvidar que precisamente los Estados Unidos es la potencia que más ha ayudado a sostener tantas dictaduras en Hispanoamérica y que apoyó la dictadura de Franco. Tanto Delibes como Goytisolo y los hispanoamericanos denuncian el imperialismo norteamericano y se oponen a la influencia de poderes extranjeros cuando éstos significan regresión y opresión para el pueblo.

La posible influencia de Freud y de Marcuse en la creación del sistema que se describe en la obra ha sido rechazada por Delibes, quien afirma comprender muy poco a Marcuse y apenas haber leído a Freud. No acepta influencia ninguna porque piensa que para eso sólo hay que mirar lo que sucede en el mundo.

> ...me bastó mirar en derredor. *El sueño de cualquier dictador es transformar en borregos a sus súbditos.* Esto es patente y esto es el meollo de mi pesadilla.[29]

---

[28] Ríos, de los, págs. 95-96.
[29] *Ibid.,* págs. 98-99.

La negación de Delibes es plausible si se considera que es un hombre que no sólo ha observado las dictaduras de otros países sino que ha vivido una que duró cuarenta años. Por otro lado, la novedad de la obra de Delibes no está en los temas de la novela sino en la elaboración que el autor hace de ellos al lograr que éstos representen la problemática universal del hombre del siglo XX.

Comunicación

La comunicación es un tema que se encuentra fuertemente unido al de la dictadura como medio de opresión social. Los seres que pululan a lo largo de la obra dan al lector una sensación de vacío o de frivolidad. No son criaturas que normalmente se interesen por comunicar sus ideas, sentimientos o estado de ánimo a los demás. Son más bien personas que se han adaptado a la crueldad humana como forma de diversión y comunicación. Es lo que sucede por ejemplo con Amando García, organizador de crueles novatadas que son aplaudidas no sólo por sus compañeros, sino también por un representante del sistema, Darío Esteban. Sus acciones ocasionan tragedias como la de César Fuentes, quien es salvajemente castrado ante las risas de todos.

> ...le hizo subir a la terraza con todos detrás y le amarró una cuerda al escroto y en el otro cabo un ladrillo... y todos se reían y Amando García le dijo a César Fuentes..., "ahora tira el ladrillo por la balaustrada, anda..." Ginés Gil, *fuese por la mella de la navaja... fuese por el afán de apurar la novatada hasta el fin, falló esta vez... el ladrillo saltó violentamente el antepecho arrastrando en pos de sí los testículos...* Amando García, entre la hilaridad

general se asomó al pretil y dijo: *"¡Anda coño, pues no se ha comido* Gen las partes del paleto!"* (Págs. 30-31)

Las novatadas, más que llevar a la solidaridad, al compañerismo, desencadenan la tortura y la crueldad gratuitas. En individuos como Amando García, Delibes transmite la idea de que el hombre, al vivir en un estado de aislamiento en el que no se le concede pensar ni practicar actividades que le permitan desarrollar sus instintos de una manera positiva, pierde todo concepto de solidaridad y humanidad. Se convierte en un ser cruel que encuentra en las bromas salvajes un escape a la incomunicación en que se encuentra.

Las reuniones y fiestas que, normalmente, unen al hombre y le permiten un cambio de ideas son, en esta obra, otro medio más de incomunicación y tortura gratuitas. Juegos como el parchís o la mona muestran cómo la crueldad se ha expandido a todas las edades. A través de doña Palmira y doña Presenta se percibe que en los asilos también se les induce a no pensar. Los ancianos no buscan en los juegos una manera sana de divertirse. Individuos como el marido de doña Palmira han encontrado en los pasatiempos una manera de no pensar. Las atracciones de tiro al blanco de las ferias no tienen otra función que castigar a aquellos que de una manera u otra han cuestionado el sistema y merecen "reprimendas" ejecutadas por la gente, que luego, al verlos con los ojos tuertos o cicatrices, los mira como si fuesen "apestados".

Dentro de las masas existen hombres pacifistas que no creen en la tortura ni en la crueldad, y que buscan entre sus compañeros otros medios de comunicación aunque el sistema les cierre las puertas y les oprima. Delibes, para hacer sentir la frustración de la incomunicación, lleva a su personaje a experimentar toda clase de dudas y torturas, ya físicas, ya psíquicas. La frustración del hombre ante la incomunicación se logra no sólo por medio de la presentación de la crueldad del hombre contra el hombre sino a través de experimentos que éste hace con la lengua.

El idioma más que expresar los sentimientos del ser humano es motivo de confusión, puesto que ha perdido su significado inicial para adquirir nuevas connotaciones que el hombre le da. Y es que confundiendo, lavando cerebros, se crean unos intereses que fomentan la incomunicación y la ignorancia a todos los niveles, manteniendo así gobiernos como el de don Abdón o como los que han existido en numerosos países plagados por la tiranía.

El lenguaje común del pueblo ya no sirve en sistemas como el que se presenta en *Parábola del náufrago*. La visión de Delibes respecto a este problema es bastante pesimista, tal parece que quisiera decir que al hombre le quedan pocas esperanzas porque ha desaprovechado todos los medios que tenía a su alcance. El *tú* de Jacinto trata de convencerlo de lo inútil de hablar ante un hombre, ante un mundo que no lo escucha y que ha perdido toda oportunidad de comunicación y convivencia.

> Es muy fácil hablar, Jacinto, pero las cosas son como son... *desengáñate, ni te vale siquiera el recurso de las palabras... ¿quieres mayor motivo de confusión?... todo ha de ser confusión, convéncete, porque hay mucha gente interesada en armarla (la confusión)... porque de ella... sacan tajada los vivos...* (Págs. 79-80)

El miedo y la inseguridad ocasionan que el hombre invente nuevas maneras de comunicarse, algo que sirve además como escape a sus frustraciones y desesperación. Delibes en *Parábola del náufrago* logra que el lector capte paso a paso el desengaño y pesimismo del pacifista que, como Jacinto, busca comunicación y solidaridad no sólo a nivel personal sino universal. En la creación del esperanto, Jacinto ve un inicio a la comunicación y un posible entendimiento que le lleve a la perfección universal del hombre.

> De aquí que la idea de Genaro le pareciera razonable ya que, *merced de un idioma universal, los hombres del mundo entero podrían, al fin, cambiar impresiones, perfeccionarse mutuamente y,* a la postre, quizás, entenderse a despecho de los prohombres. (Pág. 81)

Esa posibilidad, sin embargo, se ve truncada en el momento en que Jacinto se da cuenta de que lo que hace falta no es la creación de nuevos idiomas sino el diálogo entre los hombres. Jacinto llega a la conclusión de que la comunicación será posible sólo el día en que el hombre esté dispuesto a dialogar y no se utilice la palabra como un medio más de agresión.

> Jacinto observaba que... cuanto más hablaban los prohombres entre sí más se alborotaba la Humanidad, de lo que dedujo que el día que mil quinientos millones de hombres estuvieran en condiciones de dialogar con otros mil quinientos millones, el mundo se convertiría en una olla de grillos... La palabra no es sólo voluble, sino instrumento de agresión. (Pág. 82)

La reflexión de Jacinto exterioriza no sólo el pesimismo de Delibes, sino del hombre contemporáneo en general. Aunque esta obra fue escrita en los sesenta, ese deseo pacifista por encontrar la comunicación continúa vigente en las nuevas generaciones del mundo.

La palabra hoy en día sigue siendo un arma de agresión tanto a nivel nacional como internacional. Sirve para manipular a las masas en muchos países e impedir que alcancen una democracia sin la intervención externa. Y es que como bien dice el *tú* de Jacinto, estas fuerzas tienen unos intereses económicos y políticos que les conviene mantener. Por eso resulta muy conveniente manipular a la gente haciéndole creer que todo lo que se hace es por mantener la democracia mundial.

La palabra, más que ayudar, oprime al hombre que se encuentra bajo dictaduras como la de Abdón, S. L. Esto se debe a que en medios tan aislados como el de esta empresa, la resistencia le ayuda a mantenerse en el poder. La palabra se transforma en una de las armas más potentes del fuerte pues, manipulada y corrompida por éste, confunde a las masas que ven en el "rebelde" no a la víctima que defiende sus derechos, sino a un enemigo que no aprecia lo que se le ha dado.

> Oye una cosa, Genaro Martín, el día que los genaro martínes dispongan de un idioma inteligible para interpelar a los DARIOES-TEBANES, los genaromartínes sucumbirán porque nada solivianta tanto a los DA-RIOESTEBANES como que los genaromartínes les interpelen. (Pág. 85)

Delibes señala que en un sistema autócrata la palabra del poderoso prevalece porque se ha convertido en un arma de doble filo: es el medio de "comunicación" utilizado por el dictador, pero al mismo tiempo un medio de opresión.

En su libro, Delibes se muestra pesimista ante la situación del hombre. Ni la creación de nuevos lenguajes o sistemas de comunicación como el de POR LA MUDEZ A LA PAZ parecen servir de nada. Aquí lo que Delibes intenta transmitir al lector es que mientras el ser humano se encuentre atado a sistemas dictatoriales, sea cual sea la idelología, que le impidan desarrollarse libremente, no existirá posibilidad de comunicación. De ahí que dicho autor no se limite a presentar lo anterior, sino que nos lleve a los extremos a que se llega para incomunicar no sólo mental sino también físicamente al hombre.

Jacinto es una minoría entre la masa, es un hombre sensible que piensa y teme a la incomunicación. En apariencia acepta el sistema en que vive, pero es al mismo tiempo un individuo que no encaja en ese ambiente donde todo está sistematizado y controlado. No le interesan ni Perry Mason, ni los invasores, ni ver el fútbol. El busca una relación con el hombre mucho más elevada, menos superficial, menos materialista. Sin embargo, no hay nada que pueda hacer, pues se encuentra con que la palabra como "vehículo de comunicación más sincero" ha perdido su valor virginal, se ha tornado "hermética". Teme a la soledad y a la incomunicación, por eso se desespera y llora ante el fracaso de "Por la mudez a la paz" y por su encarcelamiento en el refugio de recuperación. Es a través de este hombre sensible y tímido, que Delibes denuncia los extremos de los sistemas dictatoriales y su afán de mantener oprimido e incomunicado a todo aquel que cuestione o estorbe al sistema.

Al ser aislado en el refugio # 13 de recuperación, Jacinto no sólo es alejado de la ciudad y los pocos amigos que tiene sino que es completamente aislado del mundo externo y de toda posible ayuda. El refugio, más que un centro de recuperación, es un lugar construido por el hombre para la incomunicación, la despersonalización y la tortura. La desesperación de Jacinto en el refugio va aumentando conforme al crecimiento del seto. Intenta destruirlo con los escasos medios con que cuenta, serrucho, tijeras, cuerda, etc., pero comprende que nunca podrá escapar de esa barrera "inexpugnable". Al aumentar el agobio del hombre ante el aislamiento y la incomunicación se acelera también el ritmo de la obra. Delibes aligera el ritmo de la narración para captar de una manera mucho más vívida la angustia que abruma a Jacinto. Ya no se le escucha hablar consigo mismo y analizar las cosas, su fatiga y desesperación es tal que grita pidiendo ayuda, se arrepiente de haber siquiera preguntado.

> "¡Darío Esteban, abrid!" ... "¡No lo puedo resistir!" ...y, de pronto, *Jacinto se arrodilla, gime, abre la boca y empieza a reírse por lo bajo, demencialmente, a golpes, babeando...* sin advertir el escozor de las llagas y ampollas. (Pág. 146)

La incomunicación, el aislamiento y la tortura psíquica, hacen a Jacinto inmune al dolor, lo cual produce que poco a poco pierda el sentido del tiempo, la razón y la coordinación.

> Un detalle le sobrecoge: el rebate del tallo amputado es doblemente vigoroso que el anterior... *Los tallos incisivos, perseverantes, le acosan* y el seto trata de violentar el tejado, los muros, las ventanas, en una crepilación enloquecedora. *El ... corre de acá para allá, se multiplica ... quisiera atender simultáneamente todas las solicitudes pero ... no atiende a ninguna. Desconcertado, su cerebro ... se extravía en un laberinto de circunloquios estériles.* (Págs. 208-09)

El párrafo anterior resulta un punto clave en la obra, pues en la mente de Jacinto se mezcla toda una serie de ideas y sucesos hasta producir una confusión total.

Eso es precisamente lo que se busca, que Jacinto deje de razonar, para eso ha sido llevado allí, para aislarlo, incomunicarlo, despersonalizarlo e impedirle que piense en su existencia, para que pierda toda noción de presente, pasado y futuro.

En *Parábola del náufrago* Delibes ataca no sólo a los que impiden la comunicación del hombre sino también a aquellos que pudiendo ayudar se vuelven ciegos y sordos.

> ...porque estás sumido en la más total y absoluta impotencia, *desengáñate ... si gritas va a ser lo mismo que si silbas, un ruido más, porque si el mundo está sordo de nada vale dar voces, y si el mundo está ciego nadie podrá leer tus mensajes* ... el mundo no ve, ni oye ni entiende ... *nadie desea enterarse de lo que ocurre aquí dentro, porque lo que no se conoce es como si no sucediera.* (Págs. 189, 306)

La comunicación, se busque por donde se busque, es imposible porque el hombre no está dispuesto a escuchar y prefiere seguir la filosofía de tipos como don Abdón, ignorar o pretender que el problema no existe, escapar de la realidad. Y es esa indiferencia, esa falta de solidaridad la que permite sistemas totalitarios donde el hombre llega a un estado donde más que nada le interesa sobrevivir y "no ser".

Pérdida de la identidad

Estrechamente unido a los temas antes discutidos se encuentra el de la pérdida de la identidad. Robert C. Spires en su libro, *La novela española de posguerra* refiriéndose a la década de los sesenta señala que el

Opus Dei ejerció una fuerte influencia sobre el gobierno de Franco. Dicho grupo vio la "liberación" como el único medio para el desarrollo económico del país. Sin embargo, señala Spires que la libertad que se produce en España es desigual y relativa tanto en el plano económico como político puesto que lo que realmente se produce es una sociedad que carece de identidad básica.[30]

En *Parábola del náufrago* Delibes presenta esa ambigüedad, esa falta de identidad e individualidad básica del hombre. El sistema en que se mueven los personajes se encuentra rodeado de unos intereses creados para el enriquecimiento del círculo de Abdón, S. L. La libertad de que goza el individuo es relativa y cuestionable puesto que el lema que rige la Casa es que, "orden es libertad". El hombre desde niño, como los hijos de Genaro, crece acostumbrado a aceptar que todo lo que proviene de la Empresa, trabajo, despersonalización, juegos o comodidades es normal. En esta obra se señalan los resultados de una sociedad mecanizada y los efectos que ésta tiene en el hombre y en sus derechos como individuo. En esta sociedad el hombre se convierte en un robot, en un hombre en serie que carece de vida propia porque lo que interesa es, ante todo, la producción, la cantidad. El despotismo que ejerce don Abdón sobre su empresa representa una comunidad materialista donde los valores personales no existen y donde la tortura, la ciencia y el "progreso" han terminado por eliminar en el individuo el concepto de identidad propia.

Delibes logra que el lector llegue casi a experimentar esa ausencia de personalidad en casos como el de Genaro Martín primero y después el de Jacinto San José. Gen es llevado a un estado animal en

---

[30] Spires, Robert C. *La novela española de posguerra* (Madrid: CUPSA Editorial, 1978), pág. 174.

el que ya no interesa absolutamente nada relacionado
con el pensamiento, el respeto familiar o el por qué de
la existencia humana. Al ser reducido, Gen pierde todo
sentido de responsabilidad hacia sus hijos, de amistad
hacia Jacinto, y de selección en el comer, de ahí que
todo lo que hace sea posible, dentro del mundo
absurdo e irreal en que vive.

> Tan pronto alcanzaban el descampado coma
> los mellizos soltaban el clip para que su
> padre se desfogase corriendo cuatro patas sin
> ton ni son ... y si ocasionalmente coma
> guiándose por el olfato coma Gen descubría
> el basurero o los restos de alguna merienda
> campestre coma se detenía escarbando hasta
> hallar algo que le apeteciera... (Pág. 65)

Todo esto es viable porque Genaro ya no posee control
sobre sí mismo, ha perdido conciencia de lo bueno y lo
malo, de lo que es normal y de lo que no lo es. Su
transformación parece sacada de un libro de fantasía
donde todo es factible. Y eso es lo que busca Delibes,
que el lector sienta, sufra ese cambio, y se desespere al
ver cómo Gen encuentra de lo más normal sus instintos
sexuales por la perrita del Director del Banco Abdón.
Todo este pasaje se vuelve real ante los ojos del lector
al ver a Jacinto sufrir por la condición del amigo, de
quien al morir no se pide su carnet de identidad, sino su
chapa de perro.

> Al principio trató de platicar con Gen
> seriamente pero nunca recibió otra respuesta
> que un aullido o un lengüetazo en la cara...
> Jacinto coma vistas las dificultades coma
> amarró a Gen y tiró de la correa... Y gen y la
> perrita se miraban todo el tiempo ... y Ja-
> cinto ... cautamente ... advirtió a los melli-

zos ... de esto ni una palabra a mamá... (Págs.
66, 69)

Por si fuera poco, Delibes ilustra una transformación
mucho más caótica, desesperante e increíble. Jacinto
San José, al ir perdiendo su personalidad va analizando
y recordando el por qué de su situación y condición
actual. Se rebela ante el hecho de ser incomunicado,
despersonalizado y concluye que en un mundo como el
que ellos habitan lo que interesa no es ser, sino
simplemente existir. Su desesperación aparece tan
detallada que el lector, casi como en cámara lenta,
observa cómo se va perdiendo la sensación de lo
"normal". Sus instintos dejan de ser humanos, reacciona
como un animal (salta, se echa a caminar en cuatro
patas, come el césped, etc.) y los fuertes tallos que antes
lo maltrataban y molestaban ahora le son completamente indiferentes.

> ...*todo lo ve desde fuera, como si fuese otro;
> no lo analiza, no le interesa* (a jacinto)... Y
> aunque los creep-creep, y los golpes, top-top,
> de las tarimas de los yesones desprendidos
> son cada vez más frecuentes, *jacinto no se
> inmuta ... vuelve a ocultar la cabeza entre las
> vedijas del pecho como si nada de cuanto
> acontece en derredor le afectase...* (Págs. 223,
> 224, 226)

Jacinto ha sido disminuido a su estado natural, ha
perdido toda posibilidad de comunicación y de tener
una identidad propia. Al concluir la obra, se ha
convertido en un borrego más de la manada con la que
corretea por el campo cerrado. La sensación final del
lector es de impotencia; Jacinto se convierte en
semental, es unido a una serie de "hombres" que se han
transformado en especie, en sujeto, y que quizás como

él, cuestionaron en su momento un sistema que sigue siendo intocable, que continúa despersonalizado, aniquilando al hombre.

La idea básica de Miguel Delibes en *Parábola del náufrago* es que al ser humano no se le puede mantener ni en la ambigüedad ni como cosa o sujeto. El hombre precisa de una identidad clara como individuo y tiene necesidad de ciertos derechos humanos que le permitan ser él mismo. O sea, el hombre debe poseer libertad para así adquirir conciencia de su identidad.

Libertad

Libertad, es otro término que en *Parábola del náufrago* se adapta a los intereses de la empresa Abdón, S. L., donde la independencia del hombre se encuentra estrechamente ligada a la productividad. Allí el ciclo es el siguiente: orden = trabajo, trabajo = eficacia, eficacia = rendimiento, rendimiento = poder adquisitivo y poder adquisitivo = libertad. Delibes, al presentar los valores que rigen esta empresa, denuncia la sociedad mecanizada, que dirigida completamente hacia el consumo domina al hombre con su propaganda de "necesidades mínimas". Al enfocar en la mecanización desde este punto Delibes cuestiona las sociedades que manipulan la mentalidad del hombre creándole un esquema de valores en el que pierde toda libertad, tanto de pensamiento como de acción, por el miedo a ser reemplazado por las máquinas.

> Parece más bien un hombre meticuloso (Jacinto) y *anhela la seguridad personal.* Hace unos meses *pasó un período de zozobra al observar los progresos de las calculadoras* en la oficina, *imaginando que los peritos calígrafos constituían un gremio a extin-*

> *guir* ... a menudo, *ante las conquistas de la*
> *técnica, piensa que está de sobra* y vive de la
> caridad. (Pág. 18)

En un mundo como en el que vive Jacinto la
libertad está controlada de la misma manera que la
producción. En la empresa ABDON, S.L., Delibes
simboliza la sociedad desarrollada, las multinacionales
que se establecen en países en proceso de desarrollo
imponiendo sus adelantos, despojándolos de su identidad
no ya personal sino a nivel de países enteros. La
constante alusión indirecta a los Estados Unidos y a la
acuchilladora roja del final junto a los médicos, insinúa
que mientras que los poderosos policiten y tengan de su
lado la ciencia y la técnica y los usen como medios de
producción, el hombre continuará siendo un ente
productor, un sujeto carente de libertad.

> Afortunadamente hemos llegado a tiempo.
> ¿Quién iba a imaginarse en el híbrido ameri-
> cano esta capacidad de desarrollo?... En el
> camino está detenido el coche color guinda, y
> poco más lejos, entre los tomillos y las
> gallogas, la acuchilladora pintada de rojo
> con el nombre extranjero bajo el motor.
> (Pág. 229)

Delibes denuncia esas grandes sociedades que al
difundir en el hombre las necesidades de producción y
consumo impiden que se desarrolle a un nivel intelectual
mucho más elevado. El ve en este tipo de sociedades el
peligro amenazante de una sociedad carente de libertad.
Y al transmitir estos sentimientos, sin barrera de
fronteras, viene a simbolizar, como bien dice Janet
Winecoff Díaz en su libro *Miguel Delibes:*

> ...the total crushing of the individual by the

collectivity, dehumanization and the loss of
liberty as a result of progressive encroachment
by the state upon areas of the personal
conscience and beliefs. [31]

Pero si la obra adquiere un carácter universal al no
citar directamente gobiernos ni países específicos, hay
en ella alusiones a deportes, lugares o palabras que se
relacionan claramente con la situación española y
hacen definitivamente pensar en la dictadura franquista,
en su falta de libertad y los derechos negados a los
españoles de este período.

Parable could thus equaly be an indictment
of the Spanish government, with its abroga-
tion of individual liberties and rights, and its
vast bureaucratic structure... [32]

En *Parábola del náufrago* Delibes reitera nuevamente su concepto de la libertad. En su opinión, ésta
no se le puede otorgar al hombre fraccionada ni de una
manera ambigua como se le dio a los españoles bajo la
ley de Fraga. El piensa que la libertad concedida así
limita y oprime al hombre.

Libertad de asociación, libertad sindical,
libertad de prensa, son libertades que yo creo
deben ir aparejadas. Son o no son... *Porque
la libertad no puede ofrecerse a cachos, con
cuentagotas. La libertad o invade toda la
esfera política o es un camelo.* A mi ver, esta
experiencia es aplicable en todas las latitu-
des. [33]

---

[31] Winecoff Díaz, Janet. *Miguel Delibes* (New York: Twayne Publishers,
Inc., 1971), pág. 150.
[32] *Ibid.,* pág. 152.
[33] Ríos, de los, pág. 74.

En las masas que viven "conformes" con la poca
libertad de que disfrutan, Delibes ha querido mostrar
las limitaciones del hombre al que se le conceden
"migajas" de una libertad que debería ser total.

Aislamiento → Libertad

La falta de libertad, de comunicación, la opresión y
la mecanización, traen consigo el aislamiento y la
soledad del hombre. Este fenómeno se produce en la
novela no sólo a nivel individual sino también a nivel
de masa. La empresa crece y se desarrolla en una
atmósfera cerrada, alejada de todo. La posible intervención o participación de otras personas resulta casi
imposible debido a que la gente no parece circular
libremente por la ciudad. Si se piensa por ejemplo en el
aislamiento de España después de la guerra y en la
imagen democrática que se quiere vender al extranjero,
pasajes como el siguiente adquieren un claro significado.

> Don Abdón despertaba en todas partes
> oleadas de afecto y, si acaso arribaba a la
> ciudad algún forastero, la gente se apresuraba
> a informarle "antes de llegar él, muerto y
> bien muerto estaba esto y ahora ya ve". (Pág.
> 27)

Franco, igual que otros dictadores intenta crear
esta imagen de sí mismo y sube al poder en un
momento en que la gente está cansada de luchar. Como
en Hispanoamérica después de las revoluciones, lo que
se anhela es la paz y una mano firme que la mantenga.
Lo que sucede es que, como dice Delibes, el poder
corrompe al hombre una vez que se encuentra arriba.
La clara alusión a España, sin embargo, se extiende

para hacer notar, de una manera más general, que un dictador no se contenta con mantener el orden y la paz sino que busca un mayor control sobre el hombre, aún a costa del aislamiento y la soledad de éste. Al sentirse solo y no encontrar comunicación el hombre no encaja, no cabe en una sociedad que lo encajona y que lo obliga a ser: funcionario laborioso, sumiso, disciplinado y carente de sentimientos y perjuicios humanos. Y sobre todo, le impide creer en el hombre. (Pág. 74)

En un ambiente cerrado y hostil como el creado en la obra, el hombre, al no encajar en la sociedad, sufre y se cuestiona a sí mismo el por qué de su incapacidad de adaptación. Como Jacinto San José, trata de justificar un estado que, al querer dárselo todo, lo ha aislado del resto de los hombres. Este problema empeora cuando se exterioriza y es percibido por los aduladores y eternos vigilantes del sistema. Al no formar completamente parte de esa ideología productivista y mecanizada el individuo es considerado un enfermo y como resultado, es aislado. La soledad a la que es arrojado en los "refugios de recuperación" trae como consecuencia que el hombre se dé cuenta de la crueldad del sistema y del hombre. Seres como Jacinto llegan a la conclusión de que el hombre realmente se encuentra solo desde que nace. Su vida, por lo tanto, es una lucha por sobrevivir en un mundo donde o devora o es devorado. La conclusión final es, pues, bastante pesimista: el hombre está completamente solo, cuenta únicamente consigo mismo, y todo se vuelve contra él, aún la naturaleza.

Naturaleza

El hombre desde sus orígenes, ha ido adaptando la Naturaleza a sus necesidades. En su camino hacia el progreso ha eliminado aquello que estorba su seguridad.

Los resultados de su deseo insaciable de controlar la naturaleza se manifiestan ya desde hace años en los grandes países industriales y aún en los que se encuentran en proceso de desarrollo. Críticos como Miguel Siguán opinan que la raíz inmediata de la sociedad actual es la ciencia dirigida a la técnica. En su opinión, ésta ha dado al hombre un dominio absoluto de la naturaleza que le permite la satisfacción de todas sus necesidades materiales, pero como su orientación es la del poder, reduce la realidad a la cantidad.[34]

La ciencia y la técnica moderna, en nombre del progreso, contaminan la atmósfera terrestre y marina; extensos terrenos de selva han sido anulados para la construcción de carreteras sin contar con que mucho de lo que se destruye es irremplazable. Razones como las anteriores son las que han originado la postura de Delibes ante el acelerado progreso que más que unir al hombre, en su opinión, lo han separado. Esto no quiere decir que Delibes esté en contra del progreso, a lo que él se opone es a la dirección "torpe y egoísta" que han impuesto "los dirigentes de ese progreso".

En su discurso de ingreso a la Real Academia en 1975 Delibes señala que el verdadero progreso no consiste en un desarrollo ilimitado y competitivo. El encuentra innecesaria la excesiva fabricación de cosas, la invención de necesidades para el hombre, la detrucción de la naturaleza y el despilfarro de algunos mientras otros mueren de hambre. El escritor opina que el verdadero progreso estriba en "racionalizar" la utilización de la técnica, facilitar el acceso de toda la comunidad a lo necesario, revitalizar los valores humanos y establecer las relaciones Hombre-Naturaleza en un plano de concordia.[35]

---

[34] Siguán, Miguel, en su introducción a *Ensayos sobre política y cultura de Herbert Marcuse* (Barcelona: Ediciones Ariel, S. A., 1972), págs. 18-19.
[35] Delibes, *Un mundo que agoniza.* (Barcelona: Plaza & Janes, S. A., 1979), pág. 25.

El amor de Miguel Delibes hacia la naturaleza se encuentra también en *Parábola del náufrago,* pero con la diferencia de que aquí se ha transformado hasta convertirse en enemigo del hombre. La que aparece aquí va adquiriendo vida poco a poco hasta convertirse casi en protagonista más que tema.

Jacinto San José, antes de ser enviado al refugio, halla en el cuidado de los pájaros y plantas un escape a la soledad e incomunicación en que se encuentra. Posteriormente, sin embargo, esa naturaleza que tanto ama se convierte en su prisión, en su enemigo más feroz. La naturaleza que rodea el refugio posee unas características que auguran ya, una crueldad destructora.

> (Jacinto) ... examina el refugio, revestido de troncos de pino, con tejado ... de lascas de pizarra gris. *En la trasera se halla el pozo, con el tinglado del depósito de agua en alto, el conmutador del motorcito* y, debajo el chamizo para aperos y herramientas... Más allá ... la pendiente se empina de nuevo y la tierra rojiza, arcillosa, se abriga en pequeños robles... Casi en la cumbre, se divisa una franja de farallones rezumantes por el deshielo, y *el gris de las rocas se torna amarillo y negro en las grutas... En los calveros crece, a corros, la grama de un verde violento en contraste con el rojo de la arcilla.* (Págs. 33, 35)

La descripción anterior sugiere que este campo ya ha sido tocado por la técnica del progreso. Darío Esteban, al entregarle el seto y recomendarle que lo riegue, no le está dando su recuperación, sino su destrucción. Y si en un principio Jacinto descubre un poco de paz en el campo, pronto se transforma, en 14 horas, en un

motivo más de preocupación, de miedo, al ver crecer el
seto ante sus ojos con tanta rapidez.

> "No es posible", se dice, e, inmediatamente se
> agacha y *verifica que aquí y allá la tierra roja*
> *se cuartea, y por las minúsculas grietas*
> *asoman los tiernos tallos blanquiverdes y su*
> *pasmo crece al concentrar su atención en uno*
> *de ellos* (de los tallos) *y verle dar un estirón,*
> *breve pero perceptible...* "Si lo estoy viendo
> crecer", se dice a sí mismo (Jacinto) *asustado,*
> *casi a gritos...* ¡¡Sí, crecer!!" (Pág. 72)

Esta naturaleza que tanto le atrajo se convierte ahora
en un motivo de angustia que le permite reflexionar y
retroceder al por qué del seto.

Con el retroceso averiguamos que en la Casa
Abdón, el seto se ha convertido en un medio de
opresión, de dominio. Don Abdón, en nombre de la
"justicia" y la "bondad", envía a Jacinto al aislamiento
porque así, "preservado por el seto", como él dice,
podrá reflexionar. Y el lector se pregunta una y otra
vez, qué tipo de justicia puede ofrecer un sistema que
politiza y corrompe la naturaleza usándola no para el
bienestar del hombre sino para su destrucción.

> No se olvide del seto. Aquí tiene las semillas.
> *Se trata de un híbrido americano que prolifera*
> *en muy poco tiempo.* Jamás la biología había
> alcanzado tales prodigios. (Pág. 75)

Si se contrasta este párrafo con lo que dice Darío
Esteban casi al final, se puede observar la corrupción e
hipocresía que existe en el sistema. Tanto Darío
Esteban como don Abdón saben de antemano que
Jacinto nunca podrá vencer el seto, no sólo por su
timidez y su falta de fuerza física sino también por la

saña del cerco. Por otro lado, Darío Esteban se
encarga de que ni siquiera pueda pedir ayuda al
intentar acabarlo con la avioneta. De ahí que sus
razones finales resulten falsas.

> Afortunadamente hemos llegado a tiempo.
> ¿Quién iba a imaginar en el híbrido americano
> esta capacidad de desarrollo? (Pág. 228)

Esta "justificación" de Darío Esteban fundamenta las
cavilaciones del personaje. En realidad ninguna ley
puede castigar a quienes le han puesto allí. No existe
culpable porque todo ha sido planeado de tal forma
que no existe un criminal; todo está protegido,
disculpado.

> Después se siente atribulado y vacío (Ja-
> cinto) ... y *ante el espejo del servicio (caba-*
> *lleros) se pregunta tontamente si lo suyo (su*
> *situación) es un homicidio, un suicidio o un*
> *asesinato vegetal* (su imaginación, en el
> último trance, se desboca en un delirio
> febril). *"Don Abdón me dio la semilla, Darío*
> *Esteban me ordenó sembrarla y yo la regué;*
> *ahora el seto me estrangula. Ningún juez*
> *hallará responsabilidades"* se dice. (Págs. 221-
> 222)

Jacinto no tiene esperanza de salvación, la naturaleza
que tanto ama lo ha destruido. Y es que el seto ha sido
alterado; su desarrollo no es normal, hay momentos en
que casi se personifica hasta adquirir características
humanas.

> Jacinto se resiste a encararse con la realidad,
> pero observa que los lábiles tallos primitivos
> se han bifurcado, cuatro ..., dieciséis veces;
> se juntan, se enzarzan, *se enmarañan unos*

> *con otros y no dejan penetrar un rayo de*
> *luz...* De ellas (de las yemas) brotan otras
> rosetas foliares que, a su vez se prolongan en
> estolones, de tal forma que *puede decirse que*
> *el seto camina, esto es, anda.* Y lo más
> inquietante es que el tegumento que reviste
> tallos y ramas *se eriza de minúsculas uñitas,*
> insólitamente *tenaces, que a falta de postes o*
> *paredes donde agarrarse se abrazan entre sí...*
> *Y entre las hojas, tiesas y dentadas, se abren*
> *las flores amarillas, de vida efímera...*
> (Págs. 121-22)

Es interesante notar que junto a esta naturaleza
aniquiladora crece una flor amarilla (como el jacinto)
que, igual que el protagonista, es destruida por el
abrumante crecimiento de los arbustos y su muro que
van formando. Es contra este tipo de progreso, que
trastorna y modifica la vida humana, vegetal y animal,
contra lo que se opone Delibes. El busca una armonía
entre el hombre y la naturaleza, cree en la conservación
del medio y en todo lo que no signifique un progreso
regresivo. En *Un mundo que agoniza,* Delibes dice a
este respecto:

> En mi obra *El libro de caza menor,* hago
> notar que toda pretensión de mudar la
> Naturaleza, es asentar en ella el artificio, y
> por tanto, desnaturalizarla, hacerla regresar.
> Todo cuanto sea conservar el medio es
> progresar, todo lo que signifique alterarlo
> esencialmente, es retroceder. [36]

Retroceder es lo que se hace en *Parábola del*
náufrago. Allí los adelantos de la ciencia americana se

---

[36] *Ibid.,* pág. 83.

han expandido, pero son utilizados no sólo como medio de opresión e incomunicación sino de degradación. En nombre del progreso y la paz, la naturaleza es adulterada para acallar el descontento del hombre. El seto, al ser regado y podado, se convierte en una cárcel desesperante, despiadada, para el "náufrago" Jacinto. Su aroma ya no es agradable, asfixia por su fuerte olor, y sus tallos, al crecer, aprisionan al hombre entorpeciendo así toda posibilidad de escape. Jacinto lucha contra este follaje que se le enreda en el cuerpo.

> *...sigue braceando, pretendiendo desembarazarse de los tallos y camales que le amarran, que le inmobilizan* las piernas *o se le incrustan en el pecho y en el vientre* dificultándole la respiración ... pero el seto le frena con sus mil tentáculos, le sujeta con firmeza y él ... chilla y llora y *si, a veces, demora en mover unos segundos uno de sus miembros ... las uñitas de los tallos ávidas de encontrar una apoyatura se le enroscan,* se le ensortijan, *clavan en el entramado de la bata sus minúsculos aguijones y empiezan a trepar por él como si quisieran devorarlo* ... y experimenta ... la sensación de ser un mosquito atrapado en una tela de araña... (Págs. 143-144)

Todo esfuerzo es inútil. El hombre como Jacinto no posee la fuerza necesaria ni cuenta con los recursos técnicos para salir adelante. Los medios de protección que se le han dado son pobres y no le sirven de nada.

En un estado despótico como en el que vive Jacinto lo que se busca es mantener el poder que se ha adquirido sin dar importancia alguna a los medios utilizados. El proderoso como Abdón, cuenta con el dinero y los medios técnicos que, como dice Delibes, le

permiten la transformación del mundo a su antojo.[37]
La empresa de don Abdón simboliza aquellos países
que en nombre del progreso destruyen la naturaleza y
la corrompen al usarla en contra del hombre.

Técnicas narrativas

Por razones de espacio se analizarán solamente
algunos recursos técnicos que sobresalen en *Parábola
del náufrago:* la estructura, la caracterización de
personajes y el uso de la caricatura, la sátira y la ironía
en la creación de éstos, el monólogo interior, desplaza-
miento de tiempo y espacio, la reiteración, el realismo
mágico, el lenguaje y su estilo. Este estudio no pretende
tampoco hacer un análisis exhaustivo; de hecho, no se
entrará en el origen y desarrollo de cada una de estas
técnicas discutidas, sino que se limitará al uso de ellas
en la narrativa contemporánea y en la obra de Miguel
Delibes.
La novelística actual intenta captar la problemática
del ser humano; el escritor ya no se limita a presentar
un problema en particular; en una sola novela se
cuestiona la condición humana en su totalidad; sin
fronteras de lenguaje o ideología. El novelista contemporáneo ha tomado conciencia de la problemática del
hombre universal. Autores como Miguel Delibes buscan,
a través de la novela, unos valores humanos y morales.
Para lograrlo, Delibes debe recurrir a unas técnicas que
le permitan transmitir la soledad y el caos del hombre
contemporáneo.

Estructura

Críticos como Baquero Goyanes, Andrés Amorós y

---

[37] *Ibid.,* págs. 79-81.

Yerro Villanueva destacan la importancia de la estructura en la novela actual y señalan que los escritores de hoy, en contraste con los anteriores abandonan casi completamente la estructura lineal y se abren a nuevas técnicas.[38] Baquero Goyanes acepta la definición de Jacques Souvage para quien estructura es "...the manner in which the elements other than words are disposed and organized. Structure always implies a process of construcction".[39]

Para conseguir transmitir la inestabilidad del ser humano en el mundo, Delibes hace que a primera vista el lector experimente una ausencia de orden en su novela. Sin embargo, una lectura mucho más detenida permite observar que ese desorden es aparente y que la obra posee una estructura circular interna. *Parábola del náufrago* comienza con la degradación de Genaro Martín y acaba con la de Jacinto San José. Es decir, se vuelve al punto de partida de la narración: la empresa. Esta forma, en apariencia simple, es muy compleja a causa de las técnicas que en ella se usan. No existe en la obra una división ordenada de capítulos; es más, éstos en sí no existen. Lo único que separa el presente del pasado o un acontecimiento de otro es el punto y aparte, una palabra clave, y, a veces, ni eso. Con esto lo que se propone Delibes es mostrar lo absurdo de las condiciones en que vive el hombre de la Empresa Abdón, S. L., y la humanidad en general.

La estructura circular y el "desorden" dentro del "orden" dan al escritor la libertad de mover a sus personajes de un lugar a otro o de anteponer un hecho o una conversación a otra para así dar la causa de la

---

[38] En, Mariano Baquero Goyanes, *Estructura de la novela actual* (Barcelona: Editorial Planeta, S. A., 1972). Andrés Amorós, *Introducción a la novela contemporánea* (Madrid: Ediciones Cátedra, 1981). Tomás Yerro-Villanueva, *Aspectos técnicos y estructurales de la novela española actual* (Pamplona: Ediciones Universidad de Navarra, S. A., 1977).
[39] Baquero Goyanes. *Estructuras de la novela actual,* pág. 18.

situación actual. Por ejemplo, ya desde el comienzo sabemos que Gen ha sido degradado, pero las causas y el efecto de esta disminución no se nos dan juntos sino a lo largo de toda la obra para así hacer más terrible y sobrecogedora la de Jacinto. De éste se nos proporciona la información básica para comprenderlo, pero realmente llegamos a conocerlo mejor gracias a los constantes retrocesos que se hacen a momentos o situaciones ocurridas antes de ser enviado al refugio de recuperación.

Creación de personajes

Es a través de sus criaturas por las que Delibes logra realmente llegar al lector. El personaje es un aspecto de la obra que, por su tratamiento, constituye una de las partes fundamentales de *Parábola del náufrago*. Oscar Tacca en su libro *Las voces de la novela* distingue dos enfoques diferentes en el desarrollo del personaje en la narrativa contemporánea.

> ...el personaje como tema, es decir, como sustancia, como interés central del mundo que se explora, y el personaje como medio, como técnica, es decir, como instrumento fundamental para la visión y exploración de ese mundo.[40]

Se puede decir que en la novelística de Delibes predomina el segundo enfoque. Dicho autor utiliza sus personajes como el medio fundamental para darnos la visión de un mundo deshumanizado. Los personajes de *Parábola del náufrago* se convierten, como dice Tacca,

---

[40] Tacca, Oscar: *Las voces de la novela* (Madrid: Editorial Gredos, S. A., 1978), pág. 131.

en "fuentes de información" de ese mundo caótico y absurdo en que moran.

Si hay en la narrativa de Delibes un personaje donde se note el influjo de su experiencia como caricaturista, éste es don Abdón. En él, Delibes ha unido características masculinas y femeninas, ha creado, para los hombres de la Empresa, el hombre perfecto, pero la imagen que recibe el lector de este déspota más que causar respeto y admiración, produce una sensación irrisoria, caricaturesca. En su mundo, don Abdón es el símbolo de la autoridad, es duro, fuerte y a la vez bondadoso con sus súbditos. Posee unos rasgos físicos que si por un lado infunden temor, confusión y seguridad entre la gente que gobierna, por otro causan al lector una reacción de repulsión y de risa puesto que su aspecto más que de un hombre es el de una caricatura. Don Abdón es presentado al lector:

> ...*encuclillado* sobre el ara, *los brazos cruzados sobre las maternales tetitas desnudas, negros los pezones,* como un buda... *En la piscina ... suele cubrirlos (los pechos) con un sujetador de lunares rojos, pero ahora los exhibe desnudos, turgentes y picudos como dos melones* ... junto a los pechos, están los bíceps tensos, trabados como nudos ... en paradójico contraste con sus negros pezones nutricios, y aquellos músculos junto a las turgencias bamboleantes le cohiben (a Jacinto) como si sorprendiera a una mujer y un hombre desnudos, pegados el uno al otro. (Págs. 23-24)

A sus atributos físicos el autor agrega un ridículo comportamiento. Si sus actos suscitan en el pueblo una reacción de alegría, admiración y respeto, lo que percibe el lector es algo completamente diferente.

Delibes logra que el lector se rehuse a admitir la
dictadura de un hombre que por atraer la atención y
conseguir el cariño de la gente es capaz de todo, hasta
de actuar como un tonto.

> *Mayor conmoción producía aún en el verano*
> *su llegada a la piscina, coreada por los*
> *altavoces con el pasodoble "El único",* a
> cuyos compases la gente iba saliendo del
> agua y arrimándose a los bordes ... en espera
> de que él (don Abdón) apareciese *con su*
> *bikini blanco de lunares rojos y el flotador*
> *verde ceñido a su cintura ... sumergía su*
> *cabeza cuadrada durante unos segundos* y
> pateaba el agua rabiosamente, mas *jamás*
> *conseguía que su amplio pintojo desapareciese*
> *bajo la superficie del agua* ... la gente ovacio-
> naba cariñosamente hasta que se eclipsaba
> en la tienda de rayas blancas y azules (diez
> veces más grande que la de Gen). (Págs. 26-
> 27)

Don Abdón simboliza en su físico y su comportamiento
lo absurdo del totalitarismo.
   La caricatura de este hombre es llevada al máximo
cuando el escritor recurre a la pintura. Hay aquí una
clara influencia de Goya, en particular la pintura
titulada "Disparate femenino". En ella mujeres jóvenes
y bellas mantean a un mozo de trapo. Esta pintura
produce en el espectador una sensación de alegría,
energía y vitalismo. En *Parábola del náufrago* todo se
encuentra invertido; las jóvenes se convierten en unas
ancianas que apenas pueden sostenerse y que han
reservado todas sus fuerzas para un día tan importante
como la "festividad del mártir". El mozo se torna en un
individuo viejo y gordo, símbolo de todo lo negativo de
la dictadura. Don Abdón, antes de ser manteado es

ataviado como un Emperador, "incensado, ungido y coronado de laurel", para seguidamente pasear por las orillas de la ciudad, donde es aclamado por el pueblo concluyendo con el manteamiento *en brazos* de las viejecitas.

> ...desprendiéndose de los ramos de rosas y claveles ... *se apeaba de su trono flotante* entre las aclamaciones de la multitud y *se sentaba, empingorotado y afable, sobre las manos entrelazadas de las seis ancianitas del asilo, quienes al recibir sobre sí la dulce carga,* estimuladas por los aplausos ... del gentío, *corrían y corrían como cucarachitas negras* ... simultáneamente, *tensaban sus bracitos entelecos y lanzaban al aire a don Abdón para volver a recogerle, sobre sus manos trémulas* ... y don Abdón se atragantaba de la risa ... y sus carcajadas se contagiaban a la multitud sublimada por el espectáculo... (Págs. 89-90)

Don Abdón, al bajar de su círculo y mezclarse con el pueblo, logra las aclamaciones, el cariño y la admiración de la gente común; mas, ese efecto que consigue en la gente no lo alcanza, sin embargo, con el lector. A éste no puede engañarlo porque el lector sabe que todo es una farsa y que don Abdón representa no sólo la falsedad del hombre sino la imperfección de las autarquías. Al ser manteado don Abdón, Delibes insiste nuevamente en sus rasgos y reacciones, pero nuevamente con el propósito de caricaturizarlo.

> ...*hacía gorgoritos como los niños de pecho cuando ríen y decía, siempre decía* "otra vez, otra vez; me gusta más que el año pasado", ...y ... tan pronto advertía que las ancianitas

eran incapaces de enderezarse, *se ponía de pie a regañadientes,* se sujetaba la túnica ... y les daba una moneda reluciente a cada una: "Para pipas", decía paternalmente... (Pág. 91)

Pero si en la caracterización de don Abdón, Delibes provoca la risa del lector, en la de Jacinto San José lo que consigue es la impotencia, el deseo de luchar contra los sistemas opresivos. En Jacinto, Delibes encarna al hombre común capaz de sentir el miedo y las tensiones de un sistema mecanizado y gobernado por una autarquía que le impide ser él mismo, con sus cualidades y defectos. Al trazar la personalidad de Jacinto, más que en un aspecto físico, Delibes insiste en la condición humana. La personalidad de don Abdón está plasmada casi desde el comienzo de la obra, lo que se va es complementando; mientras que la de Jacinto *se va haciendo* ante nuestros ojos. Es un ser que va cambiando de acuerdo a las situaciones y circunstancias en que se encuentra.

> *...a primera vista, viene a ser un hombre del montón:* ni alto, ni bajo, ni grueso ni flaco ... *un hombre en serie* de ojos azules (grises pálidos junto al mar, que Jacinto añora, o las tardes brumosas), difuminados y aguanosos ... da la impresión de ser miope y a lo mejor lo es... *Parece más bien un hombre meticuloso (Jacinto) y anhela la seguridad personal ... no es obcecado ni indiferente. Con sus jefes se muestra respetuoso quizá por un sentimiento innato de sumisión ... quizá ..., porque es tímido.* (Págs. 16, 17, 18, 19)

Como se puede observar, los rasgos de Jacinto no son

objeto de sátira ni de caricatura, son los de un hombre sencillo, común, pero al mismo tiempo "meticuloso" y sensitivo. Más que agresivo es tranquilo y sumiso. Es el tipo de hombre que Delibes precisa para poder demostrar lo cruel y absurdo que resulta para el hombre común vivir en un estado dictatorial.

La transformación de Jacinto ocurre gradualmente y está básicamente motivada por su cuestionamiento del sistema. Ha querido saber qué es lo que suma, pero su peor error ha consistido en enfrentarse a Darío Esteban y decirle que él también ha dudado antes de alcanzar la posición de la que goza ahora. Su aislamiento en la cabaña permite que lo conozcamos más a fondo a través de sus dudas y su deseo de recuperar la libertad. El hombre tímido y sumiso se torna rebelde y hasta cierto punto cruel. Lo que le interesa, al verse cercado por el seto, no es ya hallar la paz en las plantas y aves sino encontrar un medio para escapar. Esto se ve claramente cuando al sentirse acorralado, decide enviar mensajes pidiendo auxilio, atados a las patitas de los pájaros.

> Jacinto *vacila* ante los agateadores, *pero la llama de malignidad que ya ha aflorado en otros momentos de su reclusión, domina en él, extiende la mano y los atrapa* (a los agateadores) *sin precaución alguna...* A poco se olvida de ellos (Jacinto), *se metamorfosea en una alimaña acechante,* con su ojo luminoso y sus zarpas insaciables. (Págs. 198-199)

El ambiente represivo en que ha vivido Jacinto le ha impedido desarrollarse; ni encaja en el mundo de Darío Esteban o César Fuentes y su pandilla, ni halla amigos con quienes pueda relacionarse. Todo esto ayuda a comprender su transformación del hombre pacífico, débil y tímido a uno confuso, cruel, "violento" e indiferente.

Jacinto no cree en la violencia, pero las circunstancias en que se encuentra justifican sus reacciones.

> ...las docenas de pájaros se estrellan contra las paredes y los cristales y caen al suelo agonizantes, pero él, (Jacinto) no repara en las víctimas, no le conmueve ahora hallar montones de cadáveres si a costa de ello recupera su libertad... (Pág. 200)

El miedo a la muerte, a la soledad, hacen que Jacinto pierda la noción de lo bueno y lo malo, del tiempo y la realidad. Al final no le importa nada, todo le es igual porque sabe que haga lo que haga nunca podrá escapar a su estado de regresión. Es en este hombre que Delibes logra transmitir lo absurdo de las teorías del sistema ABDON S. L., o cualquier otro estado dictatorial.

Al hacer que Jacinto tome las grageas ya casi al final de la obra, Delibes complementa la magistral creación de este personaje; las pastillas no sólo apresuran la degradación física sino también la mental. A su regresión "real" antecede una "irreal". Su piel se torna transparente y los tallos del seto comienzan a introducirse en su cuerpo. La situación es realmente absurda, pero real, verosímil ante los ojos del lector, quien *ve* cómo los tallos van penetrando rápidamente en su cuerpo. Todo esto, que ocurre como en un sueño, prepara al lector para aceptar la transformación del personaje en borrego.

> ...jacinto ha prescindido del pasado y del futuro y no ve sino el presente inmediato, y ... no le desagrada ... experimenta un deseo de encorvarse... Finalmente se agacha, pone sus manos y rodillas sobre las baldosas y camina hacia adelante con asombrosa agili-

dad. Y le place andar así, a cuatro patas, y mira engolosinado las tentadoras hojas verdes... Se aproxima (jacinto) a las más bajas (las hojas), abre la boca, las siega con sus incisivos herbívoros y las engulle en un santiamén. (Pág. 223)

En la metamorfosis de Jacinto, Delibes muestra la injusticia de los poderosos, de los que cuentan con los retiros, con el dinero, la ciencia y la técnica para humillar, para someter y aniquilar al hombre. El escritor ha tenido que recurrir a un individuo como Jacinto porque su miedo, su timidez y su sumisión inicial permiten que el caos y la rebelión que se produce en el refugio aparezca mucho más creíble.

La caracterización de ambos, Jacinto y don Abdón, es difícil de olvidar, tanto por lo que significan ideológicamente como por las notas caricaturescas en el desarrollo del primero. Después de leer *Parábola del náufrago* no se puede borrar la imagen del hombre débil y común dominado por un ser como "el padre más padre de todos los padres", don Abdón.

Ironía

En páginas anteriores, al referirnos a la ironía se ha puesto de relieve cómo Delibes la usa en la caracterización de personajes. La ironía sin embargo, es algo que se encuentra no sólo en los caracteres, sino en toda la obra. Las acciones de Abdón y sus ayudantes están en apariencia dirigidas hacia el bienestar de la gente de la Empresa, es lo que realmente piensan las masas ignorantes y es lo que les hacen creer a ellas. La ironía de la obra está en que todo es lo contrario de lo que se dice; ciencia, deportes, cultura, técnica, etc., no benefician en nada al hombre, lo someten.

Sally Kubow, al hablar de ironía, cita a Kirkegaard,

quien piensa que la ironía "fuses aesthetic and ethical stages of spritual development. The object of irony is not a particular person or a specific existence, but all existence".[41] Esto es precisamente lo que ocurre en *Parábola del náufrago;* aquí el objeto de la ironía no es sólo don Abdón, sino todo un sistema dictatorial que mantiene a las masas en una existencia absurda.

Monólogo interior

Parábola del náufrago es una obra que por su complejidad de temas requiere que Delibes recurra al monólogo interior como medio narrativo, para así, de una manera más real, presentar las condiciones del hombre del siglo XX.

El monólogo interior es una táctica a través de la cual el escritor contemporáneo intenta dar una visión caótica de la existencia humana y del mundo. Críticos como Oscar Tacca lo definen como:

> ...un descenso en la conciencia que se realiza sin intención de análisis u ordenamiento racional, es decir, que reproduce fielmente su devenir (en lo que tiene de irracional y caótico), conservando todos sus elementos en un mismo nivel ... porque su verdadera realidad está dada en el plano de la expresión mediante un discurso que rompe definitiva-mente con los caracteres peculiares que el análisis introspectivo (causalidad, simplicidad, claridad) había consagrado en el monólogo o soliloquio tradicional.[42]

---

[41] Hargrave Kubow, Sally Ann. "The Novel as Irony: Luis Martín-Santos, *Tiempo de silencio".* Tesis doctoral. University of California, Riverside, 1978, pág. 35.

[42] Tacca, pág. 100.

Tanto Tacca como otros críticos[43] señalan que en dicha técnica existen unas variantes: el monólogo interior directo y el indirecto. Silvia Burunat apunta que el monólogo interior "se usa para representar el contenido psíquico y los procesos mentales dèl personaje".[44] Y, al exponer la diferencia entre las dos variantes anteriores, explica que el monólogo interior directo "se representa con la mínima interferencia por parte del autor y sin asumirse un oyente".[45] Al mismo tiempo es el tipo de monólogo que da la sensación de ser un discurso que brota del personaje mismo.

En *Parábola del náufrago* el monólogo interior directo se da en momentos culminantes de la novela cuando Jacinto San José pierde conciencia de lo que hace y dice.

> ¿Qué le ocurre, Jacinto San José? Tiene mala cara. Me mareo al hacer ceros. Es chocante, usted no hace ceros sino oes ¿no lo había advertido? Eso son habladurías malignas doctor, a las que usted no puede prestar oídos... Rey reinando, por las montañas, tirando cohetes con una caña. ¿Por qué dice tonterías, Jacinto San José? Hable del cerrojo, ¿Cree usted que el cerrojo está destruyendo el fútbol espectáculo? La mosca no es lo malo, Darío Esteban, sino pensar en la mosca... La única oportunidad que tuvimos los humanos, la Torre de Babel, la desaprovechamos inú-

---

[43] Entre los críticos que se ocupan de la técnica de fluir de la conciencia y el monólogo interior están, entre otros, los siguientes: René Marril, *Metamorfosis de la novela* (Madrid: Taurus Ediciones, S. A., 1971). Melvin J. Friedman, *Stream of Consciousness: A Stury in Literary Method* (New Haven: Yale University Press, 1955). Agnes y Germán Gullón, *Teoría de la novela (Aproximaciones hispánicas)* (Madrid: Taurus Ediciones, S. A. 1974). Mariano Baquero Goyanes, *op. cit.* Silvia Burunat, *op. cit.*

[44] Burunat, pág. 19.

[45] *Ibid.*, pág. 20.

> tilmente... Entonces, ¿insinúa usted, Jacinto
> San José, que el orden no es libertad? ¡Sota,
> sotiña, debajo la coma tienes la tiña!... Para
> papá, por favor, que me caigo... (Pág. 209)

El personaje, en estos momentos, no está consciente de sí
mismo y por tanto no ordena su discurso de una
manera coherente; todo lo mezcla, su vida, la de Gen,
las reuniones con los médicos, las conversaciones con
Darío Esteban, los razonamientos en la cabaña, etc. La
presencia del narrador no se siente, lo que se percibe es
el estado caótico y delirante del personaje.

En el monólogo interior directo Delibes recurre al
uso de la segunda persona del singular. Con este
recurso, el autor logra que Jacinto haga a un lado su
miedo y su timidez para enfrentarse con su *yo*
subconsciente. Es así como sale a flote lo que realmente
piensa de los demás y de sí mismo y verdaderamente lo
llegamos a conocer.

Uno de estos primeros desdoblamientos, ocurrido
mientras habla con doña Palmira acerca de su familia,
revela el temor de Jacinto a tener hijos.

> Eres un bicho raro, Jacinto, ya ves, otros
> hombres a tu edad: casados y con un hogar
> que mantener. Sí, ya lo sé, haber si crees que
> me chupo el dedo, Jacinto, figúrate si te
> conozco ..., lo que tienes es miedo, no di-
> simules, miedo y nada más que miedo, y con
> tus reservas lo que quieres es evitar tener un
> hijo como tú, tan desconcertado y pusilánime,
> o como Gen ... que por mucho que digas que
> Gen es feliz porque ha superado el complejo
> racional de pensar la mosca, a ti no te
> agradaría un hijo como Genaro... (Págs. 42,
> 43)

El narrador desaparece completamente para dejar que Jacinto manifieste el miedo que no se atreve a exteriorizar frente a los demás. Al desdoblarse, el *tú* del personaje se encara con él en un tono directo y agresivo que el *yo* nunca se arriesgaría a usar.

Estos desdoblamientos, que normalmente se llevan a cabo mientras Jacinto se mira en el espejo, aparecen en letra cursiva y ayudan a que el *tú* haga ver al *yo* la conveniencia de seguir el juego a don Abdón.

> Sin pretenderlo, se ve en el espejo (Jacinto) y se saluda y se dice, Jacinto, hombre de Dios, ¿qué haces tú aquí? ..., el Doctor no pudo ser menos explícito, comer bien, dormir, tomar el aire y estas pildoritas, muy sencillo, pero el apetito y el sueño ¿en qué botica se compran? ... en cuanto se pase Jacinto, a delegar ¿oyes?, no te me vuelvas atrás, delegas y se acabó. Como los demás, natural, lo que no se puede no se puede, que es mucho ese lujo de querer vivir contra corriente. ... ¡Je!, eso ríete ahora, lo que faltaba... lo primero aprender la lengua de tus compañeros, ¿oyes?
> (Págs. 113-114)

El tú le obliga a ver la realidad tal cual es. Lo fuerza a reconocer lo complejo y problemático de la condición humana dominada por el poder y el dinero.

> ...vienen los vivos y te dicen "todos los hombres somos iguales; Cristo lo dijo", eso dicen, pero eso no quita para que unos hombres echen a otros a las fieras, o a las mazmorras, o al gas y además, que esto es lo chusco, te demostrarán que eso es lo justo y lo razonable... (Pág. 136)

Si se lee todo este desdoblamiento (págs. 134-138) se entrevé que a lo que se refiere el *tú* es a la falta de justicia, a la falsedad de los sistemas donde la palabra del débil no cuenta para nada.

O sea que, la función del monólogo interior en *Parábola del náufrago* consiste en exaltar lo absurdo, lo irracional de los postulados de una organización dirigida hacia la producción y el consumo y que ignora los sentimientos del hombre y su sensación de fracaso.

Tiempo y espacio

Andrés Amorós en su libro *Introducción a la novela contemporánea* señala que el novelista contemporáneo ha tomado conciencia del elemento tiempo y que a partir de Proust la novela significa un reencuentro con el tiempo pasado. Agrega que la conexión entre los recuerdos y las vivencias actuales es tan íntima que muchas veces se pasa de un plano a otro sin anunciarlo claramente al lector.[46]

El empleo de tiempo y espacio no tiene en *Parábola del náufrago* un proceso normal. Sabemos el comienzo y el final de la obra, pero no el tiempo exacto que ha transcurrido entre la degradación de Gen y la de Jacinto. Ese insistente ir y venir de los recuerdos impone en la novela una movilidad del espacio. Ambos, tiempo y espacio, se encuentran fuertemente unidos como técnicas.

El tiempo es algo por lo que Jacinto tiene casi obsesión al llegar al refugio.

> Jacinto ... se pone en pie y entonces comprueba que el rectángulo verdeguea en torno al refugio *aunque apenas han transcurrido*

[46] Amorós, Andrés. *Introducción a la novela contemporánea* (Madrid: Ediciones Cátedra, 1981), pág. 85.

> *catorce horas...* Después de dar la vuelta a la
> casa, se dirige a la portilla de troncos y la
> abre y la cierra una docena de veces. *En*
> *apenas cuarenta y ocho horas la portilla ha*
> *adquirido un sentido:* el seto delimita ya una
> superficie, acota un campo cerrado. (Págs.
> 72, 93)

Sin embargo, la conciencia del tiempo se va perdiendo
poco a poco a causa no sólo de la tortura y el encierro
de Jacinto sino también de los constantes retrocesos
mentales de tiempo y lugar. El personaje deja de contar
las horas para hablar de los días que han pasado sin
que sienta dolor físico

> Jacinto abre los ojos y ve por primera vez en
> varios días no siente los latidos en las sienes,
> los lumiacos en la espalda, ni las punzadas en
> la nuca... (Pag. 120)

para finalmente darse cuenta de que ha perdido la
noción del tiempo, que no sabe ni siquiera el mes o día
en que vive.

> Al salir del servicio ... tropieza con el calen-
> dario; MAYO. "¿Qué día de mayo?", se
> pregunta. Y examina las cifras negras y rojas
> y se dice a modo de orientación: "El cinco
> nos pusimos en viaje". Se esfuerza por
> atrapar un indicio ... rememorar aconteci-
> mientos, ordenarlos cronológicamente, apela
> al seto ... corre hacia el transistor ... pero
> tras la conección, el silencio se espesa.
> ... Ante el calendario de nuevo, pasando
> revista a los números, del 6 al 31, espera ...-
> que una lucecita o cualquiera otra prodigiosa
> señal, le revele, inesperadamente, el día en
> que vive. (Pág. 179)

Jacinto no consigue coordinar sus ideas a pesar de sus esfuerzos. Todo se ha mezclado en sus recuerdos, presente y pasado, hasta producirle una confusión total.

Los desplazamientos de un lugar a otro, tal como ocurren en *Parábola del náufrago,* serían imposibles si no fuera por el retroceso, técnica propia del cine pero usada con mucha frecuencia por los escritores contemporáneos. El retroceso permite que Delibes vuelva, con la frecuencia que sea necesaria, del refugio a lugares claves de la Empresa donde han ocurrido hechos que justifican las reacciones de Jacinto.

Estas marchas hacia atrás y adelante no ocurren de una manera ordenada, de aquí que el lector se vea obligado a encontrar el sentido del texto. Lo único que separa, por ejemplo, la escena donde Gen se acerca a la perrita del Director de la Banca y el comienzo de la estancia de Jacinto en el refugio, cuando éste escucha los ruidos de las aves y han transcurrido catorce horas desde que sembró el seto, es la alusión al campo y un punto y aparte no convencional.

> ...se quitó la chaqueta y se tumbó coma las manos en la nuca coma a la solisombra de los álamos coma profundamente contrariado *punto y aparte...* Al sol hace excesivo calor y a la sombra, batida por una fina brisa serrana demasiado frío... De pronto, en la base del árbol, divisa ... al agateador trepando en espiral por la corteza con sus patitas de fideo y ... advierte que el seto existe ya... (Págs. 69, 70, 71)

En otras ocasiones una palabra es la clave para que el lector se dé cuenta de que la acción ha cambiado de escenario. Un buen ejemplo es cuando Jacinto, sofocado por el aroma del seto y el ruido de los pájaros, comprueba que sus esfuerzos por destruir el seto que lo acorrala han sido nulos. En este punto el personaje acumula sus últimas energías para finalmente optar por llorar.

> Jacinto se tambalea, está a punto de caer, y agachado como está, se cubre los ojos con las manos y rompe a llorar acongojadamente mientras murmura: "¡Estoy encerrado; esto *es una barrera inexpugnable!" ... —Barrera—* dijo (Jacinto) y colocó las dos fichas rojas en el seguro, una junto a la otra, mientras doña Palmira palmoteaba, plá-plá-plá... (Págs. 130-131)

La palabra *barrera* es lo único que separa una escena de la otra. El propósito de este retroceso y cambio de lugar es producir un remanso, para inmediatamente volver a la carga con un monólogo interior y otro cambio de lugar que regresa a Jacinto al refugio con otra palabra clave —callar (pág. 138).

Este constante ir y venir de tiempo y espacio hace que el lector viva los momentos de angustia y los pocos remansos de tranquilidad que se producen en el personaje. Dentro de este desorden, hay un orden que se va captando poco a poco; todo tiene una lógica y un propósito.

En ese constante movimiento de lugar hay ocasiones en que Delibes se acerca al personaje como en un primer plano cinematográfico. En estos casos el lector se percata de que el escritor se concentra en una persona o en un lugar que ocupa toda la "pantalla". Esto sucede en la escena donde al dejar de sentir los tallos penetrándole en el cuerpo, Jacinto empieza a notar sus cambio físicos.

> Advierte algo raro, suelta otro botón, agacha

la cabeza y mira. Jacinto nunca fue hombre
de pelo en pecho y, sin embargo, ahora,
sobre el esternón, le brotan unos vellones
tupidos, color beige, que le abrigan y, al
propio tiempo le producen prurito. El color
del vello no le sorprende... puesto que
Jacinto es extremadamente rubio... pero sí le
extraña este súbito brote capilar, ya que por
su edad (cuarenta años) le corresponde ir
perdiendo el escaso vello de sus pantorrillas.
Levanta una pierna, recoje el pantalón, baja
el calcetín y examina ésta... y... se queda
perplejo porque sus canillas son delgadas y
uniformes (sin corvas), apenas un hueso
recubierto por una pilosa piel blanca.
(Págs. 216-217)

El lector ve la perplejidad de Jacinto al examinarse e
igual que el personaje se desorienta, se confunde ante
lo absurdo del cambio. Lo que sucede es que como en
el primer plano cinematográfico, al aislar al personaje
de esa forma, Delibes ha conseguido que *el objeto* pase
a ser la representación viva del concepto que quiere
presentar.[47]

Realismo mágico

El realismo mágico es un elemento muy importante
en la novela hispanoamericana y española. Aunque al
estudiar este fenómeno los críticos se han ocupado más
de escritores hispanoamericanos, cabe decir que este
recurso se manifiesta también en algunos escritores
españoles contemporáneos, entre ellos Miguel Delibes.

---

[47] Perelman, Pablo. "Pequeño Diccionario Cinematográfico', *Cine,* 2,
núm. 17 (1979), pág. 37.

Antes de entrar en *Parábola del náufrago* y hablar
un poco del realismo mágico de esta obra, conviene
hablar un poco de este recurso narrativo. Alexis
Márquez Rodríguez en su libro *Lo barroco y lo real
maravilloso en la obra de Alejo Carpentier* habla sobre
la diferencia que existe entre surrealismo, realismo
mágico y lo real maravilloso. Dichos fenómenos en su
opinión están suavemente vinculados entre sí. Lo que
nos interesa en este punto, sin embargo, no es discutir
la diferencia entre "realismo mágico" y lo "real
maravilloso". Por ahora nos limitaremos a dar una
definición del primero y analizar algunos pasajes
donde Delibes emplea este recurso.

No existe hasta ahora una definición terminante del
realismo mágico como la hay del surrealismo, de ahí
que a veces sea confundido con lo real maravilloso.[48]
Sin embargo, críticos como Anderson Imbert en su
libro *El realismo mágico y otros ensayos* y Márquez
Rodríguez en la obra antes mencionada han intentado
definir dicho fenómeno. La interpretación más convincente parece ser la del segundo crítico. Márquez
Rodríguez presenta una visión más clara de lo que es el
realismo mágico. En su opinión:

> ...en el realismo mágico... se parte de una
> realidad concreta, sea natural, social, histórica
> o psicológica... Luego, aquella realidad con-

---

[48] Márquez Rodríguez, Alexis. *Lo barroco y lo real maravilloso en Alejo
Carpentier* (México: Siglo Veintiuno Editores, S. A., 1982), pág. 43. Este
crítico habla del desarrollo de estos tres fenómenos y ofrece unas definiciones
bastante claras. Otros críticos que se ocupan del surrealismo y que ayudan a
separar el surrealismo del realismo mágico son, entre otros: Víctor García de
la Concha, *El surrealismo* (Madrid: Taurus Ediciones, S. A., 1982). Stefan
Baciu, *Antología de la poesía surrealista latinoamericana (1871-1945)*
(México: Editorial Joaquín Mortiz, S. A., 1974). Graciela de Solá, *Proyecciones
del surrealismo en la literatura argentina* (Buenos Aires: Ediciones Culturales
Argentinas, 1967). Maurice Nodeau, *Historia del surrealismo* (Barcelona:
Editorial Ariel, 1972). Fernando Arrabal, *Revolución surrealista a través de
André Bretón* (Caracas: Monte Avila, 1970).

creta es tratada o elaborada mediante la imaginación creadora en un proceso gradual que se va desarrollando hasta alcanzar el nivel de la fantasía. De ese modo se termina por "crear" una nueva "realidad" de tipo fantástico o mágico. Es decir, una nueva "realidad" estética, que contraría las leyes naturales, la lógica, el pensamiento racional... este proceso no siempre se cumple en forma consciente e intencional... Son varios los procedimientos mediante los cuales una realidad concreta se transforma en una nueva realidad fantástica o mágica. Uno de ellos es la exageración, abundante... la deformación grotesca de la realidad... pero esta nueva realidad fantástica no corta totalmente sus amarras con la realidad concreta... el lector percibe en primer plano la imagen de la nueva realidad fantástica... (pero) intuye debajo la realidad concreta... De ese modo disfruta del placer estético que provoca la estructura fantástica de la imagen literaria, y reserva el plano lógico y racional...[49]

Esto es precisamente lo que ocurre en *Parábola del náufrago,* donde Delibes, partiendo de una realidad concreta, una dictadura, la va transformando hasta crear una realidad fantástica a nivel tanto de sociedad como de personaje.

En la línea social, la empresa de Don Abdón S. L., es una organización que gradualmente va adquiriendo una dimensión que raya en lo fantástico. Esto lo logra el escritor por medio de la exageración de las normas, castigos y celebraciones que carecen de toda lógica. En la sociedad de la novela el correctivo se ha convertido

[49] *Ibid.,* págs. 39-41.

en premio. Las leyes naturales han sido alteradas en nombre de lo que don Abdón llama orden y libertad; la realidad social de una autarquía se ha modificado para dar a las masas la visión de un paraíso seguro y auténtico y la naturaleza, al ser prostituida por la ciencia, crece de forma desmesurada e incontrolable. La empresa Abdón S. L., se convierte así en un estado fantástico donde todo es posible, desde las reprimendas tontas como las de Darío Esteban, consistentes en arrodillar en la esquina a los desobedientes, hasta la castración, el lavado de cerebros, la despersonificación y degradación.

Es en la situación extremada de Jacinto San José donde Delibes recurre más al realismo mágico. El novelista parte de una realidad concreta: Jacinto es tímido y ha sido castigado por cuestionar un sistema opresor, pero a nivel externo, es un desagradecido que no ha sabido apreciar lo que le ha ofrecido el estado.

Una vez que el lector está completamente familiarizado con las inmoderadas reprimendas, Delibes, después de mostrarnos la desesperación del personaje, procede a su completa transformación. En la metamorfosis de Jacinto el lector no pierde el nivel fantástico del real; sabe de antemano que la transmutación es lo más normal en casos como el de Jacinto, lo que no anticipa es que sea diferente de la de Gen. Por otro lado, el truco de las grageas permite que se suponga otra reacción en el personaje —la tranquilidad, por ejemplo. Pero contra lo que se prevé, Jacinto experimenta la implantación de los tallos en su cuerpo. Todo se efectúa de una manera tan ilógica que Delibes logra crear una situación mágica, fantástica.

La siguiente cita es larga, pero sólo así se logrará captar el arte mágico de Delibes. El personaje ha sido ya penetrado por ocho tallos que se han introducido por el ano, el pene, la uretra, la boca, oídos y los ojos.

Una vez dentro de su cuerpo... los tallos
invasores avanzan por estos itinerarios: El
que penetra por el ano, franquea el recto (los
conductos son también transparentes como
tubitos de plástico), zigzaguea por el intestino
grueso, el intestino delgado, franquea el
duodeno y accede al estómago, donde se une
con la cabeza del tallo que entró por la boca
y que ha arribado allí (al estómago) a través
de la faringe y el esófago. Sin embargo este
último tallo, tan pronto atraviesa la boca, se
bifurca y, mientras uno marcha hacia el
esófago... otro camina por la laringe y la
tráquea y una vez allí, se divide en un haz de
tallos como hilos que se adentran en los
bronquios y los alveolos, alojándose en los
pulmones. El... que se adentró por el pene,
sube por la uretra, da la vuelta a la vejiga, se
bifurca a su vez, y cada cabo aboca a un
uréter, trepan por ellos, afrontan los cálices
renales y acceden a los riñones. Los tallos
que penetraron por los oídos, afilados como
agujas, perforan los tímpanos, recorren los
huesecillos martillo, yunque, lenticular y estribo
y se enquistan en los oídos internos... Y así
que los centros vitales del cuerpo y del cerebro
han sido ocupados...se produce el golpe de
savia, súbitamente los tallitos refuerzan su
verdor, se hinchan... y Jacinto experimenta
un dolor progresivo... hasta que los brotes
estallan en una eclosión brutal... con el
desgarrón de los conductos vitales, el cuerpo
de Jacinto pierde transparencia, se hace
opaco y va cobrando un tono pardo-grisáceo,
ceniciento... (Págs. 212-214)

Debajo de esta fantasía está la realidad social de la

Empresa que elimina todo aquello que se le opone. O sea que la metamorfosis de Jacinto es real, pero se exagera para crear una doble realidad.

El laberinto

El laberinto es otro recurso utilizado por los escritores contemporáneos. En dicha técnica, normalmente se describen lugares llenos de calles u objetos ordenados de tal forma que confunden al personaje, quien no acierta a encontrar una salida. Yerro Villanueva señala que la técnica del laberinto responde a una motivación de contenido. En su opinión, en las novelas donde se utiliza el laberinto, surgen personajes que caminan de un lado para otro.[50] El crítico complementa su concepto de esta técnica citando a Javier Ludovic para quien:

> El deambular-deliricción es la expresión de la impotencia para comprender, la imposibilidad de 'vivir con': refleja claramente una inadaptación. No es casualidad por ello que la tragedia moderna, a partir de Kafka, se esprese en términos de espacio, sobre todo a través de la imagen del laberinto, por el que avanza solo y a tientas el personaje desorientado.[51]

El novelista para alcanzar el laberinto recurre a varios medios, entre ellos el tiempo lento, el contrapunto, la narración enmarañada, la presentación de personajes y los juegos en el tiempo y el espacio.[52]

---

[50] Yerro Villanueva, pág. 149.
[51] *Ibid.*
[52] *Ibid.*

La técnica del laberinto en *Parábola del náufrago* se encuentra primordialmente en la concepción que se tiene del mundo. El hombre vive prisionero, atado a una sociedad dirigida hacia la productividad y es absorbido, atrapado por ese sistema. Este sentimiento lo transmite el escritor por medio de la creación que hace de la empresa, sus personajes y un constante movimiento del tiempo y espacio. El laberinto se encuentra además, en la cabaña y el seto que aprisiona a Jacinto San José, en su constante lucha por destruir la descomunal naturaleza, que al irse extendiendo, le va cerrando las salidas.

> ...todo su cansancio y debilidad se disipan al abrir la puerta de la cabaña y toparse con el muro vegetal que le cierra la visibilidad por todas partes... llega hasta él el chapaleo... del riachuelo..., entreverado por la llamada de un macho de perdiz..., y la estridencia melodiosa del ruiseñor... Pero al abrir los ojos no puede ver el riachuelo, ni el molino... porque el seto..., se lo impide... Jacinto se resiste a encararse con la realidad, pero observa que los lábiles talles se han bifurcado..., se juntan, se enzarzan... y no dejan penetrar un rayo de luz... (Págs. 120-121)

Lo que se enreda, se bifurca y confunde al personaje, son las plantas que crecen ante sus ojos produciéndole un ahogo y angustia terrible.

> ...el seto... le cierra el paso, compone un cuerpo con la casa... deplora haber eliminado las tablas de los bancos y la cama, las tarimas y los troncos del revestimiento que, debidamente enlazados, a manera de bolsa, podrían tal vez haberle servido para tender un puente

sobre el seto y recobrar su libertad...
(Págs. 186-187)

El personaje intenta toda fuga posible, corta las plantas, empieza a abrir caminos que al día siguiente desaparecen, envía mensajes en las patas de los pájaros o en botellas que se rompen al ser lanzadas contra rendijas, o, se sube al techo para pedir ayuda a Darío Esteban, pero todo hace que vuelva al punto de partida. No hay salida, la única que existe es la resignación, la indiferencia o la degradación.

Lengua y estilo

Desde el punto de vista estilístico, *Parábola del náufrago* ofrece al lector otra perspectiva de lo que Delibes puede hacer como novelista. Es en esta obra donde el escritor lleva a cabo una serie de experimentos lingüísticos en los que si bien no se destruye el lenguaje, casi se llega ha hacerlo.

Lo primero que se nota en la novela es el uso de signos gramaticales escritos no como signos convencionales sino con palabras.

Tras la verja coma a la derecha de la cancela coma junto al alerce coma se hallaba la caseta de Genaro abrir paréntesis al que ahora llamaban Gen dos puntos ¡Toma, Gen; Ven, Gen! cerrar paréntesis coma como de muñecas coma... el tejado de pizarra gris y cuando llovía o Baudelio Villamayor el jardinero abrir paréntesis en cuyo invernadero inició Jacinto su movimiento Por la Mudez a la Paz cerrar paréntesis regaba el tejado... tornábase negro... (Págs. 9-10)

La preocupación de Delibes por la lengua como medio

de comunicación se hace patente en la invención de
nuevos idiomas como el de "Por la mudez a la paz".
Este experimento lingüístico no lo lleva a cabo el
escritor con el fin de probar que está al corriente de las
nuevas técnicas. Lo que intenta Delibes es mostrar que
el lenguaje, al ser abusado por el hombre, pierde su
pureza y significado original para convertirse en un
elemento aromático y sin sentido. En el lenguaje del
"contracto", Jacinto ve el elemento ordenador que
necesita la humanidad para vivir en armonía. Lo que
sigue es a la vez un ejemplo del "contracto" y sus
postulados.

> "Queros amos: dos palas para daros la
> bienvena y deciros que estamos en el buen
> camo. La Humana tiene neza de economizar
> sonos. Es u pelo hablar más de lo que se
> piensa... el exzo de palas comporta confusa.
> Es un error pensar que un idia universo
> facilitaría la conviva. La retora, la grandilocua
> perturban el entendo humano... abocaremos
> por una pacifa defina." (Págs. 99, 100)

Todo el ensayo, aunque absurdo tiene, en principio, el
propósito de unir al hombre. Y el hecho de que no dé
resultado significa la inhabilidad de éste para alcanzar
la armonía y perfeccionamiento humanos.

Con la invención de idiomas, ausencia de párrafos
y puntuación convencional, la reiteración muchas
veces innecesaria y los contados diálogos, lo que
Delibes busca es que el lector experimente la confusión
de Jacinto y su despersonalización. *Parábola del
náufrago* es una obra en la que el escritor logra la
participación activa del lector. Es una novela que hace
que éste se plantee la situación del hombre contemporáneo y se pregunte qué es lo que él/ella puede hacer
como individuo para mejorar un mundo encaminado a
la desintegración completa.

JUAN GOYTISOLO

Datos biográficos y su filosofía política, social y literaria

Perteneciente a una familia burguesa, Juan Goytisolo Gay[1] nace en Barcelona el 5 de enero de 1931. Su padre fue encarcelado por el partido de la FAI y liberado por el gobierno republicano. Durante la guerra civil su familia se traslada a vivir en el pueblo catalán de Viladrau, cerca de Montseny. Mientras permanecen allí, su madre viaja con frecuencia a Barcelona para visitar a sus abuelos. En 1938, en uno de esos viajes, muere en Barcelona a causa de un bombardeo de las huestes franquistas.

Al terminar la guerra civil, su familia regresa a Barcelona y a su posición privilegiada. Allí, Goytisolo estudia bachillerato con los jesuitas y en 1948 ingresa en la Facultad de Derecho para estudiar leyes, carrera que abandona en 1952. De Barcelona se va a Madrid, donde intenta continuar sus estudios universitarios, pero es expulsado a causa de sus ideas políticas. De acuerdo con Gonzalo Navajas, el interés de Goytisolo

---

[1] Para un conocimiento más detallado de la biografía véanse: Gonzalo Navajas. *La novela de Juan Goytisolo* (Madrid: Sociedad General Española de Librería, S. A., 1979), y Héctor Romero. *La evolución literaria de Juan Goytisolo* (Madrid: Ediciones Universal, 1979).

por la política empieza a despertarse en 1954 y se consolida a partir de 1956, a raíz de los primeros movimientos estudiantiles de la Universidad de Barcelona. Dicha actitud, según Navajas, adoptará otras formas y evolucionará a través de los años, pero no la abandonará nunca.[2] Por otro lado, estos años son decisivos en la vida de Goytisolo no sólo a nivel ideológico, sino también personal. Al marcharse a Francia el escritor pretende cortar las ataduras que lo unen a España, al tiempo que se le abren nuevos caminos en la literatura y en la política ya que su exilio (voluntario) le ha permitido viajar por Europa, Hispanoamérica y Estados Unidos, y conocer de cerca la literatura de otros países.

Goytisolo empezó su carrera literaria participando en tertulias y escribiendo algunos cuentos y una novela sobre Juana de Arco. Su obra es extensa y abarca, además de la novela, crítica literaria y política, historia de España y libros de viajes.

Juegos de manos (1954), *Duelo en el paraíso* (1955), *El circo* (1957), *Fiestas* (1958), *La resaca* (1958), *Problemas de la novela* (1959), *Campos del Níjar* (1960), *Para vivir aquí* (1960), *La isla* (1961), *La Chanca* (1962), *Fin de fiesta* (1962), *Pueblo en marcha* (1963), *Señas de identidad* (1966), *El furgón de cola* (1967), *Reivindicación del Conde don Julián* (1970), *Juan sin tierra* (1975), *Libertad, libertad, libertad* (1978), *España y los españoles* (1979), *Makbara* (1980) y *Las virtudes del pájaro solitario* (1988).

Juan Goytisolo es un escritor controvertido en su país a causa de sus ideas sociales, culturales y políticas sobre España. Desde sus comienzos se opone al régimen franquista y a sus valores políticos, sociales y culturales, y por ello es perseguido de una manera

---

[2] Navajas, págs. 16-17.

extraña. Como él mismo dice en su libro *Libertad, libertad, libertad:*

> ...el franquismo me concedía una existencia excepcional como lo probaba el celo extremo de la censura en acallar mi nombre y el interés con que sus funcionarios rastreaban la presencia de mis libros en las trastiendas de librerías que los vendían de contrabando. No existía si quería protestar contra tal situación, pero existía en las listas negras y consignas de silencio de los diarios, la radio y la televisión. Podía circular por España, pero circulaba a medias, como entidad puramente física, privado de toda dimensión social, literaria y moral: fantasma de mí mismo, individuo y sombra.[3]

Al exiliarse en París, Goytisolo huye no sólo de un régimen dictatorial y una vida intelectual difícil sino que busca a la vez contacto con una sociedad más liberal que la española. Escoge París porque puede leer a escritores como Proust, Gide, Malraux, Celine, Sartre, Camus, Artaud y ver el teatro de Genet, Ionesco y Becket. Y por otro lado porque hay allí un clima de libertad política y mayor igualdad social.[4] Sin embargo, a pesar de los años que Goytisolo ha vivido fuera de España, no considera París su patria adoptiva; Goytisolo es un exiliado que se siente extraño tanto en su país de origen como en su lugar de residencia. En su opinión, la patria auténtica de un exiliado como él es su propia lengua.[5]

---

[3] Goytisolo, Juan. *Libertad, libertad, libertad* (Barcelona: Editorial Anagrama, 1978), pág. 32.
[4] Goytisolo. "Por qué he escogido vivir en París". *Voces.* 1 (1984), pág. 9.
[5] *Ibid.,* pág. 10.

Para lograr un mejor entendimiento de la obra de Goytisolo resulta imprescindible el conocimiento de su filosofía social, política y literaria, y ésta se expone en su obras: *Problemas de la novela, El furgón de cola* y *Libertad, libertad, libertad.*

En *Problemas de la novela,* al referirse a los problemas de la narrativa contemporánea, Goytisolo rechaza las opiniones de Ortega y Gasset porque piensa que sus teorías son válidas solamente para un período histórico —el de la novela psicológica. Contra lo que pensaba Ortega —que la novela estaba agotada— Goytisolo observa que no es así puesto que ésta se ha enriquecido gracias a la influencia del cine y de la novela americana. En 1959 el escritor explica que el novelista debe alejarse de sus personajes y dejarlos vivir por su cuenta pues al imponer su presencia con sus comentarios resta verosimilitud al contenido de su obra.

Goytisolo tampoco está de acuerdo con Ortega en que la obra de arte deba dirigirse a una minoría y alejarse de la vida real y sus vulgaridades. En su opinión, el arte debe reflejar la realidad del español contemporáneo. Para Goytisolo:

> Una novela... que, en vez de reflejar la sociedad tal cual es, nos proponga una imagen de esta sociedad tal cual cree ser, traiciona su fundamento mismo, su propia esencia. Perdido el contacto con la realidad se convierte en un simple artificio.[6]

En su opinión el objetivo del novelista

> ...no consiste en reproducir la realidad... sino

---

[6] Goytisolo. *Problemas de la novela* (Barcelona: Editorial Seix Barral, S. A., 1959), pág. 91.

en moldearla, recrearla. La mayor o menor deformación depende de la óptica del escritor, de su manera de ver las cosas... puede estilizar o no... profundizar o no... la realidad. Es su derecho más inalienable. Pero en ningún caso puede fabricar un sustituto a esta realidad, so pena de renegar de su propia condición de novelista y convertirse en un simple hacedor de sueños.[7]

En *El furgón de cola,* la postura político-social-literaria de Goytisolo se clarifica aún más, llegando a aseverar que la literatura se ha politizado a causa de la falta de libertad de expresión que existe en España o en los países con gobiernos dictatoriales.

El furgón de cola es una obra donde Goytisolo ataca abiertamente la censura político-religiosa-moral establecida durante el franquismo y señala que esa crítica oficial, en vez de someter al escritor, lo estimuló a buscar nuevas técnicas que le permitieran introducir en la novela la ideología o temática prohibidas. La censura, en su opinión, no logra acallar las voces de los escritores sino que, al fiscalizar todos los órdenes de la vida cultural del país, provoca el que todo ensayo, poema o novela inconformista se convierta en obra subversiva.

Goytisolo ataca el franquismo y lo critica porque, según él, ha sobrevivido gracias al apoyo financiero de países europeos que al español se le prohibe visitar antes de la apertura por considerarlos nocivos para la moral del pueblo. Condena el sistema porque piensa que durante el gobierno de Franco el español aprendió a trabajar, comer y viajar, pero también, por primera vez, explotó comercialmente tanto sus virtudes como

---

[7] *Ibid.,* pág. 92.

sus defectos. Es decir, se prostituyó bajo un sistema que aparentemente había sido creado para impedirlo. Censura unas leyes que impiden, entre otras cosas:

> ...la justificación del suicidio, el homicidio por piedad, el divorcio, el adulterio, el aborto y cuanto atente contra la iglesia y los principios fundamentales del Estado.[8]

A nivel lingüístico Goytisolo considera que el ambiente en que vive el hombre hispano contemporáneo precisa de un lenguaje nuevo, mordaz y anárquico que permita crear y al mismo tiempo destruir los mitos de la cultura española que le han impuesto al individuo.

En *Libertad, libertad, libertad,* Goytisolo escribe sobre la influencia que Franco tuvo en la vida de los españoles de su generación y en él como hombre y como escritor. Al hablar de su generación, de los que vivieron la guerra siendo niños, Goytisolo señala que el régimen franquista los condenó a envejecer sin conocer juventud ni responsabilidades.

> Tal vez la característica distintiva de la época que nos ha tocado vivir ha sido ésta: la imposibilidad de realizarnos en la vida libre y adulta de los hechos, de intervenir de algún modo en los destinos de la sociedad fuera del canal trazado por él de una vez y para siempre, con la consecuencia obligada de reducir la esfera de acción de cada cual a la vida privada o empujarla a una lucha egoísta por su bienestar personal y sometida a la ley del más fuerte.[9]

---

[8] Goytisolo. *El furgón de cola* (Barcelona: Editorial Seix Barral, S. A., 1976), pág. 55.
[9] Goytisolo. *Libertad, libertad, libertad,* pág. 13.

Por otro lado agrega Goytisolo que Franco, con su represión institucionalizada colocó a los escritores y al hombre en general, en el dilema de emigrar o transigir con una situación que exigía del individuo el silencio, el disimulo, la resignación o el cinismo.

En *Libertad, libertad, libertad,* Goytisolo ataca además, la falta de libertad que se tuvo durante la dictadura de Franco y destaca la corrupción de los que se encontraban en el poder.

> La escala oficial de virtudes y méritos se medía tan sólo en proporción a la fidelidad a su persona. Ello creaba por consecuencia —junto a una minoría corrupta que acaparaba celosamente para sí los beneficios y prebendas— una enorme masa de ciudadanos sometidos a una perpetua minoría legal: imposibilidad de votar, comprar un periódico con diferentes opiniones que el gobierno..., protestar contra los abusos, sindicarse.[10]

Al referirse al efecto que Franco ha tenido en él como ser humano y como escritor, el lenguaje de Goytisolo se torna violento y mordaz porque siente que la sombra de Franco ha pesado en él más que la de su propio padre y ha sido el origen de una cadena de acontecimientos que produjeron su exilio y hasta su vocación de escritor. El autor piensa que su destierro y lo que es se lo debe a:

> ...el trauma incurable de la guerra civil y la muerte de mi madre en un bombardeo de su aviación; la aversión al orden conformista en que los suyos quisieron formarse y cuyas

---

[10] *Ibid.,* pág. 16.

odiosas cicatrices llevo aún; el deseo precoz
de abandonar para siempre un país forjado a
su imagen y en cuyo seno me sentía un
extraño. *Lo que soy se lo debo a él. El me
convirtió en el Judio Errante, en una especie
de Juan sin Tierra, incapaz de sentirse en
casa en ninguna parte.* El me impulsó a
tomar la pluma desde mi niñez para exorcizar
mi conflictiva relación con el medio y conmigo
mismo por conducto de la creación literaria.[11]

En el aspecto literario, las ideas de Goytisolo en
Libertad, libertad, libertad continúan estrechamente
unidas a su filosofía social, cultural y política. Es un
escritor que no concibe la creación artística sin un
mínimo de libertades. En su concepto, la creación
literaria y artística está condicionada por el pensamiento
del autor y el medio histórico en que se mueve. Y,
considera que "la producción literaria... no puede
prosperar sin un mínimo de circunstancias favorables:
cuando éstas no se dan, el creador tiene el derecho de
emigrar y acogerse a un clima propicio sin el cual su
obra no existiría".[12]

Su exilio en Francia permite que Goytisolo exprese
abiertamente lo que hubiese sido imposible en España.
Su obra de madurez refleja la búsqueda de un lenguaje
que le permita expresar lo que piensa "sin fomentar la
división del bando a que pertenecía ni proporcionar
argumentos contra aquellos que luchaba".[13] Sus últimas
obras reflejan los problemas que siempre le han
preocupado, sólo que ahora los proyecta desde un
ángulo y lenguaje diferentes. Es un novelista que ha

---

[11] *Ibid.*, pág. 17.
[12] *Ibid.*, pág. 27.
[13] *Ibid.*, pág. 33.

evolucionado desde el punto de vista técnico y lingüístico. Temas como los deseos reprimidos, crítica de la burguesía y la burocracia española, la libertad, la dictadura, la corrupción del gobierno, las clases sociales, la soledad, la búsqueda de la identidad y la necesidad de cambiar los valores culturales, morales y sociales españoles son patentes ya en obras como: *Juegos de manos, La resaca* y *Fin de fiesta.* Sin embargo, estos temas llegan a la mordacidad y violencia en sus libros posteriores escritos en el exilio: *Señas de identidad* y *Reivindicación del Conde don Julián.* Estas dos obras del exilio serán objeto de estudio en el presente trabajo. Se analizarán los temas y las técnicas de estas novelas como obras representativas de la narrativa de Goytisolo, y como una es continuación de la otra, cada tema o técnica será estudiado en las dos obras al mismo tiempo, si aparecen en ambas, mostrando así el desarrollo de estos aspectos o la evolución del personaje.

Señas de identidad y Reivindicación del Conde don Julián. Temas

La crítica se ha ocupado profusamente de la obra de Goytisolo. No concierne a este trabajo los estudios que se han llevado a cabo sobre la evolución y división, generalmente en dos o tres períodos, de su obra.[14] Lo que ahora interesa es analizar los temas y las técnicas utilizadas en *Señas de identidad* y *Reivindicación del Conde don Julián,* obras de madurez literaria que

---

[14] Entre los críticos que se ocupan de la división de las obras de Goytisolo están: Héctor R. Romero. *op. cit.* Kessel Schwarts. *Juan Goytisolo* (New York: Twayne Publishers, Inc., 1970). Gonzalo Navajas. *La obra de Juan Goytisolo* (Madrid: Sociedad General Española de Librería, S. A., 1979). Genaro Pérez. *Formalist Elements in the Novels of Juan Goytisolo* (Ediciones Porrúa Turanzas, S. A., 1979).

reúnen los temas que más le han preocupado a este novelista. Como resulta imposible analizar todos los temas, se estudiarán los que se consideran más sobresalientes en la obra de Goytisolo: la dictadura como medio de opresión social, la corrupción del gobierno, la libertad, la comunicación, la soledad y el aislamiento, la búsqueda de la identidad y la desmitificación del sexo, la religión, el lenguaje y los escritores clásicos.

Argumento de las obras

Señas de identidad, presenta, a base de retrocesos, la vida de Alvaro Mendiola, hombre joven que normalmente reside en Francia como fotógrafo de la France Presse. La narración comienza en la masía de Alvaro en Barcelona, donde se repone de un ataque cardíaco sufrido en París. Alvaro, por medio de cartas, fotografías, mapas y recuerdos analiza su situación actual e intenta hallar una explicación o un camino que le permita comprenderse a sí mismo y que le ayude no sólo a encontrarle un significado a la vida sino una identidad propia.

El tiempo cronológico de la obra transcurre en tres días de verano, sin embargo, el tiempo sicológico abarca varios años de la vida pasada del protagonista. Casi desde el comienzo de la obra se dan los datos necesarios para comprender la compleja y contradictoria personalidad de Alvaro Mendiola. Pertenece a una familia burguesa que lo ha mimado y ha sido educado en el catolicismo, pero él termina por rebelarse contra todo lo que ha conllevado su educación. Tras haber intentado escapar de todo eso vuelve a su lugar de origen para buscar, en el pasado, su identidad y, al mismo tiempo, hallarle sentido a un futuro incierto.

Aunque la obra gira en torno a Alvaro Mendiola, Goytisolo en Señas de identidad busca no sólo la

identidad individual sino la de España en general;
de ahí que dicha obra se convierta, como dice Navajas, en:

> ...un análisis comprensivo de las generaciones
> jóvenes de posguerra, de sus características y
> problemas diferenciales y los de la sociedad
> en torno a ellos... Alvaro es un portavoz...,
> que... expresa las frustraciones, el dolor y la
> rebeldía de todos los españoles contemporá-
> neos que, como él, han tenido que vivir unas
> circunstancias extraordinariamente difí-
> ciles. [15]

En esta obra el personaje llega a la conclusión de
que la única manera de encontrarse a sí mismo es
destruyendo los valores y los mitos con los que ha
crecido. Se da cuenta de que ni Dolores ni sus amigos
pueden aliviar esa tremenda soledad en que se encuentra
ni le pueden ayudar a buscar sus raíces, su identidad.

Estos propósitos se llevan a cabo en *Reivindicación
del Conde don Julián,* donde se encuentra un personaje
que ha abandonado su país y se dispone a destruir una
serie de valores y mitos culturales y religiosos que, en
su opinión, han oprimido a España. La obra transcurre
en un día, durante el cual, el lector participa de las
acciones y pensamientos del personaje. Lo acompaña
en su deambular por las calles, cafeterías, bares,
bibliotecas y lugares turísticos de Tánger; y se da
cuenta de que a nivel biográfico hay muy pocas cosas
que unen a este personaje anónimo con el Alvaro de
Señas de identidad; lo que los liga, más que nada, es el
deseo de crear un orden nuevo donde puedan realizarse
libremente.

---

[15] Navajas, pág. 174.

Dictadura

La dictadura es un tema que se repite constantemente en la obra narrativa de Goytisolo. Es algo que lo obsesiona por el retraso cultural y político que significó para España. La visión que se da del gobierno de Franco en *Señas de identidad* es la de un estado donde, después de la guerra, una minoría vive en la opulencia y se enriquece cada vez más mientras que el pueblo se muere de hambre y sufre injusticias. Esto se ve claramente en el capítulo tercero, donde el cacique de un pueblo de Yeste se ha adueñado de gran parte de las tierras de los campesinos y ha comprado además, los bosques nacionales. El hombre de este pueblo no puede rebelarse contra las arbitrariedades cometidas por el cacique ya que éste cuenta con el apoyo de la guardia civil, símbolo del orden.

> ...el cacique no permanecía... inactivo. Un buen día... el pueblo se enteró con estupor de que el municipio le había vendido, por acuerdo unánime del pleno, la casi totalidad de los bosques comunales... Hubo protestas acalladas enseguida por el envío de refuerzos de la guardia civil.[16]

El Ayuntamiento de este pueblo ignora los problemas de esta gente, quien tiene que recurrir a la violencia para que se le escuche.

La resistencia a la dictadura se lleva a cabo no sólo en el campesinado sino entre los intelectuales y los universitarios. En *Señas de identidad* se nota cómo a las generaciones que viven bajo la opresión franquista se les niegan derechos tan básicos como el asumir responsabilidades ciudadanas participando en la for-

---

[16] Goytisolo. *Señas de identidad* (Barcelona: Editorial Seix Barral, S. A., 1976), pág. 124. Todas las citas referentes a esta obra aparecerán en el texto.

mación del país, la libertad de expresión, de movimiento y de reunión. El capítulo cuarto de este libro presenta esta situación en los informes policiales que se intercalan en la obra hasta desembocar en el encarcelamiento de Antonio. La policía es el brazo fuerte del franquismo:

> ...la policía funcionaba perfectamente. Cinco siglos de vigilancia, inquisición y censura habían configurado poco a poco la estructura moral de este organismo único, considerado incluso por enemigos y detractores como faro y modelo de las múltiples instituciones sanitarias que, inspirándose en él, proliferan hoy por el mundo. (Pág. 229)

Se alude además, a la infiltración de la policía en todos los niveles sociales, disfrazados de paisanos, universitarios u obreros. Al mismo tiempo se expone el problema de la autocensura. La represión y el miedo son tan fuertes que Goytisolo piensa que cada español se cuida de no decir lo que piensa como si ya llevase un policía dentro de sí mismo.

> ...y en aquel espurio verano de 1963 tu patria se había convertido en un torvo y somnoliento país de treinta y pico millones de policías no uniformados... Con tu natural optimismo *pensabas que dentro de poco los funcionarios ya no serían precisos puesto que, en mayor o menor medida, el vigilante, el censor, el espía se habían infiltrado veladamente en el alma de tus paisanos... El marido policía de la mujer y la mujer del marido, el padre del hijo y el hijo del padre, el hermano del hermano, el ciudadano del vecino.* (Pág. 229)

Para hacer más patente la opresión bajo la que vive el español durante el franquismo, Goytisolo recurre a

la primera persona del plural. Por medio del NO-
SOTROS, el novelista hace que se defiendan los valores
morales y religiosos impuestos por Franco. La visión
que el lector adquiere entonces, contrasta con la que
Alvaro y los demás tienen. A los ojos de esta gente
Franco es, irónicamente, el caudillo que ha traído el
progreso, la paz y el orden.

> ...el nivel de vida aumenta... basta recorrer la
> Península... para advertir año tras año el
> lento pero firmísimo despegue de *un país*
> *secularmente pobre lanzado hoy gracias a*
> *veinticinco años de paz y orden social por la*
> *esplendorosa y ancha vía de la industria y el*
> *progreso desde hace casi cinco lustros tenemos*
> *el privilegio de un orden bienhechor como no*
> *lo saborearon nuestros padres ni nuestros*
> *abuelos... esta paz que disfrutamos origen y*
> *fuente actual de progreso y bienestar es obra*
> *de un hombre y de un Régimen* que discipli-
> nando ordenando superando purgando nues-
> tra natural propensión a íntimas pugnas y
> desgarramientos intestinos lo supieron in-
> ventar para gloria y ejemplo de generaciones
> venideras... (Pág. 370)

Con el NOSOTROS, el autor, al abandonar todo tipo
de puntuación, presenta lo absurdo de una dictadura
que mantiene su poder a base de la propaganda y la
ignorancia de las masas.

Corrupción

Los ataques de Goytisolo van dirigidos no sólo a
Franco. En *Señas de identidad,* Goytisolo acomete
además contra los oportunistas que se dicen liberales

pero que llegado el momento no actúan, pretextando
que no es el momento oportuno, cuando en realidad
temen perder el estatus social que han adquirido. Esto
se ve perfectamente en el abogado nacionalista catalán
quien se dice liberal pero aconseja a Ricardo y Alvaro
que dejen que los demás "se quemen" y ellos se
mantengan a la expectativa y aprovechen el momento
oportuno. En vez de animarlos a seguir con sus planes
contra la opresión este hombre los invita a una fiesta
donde habrá discursos y buen vino.

> La política es resbaladiza y el que se aventura
> en ella sin tomar precauciones cae para no
> volver a levantarse jamás. La huelga de que
> me hablan es prematura y, por lo tanto
> inútil. *Dejen que otros quemen sus naves y
> manténgase a la expectativa* como fuerza de
> reserva... Reúnase mejor con nosotros. La
> torre de los Bonet es muy espaciosa y la
> dueña les recibirá con mucho gusto... No lo
> piensen más... El jerez de su casa es famoso...
> Les presentaré a otros jóvenes de su edad.
> Allí estarán ustedes como en familia. (Págs.
> 103-104)

La crítica se torna más directa cuando Goytisolo
recurre al diálogo entre la silla y José Bernabeu. El
escritor, por medio de esta técnica censura a una
sociedad y a un gobierno que considera corrupto y
combate un sistema que ha abusado de su poder
beneficiando a una minoría, olvidando sus promesas
de un cambio positivo para las clases trabajadoras.

> esta silla dice señora borjesía de Barcelona
> señores dirigentes del Sindicato que vais
> unidos esta silla pregunta y la familia de
> José Bernabeu qué tiene de comer y esta

> silla responde a que no sabéis contestar.
> pues yo contestaré yo ya veis que soy una
> silla vosotros bien enchufados vosotros
> erais aquellos revolucionarios que
> querían cambiarlo todo y ahora vosotros
> mismos estáis explotando a la gente pobre
> esta silla dice que el pueblo está
> acobardido pero un día os pasará cuentas.
> que vosotros los cuatro dirigentes no
> tenéis perdón porque el que no es de
> vuestro pensar no encuentra ni
> trabajo. (Pág. 395)

O sea que durante el franquismo al hombre le quedan pocas alternativas, o chaquetea para poder vivir o se muere de hambre, o es constantemente perseguido. Contra esto es lo que se opone Goytisolo, contra un sistema enfermo y corrupto que, olvidando los propósitos de la guerra civil, beneficia a una burgesía y mantiene a la mayoría en la miseria.

Libertad

En un país gobernado por un sistema dictatorial Goytisolo ve la ausencia de autonomía. Al referirse a la falta de libertad en España, el escritor no se limita a criticar la anulación del derecho de expresión sino que desaprueba la intervención de la Iglesia y el Estado en aspectos tan importantes de la vida del hombre como son el derecho a elegir por sí mismo lo que el individuo quiere ser a nivel personal, religioso, cultural e ideológico.

La impresión que recibe el lector en las obras de Goytisolo es que el novelista se resiste al sistema español porque piensa que éste ha impedido al hombre vivir libremente y lo ha obligado a seguir unas leyes represivas que lo privan de la libertad de expresión.

Esta carencia de libertad la manifiesta ya en obras como *Juegos de manos* y *La resaca* donde los personajes que se oponen al sistema deben hacerlo en la clandestinidad y arriesgándose a ser encarcelados. En *Señas de identidad* esta falta de libertad es más patente. Aquí, el escritor intenta mostrar cómo el español puede vivir tranquilamente mientras no se oponga a las normas establecidas.

Si pensamos en personajes como el teniente del pueblo de Antonio podemos observar que aún el político está consciente de que mientras sea fiel al franquismo no tiene por qué preocuparse:

> —En el Casino soy un paisano más, ¿comprende? *Una cosa es el uniforme que uno viste y otra muy distinta las condiciones personales.* Cuando llego a casa y me quito el traje me gusta reflexionar por mi cuenta... *Usté sabe tan bien como yo que en este dichoso país no se puede hablar libremente.* (Pág. 202)

Pero si individuos como este hombre se someten, existen otros que optan por buscar la libertad en el exilio o se oponen en la clandestinidad al sistema. En Antonio vemos al hombre con ideales, al español dispuesto a padecer encarcelamiento y exilio interior en su lucha por la libertad. Sin embargo, Antonio nunca puede lograr, igual que Alvaro, la libertad que tanto desea. El, como tantos otros españoles sufre un exilio interior; puede permanecer en España, en su pueblo, siempre y cuando no vuelva a rebelarse ni atacar el sistema. Al negarse a cenar con el médico y don Gonzalo —versión del cacique moderno— se enfrenta nuevamente con la autocracia franquista. Situaciones como ésta propician que el que está en el poder prive al hombre de su libertad física. Es en casos

como el de Antonio donde se ve la vigilancia y control
absoluto de la persona.

> —Mis hombres no van a dejarte ni a sol ni a
> sombra de modo que, cuando quieras chulear,
> ya sabes la que te espera... te ponemos que
> no te conoce ni tu madre... (Pág. 233)

A través de Antonio, Goytisolo expresa su concepto de
la libertad. Tanto el personaje como el novelista creen
que la libertad no se puede ortorgar a medias, debe ser
completa.

> La ambigüedad desapareció. De nuevo podía
> pasear por el pueblo como un proscrito,
> adivinando en la condena muda de los otros
> la señal indeleble que le marcaba. La ilusión
> de libertad se había desvanecido al fin y la
> prisión atenuada era simplemente prisión:
> encierro de límites vagos pero reales, meca-
> nismo sabiamente dispuesto para impedir la
> doble fuga corporal y anímica. (Pág. 231)

Antonio fracasa en sus intentos de ver a su país y a
su gente libre de la opresión; se desilusiona; pero muy
en el fondo de sí mismo no se resigna y piensa que aún
en ese futuro incierto que se le avecina puede volver a
caer y ser víctima del sistema.

> Faltaba ya poco para que la condena se
> cumpliera y Antonio pensaba con inquietud
> en el mundo ambiguo que le acechaba al
> cabo, en las solicitaciones tentadoras de un
> universo aparentemente venturoso y tran-
> quilo... *pero el juego continuaba y..., ante los
> futuros don Gonzalo que encontrara en el
> camino sabía... que, algo más fuerte que él, le*

> *obligaría siempre, a apostar de nuevo.*
> (Pág. 235)

Comunicación

Despojar al hombre de su libertad significa además privarle de la comunicación. Tanto Alvaro como sus compañeros y otros personajes que pululan en la obra buscan una comunicación que les ayude no sólo a encontrarse con ellos mismos sino que les permita además comprender su gobierno. Esta problemática la encontramos sobre todo en Alvaro, individuo controvertido y difícil de llegar a conocer a fondo.

Como español de izquierdas, Alvaro (como Goytisolo) opta por marchar a Francia en donde piensa que podrá obtener la ayuda de los intelectuales exiliados españoles. Muy pronto se da cuenta de que allí, como en su país, no existe la comunicación. En un principio, por la novedad, se le dan esperanzas para luego hacerle ver, indirectamente, que esa comunicación, esa fraternidad que creía haber encontrado es falsa. Ni a los exiliados del café de madame Berger ni a los intelectuales les interesa realmente el problema español; tienen otras cosas que consideran más importantes y pronto se olvidan de sus promesas de ayuda material y moral a los que luchan en España por unas libertades mínimas.

A nivel personal Alvaro busca la comunicación en Dolores, pero tampoco lo logra porque esta mujer, igual que él, viene escapando de unos valores tan tradicionales como los suyos. Por otro lado, las dudas que tiene sobre su persona impiden que Alvaro pueda siquiera alcanzar completamente la comunicación espiritual y física. Su relación le ha ayudado a aliviar la soledad de un principio, pero después de varios años no les queda nada en común; ni tan siquiera se pueden comunicar sus dudas y sus deseos.

Diez años atrás, algún tiempo antes de amaros, habíais abandonado vuestras familias con el propósito de viajar y conocer una vida distinta de la del núcleo español en que os educaron (la barcelonesa sociedad reconstituida después de los temores y sobresaltos de la guerra para ti; el universo gregal y anacrónico de los republicanos exiliados en México para ella)... Las fronteras y límites que antes os aprisionaran habían sido abolidos... agotados todos los medios de salvamento y rescate de una unión socavada día a día por el tiempo vengativo y avaro, te acostaste junto a ella en la oscuridad y le dijiste: "Nada podemos ya uno por otro". (Págs. 317-318)

Búsqueda de la identidad

La falta de libertad, de comunicación, el aislamiento y la soledad a que es sometido el hombre en *Señas de identidad,* por diferentes circunstancias, trae como consecuencia una falta de identidad tanto individual como nacional. En *Señas de identidad* y en *Reivindicación del Conde don Julián:*

> ...el individuo se define frente a- y en contra de- la sociedad que le ha dado el ser. Para conocerse, le es preciso conocer a fondo esa sociedad. Para madurar, para adquirir su plena identidad, le es indispensable oponerse a esa sociedad, a esa madre cruel y obsesiva, y- en último término planear su destrucción. [17]

---

[17] Durán, Manuel. "El lenguaje de Juan Goytisolo". *Cuadernos Americanos.* 173, núm. 6 (noviembre-diciembre, 1970), págs. 168-69.

La falta de identidad se insinúa ya en *Juegos de manos* a través de Agustín y David, pero en *Señas de identidad,* Alvaro Mendiola está mucho más consciente de su situación. Es un individuo que, aunque ha roto con los valores burgueses a que estaba ligado, no se ha librado aún de ellos pues a pesar de vivir en una sociedad más liberal, es una persona llena de dudas, es un hombre que se siente exento de pasado y de porvenir. Consciente de su dilema, el protagonista intenta encontrar sus señas de identidad en sus raíces familiares, en sus amigos y en el análisis de su país.

Alvaro inicia su búsqueda en lo más cercano a él —su familia. Por medio de las cartas y fotografías del álbum familiar espera recobrar la clave de su niñez y de su juventud. Sin embargo, la visión general lo desilusiona porque, en sus recuerdos, sus parientes se le presentan ociosos e inútiles. El bisabuelo aparece como un hombre cruel y altivo mientras que la bisabuela es una "esposa desengañada e infeliz", que se refugia en la religión. Sus herederos se convierten en unos parásitos carentes de inteligencia; heredan el dinero, pero no el talento y mantienen unos valores austeros e inflexibles. Bajo estas normas, que lo han llenado de dudas y rebeldía ha crecido Alvaro, quien se siente culpable de su origen burgués y desea limpiarlo, borrarlo, para así poder encararse con el presente y el futuro. Sabe que la única manera que puede hacerlo es rompiendo con todo lo que significa su familia y su clase social.

> Familia, clase social, comunidad, tierra: tu vida no podía ser otra cosa... que un lento y difícil camino de ruptura y desposesión... Unicamente de este modo... podías restaurar la inocencia de tu pasado común y encarar tu solitario destino de frente. (Págs. 56, 57)

Al no hallar su identidad en la familia, Alvaro la

busca en la unión con la mujer. Sin embargo, la
relación que se establece entre Alvaro y Dolores
fracasa, no sólo porque ambos buscan sus propias
señas de identidad, sino porque Alvaro, más que
encontrar el amor encuentra una compañera que alivia
su soledad y es refugio para sus dudas. En la unión de
esta pareja se percibe que la búsqueda de Alvaro en el
amor va mucho más allá de la relación hombre-mujer.
El análisis que hace Alvaro de los vínculos sentimentales
que lo han unido a Dolores y su situación actual
permite descubrir que Alvaro, en su búsqueda, ha
tenido una constante lucha interior desde su adolescencia
al no poder definir si es heterosexual u homosexual;
Alvaro, aún en el momento en que recuerda no está
seguro de sí mismo. Se alude a una posible relación
sexual con Jerónimo y se habla claramente de su
experiencia en Francia con un desconocido, en un
hotelucho cerca del metro.

> (Como necesario horizonte para ti, el rostro
> de Jerónimo, de las sucesivas reencarnaciones
> de Jerónimo en algún rostro delicado e
> imperioso, soñador y violento había velado
> en filigrana los altibajos de su pasión por
> Dolores con la fuerza magnética y brusca
> con que te fulminara la primera vez. Cuando
> os separásteis fue sin darte su dirección ni
> perdirte la tuya. Tenía dos mujeres, seis hijos
> y nunca supiste cómo se llamaba). (Pág. 340)

Goytisolo presenta a través de Alvaro al hombre
que se busca a sí mismo en el aspecto sexual. Sus
relaciones con Dolores se ven nubladas no sólo por la
falta de comunicación y cariño, sino además por los
constantes recuerdos que Alvaro tiene de sus experiencias sexuales. La huella que ha dejado Jerónimo, sobre
todo, hace que pensar que fue una relación intensa y

que nunca lo ha olvidado. Alvaro, al entablar relaciones amorosas con Dolores, ni se ha encontrado a sí mismo ni tampoco se ha salvado.[18] Por otro lado, su búsqueda de una identidad sexual y personal se ve afectada por las dudas que tiene sobre el gobierno que rige su país y el destino de sus compatriotas.

En *Reivindicación del Conde don Julián,* la actitud del protagonista hacia el sexo es completamente diferente. Se trata de un individuo que rompe con la sociedad que lo limitaba y destruye poco a poco al niño y adolescente que ha crecido creyendo que la única relación posible es la heterosexual. Se puede decir que al final de la obra, el personaje se ha aceptado como un ser homosexual y no siente complejo por ello.

A nivel ideológico el personaje también fracasa. Es un hombre desilusionado que en *Señas de identidad,* al volver, se da cuenta tanto de la inutilidad de su exilio como de los esfuerzos de la oposición. La visión que se le presenta de España en ese momento es la de una sociedad que se ha corrompido a causa de la falta de libertad, el turismo y la falsedad del gobierno. Llega a la conclusión de que su país sólo puede recuperar su identidad si abandona el culto a unos mitos que han estancado el desarrollo del hombre y del país y que ahora se explotan comercialmente. Alvaro está consciente de que mientras España siga en manos de un gobierno que la prostituye, nada se podrá hacer.

> todo ha sido inútil
> oh, patria
> mi nacimiento entre los tuyos y el hondo
> [amor
> que sin pedirlo tú
> durante años obstinadamente te he ofrendado

---

[18] Ortega, José. *Juan Goytisolo* (New York: Eliseo Torres & Sons, 1972), pág. 43.

separémonos como buenos amigos puesto
[que aún
es tiempo
nada nos une ya sino tu bella lengua
mancillada hoy por sofismas mentiras...
aparentes verdades
frases vacías cáscaras huecas...
mejor vivir entre extranjeros que se
expresan en idioma extraño para ti que en
medio de paisanos que diariamente
prostituyen el tuyo propio. (Pág. 420)

Alvaro no encuentra ni su identidad ni la de su país y
se da cuenta de que la única salida que le queda es
marcharse antes de seguir viendo la destrucción y
prostitución de España.

Desmitificación

La desmitificación de los valores sociales, morales y
religiosos que impiden el desarrollo del individuo y del
país iniciada en *Señas de identidad* se continúa de
forma violenta en *Reivindicación del Conde don
Julián.* Goytisolo se ha opuesto siempre al tradiciona-
lismo español y en estas obras específicamente ataca de
forma directa los valores y mitos que, en su opinión,
han dañado de manera permanente al hombre hispano
de hoy.

La familia

Gonzalo Navajas en su libro, *La novela de Juan
Goytisolo,* señala que en *Señas de identidad* el escritor
"ataca a la familia en general por ver, en su cerrazón y

su egoísmo, uno de los valores negativos de la vida hispánica".[19]

Si se piensa en el análisis que Alvaro hace de su familia en *Señas de identidad,* se observa que la institución familiar se viene abajo. Al recordar a sus familiares, Alvaro se desilusiona porque se da cuenta de que ha crecido con una falsa visión de sus antepasados. En la familia burguesa ve el protagonista una serie de normas que se convierten en leyes para los demás. Por otro lado, considera que si bien los burgueses imponen a otros su moral, ellos mismos son incapaces de seguir sus propias reglas.

Religión católica

La religión es uno de los mitos que más ataca Goytisolo por la influencia que ha tenido en la formación del hombre. Alvaro acusa los efectos del fanatismo religioso tanto a nivel familiar como educativo. El escritor presenta la niñez del protagonista como la etapa de la vida en que el hombre puede ser más influenciado por una moral falsa. Los recuerdos que el personaje tiene de su nodriza muestran el efecto nocivo del fanatismo religioso en la mente infantil. Por otro lado, la educación recibida por Alvaro permite ver que un sistema educativo religioso no funciona cuando se propone controlar al individuo.

> ...siete cursos de bachillerato en una institución religiosa con que primero la madre y luego el consejo de familia habían intentado doblegar su rebeldía y aprisionarlo en el rígido corsé de unos principios, una moral y

[19] Navajas, pág. 176.

> unas reglas que eran... particulares de su
> aborrecida clase; años aquellos de arrepenti-
> miento y pecado, esperma y confesiones,
> propósitos de enmienda y renovadas du-
> das, tenazmente gastados en invocar
> a un dios sordo... hasta el momento
> en que la vida había impuesto sus fueros
> y el precario y costoso edificio se de-
> rrumbara como un castillo de naipes.
> (Pág. 18)

Alvaro se desilusiona de la educación religiosa y
reniega de ella por la falsa moral y represión sexual que
ejerce en el niño y en el adolescente.

Los ataques de Goytisolo a la religión no se limitan
al influjo de ésta a nivel individual, en *Reivindicación
del Conde don Julián,* el novelista, por medio de la
exageración y la sátira, expone los resultados de una
religión impuesta al pueblo. Las peregrinaciones de
Semana Santa, por ejemplo, se han comercializado
tanto, que el hombre de hoy ve estas "fiestas" no
como una manera de acercarse a Dios, sino la
forma de hacer dinero con el turismo y la gente
fanática.

> sí, señor, sí, la gran capital de los rascacielos,
> de vida ociosa, despreocupada y alegre, the
> wide-open city in all the senses of the word,
> Madrid, la cuna del requiebro y el chotís, the
> world's few remaining pleasure cities... digo,
> se dispone hoy a hacer penitencia al estilo de
> la Edad Media cadenas sujetas con grilletes a
> los tobillos!: millares de cruces de madera,
> cilicios, disciplinas! diez mil quilos de hierro,
> fair ladies and good gentlemen!: cadenas
> adquiridas en el rastro o alquiladas a dólar

por noche en las ferreterías ante la extraordinaria demanda[20]

En esta obra Goytisolo se burla y satiriza unas
tradiciones que, en su opinión, se han mitificado a
través de los siglos pero carecen de significado. Por si
lo anterior no fuese suficiente, el escritor hace que la
comercialización se vea también en las órdenes religiosas,
puesto que esto le ayuda a destruir completamente el
mito de la religión católica.

en las tiendas de la calle de la Paz y
numerosos conventos se han vendido a miles
y miles los cilicios hechos por las monjitas
con unos alicates, un rollo de alambre y unas
tenazas: la parte destinada al contacto con la
carne está erizada de púas con un filo muy
semejante al corte de las navajas, y las hay
para colocar alrededor del brazo, del muslo o
de la cintura, según el gusto del consumidor.
(Pág. 183)

Se critica además, la exageración de las "mandas" y
la crueldad que hay en estas costumbres. Goytisolo está
en contra de estas tradiciones porque más que ayudar
al individuo lo estancan y le impiden una concepción
más libre de la religión y de la vida. El escritor ve en el
catolicismo una forma más de la que se han valido los
poderosos para someter al hombre a través del tiempo.

Sexo

El tema sexual es algo que se ve ya en las primeras

---

[20] Goytisolo. *Reivindicación del Conde don Julián* (México: Editorial
Joaquín Mortiz, S. A., 1970), págs. 182-83. Todas las notas referentes a esta
obra aparecerán en el texto.

obras de Goytisolo. En este aspecto, el lector percibe nuevamente que la postura del novelista es la de una completa rebeldía, por el ascendente que, en su opinión, la religión ha ejercido en este terreno de la vida del hombre. Goytisolo critica la religión católica porque piensa que ésta, con ayuda del Estado, ha ejercido una influencia directa en los valores morales del español haciendo que las acciones más normales y aceptables en otros países se conviertan en España en tabúes. Goytisolo no ve las relaciones sexuales como un simple medio de reproducción; él piensa que cuando esto ocurre el "hombre deviene así un robot o zombi traumatizado y escindido de sus pasiones más íntimas ayuno de esa 'animalidad' cuya reapropiación podría devolverle tan sólo la conciencia de existir en sí y para sí, y presa fácil por tanto de todas las tiranías".[21]

En *Señas de identidad* los personajes rechazan los valores burgueses con los que han crecido y hablan abiertamente del sexo. En esta obra, sin embargo, el autor ofrece otra perspectiva que permite observar la hipocresía y la falsa libertad sexual del burgués español. Esto se ve claramente en personajes como Sergio y Ana, su madre, quienes se dicen "liberados", pero una vez que se han hastiado de la novedad siguen tan conservadores y puritanos como los de su clase. Tanto Ana como Sergio y Elena (novia de éste) más que la libertad y el placer sexual, buscan escapar temporalmente de una atmósfera que sexualmente los limita.

> Desvanecida bruscamente su meteórica (y engañosa) rebeldía juvenil, se quitó del alcohol y abandonó a Elena (hoy honesta madre de familia sin duda) para contraer matrimonio con la riquísima y convencional Susú Dal-

---

[21] Goytisolo. *Libertad, libertad, libertad,* pág. 106.

mases... Evolucionaba por los círculos aris-
tocráticos y su nombre figuraba en la Comi-
sión Ciudadana encargada de organizar el
recibimiento triunfal de los prisioneros de la
División Azul devueltos de Rusia. (Pág. 93)

Gonzalo Navajas señala que los ataques de Goytisolo
hacia la sexualidad se dirigen contra las concepciones y
costumbres impuestas por los sectores conservadores y,
en especial, la Iglesia.[22] Alvaro, en *Señas de identidad,*
se ha liberado de los preceptos morales burgueses y
puede disfrutar de una relación sexual basada no en el
matrimonio, sino en el compañerismo y la comprensión.

Su comprensión y tu rareza se complementa-
ban mutuamente y todo el oro del mundo no
hubiese bastado para liquidar la deuda que
contrajeras entonces. Tu boca ávida sobre la
suya ardiente, tu sexo demorándose en el de
ella, la tregua de paz que sucedía a tantos
años grises de soledad y hastío, ¿tenían
precio? Su sonrisa de después y el gesto triste
de cuando dolorosamente de ti se desprendía,
¿cómo pagarlos? (Pág. 326)

Sin embargo, Alvaro no es un ser que pueda alcanzar
una relación amorosa y sexual auténtica con Dolores.
Es un individuo lleno de dudas que encuentra en el
sexo, más que nada, un escape a su soledad e
incertidumbre.

Para Antonio el sexo significa no sólo un alivio a la
soledad, sino al propio tiempo una rebelión contra un
dios que "ha muerto" sin escucharle y un escape al
sistema que lo priva de su libertad.

---

[22] Navajas, págs. 147-48.

Se sentó al borde de la cama y desabotonó el pantalón al tiempo que la atraía brutalmente hacia él y la obligaba a arrodillarse a sus plantas. Era una manera de morir también, de perderse por un instante en la noche. La cabeza de la mujer bajaba y subía entre sus piernas a un ritmo a la vez intenso y entorpecedor y Antonio se tumbó hacia atrás con las manos bajo la nuca y la vista fija en el mosquero de papel que —como una araña inmensa que amenazara engullirlo todo— se balanceaba en el techo suave, muy suavemente. (Pág. 208)

El encuentro de Antonio con la prostituta más que como placer se ve como una forma más de perderse. Ni Alvaro ni Antonio alcanzan el placer sexual porque ambos escapan de la realidad y buscan un lenitivo para su tremenda soledad.

En *Reivindicación del Conde don Julián* el tema sexual se convierte en una obsesión para el escritor. Aquí, de una manera exagerada y violenta, el novelista se propone destruir el mito erótico-sexual. Como dice Genaro Pérez en su libro *Formalist Elements in the Novels of Juan Goytisolo:*

The novel is supersaturated with sexual "happenings" as well as a large number of Jungian and Freudian sex symbols... The author's reasons for using sex as a vehicle of protest are,... to criticize the Catholic Church whose dominance in education has kept a Victorian perspective on sex; to flay Spanish society for its hipocrisy... and to defy the all-pervasive censorhip exercised by the government since the author knows his novel will enter Spain.[23]

Goytisolo en *Reivindicación del Conde don Julián* intenta destruir el mito de la virginidad y heterosexualidad porque desea que haya una mayor libertad sexual.

Goytisolo, ya desde el comienzo de la obra, aprovecha cualquier oportunidad que se le presente para atacar el mito de la virginidad. En la españolita que pasa junto al protagonista inicia la desmitificación de la castidad e inocencia femenina.

> ...de pronto: una inconfundible españolita que avanza elástica y ágil, como impulsada por la admiración que suscita: los masculinos ojos fijos en ella: en la brusca y candorosa insurgencia de los pechos, en el bien guardado tesoro: teológico bastión, gruta sagrada: tenaz e inexpugnable: pretexto de literarias justas... rebuscadas hipérboles... (Pág. 27)

Conforme avanza la obra el lector se percata de que el novelista, para derribar el mito de la virginidad, precisa destruir otros valores morales que se le han inculcado a la mujer y al hombre. En Isabel la Católica el autor reúne normas como: la honestidad, el honor, la verdad y la castidad. Todas esas cualidades, sin embargo, no le sirven de nada, pues el novelista se las ha otorgado precisamente porque, por medio de ella, pretende arrasar con los cánones que han reprimido la vida sexual de la mujer.

Isabel la Católica no simboliza para Goytisolo el mito de la perfección femenina. El la presenta al lector

---

[23] Pérez, págs. 137-38.

como una mujer capaz de sentir, como cualquier otra, deseos lujuriosos.

> ...desabrocha la chaquetilla de su pijama, se despoja del pantalón, intenta cubrir la desnudez de sus brazos, gira y evoluciona por escena entre ademanes implorantes y sobresaltos de pudor: su ombligo resalta apetitoso en el bruñido vientre solariego, sus pechos se insinúan, bucólicos, bajo el auspicio de unos sostenes de encaje: ligas floridas, sujetas a las bragas, sustentan las medias de redecilla y, con una candorosa rotación de los dedos, se deshace de ellas y descubre la insólita perfección de sus piernas... en tanto que índice y pulgar indagan liberaciones próximas y ya presentidas... (Pág. 164)

La destrucción del mito de la virginidad se torna aún más violenta cuando el novelista describe detalladamente la violación de Isabel la Católica. Por eso el escritor hace que sea violada por Julián, para así liberar a España de cualquier complejo o culpa sexual.

> se descorre el último velo que oculta el presentido paisaje de lilios cándidos y purpúreas rosas..., sí, se ve ya, es él, no cabe la menor duda, dios mío, quién lo hubiera dicho, del Coño
> del Coño, sí, del Coño
> ¿no lo creen ustedes?
> mírenlo bien...
> emblema nacional del país de la coña
> ...país de la coñífera coña donde todo se escoña y descoña y se va para siempre al sacroñísimo Coño...

símbolo de vuestra encoñante y encoñece-
doña coñadura
coñisecular. (Págs. 171-172)

Goytisolo se burla y satiriza el mito de la virginidad. Y
una vez terminada la violación hace que su personaje,
transformado completamente ya en Julián pida la
ayuda de los guerreros árabes y de Celestina para
mantener esa libertad sexual que por fin se ha
alcanzado.

> y tú, laboriosa y prudente celadora de
> virgos, Celestina, madre y maestra mía
> ayúdame a tender la red donde se enmalle y
> pierda tan diferida presa en mi ejército
> hallarás
> un fuego escondido...
> un sabroso veneno...
> un alegre tormento...
> una blanda muerte
> para cuantas Melibeas engendre, produzca
> consuma y exporte el celestinesco
> y celestinal país... (Pág. 173)

Goytisolo destruye el mito sexual porque está en
contra de la norma puritana de los teólogos y
portavoces de la supuesta idea progresista y porque
piensa además que la existencia de un impulso sexual
rebelde es un desafío saludable a los propósitos de
quienes, en nombre de la Divinidad o de la nueva
religión industrial se niegan a tener en cuenta los
deseos y aspiraciones del hombre y lo transforman en
un rebaño castrado y dócil sobre el que pueden ejercer
su dominio.[24] Tanto en *Señas de identidad* como en
Reivindicación del Conde don Julián hay una constante

---

[24] Goytisolo. *Libertad, libertad, libertad,* pág. 107.

lucha entre los valores sexuales tradicionales y los contemporáneos. Goytisolo, al contraponerlos, hace que el lector esté más consciente de la problemática y los tabúes sexuales del hombre y de la mujer hispana.

Lenguaje

El lenguaje en la obra de Goytisolo adquiere la categoría de tema, puesto que lo que se propone en *Reivindicación del Conde de Julián* es destruir el mito de la lengua castellana. Goytisolo es un escritor que piensa que a la Real Academia no se le debe otorgar la autoridad lingüística que tiene sobre el idioma pues considera dañinos sus criterios puristas y normativos sobre la lengua oral y escrita. En *El furgón de cola,* el novelista se expresa de esta manera:

> En mi opinión personal, esta tiranía del castellanismo académico sobre las demás regiones de España y países hispanoamerica-nos, resulta no solamente anacrónica e injusta sino también perjudicial y falsa. La Academia no es el templo... del Buen Decir, y las añejas prosas castizas... no sirven ni pueden servir de modelo a nadie..., la prosa "descuidada" de Galdós, e incluso de Baroja, están más cerca del idioma llano actual, resultan mucho más vivas y ejemplares que la de tanto purista rancio.[25]

Goytisolo destruye el mito del control de una lengua hablada no sólo por los españoles sino por otros pueblos. La idea general de la obra es que la lengua española no es propiedad privada de España y por tanto no se puede pretender que otros países, por el simple hecho de haber sido conquistados por los

---

[25] Goytisolo. *El furgón de cola,* pág. 205.

españoles, mantengan una lengua y costumbres caducas:

> falta el lenguaje, Julián
> desde estrados, iglesias, cátedras, púlpitos,
> academias, tribunas de los carpetos
> reivindican con orgullo sus derechos de
> propiedad sobre el lenguaje
> es nuestro... dicen
> lo creamos nosotros...
> somos los amos...
> imagen de nuestra alma
> reflejo de nuestro espíritu...
> apostólico...
> nosotros lo llevamos a la orilla del
> Atlántico con la moral y las leyes, la espiga
> y el arado, la religión
> la justicia...
> si hemos perdido el cetro, el imperio, la
> espada... nos queda la palabra. (Págs. 192,
> 193)

Para lograr su propósito, Goytisolo hace que este coro de voces cruce el océano y llegue a oídos de los hispanoamericanos, quienes abiertamente se oponen al imperio que la lengua y la literatura castellanas han ejercido allí. Se escuchan sobre todo las voces de los mexicanos y cubanos:

> lo escucharán con indignado asombro y darán
> rienda suelta a su labia
> boy boy pinche gachupín quiobas con el
> totacho abusadísimo mi cuás ya chingaste
> hace ratón con tu lopevega ora te
> chingas gachupas...
> pero qué babbaridá compai que
> viene ette gaito con su cuento de

> limpia, fija y desplendol y tiene la
> caradura de desil-le aúno..., asien
> medio de la conversadera y too
> que no se puee desil luse posque,
> muy fino el tipo... (Págs. 194, 195)

Al recurrir a un argot coloquial, Goytisolo se burla del tipo de lengua que el novelista cree que la Academia quiere imponer a toda costa.

Su ataque a la lengua castellana no queda allí, el novelista hace que su personaje se una a los hispanoamericanos, y rechace las reglas de la Real Academia. En *Reivindicación del Conde don Julián,* Goytisolo piensa que hay que rescatar el idioma de aquellos que buscan controlarlo y manipularlo porque éste es de todos y no se deben aceptar dictaduras lingüísticas.

> hay que rescatar vuestro léxico: desguarnecer
> el viejo alcázar lingüístico: adueñarse de
> aquello que en puridad os pertenece: paralizar
> la circulación del lenguaje: chupar su savia:
> retirar las palabras una a una hasta que el
> exangüe y crepuscular edificio se derrumbe
> como un castillo de naipes. (Pág. 196)

O sea que, lo que Goytisolo busca en *Reivindicación del Conde don Julián* no es tan sólo la destrucción de un lenguaje viejo, sino la creación de uno nuevo que tome en cuenta el habla de todos los niveles sociales.

Escritores

Goytisolo deshace el mito de los escritores clásicos y modernos porque ve en ellos la continuación de una lengua y costumbres que han contribuido al retraso cultural de España. En el culto que se les rinde a los clásicos, protegidos por el sistema, ve el escritor otra forma de dictadura y de opresión.

> abrumándote con el peso ejemplar de su heroísmo, su piedad, su saber, su conducta, su gloria: ... encaramados en pedestales marmóreos, ofrendados a la común adoración plebeya, invocando imitativas adhesiones: bajo la autoridad enmarcada del Ubicuo: rejuvenecido aposta y con las mejillas coloreadas suavemente: por el rubor no, por la lisonja: en uniforme y con banda: enmedallado. (Págs. 33-34)

Lo que pretende el escritor con su fuerte crítica es: "demostrar la falsedad y la corrupción del tradicional lenguaje literario español y demostrar en qué medida las instituciones morales, económicas y políticas de España se fundan en la consagración de una retórica en la que los valores de la 'pureza' y del 'casticismo' justifican una cultura cerrada y un sistema de dependencias y relaciones de sumisión".[26]

Muy pocos escritores del Siglo de Oro y la Generación del 98 se salvan de los ataques de Goytisolo. Hay en particular algunos por los que el novelista siente admiración: Fernando de Rojas, Mateo Alemán, Miguel de Cervantes y Luis de Góngora, por ver en ellos un desafío a la cultura y una exploración de la lengua.

Técnicas narrativas

A nivel técnico-narrativo, Juan Goytisolo es uno de los escritores españoles que más ha experimentado con

---

[26] Fuentes, Carlos. "Juan Goytisolo: la lengua común" (en el libro *Juan Goytisolo)* (Madrid: Editorial Fundamentos, 1975), págs. 146-47.

la lengua y la escritura. Para críticos como Yerro Villanueva este novelista representa, "el grado más alto de complejidad técnica alcanzado por nuestra novelística, el inicio decidido del experimentalismo narrativo español".[27]

No se pretende hacer aquí un análisis de todas las técnicas utilizadas por Goytisolo, por razones de espacio se limitará este estudio a aquéllas que sobresalen en *Señas de identidad* y *Reivindicación del Conde don Julián* y que son las más representativas de la obra de madurez del novelista: estructura, caracterización de personajes, niveles narrativos, tiempo y espacio, retrospección, laberinto y el lenguaje.

Estructura

En sus obras, Goytisolo presenta la situación del español en la sociedad contemporánea. Como la visión que el escritor tiene del hombre peninsular es la de un ser ambiguo que carece de identidad, la estructura de sus obras refleja esa problemática. *Señas de identidad* está dividida en ocho capítulos, en los cuales Goytisolo va subrayando ciertos aspectos de la vida del personaje o de la sociedad española. El capítulo primero presenta los orígenes familiares de Alvaro, el influjo que la religión ha tenido en él y en sus dudas sexuales. En el segundo, por medio del cambio de tiempo y lugar se vuelve al presente, a la muerte del profesor Ayuso, la cual sirve al novelista para criticar la falta de libertad política y de prensa. En el capítulo tercero se hace hincapié en la corrupción y el abuso del sistema. En el cuarto se intenta una búsqueda interior del personaje y lo que es España. Se habla de las primeras huelgas

---

[27] Yerro Villanueva, Tomás. *Aspectos técnicos y estructurales de la novela actual* (Pamplona: Ediciones Universidad de Navarra, S. A., 1977), pág. 199.

universitarias, del exilio de Alvaro y Antonio y de la policía secreta de Franco. El capítulo quinto satiriza el mito del conquistador español a través de los emigrados en Europa. Esta sección de la obra está dedicada además al exilio y el efecto que éste ha producido en el personaje desde los puntos de vista personal y político. El sexto se centra en las relaciones amorosas de Alvaro y Dolores y sus experiencias sexuales con otras personas. Se presentan las dudas sexuales del protagonista y su deseo de salvar una relación que no le conduce a ningún lado. En el séptimo se critican los veinticinco años de dictadura que a su vez son defendidos por NOSOTROS para llegar al octavo, donde se mezclan toda clase de ideas de Alvaro: de la familia, del turismo, de la visión oficial de los liberales, etc. Este capítulo muestra el deseo del personaje de ser comprendido y su aceptación final de derrota.

Esta estructura, en apariencia sencilla, se complica debido a que todos los hechos no ocurren en un orden ni tiempo cronológicos. Todo se lleva a cabo desde el presente, a base de retrocesos donde se mezclan no sólo los recuerdos familiares y experiencias personales de Alvaro, sino además las de sus amigos y aspectos de la historia social, cultural y política de España. Se puede decir que Goytisolo, al dividir su obra en unos capítulos que muestran tan sólo fragmentos tanto de la vida del personaje como de España, desea presentar la desintegración de un país que, en su opinión, se ha ido derrumbando a causa del estancamiento cultural, social y político en que lo ha colocado la dictadura.

Pero si en *Señas de identidad* se puede hablar de una división estructural a base de capítulos, en *Reivindicación del Conde don Julián* resulta difícil llegar a una conclusión difinitiva, puesto que, en esta obra se puede hablar, como dice Pérez, de una estructura circular a base de capítulos, donde, como en *Señas de identidad,* van resaltando en cada uno de ellos, ciertos aspectos de la vida del protagonista para volver al punto de partida;

> The novel thus displays a circular structure in which the narration returns to the point at which it began. Essentially it is a circle divided in four parts: the first chapter gives general background information about the protagonist; the second describes his traumatic childhood experiences, the latter part of the second, the third and a part of the fourth are the outcome of the Caperucito's tale and the reaffirmation of the character's purpose, while he prepares to begin a new the following day.[28]

o, de una estructuración basada en cuadros críticos y sarcásticos donde la unidad la proporciona el protagonista.

> El libro está compuesto de un conjunto de cuadros críticos y sarcásticos de la historia y la vida españolas. Lo que proporciona unidad a estos cuadros es... una figura, ente mitad real, mitad ficticio, que va a pensar las ideas críticas contenidas en el libro y va a actuar los hechos que se describen en él.[29]

Ambos críticos tienen razones suficientes para justificar su estructuración; sin embargo, tanto uno como otro pone énfasis en un solo aspecto de la obra; Pérez en el protagonista y Navajas en España. En *Reivindicación del Conde don Julián* el escritor presenta tanto la problemática del protagonista como la crítica

---

[28] Pérez, págs. 134-35.
[29] Navajas, pág. 196.

de la vida e historia de España. Por lo tanto, en su obra, el autor mezcla el pasado con el presente y el sueño con la realidad para así presentar una visión antagónica y caótica de la vieja España y la España contemporánea.

Creación de personajes

Los personajes que Goytisolo presenta ya desde sus comienzos como novelista son unos niños u hombres llenos de dudas. Son seres que por una u otra razón no encajan en el mundo en que viven y tienen que escapar de él.

Señas de identidad y *Reivindicación del Conde don Julián* presentan unas criaturas rebeldes e inconformes que se oponen al sistema y al ambiente cerrado que los rodea, pero al mismo tiempo carecen de los medios necesarios para cambiarlos.

En la caracterización que el novelista hace de Alvaro se pone más énfasis en el aspecto sicológico que en el físico. Alvaro es un hombre que ha tenido la niñez y la adolescencia de un niño burgués. Hay aspectos de su vida familiar y educativa que han dejado una profunda huella en el individuo de ahora. El ambiente en que se ha formado ha hecho de él un hombre básicamente solitario, ensimismado y pesimista. De niño ha sido religiosamente influenciado por la señorita Lourdes, quien le ha presentado a los liberales como gente mala de quien se debe desconfiar.

> la señorita Lourdes te había atraído hacia ella entre sollozos y te había anunciado con voz trémula la llegada del Anti-Cristo. Los hombres mal vestidos apiñados en los camiones que circulaban bajo tu ventana eran enviados especiales del demonio, agentes empedernidos del Mal. (Pág. 25)

Unido a este extremado fanatismo está la huella de su educación escolar. Alvaro, al recordar sus confesiones con el reverendo de su colegio, muestra los efectos de la represión sexual.

> —Padre, me excuso de haber faltado tres veces contra el sexto mandamiento.
> —¿De pensamiento o de acciones, hijo mío?
> —¿Solo o acompañado?
> —Un amigo me enseñó una revista con mujeres y yo se la compré...
> —...cuando él se fue pequé yo solo...
> —Entre todos los pecados es ese el que ofende más a Dios y a la Virgen Santísima. ¿Te arrepientes sinceramente? (Pág. 57)

Este período representa para el personaje años que dejan en él un profundo sentimiento de culpabilidad. Alvaro desea cambiar su situación para así hacer frente a un presente y futuro inciertos. Se ha rebelado contra todo lo que significa su clase, pero de nada le ha servido porque piensa que su país sigue igual de retrógrado y él continúa sin haber encontrado su identidad. Su fracaso se debe básicamente a que es un hombre inseguro y contradictorio que no encaja en ningún lado a causa de su idiosincrasia. No ha logrado conocerse a sí mismo y para lograrlo siente que debe escapar de ese mundo que lo oprime y destruir no sólo todo cuanto lo relacione con su clase social sino con España misma.

En *Reivindicación del Conde don Julián,* Alvaro, transformado completamente en Julián, se libera de todos los mitos culturales, religiosos y sociales que le impedían encontrar sus señas de identidad. Lo paradójico de todo esto es que el lector llega a la conclusión de que el personaje, a pesar de la búsqueda, no tiene identidad alguna. En esta obra, los pocos signos que quedaban de Alvaro Mendiola se van desvaneciendo poco a poco hasta desaparecer completamente. Queda tan sólo la sombra de una criatura que arremete contra todos los valores españoles.

El fracaso del hombre es algo que se ve no sólo en Alvaro, sino en casi todos los personajes de *Señas de identidad*. Antonio, igual que Alvaro, fracasa en su deseo de ver a su país libre de una dictadura. La diferencia de estos personajes está en que mientras que Alvaro es un hombre pasivo, Antonio es uno que actúa clandestinamente en la política de su país. Es un individuo que ha sufrido en carne propia los resultados de la oposición al régimen y que a pesar de su fracaso inicial está dispuesto a seguir luchando.

En *Reivindicación del Conde don Julián* los personajes se tornan toscos y caricaturescos. Críticos como Gonzalo Navajas han opinado que ésta es una obra que "carece de argumento y personajes auténticos".[30] A esto se puede argüir que Goytisolo, en esta obra, no precisa del personaje novelesco "normal". Sus criaturas en esta novela recuerdan más a las de la novela picaresca porque, igual que Alemán, Quevedo y Cervantes, Goytisolo tiene como propósito criticar, por medio de la sátira, un sistema que considera decadente y cerrado. Lo irreal y lo grotesco de sus personajes refleja al mismo tiempo lo absurdo de la situación española contemporánea. Por ejemplo, el Figurón es un personaje que por sus características físicas aparece a los ojos del lector como un ente entre caricaturesco e irreal.

> ...el volumen de sus rasgos es netamente superior al normal y, al caminar, sus articulaciones crujen dificultosamente, como las

[30] *Ibid.*

> piezas mal ajustadas de una armadura... se
> acomoda junto a ti, haciendo crujir por
> turnos, las distintas piezas de su caparazón
> óseo: los rasgos de su máscara han abultado...
> y presentan ahora una estructura maciza y
> sólida, más próxima al mineral que al
> viviente. (Págs. 79, 80)

Es interesante notar que Goytisolo insiste en darnos
una visión de un hombre irreal, anticuado, fuera de
época, por medio de palabras como "armadura",
"sólida" y "mineral". Sin embargo, las profesiones que
simboliza son realidades que, en opinión de Navajas,
han azotado la cultura española. Para este crítico,
Alvaro Peranzules simboliza al mismo tiempo al
abogado inútil y charlatán, así como a un dictador y un
pensador español.[31]

> los carpetos que vivimos lejos de la patria
> tenemos que reunirnos de vez en cuando,
> dice con voz grave... influir sobre los demás:
> una de nuestras constantes históricas más
> antiguas: ... portadores de valores eternos
> don Alvaro se expresa en un castellano
> purísimo... gente blanda y de poca sustancia,
> dice él: ¡potestad de regir: voluntad de
> Imperio: gloria y grandeza hispanas por las
> rutas del mar!... (Págs. 79-80)

En el Figurón, Goytisolo representa al español cerrado
que defiende y quiere imponer unos dogmas que han
justificado el "atraso científico, técnico e intelectual del
país y de la guerra civil casi permanente que ha
ensangrentado a España a lo largo de la España
moderna".[32]

---

[31] Ibid., pág. 209.
[32] *Ibid.,* pág. 210.

Otro personaje que destaca en la obra es el de Isabel la Católica. En su caracterización el escritor mezcla lo histórico, muchas veces deformado, para proporcionar la visión de una mujer básicamente conservadora:

> Isabel la Católica es de mediana estatura, bien compuesta en su persona y en la proporción de sus miembros, muy blanca y rubia,... el mirar honesto: es generosa, expansiva, justiciera,... busca los principios superiores de la vida en los libros: ... oye misa diariamente... su padre le ha enseñado el amor a Dios: a tener honor y ser esclava de la palabra... a ser grave y veraz, casta... (Págs. 162-163)

Todos los atributos que se le dan a esta mujer son más bien los de una beata sujeta a unos valores que se le han impuesto, mientras que sus acciones muestran los de una mujer sexualmente reprimida:

> la muchacha, vestida de monja reza devotamente sus oraciones, besa el crucifijo colgado sobre su reclinatorio, desgrana las cuentas de un rosario: altavoces sigilosos difunden en sordina un hit-parade de los Rolling Stones: TIME IS ON MY SIDE, acaso IT'S ALL OVER NOW: la monjita se incorpora con un suspiro y, volviendo la espalda al respetable, descorre la mórbida cremallera de su hábito: al punto, un pijama... emerge sobre un fondo sonoro de gemidos... amarte, amarte, dueño y señor mío, es mi delirio constante: ¡estoy enferma de amor, pero no quiero curarme jamás! (Pags. 163-164)

Goytisolo, en esta obra, no requiere de personajes

tipo Alvaro, Antonio o Dolores porque lo que busca es, a través de la exageración y la sátira, destruir unos mitos y costumbres que, hasta ese momento se han considerado sagrados e intocables.

Niveles narrativos

A nivel narrativo, Goytisolo experimenta con varias personas sintácticas, la primera, la segunda y la tercera persona; y cada una de ellas desempeña un papel específico en cada una de las obras aquí estudiadas.

En *Señas de identidad,* Goytisolo utiliza la primera persona del singular para reflejar los problemas del campesino que emigra a la ciudad y al extranjero porque carece de una preparación que le ayude a salir de la pobreza.

> Y a los seis meses de haber llegado a Tarrasa mi mujer tuvo una niña que nació antes de hora y nosotros buscamos un poco de ayuda porque no teníamos dinero para que la enterraran y todo el mundo se desentendía...
> Y cuando yo pedía justicia no solamente para mí sino para mis pobres hijos y explicaba cómo vivíamos encharcados y muertos de frío el Jefe local de Sanidad vino a vernos... pero a él qué se le importaba en su casa tenía luz y buen techo... después de venir... y prometer muchas cosas si te he visto no me acuerdo
> entonces me fui a la radio y les pedí que me dejaran hablar y contar lo que nos pasaba... pero me dijeron que para hablar

se necesitaba mucha cultura y no sabía
expresarme... (Pág. 382)

En la historia de José Bernabeu el escritor reitera
además sus ideas sobre la falta de libertad de expresión.

> ...yo les contesté pues dadme trabajo hasta
> que ella salga y ellos contestaron tú te vas
> ahora mismo y yo les contesté no tengo
> donde comer ni dormir aquí no hay derecho
> ni justicia y por repetir estas palabras en voz
> alta me metieron por segunda vez en la
> cárcel. (Pág. 392)

La primera persona del plural la utiliza Goytisolo
para exponer la visión oficial del sistema. El novelista,
por medio del *Nosotros,* hace que éstos defiendan el
franquismo y se rechace todo tipo de idea liberal en el
país.

> ...y estos jovenzuelos agitadores callejeros
> propagadores aviesos de bulos rumores des-
> propósitos e infundios que hubiesen podido
> ser nuestros hijos o futuros maridos de
> nuestras puras y virtuosas hijas y que no son
> ni lo serán ya gracias sean dadas a Dios pese
> a toda la simpatía que sentimos por sus
> honradísimos padres cuyo dolor compartimos
> merecen un escarmiento ejemplar en su
> descabellado intento de abrir de nuevo las
> puertas del país a aquella inmensa turba de
> fanáticos... que quieren arrastrarnos a la más
> sangrienta y espuria esclavitud... (e) intentan
> precipitarnos otra vez a los abismos de la
> democracia... (Págs. 287-288)

El *Tú* adquiere gran importancia en las dos obras que aquí se estudian ya que, por medio de la segunda persona, el novelista permite que el lector penetre en el interior del personaje para así conocer sus inhibiciones y su soledad. Gould Levine al estudiar la técnica narrativa en *Señas de identidad* señala que el *tú* tiene una triple función en esta obra:

> ...explora las inmensas posibilidades de la sintaxis, le permite al autor cierta intervención subjetiva en la narración y expresa el desgarramiento interior del protagonista, cuyo yo está tan escindido y enajenado que casi no puede hablarse en primera persona, prueba de una autoafirmación y de un deseo consciente de ser... y no una muestra de ser "prisionero que no eres tú".[33]

Por medio del *tú,* Goytisolo presenta el conflicto de un individuo solitario que a sus 32 años no ha logrado encontrar ni la tranquilidad ni un lugar donde sentirse feliz. El *tú* permite además observar que el conflicto interior del personaje está motivado por su ideología política y cultural. A nivel personal, Alvaro no encaja dentro de los cánones de la sociedad española por sus ideas acerca de la religión y la educación. En lo político tampoco cabe en España porque es un hombre que se opone al régimen; de ahí nace su lucha, de querer ser él mismo en un lugar donde, él piensa, se niega toda libertad.

> ...evocabas, fascinado, aquel pasado remoto e irrevocable que se desenvolvía de nuevo ante ti, pensando una y mil veces: si fuera

---

[33] Gould Levine, Linda. *Juan Goytisolo: la destrucción creadora* (México: Editorial Juan Mortiz, S. A., 1976), pág. 83.

> posible volver atrás, si las cosas hubieran
> ocurrido de modo distinto, si milagrosamente
> pudiera modificarse el desenlace... Soñabas
> despierto en una España real, en unos
> compatriotas elevados a la calidad de perso-
> nas, en una existencia humana impuesta
> frente a los voraces enemigos de la vida...
> (Págs. 137-138)

El *tú* de Alvaro permite ver que su pesimismo es tal que
se desilusiona de todo cuanto le rodea; todo lo ve negro
y se puede decir que su visión personal de España no
ofrece esperanza alguna.

Sin embargo, la utilización de la *tercera persona*
ofrece al lector la oportunidad de adquirir una visión
más objetiva, sobre todo de la situación española.
Como dice Gould Levine:

> Mientras que la segunda persona constituye...
> el pronombre más innovador de la materia
> narrativa, también existe el empleo de *la
> tercera persona como elemento cohesivo y
> organizador que objetiviza el testimonio de
> Alvaro y reduce la carga subjetiva* de la
> obra.[34]

La tercera persona balancea la visión apasionada que
Alvaro tiene tanto de la guerra civil como de la
situación del español durante la época franquista. Pero
si esto ocurre en *Señas de identidad,* en la obra que le
sigue esto resulta casi imposible, debido no sólo a la
mordacidad del protagonista, sino a que lo que
predomina en la obra es el monólogo interior.

En *Reivindicación del Conde don Julián* el *tú* no
escucha ya las voces oficiales, lo que él busca es librarse

[34] *Ibid.,* pág. 84.

de todo lazo que. lo una a España. El protagonista monologa consigo mismo sin esperar ser escuchado por nadie. Por medio de esta técnica el escritor intenta dar una visión caótica de la España tradicional. La presencia del escritor apenas se nota, Goytisolo, en esta obra, deja que su personaje exponga las ideas como si saliesen de él mismo. Tanto es así que el monólogo del personaje se acerca muchas veces al fluir de la conciencia, pues como dice Yerro Villanueva, Goytisolo presenta el soliloquio caótico y delirante de un hombre neurótico que vive obsesionado por España, paraíso que desea, pero que ha perdido definitivamente.[35]

> años atrás, en los limbos de tu vasto destierro, habías considerado el alejamiento como el peor de los castigos: compensación mental, neurosis caracterizada: arduo y difícil proceso de sublimación: luego, el extrañamiento, el desamor, la indiferencia: la separación no te bastaba si no podías medirla: y el despertar ambiguo en la ciudad anónima, sin saber donde estás: ¿dentro, fuera?: buscando ansiosamente una certidumbre: ... el mar entre los dos: ... última garantía de tu seguridad frente a la fiera, lejos de sus colmillos y zarpazos... (Págs. 13-14)

Silvia Burunat, al estudiar el monólogo interior en *Reivindicación del Conde don Julián,* destaca que en dicha obra existen tres tipos de monólogo interior:

> a. Monólogo interior que el narrador emplea en sus momentos de normalidad y objetividad.

---

[35] Yerro Villanueva, pág. 201.

    b.   Monólogo interior exaltado, discursivo, efusivo.

    c.   Monólogo interior totalmente delirante.[36]

Sin embargo, existen muy pocas ocasiones en que se ve un narrador "normal" u "objetivo"; más bien habría que decir que predominan el segundo y el tercer tipo de monólogo, ya que aun en los momentos en que se ve un poco calmado al narrador se nota efusividad en su discurso.

> ...tú te acomodas la ropa y sacas dos dirnames del bolsillo y le pagas y dejas el cuartucho y te despides y sales a la calle: al sol, a la luz, al griterío de la calle: con la jubilosa impresión de haber nacido otra vez y de estar vivo: optimista de pronto: como el que cree tener (engañándose siempre) toda la puñetera vida por delante. (Pág. 31)

El monólogo exaltado y efusivo se nota por ejemplo en los ataques que el protagonista hace contra los escritores antiguos y contemporáneos de quienes tiene una opinión bastante pobre porque piensa que la cultura española ha hecho de ellos unos mitos intocables.

> el rico depósito de sedimentación histórica de vuestra nativa, vernácula expresión... obra depurada y cernida en lentos siglos de tradición... del romancero a Lope, de Lope a Federico: hasta los queridísimos poetas de hoy: vuestros tibios, delicados, fajaditos niños grandes: ... hablando de tú a tú con Dios...

---

[36] Burunat, pág. 144.

abrumándote con el peso ejemplar de su
heroísmo... su saber, su conducta... (Pág. 33)

Se ha observado que el monólogo totalmente
delirante se lleva a cabo en momentos en que el
personaje se encuentra bajo la influencia de la droga y
pierde control de sí mismo y de su pensamiento o en
situaciones relacionadas con el niño. Es buen ejemplo
de ésto el cuento del Caperucito Rojo, donde se
observa la distorsión de la historia al convertirse el
personaje de la abuela en el violador del niño.

abuelita, ¡que grandes son tus ojos!
es para verte mejor, corazón mío
abuelita, ¡que bicha tan grande tienes!
es para penetrarte mejor, ¡so imbécil!
y, al punto que dices esto, encorvarás la
culebra en el niño y le rebanarás el cuello,
de un tajo, con tu brillante navaja
albaceteña
fondo sonoro: aullido de Alvarito, como
cuando uno cae en un pozo, y sin despertar ya
jamás (Págs. 209-210)

El personaje deja entonces volar su imaginación y para
mostrar el caos mental del protagonista, se abandona
todo tipo de puntuación, las oraciones se tornan cortas
y muchas veces incompletas y el ritmo se acelera:

no es así
la muerte no basta
su destrucción debe ir acompañada de las más
sutiles torturas...
encadenado a una roca del Cáucaso, un águila
dibuja en lo alto porfiados y agoreros
círculos
Alvarito-pájaro salta de rama en rama,

> pero no puede resistir
> no puede quitar la vista de la serpiente
> maligna una fuerza enigmática le atrae...
> Alvarito-insecto vuela feliz
> sin recelo
> el torno a una insidiosa planta carnívora...
> Al instante queda atrapado como una mosca en
> la superficie untuosa del mosquero.
> (Págs. 210-211)

En su mente se mezclan todo tipo de imágenes, relacionadas con su deseo de destruir todo lo que queda en él de Alvarito.

Diálogo

Otra técnica que Goytisolo usa con frecuencia es el diálogo dramático por medio del cual presenta el conflicto entre las fuerzas oficiales, las condiciones sociales del campesino, del pescador, del emigrado o la desmitificación de personajes o valores sociales.

En *Señas de identidad* el diálogo adquiere mucha importancia; el escritor lo usa en momentos en que desea mostrar con mayor intensidad la falta de comunicación y la soledad de personajes como Antonio. Esto lo vemos por ejemplo en el momento en que Dolores va a visitarlo a su pueblo y él la espera con ansiedad para hablar con ella de lo que siente y lo que le pasa.

> —¿Vienes por mucho tiempo?
> —Oh, no; sólo de paso. Mis padres regresaron a España, ¿lo sabías?
> —Te he guardado una habitación en el hotel.
> —Me es imposible, Antonio... Me he asomado únicamente para abrazarte y charlar unos minutos...

—Lo siento. Te debo parecer egoísta.
—Hace meses que no puedo confiarme en nadie.
—Perdóname... Me quedaré a dormir en el pueblo. Tenemos que hablar de tantas cosas que no sé por dónde empezar.
—Yo tampoco... (Pág. 187)

Otras veces el diálogo adquiere una doble función, la cual consiste en mostrar el conflicto entre las fuerzas oficiales y la oposición y presentar al mismo tiempo la visión que unos personajes tienen de los otros.

—Si fuese de la bofia te detenía ahora mismo por sospechoso —dijo Paco—. ¿No podías vestirte de otra manera?
—...Un día, con tu pinta de macarro murciano, nos va a traer el cenizo a todos...
—¿Hay algo nuevo sobre Enrique? —preguntó Artigas.
—No nada...
—¿Has recuperado la máquina de escribir?
—Sí
—Hay que sacar enseguida varias copias. Si firma alguno más lo añadiremos luego...
—Yo enviaré el texto a Alvaro, para los periodistas franceses.
—Alvarito —dijo Antonio—. Me gustaría saber donde coño para... Como se haya ido de viaje...
—Ese no conoce ni a su padre —dijo Artigas—. Un tipo de la Facultad fue a verle a su casa y dice que se levanta borracho como una cuba.
—Lo mismo le da ocho que ochenta —dijo Paco—. París lo ha emputecido. (Págs. 276-277)

La visión que tiene del protagonista no es nada positiva. En este diálogo, Goytisolo desea mostrar además algo en lo que insiste con bastante frecuencia a lo largo de la obra, la inutilidad del exilio.

El diálogo le sirve también al escritor para transmitir la lucha interior de Alvaro. La larga conversación que se establece entre Dolores y Alvaro revela detalladamente los conflictos de la pareja y los individuales del protagonista. Lo que Goytisolo intenta exponer en este largo diálogo es la soledad y la impotencia del personaje. El escritor recurre a esta técnica porque así puede presentar, de una manera más escueta y directa, las ideas de las dos personas y la situación actual de sus relaciones.

—Eres distinto a los demás. Estamos hechos uno para otro.

—¿Por qué no te acuestas conmigo?

—Tengo miedo.

—¿Te dan miedo las mujeres?

—Me das miedo tú...

—Hace seis meses que nos queremos...

—¿Te gusta mi cuerpo?

—No lo conozco. Nunca llegaré a conocerlo del todo...

—Me pierdo en ti. En tu sexo, en tus ojos...

—Eres demasiado secreto. Llevamos juntos tres años y a veces pienso que no sé nada de ti...

—Te quiero...

—Yo también. Pero no podemos nada uno por otro...

—No quiero dejar nada detrás de mí, ¿comprendes?

—He perdido mi tierra y he perdido mi gente...

—No puedo hacer nada. Ni siquiera sé quién
soy. (Págs. 335-339)

La confusión de Alvaro es total, en sus relaciones no ha
habido la comunicación verdadera y ahora él se siente
solo y perdido.

Tal parece que, por medio del diálogo, Goytisolo
desea transmitir la falta de control que el individuo
tiene sobre sus actos y su destino. El desconcierto de
sus personajes requiere un diálogo que alcanza un nivel
dramático semejante a los del teatro del absurdo. Esto
se empieza a notar ya en la conversación de José
Bernabeu y la silla pero alcanza su culminación en
Reivindicación del Conde don Julián donde Goytisolo,
en su deseo de destruir el mito de los escritores clásicos
y los valores culturales españoles, recurre a una
interlocución entre Séneca Junior y Séneca Senior.

SENECA JUNIOR: ¡Oh, padre¡ ¿por qué me
matan?

SENECA SENIOR: Al Rey, la hacienda y la
vida se ha de dar: pero el
honor es patrimonio del
alma y el alma sólo es de
Dios.

SENECA SENIOR: Mucho fiara de ti pero no
me deja el miedo.

SENECA SENIOR: Y si te digo yo
¿negárasmelo?

SENECA JUNIOR: Bien dicen que vuestra vida
es sueño

SENECA SENIOR: Pero todas son ideas
que da la imaginación
el temor: y temer muertos
es muy villano temor

SENECA JUNIOR: Porque es tanto mi peligro
que juzgo por menor daño

> pues todo ha de ser morir
> morir sufriendo y callando.
> (Pág. 117)

Goytisolo en este diálogo no tiene otro propósito que el de destruir el mito de Lope y Calderón y el del caballero español.

Tiempo y espacio

El empleo del tiempo y el espacio en *Señas de identidad* y *Reivindicación del Conde don Julián* no sigue un proceso normal. Se sabe la época en que se han desarrollado los hechos en la mente del protagonista, pero no se puede decir exactamente cuántos años de la vida del personaje o qué parte histórica y cultural de España se ha cubierto. Esto se debe a que en la mente del personaje hay un constante ir y venir. Sus recuerdos no siguen un orden cronológico ni en el tiempo ni en el espacio; se mezclan el presente y el pasado; y los hechos ocurridos en Francia o Tánger aparecen confundidos con los acaecidos en España. Todo esto trae como consecuencia una fuerte unión de estos recursos.

El tiempo desempeña un papel muy importante en la vida y las actividades de los personajes de *Señas de identidad*. Para Alvaro, los años que han transcurrido desde su niñez hasta el presente son fundamentales en la reconstrucción, tanto de su vida personal, como de la social e histórica de su país.

Desde el comienzo de la obra Alvaro siente una obsesión por el tiempo. En su mente hay una constante alusión a los "largos años de exilio" y dentro de esos años los meses que lo separan de su ataque cardíaco y su situación actual.

> Tras un voluntario destierro de diez años
> estabas de regreso entre tu gente y el país
> seguía igual que a tu marcha, reacio al
> cambio que tus amigos y tú habíais intentado
> imponerle. Recordabas la hermosa época en
> que, recién liberado de la tutela de la familia,
> conociste a tus compañeros en las aulas de la
> universidad. Y allí estábais otra vez... ahitos
> de proyectos nunca sidos, envejecidos por
> años que no fueron... (Pág. 94)

Para el protagonista, el tiempo transcurrido ha dejado
más malos que buenos recuerdos, no sólo por las
condiciones en que encuentra España a su regreso
sino porque al recorrer el álbum de fotografías, los
recortes de periódicos, etc., todo se mezcla, impidiéndole
así ordenar sus pensamientos para de esta manera
lograr encontrar su identidad.

> Los hechos se yuxtaponían en el recuerdo
> como estratos geológicos dislocados por un
> cataclismo brusco y, tumbado en el diván de
> la galería —la lluvia seguía cayendo fuera
> sobre la tierra borracha de agua— examinaste
> la amalgama de papeles y documentos de la
> carpeta —periódicos antiguos, fotografías,
> programas— en una última y desesperada
> tentativa de descubrir las coordenadas de tu
> extraviada identidad. (Pág. 110)

Este caos mental del personaje trae como consecuencia
que sus recuerdos se presenten en forma fragmentada,
es decir, en etapas que cubren tiempos específicos de su
vida, pero con constantes movimientos de tiempo y
espacio. Los retrocesos tampoco se llevan a cabo de
una forma cronológica y ordenada. Si pensamos por
ejemplo en el capítulo sexto, observamos que a pesar

de subrayar en el tiempo transcurrido en la unión de
Alvaro y Dolores, la mente del personaje va de España
a París, Hamburgo, Mónaco, Suiza, etc., para mostrar
el efecto que el tiempo ha tenido en sus relaciones.
Los cambios de lugar y de acción dentro de un
mismo capítulo se ven separados tan sólo por una
división de párrafos, sin transición alguna. Por ejemplo,
el viaje de Alvaro y Dolores a Ginebra para que ella
pueda tener el aborto, y la llegada de Enrique a París,
están separados tan solo por la alusión al pasado desde
el presente y un nuevo párrafo en el imperfecto y en el
pretérito.

> lo pasado parece abolirse de golpe y te mira
> como si acabara de inventar la mirada.
> Había llegado inesperadamente unas semanas
> después de serle otorgada la libertad condi-
> cional y se presentó en tu estudio... sin dar
> explicaciones... y haciéndote comprender por
> la entonación de la voz que tampoco debías
> perdírselas... (Pág. 355)

Si en *Señas de identidad* se pueden distinguir las
acciones llevadas a cabo en el pasado de las ocurridas
en el presente, en *Reivindicación del Conde don
Julián* esto resulta imposible debido a que el personaje
se expresa casi siempre en el presente de indicativo y,
ocasionalmente, en el futuro. La ruptura con el tiempo
sirve para que las evocaciones del personaje se actualicen
como si estuviesen ocurriendo en el presente. Por
ejemplo, los recuerdos de Alvarito se renuevan en la
imagen del niño guía.

> creí que te habías ido le dices
> no me he apartado un segundo de usted, te
> dice su voz suena familiarmente en tus oidos
> y su aspecto distinguido te intriga: delgado

y frágil: vastos ojos: piel blanca: el bozo
no asoma aún, ni profana la mórbida calidad
de sus mejillas
vas bien vestido, le dices
mamá es rica, te dice...
su rostro evoca alguna imagen que inútilmente
quisieras arrancar del olvido: algo remoto
tal vez: recuerdo de la ciudad, del país de
cuyo nombre no quieres acordarte. (Págs. 71-72)

Gould Levine destaca el hecho de que en la primera mitad de la obra el recuerdo surge directamente de la imagen del protagonista, lo cual permite distinguir al niño del adulto, mientras que en la segunda esa distinción desaparece porque el tiempo parece suspendido y el niño surge como protagonista rompiendo así la distinción del presente y el pasado.[37]

En *Reivindicación del Conde don Julián* hay además una ruptura con el espacio real. Si en *Señas de identidad* se podían diferenciar los hechos ocurridos en Suiza, Italia o España, en esta obra coexisten los lugares reales con los imaginarios del personaje. La acción lo mismo se lleva a cabo en tierras de Castilla, Madrid, en calles de Tánger que en ciudades desconocidas, el barrio imaginario donde vivió Alvarito o en la imaginaria vagina de Isabel la Católica.

señoras y señores
mesdames et messieurs
fair ladies and good gentlemen
El Antro que van ustedes a visitar es sin
duda alguna una de las curiosidades históricas
más típicas y pasmosas de nuestro
privilegiado paisaje peninsular
sus implicaciones metafísicas

---

[37] Gould Levine, pág. 134.

su configuración moral
su espiritualidad rica y densa
hacen de él el punto de cita obligado de las
Very Important Persons...
el guía apunta con el dedo hacia el vestíbulo
de la vagina e indica la estructura y
funciones... de cada uno de los órganos...
(Págs. 166-167)

La ruptura de tiempo y espacio reales dan más libertad de acción a las criaturas de Goytisolo quien no precisa de ninguna transición para desplazar a sus personajes de un lugar real a uno imaginario ni distinguir una acción "normal" de una ilógica. En *Reivindicación del Conde don Julián,* dado el carácter irreal y absurdo que adquiere la obra, todo es posible. Una vez conseguido esto, el escritor puede criticar y satirizar abiertamente la sociedad y cultura españolas porque todo sale directamente de su protagonista.

El laberinto

El laberinto es otro de los recursos técnicos que utiliza Goytisolo, sobre todo en *Reivindicación del Conde don Julián,* donde, para lograr esta técnica recurre, entre otras cosas, a la narración enmarañada, el juego con el tiempo y el espacio o, el énfasis en el subconsciente y lo irreal. Esta técnica se encuentra primordialmente en el personaje mismo y el concepto que éste tiene de España. Yerro Villanueva, al estudiar el laberinto en esta obra, señala que el laberinto del protagonista es: físico por su recorrido por las calles y mental por sus visiones oníricas.[38]

La visión que se recibe del personaje es la de un hombre que se siente confuso, desarraigado y solo. Su

---

[38] Yerro Villanueva, pág. 219.

constante deambular por las pequeñas y enredadas
calles de Tánger es ya en sí un laberinto en el que se
mezclan todo tipo de imágenes.

> continuando, pues, por Tuajín hasta Alejan-
> dro Dumas y la silenciosa calle de América...
> hacia la escalera abierta en la muralla o
> cayendo en la trampa del Bastión Irlandés:
> callejón sin salida que te obliga a volver
> sobre tus pasos y..., te orienta fatalmente
> hacia la calle del Horno: ... siguiendo... por
> el antiguo barrio de burdeles adonde has
> acompañado alguna vez a Tariq y has hecho
> el amor con una rifeña, agreste como una
> cabra... por el corredor de la calle de los
> Arcos..., en el momento preciso en que una
> banda de niños brujos... hacen una leve...
> aparición: siguiendo a un gallo que vuela
> torpemente... con el cuello casi tronchado...
> zigzagueando, como si quisiera eludir su
> destino y caminando, sin saber hacia él...
> (Págs. 50-51)

El personaje, como el gallo, huye de su destino, pero
igual que el animal va hacia él. Para críticos como
Yerro Villanueva, el laberinto físico del protagonista
por las calles de Tánger es la expresión de la soledad e
inadaptación mitigada tan sólo por el sexo; el cual
adquiere carácter metafísico al convertise en vía de
comunicación con el otro, y al mismo tiempo de crítica
de la represión sexual sufrida en la infancia, lo cual
provoca su homosexualidad.[39]
    Desde el punto de vista mental, se puede decir que
los laberintos del personaje son resultado de la
ambigüedad y la mezcla de realidad y fantasía de sus

---

[39] *Ibid.*

experiencias y visiones mentales. En conclusión, el laberinto de la obra es la mente del personaje central desde donde nace toda una acción enmarañada y casi indescifrable.

Lengua y estilo

Desde el punto de vista estilístico tanto *Señas de identidad* como *Reivindicación del Conde don Julián* representan una perspectiva de la experimentación lingüística y estructural del escritor. En ambas obras Goytisolo lleva a cabo una serie de ensayos lingüísticos donde se mezcla más de una lengua, llegando muchas veces a destruir la sintaxis de la lengua española.

Lo primero que se nota en *Señas de identidad* es la ausencia total de puntuación en varias secciones de la obra, especialmente cuando la narración está en tercera persona del singular o primera del plural. Otra cosa que llama la atención en esta novela es la mezcla que Goytisolo hace de idiomas como el catalán, el francés, el italiano y el inglés. Parece que con esta actitud Goytisolo inicia su rechazo del español oficial que él cree se le ha impuesto no sólo a los españoles sino a otros países.

Con su estructura fragmentada, la ausencia de puntuación, la mezcla de lenguas y el constante movimiento de un lugar a otro en la mente del personaje, Goytisolo logra que el lector experimente junto con Alvaro y otros personajes de la obra su falta de identidad, su soledad, su inadaptación y la necesidad de cambios en la cultura española.

En *Reivindicación del Conde don Julián,* Goytisolo lleva al máximo sus experimentaciones narrativas. El novelista ensaya no sólo con la caracterización de personajes sino además con la estructura, la narración, el tiempo y el espacio y, la lengua, entre otras cosas.

A nivel lingüístico, Goytisolo se propone destruir el mito de la lengua tradicional, de ahí que el lenguaje se convierta no sólo en una técnica estilística por medio de la cual el escritor expresa sus ideas, sino además en un tema de la obra misma. Esta es una novela que por la serie de experimentaciones que se llevan a cabo en ella y por su carácter irreal exige la participación activa del lector. Parece que Goytisolo busca exasperar al lector, hacerlo que experimente la confusión, la inadaptación y la soledad del personaje así como sus deseos de destrucción.

Tanto *Señas de identidad* como *Reivindicación del Conde don Julián* son obras que se acercan a la problemática del hombre hispano. Como tales, muchas veces el resultado es que el lector, sin proponérselo, llega a tomar posiciones a favor o en contra del escritor por la postura que éste adopta en los temas que trata. Haya sido ésta, o no, la intención del autor, puede asesorarse que el lector no puede permanecer pasivo. Goytisolo logra en estas obras transmitir la agresividad y violencia de sus personajes, produciendo una sensación de rebeldía en quien las lee.

JUAN BENET

Datos biográficos y su obra

De padre catalán y madre vasca, Juan Benet[1] nace en Madrid el 7 de octubre de 1927. Su padre muere cuando él tiene nueve años; al ocurrir esto su familia se muda a San Sebastián y permanecen allí hasta que termina la guerra. En 1939 regresan a Madrid, donde Benet termina el bachillerato en 1944 y la carrera de Ingeniero de Caminos en 1954. En 1956 se casa y se traslada a Oviedo, desde donde escribe la mayoría de sus obras y crea su mundo mítico de Región. Vicente Cabrera señala que en la escuela donde estudia, Juan Benet aprende que no todo lo que enseñan le gusta.[2] Su rechazo de la educación religiosa por la huella que deja en el individuo se refleja en su obra literaria, sobre todo en *Volverás a Región*.

Juan Benet muestra, desde muy joven, una gran afición a la lectura y entre 1944 y 1948, mientras asiste a la Escuela de Ingeniería de Madrid, descubre a William Faulkner, a quien lee durante algunos años.

---

[1] Para más datos biográficos sobre Benet véase: Vicente Cabrera. *Juan Benet* (Boston: Twayne Publishers, 1983), y la introducción de Diego Martínez Torrón a *Un viaje de invierno* (Madrid: Ediciones Cátedra, S. A., 1980).
[2] Cabrera, pág. 1.

Por este tiempo lee además a Proust, Joyce, Melville,
Sartre, Malraux y Camus.

Cronológicamente Benet pertenece a la "Generación
del medio siglo"; pero por su técnica y estilo no cabe
completamente en esta generación. Diego Martínez
Torrón lo sitúa en lo que se ha llamado "contraola
antirrealista", grupo en el que se incluyen escritores
como: Juan Goytisolo, García Hortelano, Concha
Alos, Torrente Ballester, Ana María Moix y Sánchez
Espeso, entre otros.[3] Vicente Cabrera, al analizar la
obra de Benet, llega a una conclusión similar y agrega
que Benet con:

> His distinctively unique, complex fictional
> world, his forceful, innovative style, and his
> very controversial ideas have made Juan
> Benet the leading "new" novelist in Spain
> today.[4]

De acuerdo con Cabrera, Benet representa la antítesis
de la Generación del medio siglo. El crítico basa su
juicio en las controversiales declaraciones del escritor
para quien, como Cabrera señala:

> ... literature and sociology are two different
> entities, that to assign a social function to the
> novel is to undermine the potential of a work
> of art, and that Spanish social realism has
> unvaryingly been a vulgar type of literature...
> written for a public that had no choice but
> tolerate and even applaud under the coersion
> of collective guild...[5]

---

[3] Martínez Torrón, págs. 11-12.
[4] Cabrera, pág. 3.
[5] *Ibid.*, pág. 10.

Se acepta lo dicho por Cabrera si se toma en cuenta que Benet está en contra del realismo del siglo XIX y el neorrelismo. Sin embargo, si se analiza la obra de Benet, se puede aducir que este escritor no es una completa antítesis del grupo, puesto que, si bien es verdad que en Benet hay un extraordinario esmero por la técnica y el lenguaje, también es cierto que existe en él una preocupación por los temas que angustian al hombre contemporáneo y que inquietan a escritores como Goytisolo, Delibes y otros. Tanto por sus temas como por su técnica Juan Benet debe ser incluido dentro de los escritores españoles de hoy que se preocupan no sólo por la técnica, sino además por los temas que tratan. Es decir, debería ser incluido en un grupo independiente.

En apariencia, Benet da más importancia a la técnica y estructura de sus novelas o cuentos que a los temas, pero si se leen sus libros cuidadosamente, el lector descubre que detrás del mundo de Benet hay uno o varios temas que afligen al hombre de hoy. Lo que sucede es que Benet, como otros escritores contemporáneos, exige la concentración y participación del lector en la obra. Quienquiera que lea a Benet se enfrenta, ante todo con un mundo mágico, misterioso y lleno de ambigüedad, en el cual el individuo vive en una soledad y ruina casi absolutas.

Benet, como ya se mencionó antes, no es un escritor fácil, su lectura se torna muchas veces fatigante y confusa; de ahí que en ocasiones sea preciso releer páginas enteras para tomar de nuevo el hilo de la novela, cuento u obra de teatro. Cabe destacar que Benet, en el teatro, utiliza técnicas novelísticas y viceversa; de esto viene la dificultad de la presentación de sus obras teatrales. Su obra en general es extensa, además de la novela ha escrito teatro, cuentos y crítica: *Max* (1953), *Nunca llegarás a nada* (1961), *La inspiración y el estilo* (1966), *Volverás a Región* (1967),

Una meditación (Premio Biblioteca Breve, 1970), *Cinco narraciones y dos fábulas* (1972), *Un viaje de invierno* (1972), *La otra casa de Mazón* (1973), *Teatro* (contiene *Anastas o el origen de la constitución, Agonía confutants* y *Un caso de conciencia,* 1970), *Puerta de tierra* (1970), *Sub rosa* (1973), *¿Qué fue de la guerra civil?* (1976), *En ciernes* (1976), *En el estado* (1977), *Del pozo y del Numa* (1978), *El ángel del Señor abandona a Tobías* (1976), *Saúl ante Samuel* (1980), *El aire de un crimen* (1980), *Herrumbrosas lanzas* (1983), *Otoño en Madrid hacia 1950* (1987), "Baroja y la disgregación de la novela" (1972), "De canudos a Macondo" (1969) y "Mesa redonda sobre novela" (1970), entre otros.

En sus obras Benet trata, entre otros, temas como: la guerra civil, la soledad, el aislamiento, la ruina geográfica, física y moral, la incomunicación, la educación, la religión y la opresión. Estos temas adquieren una gran complejidad a causa de las técnicas usadas por el autor, entre las que se destacan: la creación de personajes, la estructura, el uso del tiempo y el espacio, el diálogo, el monólogo, el perspectivismo, el laberinto, la ambigüedad, el realismo mágico y su estilo lingüístico.

Volverás a Región. Temas

Debido a la complejidad y extensión de la obra de Juan Benet, lo que nos proponemos en este capítulo es analizar algunos temas y técnicas de *Volverás a Región,* obra que se considera representativa de la novelística de este autor. Tampoco se pretende hacer un estudio exhaustivo o final de esta novela, ya que por el intrincado mundo que se crea en ella se presta a variadas interpretaciones.

Volverás a Región gira alrededor de tres personajes,

el doctor Sebastián, el coronel Gamallo y su hija
Marré. La historia de los tres personajes aparece
entrelazada con la de Región y la guerra civil, pero,
aunque la vida de cada uno de ellos se presenta como
si fuera independiente de la otra, las tres se unen,
debido a que en un momento dado han estado en los
mismos lugares y vivido y participado en los mismos
acontecimientos. Unidos a estos individuos y sucesos
aparecen otros personajes que se ven afectados por las
resoluciones del trío: un jugador hortera, María
Timoner, un niño demente, la barquera y la mujer de
Sebastián. El juego, la guerra, el destino y la fortuna
son factores alrededor de los cuales gira la vida de los
personajes de *Volverás a Región*. El juego hará que
Gamallo apueste a su amante María Timoner, y la
fortuna que el hortera se la gane. El destino dispondrá
que de la unión entre estos dos últimos nazca Luis,
amante de la hija de Gamallo veinte años después,
durante la guerra civil.

La trama de la obra no es realmente inextricable, lo
que dificulta seguir los hilos narrativos es la manera en
que ésta está estructurada, así como las técnicas
utilizadas por el autor para presentar los temas
principales de la novela. En *Volverás a Región,* lo
primero que se nota es que Benet crea un mundo real
dentro de la geografía de la novela, pero mágico e
inexistente en el suelo español. El escritor abandona
además la estructura lineal en favor de una en cuatro
capítulos que van representando fragmentos de una
sociedad aislada del resto del mundo e inaccesible a los
de fuera. Se crea la atmósfera de un mundo dominado
por la soledad, la ruina y "protección" de Numa. Todo
esto lo logra Benet a través de lo fantástico, lo
misterioso y lo mítico.

El caso de Región se universaliza, porque debajo de
esa realidad fantástica yace la de un país y un hombre
real que vive incomunicado, bajo el amparo de un

"defensor". Se puede decir que en *Volverás a Región* el autor presenta la aniquilación y la desesperanza del hombre.

Aislamiento → Soledad

Uno de los temas que destaca en esta obra es el aislamiento geográfico del lugar así como el espiritual del hombre. Ya desde el comienzo de la obra el narrador se encarga de que el lector perciba el abandono y las dificultades que existen antes de que cualquier viajero consiga llegar a la sierra de Región.

> Un momento u otro conocerá el desaliento al sentir que cada paso hacia adelante no hace sino alejarlo un poco más de aquellas desconocidas montañas. Y un día tendrá que abandonar el propósito y demorar aquella decisión de escalar su cima más alta, ese pico calizo con forma de mascarilla que conserva imperturbable su leyenda romántica y su penacho deventista.[6]

Y a lo largo de la obra se insiste, con frecuencia, sobre todo en la primera parte, en los obstáculos que hay para llegar allí en cualquier época del año. El hombre se enfrenta, por lo tanto, no sólo con la falta de caminos y las condiciones climáticas que van de lo frío a lo caluroso y árido sino también con los obstáculos del hombre mismo:

> Aunque de los dos caminos el segundo es el más seguro también es más difícil: desde

---

[6] Benet, Juan. *Volverás a Región* (Barcelona: Ediciones Destino, S. L., 1981), pág. 7. Todas las citas referentes a esta obra aparecerán en el texto.

noviembre hasta junio la nieve, la ventisca, las tormentas, los aludes, los corrimientos y los ventones de marzo mantienen cerrado el puerto que solamente en los albores de la sequía los leñadores y pastores se aventuran a abrir, con un criterio temporero, para el paso del ganado y las carretas. De tarde en tarde un contratista de maderas... ha tratado en vano de abrirlo al tráfico rodado. Pero lo más frecuente es que antes de que el acondicionamiento del camino... alcance el vértice del puerto, el contratista se haya arruinado... sin saber cómo. Con media corta hecha los trabajos son detenidos por la Guardia Civil y los troncos de tejo y roble, junto con el arca... *quedan a disposición del Juzgado Comarcal de Macerta que ha cursado la orden de embargo con el propósito de conjurar la posibilidad de enlace entre dos poblaciones —enlace que nadie en el fondo apetece—...* (Pág. 53)

Todos estos antecedentes van preparando al lector para la soledad, el aislamiento del hombre de ese país llamado Región. El hombre que logra llegar allí no sólo pierde las ilusiones sino hasta las fuerzas y la posibilidad de retorno.

...ha elegido usted el mejor momento. Dos o tres semanas más tarde y no hubiera sido capaz de llegar hasta aquí. Primero las lluvias, luego la nieve y después el barro; *todo conduce al desaliento.* Así que durante cuatro meses sólo es posible subir con caballerías. *¿Y para qué? Porque al cabo de una breve temporada aquél que ha logrado prevalecer se acostrumbra de tal modo a la paz y el aislamiento que pronto tiene que*

> *renunciar al viaje de vuelta. Ese es el*
> *principio del mal. Luego ¿quién es capaz de*
> *recobrar las antiguas ilusiones?* (Pág. 102)

El aislamiento geográfico en que moran los personajes de *Volverás a Región,* trae como consecuencia inicial su soledad espiritual. Sebastián, por ejemplo, es un ser que tras la truncada huida con María Timoner y su fracaso matrimonial, se aísla evadiéndose de todo aquello que le recuerde su pasado. El médico, como los demás pobladores de Región, desea que lo dejen solo y no perturben su encierro; por eso a las preguntas de Marré contesta:

> "No comprendo su interés, se lo repito. No comprendo siquiera su actitud. Son cosas pasadas. ¿A qué viene todo esto? ¿Es que no están bien donde están? Son cosas pasadas que ya no cuentan: lo único que cuenta es esta paz... "Va usted a coger frío si se queda ahí. Estas noches son muy traidoras."
> ... "Hace mucho tiempo que dejé de recibir visitas." (Pág. 105)

La soledad y ruina de este personaje afecta a aquellos que le rodean; primero a la hija del guardabarrera, con quien se casa pero nunca llega a consumar su unión matrimonial. El desamparo en que es dejada esta mujer hace que, al igual que otros personajes, se consuma en un abandono completo, tejiendo, y en espera de algo que nunca llega, el amor.

Como esta mujer, se consume el niño loco que vive, primero al cuidado de Adela y después del doctor, en espera de una madre que nunca regresa. Y es que, al parecer, el propósito del novelista es mostrar cómo el hombre se extingue en una completa soledad y en un lugar donde no hay esperanza ni posibilidad de comunicación. En Región, el hombre espera el cumplimiento de su destino y no hace nada por cambiarlo, al contrario, espera pasivamente.

> Recuerdo que una tarde en que mi padre estaba en guisa de bromear consultó a la rueda sobre mi destino y le respondió: que mis días acabarían en Región, de manera bastante violenta, en la década del 60 y en brazos de una mujer; y esa es una razón —y no la menos importante— que me ha inducido a retirarme aquí a esperar la consumación de mi destino al cual ni me opongo ni me evado.
> (Pág. 126)

Benet, por medio del diálogo, presenta el aislamiento en que viven Sebastián y Marré, personajes que no logran disipar su soledad. Marré ha ido a Región buscando un consuelo a su soledad; en la reconstrucción de su experiencia amorosa con Luis espera encontrarle sentido a su situación actual.

> No sé si he vuelto o he venido por primera vez a comprobar la naturaleza de una ficción, pero en tal caso, ¿qué curación cabe esperar si mi propia vanidad me impide hacerme cargo de mis propias creencias, si mi amor propio... manda sobre mi voluntad? *Entonces me dije: mírate por dentro, ¿qué guardas en el fondo de tu más íntimo reducto? Ni es amor, ni es esperanza, ni es —siquiera— desencanto. Pero... en el fondo de tu alma se escucha un leve e inquietante zumbido... y es que está pidiendo una justificación, que se ha conformado con lo que ahora es y sólo exige que le expliques ahora por qué es eso así.*
> (Pág. 115)

Sin embargo, Marré y el doctor no parecen hallarle significado ni al presente ni al pasado. Al final, todo termina nuevamente en su comienzo, en la ruina y destrucción del hombre. Tanto el individuo como Región vuelven al aislamiento y la ruina existentes antes de la llegada de Marré.

Incomunicación

El aislamiento y la soledad en que vive el hombre de Región trae como consecuencia una falta de comunicación que abarca todos los niveles. Esto se ve claramente ya desde el comienzo de la obra en el momento en que el lector se percata de que los habitantes de Región no se hablan y casi ni se recuerdan porque son seres que viven en el abandono y la devastación, protegidos por un extraño guardián a quien tampoco nadie conoce ni se atreve a mencionar.

> En Región apenas se habla de Mantua ni de su extraño guardián... ni siquiera en la torre de la iglesia abandonada de El Salvador esas pocas noches —tres o cuatro cada década— en que unos supervivientes de la comarca *(menos de treinta vecinos que no se hablan ni se saludan y que a duras penas se recuerdan, reunidos por un instinto común de supervivencia, exagerado por la soledad, o por un viejo ritual cuyo significado se ha perdido y en el que se representan los misterios de su predestinación)* se congregan allí para escuchar el eco de unos disparos que, no se afirma, pero se cree proceden de Mantua. (Pág. 11)

La ruina, la soledad y la incomunicación son expuestas a lo largo de toda la obra y se encuentran a nivel político, social, familiar y personal. Esta sensación de vacío la presenta el escritor por medio de la casi ausencia del diálogo, pues puede decirse que la conversación entre Marré y Sebastián se convierte en largos monólogos de los personajes. Es en estos monólogos donde el lector percibe la falta de comunicación que ha existido en la vida de Gamallo, Sebastián, Marré y aquellos otros personajes que los rodean.

El escritor presenta la incomunicación a nivel político a través de las fuerzas republicanas y nacionalistas. Lo que guía a estos hombres a la lucha no son tanto los ideales del partido como sus deseos de venganzas e intereses personales; de ahí que la comunicación resulte imposible. Gamallo, por ejemplo, al ser aceptado su plan de ataque y ser ascendido a Coronel, vive como todo militar, pero no hay contacto entre él y sus hombres; desconfía de ellos porque, en su opinión, carecen de principios que expliquen por qué están haciendo la guerra.

Todas las mañanas venía a buscarle un coche militar pintado de color verde oliva, con *un chofer y dos ayudantes de su Estado Mayor a los que rara vez dirigía la palabra; apenas les correspondía con el saludo...* cuando le abrían la portezuela... *No confió con ellos ninguno de sus planes y limitó su trabajo en común a cuestiones de trámite...* En secreto recelaba de ellos y no tanto por su brillante porvenir... no por su altivez técnica ni por su seguridad e intransigencia en cuestiones de patriotismo sino porque carecían de un móvil personal que les hubiera empujado a la guerra y porque hablaban demasiado de principios. (Pág. 67)

172 MARIA ANTONIA BELTRAN-VOCAL

La comunicación no puede existir, no sólo por la aparente diferencia ideológica militar sino porque Gamallo ha llegado allí más por un deseo de venganza personal que por ideas políticas. Gamallo busca vengar una afrenta sufrida veinte años atrás y que posiblemente ya nadie recuerda.

Esta incomunicación se ve además a nivel republicano. Benet parece insinuar que el fracaso político de este partido y del país en general, se debió más que nada a la falta de unión y comunicación entre ellos mismos. En Región los intereses personales de los que forman este bando se anteponen a los del partido. Por otro lado, el hecho de que todos quieran imponer sus ideas, impide la unión del Comité de Defensa de Región y provoca su división.

> En el ejecutivo no sólo estaban representados todos los partidos sino también todas las pasiones y facciones; *no cabía hablar de delegados porque nadie representaba más que a sí mismo* toda vez que un partido o una facción —en la comarca regionata— apenas contaba con más de seis miembros, si era numeroso, todos los cuales se creían con derecho a asistir a las sesiones. (Pág. 76)

De la ausencia de comunicación entre los jefes resulta no sólo la caída de Región sino su completa ruina, ya que al dividirse cada quien hace lo que cree más conveniente y sin plan fijo.

> *Era un organismo...* no jerárquico, una especie de parlamento sin gobierno *que se hallaba muy lejos de poder salir al paso de las desavenencias y decisiones personales;* por eso pocas horas después de que un cabecilla abandonara airado la sala de juntas...

la gente del frente desertaba de sus posiciones
para retirarse a un feudo privado y continuar
la campaña como franco tiradores cuando
no disparaban contra sus antiguos camaradas
de armas. (Pág. 84)

La incomunicación se da además a nivel familiar.
Los hijos apenas conocen a los padres y nunca les
comunican sus ideas, sentimientos ni dudas personales.
Si pensamos en figuras como Marré, Gamallo, Sebastián, o la esposa de éste, nos damos perfecta cuenta del
vacío que existe alrededor de ellos.

Marré es una mujer que ha crecido sola, alejada de
un padre a quien apenas conoce y que nunca se
preocupó realmente por ella.

"¿Su padre?", preguntó el doctor.
"Jamás supo nada de mí. No se preocupó
demasiado de mi persona, por lo cual le
tengo que estar muy agradecida. Ni siquiera
lo aparentaba y antes que otra cosa renunció
a mi fotografía, la maleta atiborrada de
papeles, y mapas y brújulas. Le aseguro que
eso no me produjo más que tranquilidad,
nada de resentimiento. Pero da igual. No sé
tampoco si empezó en esta habitación o si
fue en el primer piso del hotel de Ebrias,
también me da igual. (Pág. 154)

Esta falta de consideración y comunicación familiar
han hecho de Marré una mujer profundamente sola a
quien le es difícil expresar sus emociones. Desde niña
se ha convertido en un ser solitario que no se abre
fácilmente a los demás.

Pero ella no es la única que experimenta esta
situación familiar. Sebastián es un hombre que, a pesar
de haber vivido con los suyos, no encuentra la

comunicación puesto que su madre es una mujer egoísta y dominante con aires de grandeza que piensa más en sí misma y su comodidad personal que en la de sus hijos. El padre por otro lado los abandona, huyendo probablemente, como dice Sebastián, en busca de paz y tranquilidad. A nivel sentimental, el doctor tampoco logra alcanzar la comunicación puesto que al malograrse su huida con María Timoner, su matrimonio con la hija del guardabarrera trae tan sólo la incomunicación de dos seres y la completa soledad física de una mujer que se pasa el resto de su vida tejiendo en espera de su regreso. Benet, en *Volverás a Región* muestra la incapacidad del hombre para comunicarse a través de personajes como Marré y el médico, criaturas que, más que dialogar, monologan consigo mismas porque no se conocen ni hay un deseo real por llegar a hacerlo.

Guerra civil

Entrelazado a estos temas está el de la guerra civil española. Por la manera en que el novelista se acerca a este asunto, el lector muchas veces sufre confusiones y tiene la impresión de que Benet, además de creer que la guerra era necesaria piensa que debía haber un vencido para así hacer más tolerable la existencia. Sin embargo, una vez que se termina la obra y se analiza en conjunto, se llega a la conclusión de que lo que el escritor ha hecho en *Volverás a Región* es un crudo análisis de la guerra civil al presentar las imperfecciones y fallos de uno y otro bando.

La visión que el autor ofrece es pesimista. La guerra civil ha sido posible gracias a una serie de factores: el agotamiento y ruina de un pueblo que ha vivido en constantes luchas, el apoyo de una clase que ve amenazados sus privilegios, la ignorancia de una

colectividad y las vacilaciones de un gobierno que no
está preparado para resolver los problemas que se le
presentan; de ahí que los nacionalistas aparezcan como
un grupo que sólo espera el momento apropiado para
el ataque final que los mantendrá en el poder por varias
décadas.

> Decididos a todo sólo parecían esperar el
> mejor momento para actuar... *Contaban en*
> *primer lugar con el rencor de los privilegiados,*
> *con las vacilaciones de un gobierno inexperto*
> *y amedrentado y con la brutalidad de una*
> *colectividad inculta e ingenua, torpe y san-*
> *guinaria...* (Pág. 68)

Benet expone la incomunicación y la división de los
partidos para así mostrar la inutilidad de una guerra
fratricida motivada más por intereses personales que
por ideales políticos. Al ocurrir esto la guerra se
convierte en una lucha despiadada donde luchan amigo
contra amigo y hermano contra hermano.

> *Cuando todo el país fue dividido por la*
> *catálisis del 36 no supieron al punto a qué*
> *polo acudir, cuál era la naturaleza de su*
> *carga íntima.* Porque aquél que respetaba la
> Religión, ¿cómo iba a ponerse del lado del
> Padre Eusebio? Y aquél que por sus lecturas
> se sentía republicano, ¿qué forma de respeto
> iba a guardar para Rumbal?... Lo que sí creo
> es que cuando una sociedad ha alcanzado ese
> grado de desorientación que llega incluso a
> anular su instinto de supervivencia, espontá-
> neamente crea por sí misma un equilibrio de
> fuerzas antagónicas que al entrar en colisión
> destruyen toda su reserva de energías para
> buscar un estado de paz permanente; ... Yo

> estoy seguro de que antes que la razón, la
> pasión y el miedo habían elegido ya. Porque
> lo primero que surge sin duda es el enojo.
> (Págs. 183-184)

O sea que, la guerra civil llega a Región en un
momento en que la confusión es tal que lo que se
precisa es de una paz más segura y permanente.

Sin embargo, la conclusión a que llega el lector es
que la guerra, aunque trajo el orden, éste no ha tenido
unas bases sólidas y se encuentra suspendido tan sólo
por una cuerda que puede romperse en cualquier
momento ya que lo que lo sostiene es el guarda forestal
Numa, pero la violencia que ha quedado latente puede
desatarse cualquier día por parte de la oposición.

> *Y todo el futuro suspendido en el vacío*
> *colgando de un hilo que ha de romperse al*
> *primer arrebato, ese deseo de violencia sola-*
> *mente frenado por un guarda forestal viejo y*
> *mudo, encarnación de una voluntad* que
> duerme en la intemperie, dispuesta a despertar
> al primer sonido extraño. (Págs. 180-181)

La crítica sobre la guerra civil y la dictadura
posterior la logra Benet por medio de la ambigüedad,
de allí que muchas veces el lector no sepa a ciencia
cierta si el novelista apoya o ataca a Franco. Si se sitúa
la obra en la época en que fue escrita se puede llegar a
la conclusión que el mejor medio con que contaba un
escritor para criticar y denunciar el sistema franquista
era el arte y la técnica de la ambigüedad, la simbología,
el juego de palabras, la alegoría o el mito. Por lo tanto,
en *Volverás a Región,* Benet al crear una guerra civil
que coincide con la española y un lugar que físicamente
no existe en la geografía peninsular puede criticar más
libremente una lucha que considera fratricida y que

como se ve en la obra, ha dejado marcado al hombre y
no ha ayudado a resolver los problemas que afectan al
español del siglo XX.

> La guerra, la guerra... para los que se vieron
> envueltos en ella sin haberla tramado ni
> haberla esperado, no podía ser asunto de
> reflexión... ni de otra cosa sino temor. Había
> sin embargo una clase de gente para la que la
> guerra constituyó la mejor oportunidad de
> encontrar la paz con ellos mismos. Llevaban
> mucho tiempo en emulsión: un rencor disi-
> mulado y diferido, la larga espera de un
> desastre que ha sido anunciado, pero que no
> acaba de tomar cuerpo, esa delicuescente
> armonía en la sucesión de días con que una
> orfandad sin recursos, *un país asolado por el
> hacha, un subsuelo mezquino, un vivir coti-
> diano y una generación sin porvenir han
> venido a restablecer el orden en la herencia*
> de los padres. (Pág. 180)

Benet muestra un completo pesimismo hacia la generación de la posguerra, pues aunque el orden se
restablece, no hay para el individuo un futuro positivo
ya que el país carece de recursos y al individuo no se le
da la responsabilidad de ciudadano para participar en
la formación de su propio país.

El efecto que la guerra ha tenido en aquellos que la
vivieron siendo jóvenes o niños se refleja en la actitudes
de los mismos ya adultos. La confusión y el desorden
en que se vive durante la guerra produce una generación
de niños y adolescentes que debido a las circunstancias
de violencia por las que atraviesa el país pasan de una
edad a otra sin transición alguna. Benet expone este
problema a través de Marré, una mujer que al salir del
Colegio entra en un mundo adulto que desconoce y sin

nadie que la oriente puesto que todos, más que nada, intentan sobrevivir la guerra. Sus experiencias durante este período se justifican por la situación en que se desarrollan, pero han hecho de ella una mujer sola y casi sin esperanza en el futuro.

> Cada edad tiene su terreno acotado, sus aspiraciones, sus peligros... pero cuando se intenta saltar... de una edad no saturada a otra en la que no se aprovechó el espíritu... retrocede aún más a una edad ambigua, epicena y pueril... pero entonces sí que el tiempo ha pasado, el salto no lo mide el tiempo sino el terreno que se ha querido pisar. *He llegado a pensar que mis primeros amores no tuvieron otro efecto que lanzarme fuera de mi edad a una suerte de anacrónica y lasciva ingravidez, de senilidad prematura* —si la senilidad es eso, hastío, desesperanza, falta de curiosidad— *que sólo conoció su propio horror cuando se vio acompañada de las arrugas.*

Si se toma en cuenta que sus primeras experiencias amorosas se llevan a cabo mientras es rehén de los republicanos con hombres a quienes apenas había visto en su vida y que es violada en una camioneta, es posible comprender su soledad y desesperanza. Ella, durante la guerra, se ha convertido de adolescente en mujer, no ha tenido tiempo para conocerse a sí misma ni a aquellos que la rodean. Se puede decir que su existencia la ha incapacitado para desarrollarse de una manera normal porque no cuenta con la guía de un padre o una madre, sólo con ella misma.

El efecto de la guerra en la vida del hombre es pesimista puesto que la vida de éste se vislumbra como una lucha constante y esa paz y orden que se han alcanzado están basados en unos cimientos que se pueden romper en cualquier momento volviéndose así a producir una violencia que se halla latente en la atmósfera de Región.

Familia → Educación

La educación está estrechamente ligada a otro tema que parece preocupar al escritor, la familia. Es interesante notar que los tres personajes principales proceden de familias de clase media baja a quienes preocupan demasiado las apariencias y desean escalar niveles sociales por medio de los hijos. Tanto Gamallo como Sebastián crecen dentro de un ambiente familiar cerrado donde se les hace ver ante todo el valor del dinero. La familia como parte de la vida donde se forma la moral del hombre no existe; es una entidad en ruinas donde no hay unión ni cariño. Los padres de Gamallo viven separados, las únicas ocasiones en que éste ve a su padre es una vez al año y lo recuerda como un padre "triste, amargado y silencioso". Las condiciones bajo las que se desarrolla Sebastián no son muy diferentes, el padre, también hombre débil de carácter, cansado de soportar una mujer dominante que piensa sólo en sí misma, termina por dejar todo en busca de su tranquilidad.

Al ser eliminada una de las partes principales de la familia, el varón crece bajo la influencia de mujeres dominantes que le recuerdan a cada momento los sacrificios que se han hecho por su educación. Gamallo recibe la carta anual de la tía que ha tomado el papel de enseñarle el valor del dinero, la hombría y el apellido;

> Entonces llegaba: era una fórmula sencilla y breve, semejante a la que el banco emplea para dar cuenta al cliente del estado de su

cuenta (y que al igual que ella parecía reclamar su conformidad con los números), por medio de la cual su tía le venía a demostrar que el sacrificio y el ahorro de hoy no son sino el bienestar y la hombría de mañana. (Pág. 73)

mientras que a Sebastián, no sólo se lo recuerda constantemente la madre sino que al terminar la carrera le presenta un pagaré que lo ha obligado a firmar a los quince años para así recuperar lo que se le ha dado.

Cuando volví a mi tierra, con las manos vacías, un par de botas, una enfermedad en el uréter y media docena de pagas en el bolsillo, mi madre me presentó el cobro del pagaré que había firmado cuando tenía quince años en concepto de deberes filiales; era una habitación en el piso alto de la clínica del Dr. Sardú, con cien pesetas de paga, cobijado y alimentado. Mi familia no vivía lejos de allí y mi madre... decidió sin duda aquella colocación porque la proximidad... le permitía ejercer un control implacable sobre mis actividades y porque su instinto le decía que por aquel punto... debía empezar el ataque a la fortaleza de la respetabilidad. (Págs. 131-132)

La familia de *Volverás a Región* no ve en la educación de los hijos un medio de superación individual para éstos, sino una forma de control y mejoramiento económico y social.

Si usted procede de una familia que ha vivido apretadamente ha de saber hasta que punto

toda esa secuela de detalles que en principio
parecen de tan segundo orden, forman toda
la maraña de vínculos y resentimientos,
derechos y deberes en los hogares donde
todo es escaso. (Pág. 131)

Lo que Benet parece decir es que el hombre no
podrá desarrollarse como individuo ni alcanzará una
identidad e individualidad propia mientras esté sujeto a
unos deberes y una educación familiar que se lo
impiden. La crítica de Benet parece ir dirigida más
hacia una clase media que impone en los hijos un
sentimiento de coacción retributiva hacia aquellos que
le han ayudado en su carrera. El escritor insinúa que el
estamento familiar debe abrirse, pues de otra manera
se convierte en una institución opresiva del hombre. En
Volverás a Región el hombre, por la falta de libertad a
nivel familiar, se rebela y deja de creer en esa entidad,
así, Sebastián y Marré más que añorar una vida
familiar se muestran indiferentes. No hay resentimiento
por el abandono en que ella creció, ni Sebastián
recuerda con rencor a la madre; más bien hay en ambos
una especie de apatía y pesimismo hacia todo lo que
signifique la familia.

Benet en esta obra critica la educación religiosa y la
presenta como otro medio más del estancamiento y
ruina del individuo. Marré se rebela contra una
enseñanza académicamente pobre. En opinión de esta
mujer, la educación no le ha servido de nada, pues en
el colegio de monjas se prepara a la mujer, ante todo
para una vida matrimonial burguesa. Marré piensa que
al no presentársele la vida tal cual es, la mujer ignora
los problemas con los que se puede tropezar, produciendo en ella, en un momento dado, problemas de
adaptación.

Porque *al abandonar aquel colegio no éramos*

más que unas señoritas provincianas que abrían sus ojos ante un mundo muy distinto al presentado por esa educación; esa falta de focalidad crea en el adolescente una especie de estrabismo social que le impedirá, al principio, hacerse cargo de su situación en una época en que pueden no llegar a entender nunca. (Pág. 261)

En este tipo de sistema educativo el escritor parece ver además, un sistema que se ha venido usando por mucho tiempo pero que no ha progresado de acuerdo con la ideología del hombre y el desarrollo del país. Marré considera que la enseñanza que ha recibido es la misma que le han dado a sus padres; de ahí que se rebele y quiera despojarse de ella para así ir a tono con el tiempo que le ha tocado vivir.

...aunque educados en el mismo medio y regados por la misma sangre *aquello que para la generación de mi padre constituía la esencia de su orgullo y el código de su honor para nosotros no era más que objeto de sorna.* La educación que... había pasado a formar parte de mi padre *no era para mí más que una cáscara inútil y enojosa de la que a todo trance tenía que despojarme* para recibir el sol de mi tiempo. (Pág. 262)

En *Volverás a Región,* el lector llega a la conclusión de que Benet está a favor de una reforma educativa que esté más a tono con las ideas de las jóvenes generaciones. El escritor insinúa que una educación más abierta y liberal producirá mejores frutos tanto en las ideas como en la vida moral del hombre español.

Volverás a Región es una obra que por los temas que toca presenta una visión pesimista del mundo y de

la vida. En esta novela no hay esperanza de mejoramiento para el hombre; todo es ruina, soledad,
incomunicación y guerras. Benet sugiere que, a pesar
de las constantes luchas por las que el mundo ha
atravesado, el hombre no ha logrado ni llegará a
conocerse a sí mismo ni a los demás porque no ha
podido dominar su egoísmo e intereses personales.

Técnicas narrativas

A nivel técnico, Benet es un novelista que requiere
la constante participación activa por parte del lector.
Dada la cantidad de métodos narrativos empleados
por este escritor, este trabajo se limitará a analizar
aquellos que sobresalen en *Volverás a Región* y que se
consideran representativos de sus técnicas: estructura,
creación de personajes, utilización de tiempo y espacio,
diálogo, monólogo interior, perspectivismo, laberinto,
ambigüedad, realismo mágico y estilo.

Estructura

Al leer *Volverás a Región,* una de las cosas que
salta inmediatamente a la vista, como se ha hecho
notar anteriormente, es que se abandona la estructura
lineal en favor de una circular. Críticos como Guillermo
y Hernández dividen la obra en cuatro partes y señalan
que en la primera predomina la realidad física ·de
Región y la histórica de la guerra civil.[7] El problema
con estas críticas es que después de hablar de esta
primera parte, dedican el resto de su estudio más al
argumento, temas y técnicas de la obra. Más claro

---

[7] Guillermo, Edenia y Hernández, Juana Amelia. *Novelística española de
los sesenta* (New York: Eliseo Torres & Sons, 1971), págs. 129-30.

resulta el estudio de José Ortega, quien también divide
la obra en cuatro partes. Para él:

> La primera parte de la narración nos introduce
> en el clima físico-histórico de Región; la
> segunda se centra en la problemática temporal
> del doctor y su visitante femenino: la hija del
> coronel Gamallo; la tercera trata de la ruina
> de la Guerra civil y la cuarta nos lleva a las
> consideraciones que llevaron al doctor a su
> actual encerramiento, así como a la mujer a
> emprender su final itinerario.[8]

A la división de Ortega habría que agregar que en
los trozos de vida social e histórica del país y la
individualidad de los personajes, Benet intenta crear la
visión de un mundo fragmentado y desunido. El lector,
al terminar la obra, tiene la impresión de que todo ha
sido un círculo dentro del cual se repiten las acciones y
que lo único que cambia son los protagonistas. Por
otro lado es importante resaltar que la obra realmente
termina como al comienzo. Es decir, Región continúa
siendo un país en ruina, la llegada de Marré ha
"alterado" la calma, pero tan sólo de una manera
temporal e individual pues al marcharse ella se vuelve
a lo mismo.

Tiempo y espacio

Lo que complica la estructura de *Volverás a Región*
sobre todo, es la utilización que Benet hace del tiempo
y el espacio. Uno de los rasgos que llama la atención es
la ruptura del tiempo cronológico. Cabe notar que la

---

[8] Ortega, José. *Ensayos de la novela española moderna* (Madrid:
Ediciones José Porrúa Turanzas, S. A., 1974), pág. 142.

obra se lleva a cabo en menos de veinticuatro horas; Marré llega por la tarde y parte al amanecer, pero el tiempo psicológico de los personajes cubre períodos temporales anteriores a la guerra civil.

Ortega, al referirse al tiempo y espacio de *Volverás a Región,* señala que:

> Tiempo y espacio se encuentran... en acción recíproca y Región es el punto espacial del tiempo dividido donde la conciencia de los Estados psicológicos de los personajes converge... Región es el espacio donde el tiempo se ha inmovilizado, donde se localiza la angustia del hombre como el Dublin de Joyce, el Macondo de García Márquez y el Comala de Juan Rulfo.[9]

Aunque el tiempo y el espacio quedan suspendidos en el presente, la mente de los personajes va de un lugar a otro en el pasado. En la novela se distinguen, como bien dice Yerro Villanueva, tres bloques cronológicos, que desde luego no aparecen en un orden temporal.

> ...1) el momento presente de la novela, constituido por las horas que el doctor Daniel Sebastián y la hija del coronel Gamallo intervienen en el diálogo; 2) el pasado próximo, cuyo centro es la guerra civil española, y 3) un pasado remoto, que se sitúa unos veinte años antes de la guerra...[10]

Pero hay que aclarar que en *Volverás a Región* Benet no siempre distingue entre estos tiempos, ya que la

---

[9] *Ibid.,* pág. 144.
[10] Yerro Villanueva, Tomás. *Aspectos técnicos y estructurales de la novela española actual* (Pamplona: Ediciones Universidad de Navarra, S. A., 1977), pág. 112.

ambigüedad utilizada por el escritor y la estrecha relación que hay entre estos tiempos trae como consecuencia que muchas veces se unan y lo que es pasado aparezca como si ocurriese en el presente, suscitando una sensación de intemporalidad.

El tiempo es algo que obsesiona no sólo a los personajes, sino también al narrador. Ya desde el comienzo de la obra el lector está consciente de que los hechos se presentarán de forma fragmentada, en desorden temporal y constantes retrocesos. En el primer capítulo se nota que en ocasiones casi no hay transición entre un suceso pasado con uno del presente y que lo único que los distingue son alusiones a hechos que se han repetido con anterioridad. Tal es el caso de los coches que de vez en cuando llegan a Región. Al hablar de la llegada de Marré, por ejemplo, se retrocede en el tiempo para recordar la llegada de otros automóviles y hombres que hasta ahora no han logrado "violar" la soledad y ruina de Región.

> ...nadie ha vuelto ni nada parece haber quedado de aquellos viejos vehículos ren-queantes que un día cruzaron el pueblo y se alejaron rugiendo por las colinas blancas para ir a violar el alambre de espino y la arcaica barrera que nadie ha logrado ver más que en su legítima posición. (Pág. 15)

Esta alusión lleva al lector a dos tiempos diferentes, la llegada de Marré y la partida de la madre del ahijado demente de Sebastián.

> En aquella ocasión no se trataba de una vieja camioneta de bultos y cuerdas sino de un coche negro, de modelo antiguo pero con empaque. No por eso, ni el hecho de ser conducido por una mujer, despertó la curio-

> sidad de los que lo vieron pasar a la caída de
> la tarde, un día dorado de septiembre...
>   Un día antiguo de verano había llegado
> hasta su casa un coche semejante; a la sazón
> vivían allí solamente su madre, la vieja Adela
> y él, con pantalones cortos, que arrastraba su
> soledad en un jardín recoleto en compañía de
> unas bolas de barro... (Pág. 15)

Al mismo tiempo, este retroceso ha servido para que el
escritor presente la condición actual de este joven que,
a pesar de su desarrollo físico, a nivel sicológico y
mental no ha madurado, ha permanecido en la edad
infantil sin darse cuenta de la importancia de los
acontecimientos históricos que se llevan a cabo mientras
él crece. De ahí que a las remembranzas del ahijado de
Sebastián aparezca interpolada la guerra civil, el
racionamiento de la posguerra y la sombra de Numa.

> Al cabo de los meses, echado en el suelo en
> un rincón del jardín jugando a las bolas
> —mientras del otro lado de las tapias las
> radios echan al aire las noticias del frente y
> los aires populares con letra de guerra— la
> vuelta de la madre se transforma poco a poco
> en el único síntoma de su abandono... El
> niño se acostumbra de tal modo a su soledad
> que sólo en su seno es capaz de reconciliarse
> con una imagen cabal de sí mismo y necesita
> —a fin de robustecer y cuidar su crecimiento
> deforme— aborrecer las leyes del hogar: no
> odiará el plato de arroz o de lenteja de guerra
> por su sabor sino porque su presencia...
> preludia las largas horas de cama... (Págs. 17,
> 18)

El tiempo, en la mente de este muchacho, se ha

detenido en el momento en que se va su madre, en su pensamiento permanecen no los rasgos físicos de ella, sino la imagen del coche en que partió. De ahí nace la confusión del joven demente, quien no puede distinguir el tiempo real del de la conciencia. Para él, el coche le trae a la madre y nada más; él no está consciente del lapso que ha transcurrido desde entonces.

> Ciertamente era un coche parecido, del mismo color negro, a aquel en que se había marchado su madre al principio de la guerra. *Pero si el recuerdo de su madre se había borrado... el del coche había quedado, aislado en la memoria e inatacable al dolor... El coche negro no pertenece al tiempo sino a ese ayer intemporal, transformado por la futurición en un ingrávido y abortivo presente.* (Págs. 91, 93)

Pero si para este retrasado metal el tiempo cronológico no existe como tal y se reduce a la futura llegada de la madre, para Marré y Sebastián volver al pasado significa encontrarle sentido al presente y al futuro. El tiempo representa para estos personajes un enfrentamiento con la realidad, de ahí la inicial negativa del doctor por recibir en su casa a la viajera y la tardanza de ésta por llevar a cabo su regreso a Región. Sin embargo, una vez que ambos se dan cuenta de la necesidad de explorar la verdad sobre su estado actual en el pasado, la novela se convierte casi en dos largos monólogos, interrumpidos tan sólo por los ruidos o las escuetas preguntas de uno a otro.

Al entrar la viajera en la casa de Sebastián, el novelista hace que el lector note como allí el tiempo ha dejado de transcurrir desde años atrás. El tiempo ha quedado como suspendido en el espacio que cubre la casa; todo lo que hay allí pertenece a un pasado lejano, pero ignorado por Sebastián.

> Del interior emanaba un intenso tufo a habitaciones cerradas, que no habían sido ventiladas en varias semanas. Un calendario farmacéutico colgaba todavía en la pared y conservaba algunas hojas de un año muy atrasado; los sillones —y una pequeña mesa de recibidor— estaban cubiertos por aquellos almohadones y tapetes de lana bordada, de colores ajados, que constituían el mejor exponente de aquel ingenuo arte de náufrago, nacido y muerto en aquella casa... (Págs. 105-106)

Una vez establecido el ambiente atemporal, los personajes se adentran en una búsqueda donde el tiempo aparece estrechamente relacionado con el destino del hombre. Tanto para Marré como Sebastián, volver al pasado significa retornar a sus fracasos de juventud. Es ahí donde se ha originado su filosofía pesimista sobre la vida y los recuerdos. Para Sebastián el tiempo es tan sólo desgracia y dolor:

> "Le voy a decir en pocas palabras lo que yo creo es el tiempo...", *"es la dimensión en la que la persona humana sólo puede ser desgraciada, no puede ser de otra manera. El tiempo sólo asoma en la desdicha y así la memoria sólo es requisito de dolor.* Sólo sabe hablar del destino, no lo que el hombre ha de ser sino lo distinto que pretende ser. *Por eso no existe el futuro y de todo el presente sólo una parte infinitesimal no es pasado;* es lo que no fue. Por eso sólo pue-

de ser lo que su imaginación no previó.
(Págs. 257-258)

mientras que para Marré significa todo lo equívoco y
fracasado que al hombre le gustaría olvidar y hacer a
un lado.

> Por el contrario, yo he llegado a la conclusión
> que *el tiempo es todo lo que somos, todo lo
> que se ha malogrado y fracasado,* todo lo
> equivocado, pervertido y despreciable que
> hubiéramos preferido dejar de lado, pero que
> el tiempo nos obliga a cargar para impe-
> dir gravar una voluntad envalentonada...
> (Págs. 301-302)

No cabe duda de que en las ideas de estos
personajes sobre el tiempo y sus experiencias mismas,
Benet ha querido mostrar una vez más la ruina y la
nada del hombre. Como dice Yerro Villanueva:

> ...el esfuerzo irracional de los personajes
> centrales de la novela por recuperar el
> tiempo pasado y el resultado de esta evocación
> no puede ser más pesimista, más negativo.
> Del pasado no queda más que la ruina, que
> impregna el ambiente y los propios persona-
> jes.[11]

Es importante notar además que Benet en *Volverás a
Región* intenta crear una doble realidad temporal, la de
personajes como Marré, Sebastián y Gamallo y la de
Numa, la barquera y el jugador hortera. En estos
últimos parece que el escritor presenta la intemporalidad
pues al referirse a ellos el autor produce en el lector la

[11] *Ibid.,* pág. 117.

sensación de que son entes eternos e irreales. No se sabe exactamente desde cuándo Numa mora como protector de Región ni cómo es su verdadero aspecto físico. Pero a lo largo de toda la obra se siente su presencia y, el disparo final parece indicar que continuará allí sin saber hasta cuándo. La barquera se presenta también como un ser misterioso de quien no se sabe de dónde viene, cuánto tiempo ha vivido cerca del lago en espera del jugador hortera (posible repetición de otro hombre que como él ha poseído ya la moneda que le ayuda a ganar siempre) para cuando lo arriesgue todo, sin razonar.

Toda la información anterior aparece fragmentada en el tiempo a través de la evocación tanto del narrador omnisciente como de Marré y Sebastián. Sin embargo, el hecho de que Benet no precise nunca la fecha exacta en que los sucesos toman lugar produce en el lector la sensación ya de irrealidad, ya de algo que pudo y no pudo haber sucedido en el tiempo o lugar que se dice. Esto lo vemos sobre todo en la última partida entre Gamallo y el jugador. Al lector se le dice que dicho juego no duró más de una temporada, sin embargo, la impresión que se recibe es que la jugada pudo haber durado una larga noche o tal vez todas las estaciones que el narrador menciona.

> De forma que moneda y sortija ganaban siempre, porque nunca se enfrentaban en la misma postura, *durante aquel vago y largo plazo que duró el juego y que no urdió el Jugador sino el Tiempo,* deseoso de encontrar su propio fin en el hombre que envidiaba. (Págs. 232-233)

O sea que en *Volverás a Región* el Tiempo es uno de los elementos dominantes en la vida y destino del hombre de Región, lugar donde este elemento se ha detenido y donde el pasado y futuro no existen, sólo la ruina presente.

Diálogo → Monólogo

El monólogo interior de *Volverás a Región* se acerca mucho al soliloquio, puesto que, aunque muy poca, hay comunicación entre los dos personajes; es decir, se asume un oyente que no existe en el monólogo interior. En esta obra, el monólogo domina sobre la narración en tercera persona y el supuesto diálogo entre Marré y Sebastián se convierte en dos extensos monólogos interrumpidos tan sólo por breves preguntas, ruidos que distraen al hablante en turno o breves comentarios por parte del narrador.

En el capítulo segundo, todo parece indicar que en el encuentro entre los dos personajes dominará el diálogo, pero esto dura solamente mientras conversan sobre aspectos de Región y ella trata de convencer al médico de la necesidad e importancia de su viaje y la ayuda que él le puede proporcionar.

"Es muy mala la carretera..." "Y eso que ha elegido el mejor momento. Dos semanas más tarde y no hubiera sido capaz de llegar hasta aquí... Así que antes de seguir adelante deseo que comprenda el riesgo que corre. Es fácil llegar pero..."

"¿Sabe usted de qué se trata? ¿Por qué se imagina que ando buscando el aislamiento?"

"No, ni sé nada ni me imagino, créame. Tampoco quiero saberlo porque no me importa la raíz de la enfermedad. Y en cuanto al remedio, no está a mi alcance."

"¿Tan desesperado considera usted el caso?"

... "Desde luego, totalmente. Fuera de toda duda. Un caso perdido." (Pág. 102)

Este dialogar va, paulatinamente, transformándose más que nada en monólogos donde cada personaje presenta fragmentos de un pasado y circunstancias comunes que el lector logra separar sólo al final de la obra. Ambos han vivido en la guerra civil, ella como rehén de los republicanos y él como médico de la clínica de Sardú; los dos conocieron el amor durante este período pero también lo perdieron; uno por la huida de María Timoner con el jugador y la otra por las circunstancias de la guerra y por hallarse en bandos diferentes. Los dos han eludido la realidad, ella en un matrimonio sin amor y él encerrándose en su casa. Finalmente, en estos desordenados monólogos se percibe que ninguno de ellos puede escapar su destino. Ella no encuentra sentido a su condición actual y él muere en el período temporal que había sido pronosticado por la rueda de su padre.

Estos largos monólogos llenos de contradicciones destruyen la fluidez del pensamiento y la veracidad de los hechos que narran los personajes. Yerro Villanueva, al estudiar el monólogo interior en *Volverás a Región,* señala que el caos que percibe el lector en la obra se debe a que:

> ...los personajes intentan recuperar un tiempo ido, pero la memoria con frecuencia les es infiel y sus recuerdos no siempre están presididos por la razón, a la que Benet atribuye un papel negativo en la conquista de la felicidad humana.[12]

Benet, como señala Yerro Villanueva, utiliza en su obra el monólogo directo e indirecto, pero predomina el primero.[13] de ahí que casi no se note la intervención

---

[12] *Ibid.,* pág. 82.
[13] *Ibid.,* pág. 83.

del escritor y el pensamiento de los personajes parezca nacer de forma muy natural.

Laberinto

La técnica del laberinto en *Volverás a Región* se da a nivel geográfico y humano. El novelista, desde el comienzo de la obra introduce al lector por unos caminos que, aunque eventualmente lo llevan a Región, se encuentran cortados y llenos de desviaciones y obstáculos. En *Volverás a Región* el laberinto no se reduce sólo a eso, en esta novela lo laberíntico resulta tanto de la narración misma como de los desordenados recuerdos de los personajes.

Desde el punto de vista narrativo, lo laberíntico es el resultado de unos larguísimos párrafos que muchas veces constituyen varias páginas y que se ven cortados por paréntesis dentro del párrafo, o guiones dentro del paréntesis. Dar un ejemplo de estos párrafos resultaría en una cita demasiado larga, el lector interesado puede ver este estilo casi en toda la obra. (Véanse por ejemplo los párrafos que van desde la pág. 120-27, 139-46 ó 180-201)

Las remembranzas de los personajes principales producen en el lector la sensación de laberinto no sólo por el desorden de sus pensamientos sino también por la diferente perspectiva que tienen de los hechos y que causa confusión en el lector al no poder precisar cuál es la verdadera realidad. *Volverás a Región* es, como señala Yerro Villanueva:

> ...una obra de gran oscuridad expresiva, constituída por un auténtico laberinto en todos sus elementos estructurales.[14]

---

[14] *Ibid.*, pág. 157.

O sea que el laberinto de la obra es el resultado de un conocimiento impreciso, parcial o deformado de los hechos[15] relatados tanto por el narrador omnisciente como por los protagonistas centrales de la obra. Aún al final de la novela el lector no está seguro de nada, y es que, por medio del laberinto, Benet intenta nuevamente traspasar la realidad del hombre común y presentar un mundo complejo que muestre la ruina del hombre y la sociedad en que vive.

Ambigüedad

La ambigüedad es un recurso de primordial importancia en *Volverás a Región*. Dicha técnica no es algo nuevo en la narrativa española puesto que ya Cervantes la utiliza en su obra *El ingenioso hidalgo Don Quijote de la Mancha;* la innovación está en la manera en que Benet la utiliza para acercarse a problemas que afectan al hombre de hoy.

La ambigüedad permite que la obra adquiera más de un significado. El lector puede ver *Volverás a Región* como una obra donde el escritor antepone el arte a cualquier tipo de compromiso social o político, o al mismo tiempo apreciar el arte literario y la crítica social puesto que en esta obra importa no sólo *cómo se dicen las cosas* sino también los temas que se tratan en ella. La ambigüedad permite que el escritor produzca una obra de arte pero también una novela donde se analiza la sociedad española: su guerra civil, los efectos de ésta en las jóvenes generaciones y la soledad e incomunicación del hombre.

Tzvetan Todorov en su libro *Introducción a la literatura fantástica* señala que la ambigüedad se logra a través de la interpretación que los personajes tienen

---

[15] *Ibid.,* pág. 158.

de los hechos y al empleo de la modalización. [16] A esto hay que agregar que en Benet la ambigüedad resulta además del juego que el escritor hace con los nombres de los personajes y de la fusión de lo real con lo fantástico.

La ambigüedad en los nombres aparece ya casi desde el comienzo de la obra en personajes como Aurelio Rumbal; intelectual retirado que funda el Comité de Defensa de Región y que al *parecer* publica artículos en América. La vaguedad de este personaje está en su apellido; el lector nunca llega a saber con exactitud si su apelativo es Rombal, Rumbal, Rembal, Rumbas, Robal o Rubal.

> Había asentado en Región un par de años antes de la guerra, en una modesta pensión del barrio viejo, para buscar sosiego y restablecerse de la antigua lesión pulmonar que había vuelto a entrar en actividad. *Se llamaba Rumbal o Rombal o algo así...* Se ganaba la vida como profesor... no enseñaba grandes cosas ni se preocupaba en absoluto de la originalidad de sus ideas... (Págs. 29, 31)

Todo ese juego con el nombre es un pretexto del cual Benet se sirve para criticar tanto las fallas educativas como el poder de partidos políticos como CEDA y la tensión de los años que anteceden a la guerra.

Es interesante notar que el segundo personaje en quien se encuentra ambigüedad pertenece al bando opuesto de Rumbal. Al presentar a Gamallo el autor lo

---

[16] Todorov, Tzvetan. *Introducción a la literatura fantástica* (México: Premiá Editora de Libros, S. A., 1981), pág. 33. Para este crítico la modalización consiste en: "...la utilización de ciertas locuciones introductorias que, sin cambiar el sentido de la frase, modifican la relación entre el sujeto de la enunciación y el enunciado".

hace de tal forma que destaca ante todo su falta de brillantez militar, la inercia de su mano a causa de una pelea y su rencor. Benet busca producir la confusión al referirse a él ya que a veces dice que es capitán y otras coronel. Pero por si esto fuera poco, al llegar al diálogo entre Sebastián y Marré, el lector tarda en advertir que el militar de quien hablan el doctor y Marré es el mismo Gamallo de quien ha hablado el narrador.

La visión que presenta el narrador de este hombre contrasta con la del jugador que apuesta a la amante y el padre que mantiene a su hija en un colegio de religiosas. A causa de las diferentes formas en que es recordado este personaje, resulta difícil decidir cuál es el verdadero Gamallo puesto que cada protagonista lo evoca según sus propias experiencias e intereses. De ahí que el lector nunca llegue a conocer al verdadero Gamallo y quede con la sensación de que *tal vez* el hombre real sea una combinación de las tres perspectivas.

Así, se puede decir que con la diferente perspectiva de los hechos y el juego de los nombres, Benet produce en el lector la sensación de confusión y ambigüedad, provocando al mismo tiempo un vacío y deseo de conocer la verdad de los sucesos. Guillermo y Hernández al referirse a la confusión de nombres señalan que lo que Benet parece decir es que de nada vale el nombre si nadie conoce a nadie y el hombre no halla su identidad. [17]

La ambigüedad está presente en toda la obra, aún al terminar ésta, pues no se ve partir a Marré y puede asumirse que se ha marchado al amanecer. Por otro lado, el disparo final se abre a varias interpretaciones, no se sabe si es Numa quien dispara, pero se insinúa que es él quien lo hace probablemente para matar a Marré y así mantener la "paz" y la incomunicación en Región.

---

[17] Guillermo y Hernández, pág. 137.

Realismo mágico

Toda esta confusión, ambigüedad y misterio llevan a otro recurso, el realismo mágico. En *Volverás a Región,* lo real, lo misterioso y lo fantástico aparecen en un mismo plano y sin distinción alguna; y es que Benet, como dice Schwartz, busca transformar la realidad común.

> Benet's notion of reality like many of the newer Latin-American authors, notably Vargas Llosa and Gregorio(sic) García Márquez, displays renewed interest in the fantastic and magical motifs in his quest for transforming reality.[18]

El país o mundo en que se mueven los personajes es, en sí, irreal en el mundo externo, pero muy verosímil dentro de la obra. Benet en *Volverás a Región* no distingue entre nombres de lugares reales o inventados. En su novela, nombres como Madrid, Linares tienen la misma importancia y realidad que Región o Burgo Mediano. Al lector se le dice que Región se encuentra localizada al noroeste, pero si se mira el mapa de España, esta región no existe más que en la imaginación del novelista.

Otros elementos que contribuyen a la creación del realismo mágico son: el manejo del tiempo, así como las alusiones a los sueños y espejismos, vaticinios, brujerías y apariciones presentados de una manera verosímil.[19] Cabe notar por ejemplo que, tanto en el vaticinio de la muerte de Sebastián como en la moneda

---

[18] Schwartz, Ronald. *Spain's New Wave Novelists. 1950-1974* (Metuchen, N. J.: The Scarecrow Press, Inc., 1976), pág. 236. Nos parece que cuando este crítico habla de Gregorio García Márquez se refiere a Gabriel García Márquez. Tal vez se deba a un error de imprenta.

[19] Guillermo y Hernández, págs. 137, 139.

eterna de la barquera, hay una doble realidad, característica del realismo mágico, que el lector debe buscar debajo del arte con que Benet narra estas dos historias —el destino del hombre. El vaticinio y la creación de la barquera permite a Benet introducir al lector a un mundo fantástico. El hecho mismo de que el jugador carezca de nombre y que encuentre a la barquera en un lago cerca de unas minas y lo señale como el hombre que ha estado esperando, da ya la sensación de irrealidad. El lector nunca sabe quién es la barquera, qué hace ni de qué vive; lo que sí siente es un aire de brujería y misterio que flota en el aire.

> *No se sabe muy bien de qué vive,* en una diminuta choza de la margen derecha... No tiene cerca ni puerta, pero *tampoco tiene otra cosa que hacer* —aparte de tirar la barca— *que recoger por las riberas gusanos y raíces con los que alimenta una pequeña sartén donde permanentemente hierven unos aceites terribles.* Aquel que llegue al lugar... sólo tiene que dar un breve silbido y al punto, *encorvada y descalza, cubierta con una saya negra saldrá de su guarida* con paso corto... *mientras se aguanta la risa* y suelta por la ribera unos enjutos que rompe nerviosamente. *Siempre se esconde la cara para ocultar una risa maligna.* (Págs. 197-198)

El lector, al leer esta parte, tiene la impresión de estar viviendo en otro mundo. No sabe desde cuándo están allí las minas, pero sí se alude a que los que iban allí buscaban la regeneración.

En conclusión, se puede decir que el realismo mágico de Benet viene de la creación de una región mítica e inexistente (pero detrás de la cual está

España), de la creación de personajes con características irreales, de la manipulación del tiempo y el espacio y de la combinación de los hechos reales con los fantásticos.

Creación de personajes

Al llegar al final de la obra el lector se pregunta si los personajes que aparecen en *Volverás a Región* son reales o un mero eco de las ideas de Benet. Críticos como Luis F. Costa, al hablar de los protagonistas de *Volverás a Región* señala que:

> ...la identificación del lector no será con ninguno de los personajes de la novela, sino con una figura fantasmagórica que no es más que la posibilidad de un personaje, un hueco que el autor deja en el tejido de su obra para dar en él acogida al lector.[20]

Martínez Torrón, por otro lado, ve a los personajes de Benet como unos seres que rehúyen la solidaridad y se mantienen en una distante independencia que les impide el afecto y la relación con los demás.[21] Ambas aseveraciones parecen correctas. Lo que sucede es que Benet en *Volverás a Región* va más allá de la presentación de seres fantasmales o personajes que huyen de la solidaridad. Si bien es verdad que el lector no se identifica completamente con ninguno de los personajes sí lo hace con gran parte de la problemática que cada uno de ellos representa. Y es que la criaturas de Benet son, al mismo tiempo, como sombras, voces y ecos del hombre contemporáneo. En ellos Benet utiliza

---

[20] Costa, Luis F. "El lector viajero en *Volverás a Región". Anales de la Narrativa Española Contemporánea,* 4 (1979), pág. 11.
[21] Martínez Torrón, pág. 32.

la inconsistencia y la transitoriedad de un ser humano que, a pesar de las guerras y el progreso, no se conoce a sí mismo ni ha aprendido a vivir todavía a convivir con los demás. En este aspecto se encuentra nuevamente el arte novelístico de Benet quien hace que en su mundo mítico de Región pululen entremezclados personajes como Gamallo, Marré, Sebastián, la mujer de éste, María Timoner, el jugador hortera, el chico demente, Numa y la barquera.

Uno de los primeros personajes a los que se alude en la obra es Numa, quien ya desde el comienzo de la obra se presenta ante los ojos del lector como una criatura misteriosa e irreal a la que nadie ha visto ni conoce, pero de quien todos sienten su presencia.

> ...nadie se atreve a negar la existencia del hombre, *al que nadie ha visto pero al que nadie tampoco ha podido llegar a ver y cuya imagen parece presidir y proteger los días de decadencia de esa comarca abandonada y arruinada: un anciano guarda, astuto y cruel, cubierto de lanas crudas como un pastor tártaro* y calzado con abarcas de cuero, dotado del don de la ubicuidad dentro de los límites de la propiedad que recorre día y noche con los ojos cerrados. (Pág. 11)

Como se puede notar, Benet destaca ante todo el hecho de que nadie ha visto a este hombre y enfatiza en rasgos que permiten visualizar a un Numa salvaje, astuto y cruel. Numa pertenece, además, a una raza de viejos pastores acostumbrados a las peores condiciones de vida. Como Numa, son hombres intuitivos que perciben el menor ruido y hasta son capaces de oler la muerte antes de que llegue.

La figura de Numa alcanza un carácter simbólico, universal, al convertirse en el símbolo de Franco o de cualquier dictador. Es importante destacar que Numa, en el capítulo tercero, aparece como un Ser de quien depende el futuro de Región, así como después de la guerra el futuro y destino de los españoles estuvo, por muchos años en las manos de Franco.

> *Y todo el futuro suspendido en el vacío* colgando de un hilo que ha de romperse al primer arrebato, *ese deseo de violencia solamente frenado por un guarda forestal viejo y mudo,* encarnación de una voluntad que duerme a la intemperie, dispuesta a despertar al primer sonido extraño. (Págs. 180-181)

De primordial importancia resulta el hecho de que Benet, al referirse a la división de partidos y los intereses que los guían aluda nuevamente a Numa e insinúe que el "guardián", como el General Franco, se ha valido de la religión como un medio para mantener su poder. Esto lo logra el escritor por medio de la ambigüedad, pues aunque en principio parece estar hablando del padre Eusebio, que se ha valido de la religión para al final de la guerra quedar de lado de los vencedores, de pronto cambia y dice que no se refiere a él, sino a Numa.

> Y luego, con un trago de café, se dirigió al suburbio para hablar de la caridad, de las fuerzas del bien, de los hermanos caídos que se sientan a la diestra de Dios padre, de cuyo poder y cuya gloria aquella victoria era prueba irrefutable. Un poder que había tardado dos años en conquistar una loma... No veo por ninguna parte un resultado honroso, una prueba de nada. Veo, como siempre, que la iglesia es el más consolador y duradero edificio que el hombre ha inventado.

En mi tiempo las cosas, si no eran más
ciertas, al menos eran más simples y atractivas.
Y, por supuesto, aunque siempre se buscaba
la confirmación, el mentís venía pronto... Me
refiero a Numa, claro está, no al padre
Eusebio. (Pág. 188)

Benet al referirse a la opresión del hombre hace que
el lector se pregunte hasta cuando continuará Numa
con su dominio y hasta qué punto el futuro del hombre
ha de ser determinado por un individuo de quien más
que su presencia física se siente su sombra oprimente.

...sin mucho esfuerzo se llega a pensar hasta
qué punto es verosímil esa maldición, *hasta
qué punto el futuro... ha de seguir determinado por la cerrazón y la puntería y el
insomnio de ese viejo guarda. Quizá ya no
existe sino como cristalización del temor* o
como la fórmula que describe... la composición del residuo de un cuerpo del que se
sublimaron todos los deseos. *Ahora sabemos
lo caro que costaban, un precio que no es
comparable al poco valor de lo que ahora
gozamos...* Por eso acostumbran ir allí cada
año, a escuchar los disparos celestiales de un
Numa que por lo menos, no se equivoca
nunca. *No entrega nada pero al menos no
permite el menor progreso; no aprieta pero
ahoga.* (Pág. 221)

En este párrafo se nota la doble realidad. El juego de
palabras permite ver que Numa es exactamente todo lo
contrario de lo que se dice. La gente de Región vive en
un completo aislamiento e incomunicación y sometida
a un guardián que los mantiene en el retraso y que no
acepta "intrusos" que perturben *su paz*.

Volveos tranquilos, nadie puede llegar hasta
acá, yo me cuido de eso... *El pago... de sobra
lo conocéis: nada de inquietud y sobre todo
que nadie abrigue otra esperanza que la del
castigo del transgresor, no digo ya del
ambicioso. Una paz, por muy ruin que sea, es
siempre una paz. Yo me cuido de mantenerla
aquí... Reflexionad: un futuro sólo se abre a
las amenazas,* todo lo demás son habladurías...
(Pág. 252)

O sea que Numa está dispuesto a mantener la paz a
toda costa. Su llegada ha traído el estancamiento de
Región, donde no hay esperanza ni para Marré o el
doctor ni para los pocos pobladores de Región.

La sombra de Numa se siente a lo largo de toda la
obra. Aún al final, el lector queda con la sensación de
que su presencia la seguirán sintiendo otras generaciones,
tal como ocurrió con Franco, quien no murió hasta
1975 y cuyas leyes fueron sentidas por más de una
generación. De Numa el lector recuerda lo que significa
más que su fisionomía de pastor salvaje. Los pocos
rasgos físicos que se dan de él quedan borrosos, lo que
permanece en la mente es su último disparo, símbolo
de un orden establecido.

Junto a Numa aparece un ser que vive las consecuencias de su presencia pero que no hace nada por
evitarlo, el doctor Sebastián. En este personaje Benet
presenta al hombre pasivo, desilusionado de la vida y
del amor. Para Sebastián, nada tiene ya significado,
sólo espera el cumplimiento de su destino; y, aún para
volver al pasado, Marré tiene que persuadirlo para que
lo haga. Y es que Sebastián es básicamente un
individuo pesimista que ha sido marcado no sólo por la
guerra sino además por la educación familiar y un
fracaso amoroso. Este último aspecto es el que más
parece haber influído en el personaje durante su

juventud, pero al mismo tiempo, lo ha fustrado y ya no
posee ni siquiera esperanza.

Aunque en la obra se dice que en el matrimonio de
Sebastián no hubo engaño por parte de éste, el lector,
por la información que se le proporciona, sabe que sí
hubo un poco de ambos puesto que Sebastián lo decide
inmediatamente que se da cuenta de que no podrá
partir con María Timoner. Por otro lado, se puede
decir que en la decisión de este personaje, aunque se
diga lo contrario, hay un gran egoísmo ya que al
casarse no busca el cariño, ni siquiera el olvido, sólo la
renuncia completa al amor y para eso elige a una mujer
por la que no siente absolutamente nada pero, sin
pensar en lo que ésta pueda sentir más tarde.

> ...fue lo bastante para buscar y elegir la más
> inocua, la más barata y expedita; *quiero*
> *decir, la que costaba menos cariño, aquella*
> *con la que no sentía... la menor necesidad de*
> *amar... Así que no fue una venganza, sino*
> *una solución de fortuna que se le ocurrió,*
> *cerca ya del anochecer, cuando se convenció*
> *de que María Timoner no había de compare-*
> *cer,* sentado sobre la cerca de la encrucijada,
> enfundado en su gabán y con los pies encima
> de la maleta. (Págs. 110, 111)

Estas condiciones en que se inicia su vida matrimonial
llevan al fracaso tanto de él como de su mujer.

Otro aspecto que influye muchísimo en el carácter y
visión de la vida del doctor es la educación familiar.
Sebastián ha crecido en un ambiente familiar cerrado
donde apenas existe la comunicación. Desde pequeño
ha observado la incomunicación existente entre sus
padres y el dominio que ejerce la madre sobre su padre,
sus hermanos y él. Lo único positivo que hay en su vida
familiar son algunos recuerdos de su padre, todo lo

demás es gris y pesimista. En la familia, Sebastián no ve más que un medio de opresión para el hombre, por eso ha evitado formar la suya.

> Qué trágica la tradición la de esa clase de familias que sólo aspiran a un presunto bienestar, *que no estimulan otro deseo que el de la avaricia y que no infunden otro reconocimiento que el de la deuda; que no vacilan en coartar la libertad de los hijos,* infundiéndoles desde niños el sentido de una responsabilidad estéril. (Pág. 130)

Esta actitud de rechazo en Sebastián, es el resultado de la imposición de unos valores y deberes en los que no cree. Para él, la familia, como el hombre, es un ente enfermo, inestable y en constante lucha por sobrevivir.

> *Todo hogar es una lucha por la estabilidad y en cualquiera de sus vicisitudes asomará siempre el germen de su futura descomposición.* Y no sólo mueren antes que las personas (los hogares) sino que, en comparación con ellas, consumen su vida luchando por vivir, afectados de una terrible, crónica, incurable y letal enfermedad. (Pág. 134)

Para el doctor, el hombre es víctima de la sociedad y la familia, éstos le privan de su intimidad y le fabrican un mundo donde vive "protegido" y escondiendo sus propias pasiones.

> No sé si resultó ser otra impostura, un nuevo despropósito, un nuevo cimbel dispuesto por la sociedad para distraer al individuo de su afán original, la pasión... este mundo no es una trampa, sino un escondrijo... que ese

hombre se ha fabricado para ocultarse de su
propio demonio. (Págs. 138-139)

La soledad, el desengaño y la ruina de Región producen
en el doctor una visión pesimista y desesperanzada de
la vida y de su pueblo. Para él, el futuro no existe y el
pasado significa volver a un tiempo de dolor que él ha
pretendido evadir y olvidar en la soledad.

> *El tiempo sólo asoma en la desdicha y así la*
> *memoria es sólo registro del dolor.* Sólo sabe
> hablar del destino, no lo que el hombre ha de
> ser sino lo distinto de lo que pretende ser.
> *Por eso no existe el futuro y de todo el*
> *presente sólo una parte infinitesimal no es*
> *pasado;* es lo que no fue. (Págs. 257-258)

En resumen, para Sebastián no hay nada positivo.
En este personaje Benet ha querido simbolizar un
mundo en completa ruina donde el tiempo se ha
detenido, anulando así toda esperanza de comunicación
y futuro para el hombre.

Algo que une al doctor con Marré es la visión que
tienen de la educación y la familia. Ambos han sido
formados dentro de un ambiente familiar oprimente
que les ha impedido ser ellos mismos. Los dos, en un
momento dado, se han rebelado contra unos valores
que los limitan; pero si Sebastián ha dejado de luchar
y espera resignadamente el cumplimiento de su destino,
la impresión que se tiene es que Marré es una mujer
que ha vivido en una lucha constante y ha vuelto,
rompiendo con un matrimonio que no la conducía a
nada, en busca de algo que dé sentido a su vida
presente (ese algo consiste en volver a vivir la
pasión amorosa que vivió con el hijo de María Timoner).

Marré es una mujer que no se resigna y en contraste

con el médico, hay en ella un poco de esperanza y de coraje para romper con todo aquello que le impida encontrar sentido a la vida y una explicación a su estado actual. En su retorno al pasado, el lector percibe que Marré, igual que Sebastián, ha vivido en un ambiente familiar decadente donde no existe la comunicación. Sin embargo, esto no le ha importado mucho ni reprocha nada al padre. Lo que más ha marcado la vida de esta mujer es la educación religiosa recibida. Marré ve en ésta la imposición de unos valores que "esclavizan" a la mujer y le impiden disfrutar de la vida y de las relaciones sexuales de una manera más libre y natural. Al hablar de sus primeras experiencias amorosas, Marré muestra los complejos y los tabúes dentro de los que se ha formado y critica las normas de la decencia que requieren que la mujer mantenga su virginidad a costa de sus deseos y necesidades físicas.

> Quizá hasta ese mismo momento yo *me había obstinado en mantener un único credo que investido de nombres diferentes trataba de sobrellevar y vencer las crisis de la iniciación de un cuerpo involuntariamente aferrado a una educación en la decencia...* Cuando al fin... comprendí gracias al miedo que no había tal independencia, que no existía en mi cuerpo tal escisión y que tan sólo me había aprovechado de un legado que las monjas me dejaron con su educación... para mantener incontaminado un culto vicioso... (Pág. 157)

Para ella, las virtudes de la mujer no significan vivir dentro de un orden instituido por una sociedad excesivamente conservadora. Marré piensa que la virginidad no tiene la importancia que le da el hombre;

en su opinión, la verdadera virtud y castidad de la
mujer viene después del acto sexual.

> "Señor, hay todavía quien cree que cuando
> se deshoja ese frágil pétalo se adquiere un
> nuevo estado. *Supongo que es una manía
> puramente masculina, una especie de garantía
> de que la calidad del producto depende de
> una etiqueta en el tapón.* Pero de qué poco le
> sirve a la mujer ese precinto; qué poco le
> importa el estado del tapón. No sólo lo odia
> sino que se enorgullece en cuanto puede
> romperlo y olvidarse para siempre de un
> estado que maldita la importancia que tiene.
> *La verdadera virginidad viene después, con
> el precinto roto. Y la inocencia y la castidad
> también.* (Pág. 164)

Marré, al abandonar al marido para ir en busca de
Luis, rompe nuevamente con las normas establecidas.
Pero no hay que olvidar que ella piensa que el ser
humano debe justificarse a sí mismo y no a aquéllos
que lo rodean (pág. 165). Con su vuelta a Región esta
mujer espera encontrar significado a una vida vacía al
lado de su marido, pues siente que la falta de cariño ha
hecho que envejezca ella y todo lo que hay en su
entorno. Por eso se niega a aceptar la imposibilidad de
su viaje.

> Si he hecho este viaje, si con él ha terminado
> mi matrimonio, no será para escuchar unos
> consejos respecto al catarro. Ni para oír
> hablar del brillo del nogal, en las noches de
> otoño. *He envejecido demasiado; lo he enve-
> jecido todo, mejor dicho, hasta lo que me
> rodea y he decidido, por ende, tratar a todo*

trance de devolver un poco de calor a los
años que tengo por delante. (Pág. 265)

Marré siente que debe llevar a cabo ese viaje porque de
otra manera continuará en la misma situación de
incertidumbre.

> ...me pregunto qué es lo que hago aquí y para
> qué vine si es imposible reconstruir toda
> aquella juventud que había de incapacitarme
> para una madurez ulterior; no pretendo
> reconstruir nada, ni desenterrar nada, pero sí
> quiero recordar una certeza —lo exige una
> memoria viciosa, amamantada por su enfer-
> miza mitomanía— que es lo único que puede
> justificar y paliar mi cuarentona desazón.
> (Págs. 300-301)

Marré, como se puede observar, es además una
mujer insegura que no ha llegado a conocerse a sí
misma y que está llena de contradicciones. Ha vuelto
en busca de una justificación, pero también de una
repetición de la única experiencia amorosa que le
produjo una satisfacción pero que nunca ha vuelto a
experimentar.

> *Yo no sé muy bien para qué he venido*
> *porque no me conozco, cada día me conozco*
> *menos,* siento cada día más relajada mi
> autoridad sobre aquellas partículas que antes
> del conflicto sabían marchar de consuno y
> hacer gala de un orden y una disciplina
> únicos... *Supongo que vengo por todo eso,*
> *en busca de una certeza y una repetición...*
> (Pág. 301)

Pero los deseos de Marré por recuperar la fe en el

pasado y en el futuro, a través de la repetición de su experiencia juvenil con Luis, son inútiles porque en el mundo a donde llega ahora, tanto el presente como el pasado y el futuro simbolizan la ruina del hombre.

En *Volverás a Región,* el lector nunca llega a conocer a fondo a los personajes ni a identificarse completamente con uno de ellos. Pero parece que eso es precisamente lo que el escritor busca para que así el lector sienta la alienación, la angustia, la soledad, la irrealidad e incomunicación de cada uno de ellos. A través de sus personajes, Benet presenta la ruina de un mundo y de unos seres que no se conocen ni a sí mismos y que son incapaces de comunicarse con los demás a causa del aislamiento y la ruina individual en que han vivido.

Estilo

Desde el punto de vista estilístico *Volverás a Región* es una obra en la que Benet demuestra que la novela no tiene por qué limitarse a un papel de crítica social. Benet en su novelística experimenta tanto con las técnicas como con la lengua.

Lo primero que se nota en *Volverás a Región* es el uso de oraciones y párrafos largos y exhaustivos. El lector se encuentra con que el novelista constantemente corta la fluidez de la narración con la intercalación de más información de lo que se está contando, con comentarios del narrador u otros sucesos relacionados, o por medio de paréntesis o guiones dentro del párrafo. Esto parece tener como propósito confundir al lector, quien muchas veces debe volver atrás para cerciorarse de lo que ha leído y volver a tomar el hilo narrativo. Otros aspectos que destacan en la obra son el uso de comillas en vez de guiones para los diálogos, un lenguaje depurado y un ritmo lento.

Volverás a Región es además una obra que por su dificultad técnica requiere de la participación del lector; es una novela en la que Benet hace que aquél experimente la soledad y la angustia de personajes como Sebastián y Marré y se pregunte si el hombre de hoy está dispuesto a mantener una actitud de indiferencia y aceptar la paz protegida por seres como Numa. El mundo que Benet presenta está en completa desintegración, es un mundo fantasmal y misterioso donde no se sabe si sus moradores están vivos o muertos o si algunos de ellos existen o no.

Por medio de la ambigüedad y la ruptura con el tiempo, Benet insinúa que el español contemporáneo ya no puede continuar bajo la protección de una dictadura que le despoja de su identidad e individualidad propia. Por otro lado, la falta de diálogo, el aislamiento tanto de los personajes como de Región, simbolizan al mismo tiempo, el estancamiento político, social y cultural de la España del régimen franquista.

En su visión final, Benet es muy pesimista, no da ninguna señal de esperanza para el hombre. Pero no hay que olvidar que la obra se escribe en un período en que el español ha vivido ya muchos años bajo el franquismo y que en los años sesenta la salida democrática de España aún no se vislumbra.

SEGUNDA PARTE

EL "BOOM" Y LA NUEVA NOVELA HISPANOAMERICANA

El llamado "boom" hispanoamericano de la década de los sesenta es un fenómeno literario que ha sido defendido o negado por más de un crítico.[1] José Donoso en su libro *Historia personal del "boom"* señala que este término está cargado de acepciones peyorativas; significa estallido, pero el tiempo le ha agregado la connotación de falsedad, falta de calidad y explotación. Ni los críticos, ni el público, ni los escritores mismos se han puesto de acuerdo en quién pertenece al "boom", ni se tiene tampoco muy claro el momento de su nacimiento, ni se puede afirmar si tal movimiento ha terminado o no.[2]

El "boom" se ha visto como un fenómeno más comercial que artístico o como una copia de la novela norteamericana y europea. Emir Rodríguez Monegal señala que, aunque el término "boom" pertenece al mundo de la publicidad, esto no es totalmente gratuito puesto que detrás de lo publicitario existe una producción literaria muy original. En su opinión, dicho fenómeno tiene su orígen en Latinoamérica y no es

---

[1] Entre los críticos que no aceptan completamente el "boom" hispanoamericano están, entre otros: Enrique Anderson Imbert, Julián Marías y, entre aquellos que lo defienden encontramos a Emir Rodríguez Monegal y Juan Loveluck.

[2] Donoso, José. *Historia personal del "boom"* (Barcelona: Editorial Seix Barral, S. A., 1983), págs. 11-13.

producto de la publicidad de editoriales extranjeras o
de las actividades funestas de la CIA y aclara que
escritores como Carlos Fuentes, Juan Carlos Onetti o
Gabriel García Márquez son conocidos primero en sus
respectivos países. Aunque Rodríguez Monegal, igual
que otros críticos, no niega la influencia que las
editoriales tuvieron en la internacionalización de los
escritores también señala que esto no se debe exagerar
pues si el "boom" existe es porque hay grandes novelas
y escritores hispanoamericanos.[3] Sin embargo, críticos
como René Pérez Galó consideran que la novela
hispanoamericana se ha europeizado y norteamericani-
zado tanto en su composición como en su estilo.[4] A
esto habría que objetar que el hecho de que la nueva
novela hispanoamericana sea traducida a varios idiomas
y el escritor pueda vivir con los frutos de su trabajo no
significa de ningún modo que éste se someta a técnicas
y estilos extranjeros por completo, ya que los novelistas
parten de una realidad y experiencia latinoamericana.
Y, aunque usan técnicas que han sido utilizadas por
escritores extranjeros, eso no les resta originalidad ni
son tampoco meras imitaciones como afirma de
manera tajante el crítico Manuel Pedro González.[5]

Si se toma en cuenta la opinión de los escritores
mismos veremos que novelistas como Mario Vargas
Llosa y García Márquez piensan que el "boom" en
Hispanoamérica ha sido no solamente un fenómeno de
escritores, sino también de lectores y que los últimos se
han dado cuenta de la calidad de los novelistas latinoamericanos y éstos, por su parte, no siguen la literatura

[3] Rodríguez Monegal, Emir. "Los nuevos novelistas", en *La crítica de la novela iberoamericana. Antología* (México: Universidad Nacional Autónoma de México, 1973), págs. 102-103.
[4] Pérez Galo, René. *La novela hispanoamericana. Historia y crítica* (Madrid: Editorial ORIENS, 1982), pág. 360.
[5] González, Manuel Pedro. "La novela hispanoamericana en el contexto de lo internacional", en *Coloquio sobre la novela hispanoamericana* México: Fondo de Cultura Económica, 1967), pág. 40.

como una afición o actividad secundaria, sino como una profesión.[6]

Pese a la polémica producida por el "boom" durante los años sesenta, el momento "escandaloso", como lo llama José Donoso ha pasado ya.

> El *boom* de la novela latinoamericana, que tuvo su momento de escandaloso auge en la década de 1960 a 1970, y que sólo entonces —ni antes ni después— puede con propiedad ser calificado de *boom,* ha proyectado su luz en torno a sí mismo, iluminando un mundo de la imaginación escrito en nuestros diversos castellanos latinoamericanos, ayudando a dar notoriedad a nombres y obras que, sin este repentino interés, no hubieran sido difundidas ni admiradas como lo han sido.[7]

O sea que, los escritores latinoamericanos han demostrado su calidad de "revolucionarios" en el arte narrativo hispanoamericano a través del "boom" pero, sin negar la existencia de este fenómeno durante estos años, nos parece que más que hablar del boom se debe hablar de una nueva novela hispanoamericana ya que como muy bien señala Donoso, cuatro o cinco escritores no constituyen la novelística de todo un continente.

Por otro lado, la nueva novela latinoamericana no surge en los años sesenta; este período es tan sólo el momento en que se dan a conocer internacionalmente escritores como Fuentes, Vargas Llosa, Cortázar, García Márquez. Sin embargo, la narrativa hispanoamericana está integrada ya desde esos años por otros muchos escritores que en esa época han alcanzado ya una madurez literaria.

---

[6] García Márquez, Gabriel, y Vargas Llosa, Mario. *La novela en América Latina: Diálogo* (Perú: Carlos Milla Batres/ediciones, 1967), págs. 30-33.
[7] Donoso, pág. 143.

El propósito de este trabajo no es hablar de los novelistas que pueden ser o no ser incluidos dentro del *boom,* sino demostrar que existe un grupo de escritores unidos por temas y técnicas, que son representativos de la novela hispanoamericana contemporánea. Dada la gran variedad de escritores, temas y estilos, la nueva novela hispanoamericana presenta problemas para su enfoque y clasificación. La división que presenta más problemas es la generacional pues escritores como Alejo Carpentier pertenecerían, por fecha de nacimiento, a una generación más bien precursora, donde todavía no se muestran las dotes y madurez de un gran escritor. Si por el contrario, se sigue un sistema a base de temas o movimientos, se ve que algunos escritores no encajan completamente en ninguno de los grupos. La división adoptada en esta obra por parecer la más acertada es la de Rodríguez Monegal, quien clasifica a los escritores latinoamericanos en cuatro grupos más o menos flexibles.[8] Pero, pese a la flexibilidad que ofrece su

---

[8] Rodríguez Monegal, págs. 103-105. La primera promoción, según Rodríguez Monegal está representada por novelistas como: Miguel Angel Asturias, Jorge Luis Borges, Alejo Carpentier, Agustín Yáñez y Leopoldo Marechal quienes en su opinión, son los grandes innovadores de la narrativa de este siglo. Es además una promoción que se encuentra fuertemente influida por la vanguardia europea, pero al mismo tiempo busca una nueva visión de la realidad americana.

La segunda promoción la constituyen escritores como: João Guimarães Rosa, Juan Carlos Onetti, Ernesto Sábato, José Lezama Lima, Julio Cortázar y Juan Rulfo. Rodríguez Monegal destaca el hecho de que en estos novelistas se nota la influencia de los de la primera promoción y además la de escritores como Faulkner, Proust, Joyce y Sartre.

En la tercera promoción entran Carlos Martínez Moreno, José Donoso, Carlos Fuentes, Gabriel García Márquez, Guillermo Cabrera Infante y Mario Vargas Llosa.

Sin embargo, para este crítico los que mejor han aprovechado los aspectos más destacados de las generaciones anteriores son García Márquez y Cabrera Infante, quien junto con el Carlos Fuentes de *Cambio de piel* forman una cuarta promoción en la que entrarían además: Manuel Puig, Néstor Sánchez, Severo Sarduy y Gustavo Sáenz.

Aunque la división es bastante flexible se puede notar que Carpentier puede muy bien entrar en la segunda promoción, lo mismo que García Márquez y Fuentes pueden encajar en la segunda y tercera promoción.

división, el lector se percata de que, debido a la complejidad y desarrollo de su obra, escritores como Carpentier, García Márquez y Fuentes son de difícil clasificación, pues son novelistas que entran perfectamente en más de una promoción. Partiendo de esta premisa, lo que este libro se propone es mostrar, primero, la ideología literaria de los escritores hispanoamericanos como grupo y a continuación analizar a Carpentier, García Márquez y Fuentes como escritores representativos de la nueva novela latinoamericana. Al hacer esto, no se intenta negar la calidad de escritores como Vargas Llosa, Cortázar, Onetti, Lezama Lima, Rulfo, Roa Bastos, Donoso, Sábato o Borges sino mostrar cómo estos novelistas son representativos de todo un grupo de escritores.

Carpentier en su libro *La novela latinoamericana en vísperas de un nuevo siglo y otros ensayos,* opina que hay una serie de sucesos que han hecho más consciente políticamente al escritor hispanoamericano contemporáneo: la Segunda Guerra Mundial, la Revolución Mexicana, la Guerra Civil Española y las revoluciones universitarias.[9] A esto habría que agregar la Revolución Cubana y la transformación social, económica y demográfica que América Latina ha ido sufriendo bajo la influencia de las dos superpotencias: Rusia y Estados Unidos. No cabe la menor duda que la intervención de estas dos naciones ha tenido un fuerte influjo en gran parte de los escritores latinoamericanos tanto en la narrativa como en la poesía.

Es importante destacar que el escritor hispanoamericano ha tomado conciencia de la importancia de su obra y de su papel como escritor no sólo a nivel histórico sino también artístico. Ve el desarrollo social e industrial pero también el desequilibrio político en

---

[9] Carpentier, Alejo. *La novela latinoamericana en vísperas de un nuevo siglo y otros ensayos* (México: Siglo Veintiuno Editores, S. A., 1981).

que se encuentra más de un país. Esto trae como consecuencia que en la novelística hispanoamericana haya como trasfondo un compromiso político y social por parte del autor quien, sin abandonar el propósito estético, se preocupa no sólo por la situación de su lugar de origen sino de América Latina en general. Lo que los novelistas buscan es mostrar la "realidad americana" de tal forma que se revelen los cambios que se están efectuando en diferentes lugares de Hispanoamérica. Por lo tanto, encontramos que esa "realidad americana" que se desea transmitir está constituida por la visión de varios escritores, muchas veces de ideologías opuestas, pues como dice García Márquez a Vargas Llosa:

> ...la realidad hispanoamericana tiene diferentes aspectos y yo creo que cada uno de nosotros está tratando diferentes aspectos de esa realidad. Es en este sentido que yo creo que lo que estamos haciendo nosotros, es una sola novela. Por eso, cuando estoy tratando cierto aspecto, sé que tú estás tratando otro, que Fuentes está interesado en otro que es totalmente distinto al que tratamos nosotros, pero son aspectos de la realidad latinoamericana... hay un nivel común y el día en que encontremos cómo expresar ese nivel, escribiremos la novela latinoamericana verdadera, la novela total latinoamericana, la que es válida en cualquier país de América Latina a pesar de diferencias políticas, sociales, económicas, históricas...[10]

Estas declaraciones de García Márquez, hechas en

---

[10] García Márquez y Vargas Llosa, págs. 38-39.

1967, revelan que la novela hispanoamericana de hoy ha madurado y que no sólo expone aspectos de la realidad y el hombre latinoamericano, sino del hombre en general. Es decir, la narrativa hispanoamericana ha cruzado las barreras nacionales y se ha universalizado al presentar, partiendo de una realidad hispanoamericana, las angustias y problemas que afligen al hombre contemporáneo.

La literatura contemporánea de América Latina no es, sin embargo, simplemente una obra documental o política. Escritores como Carpentier piensan que el compromiso político no significa falta de calidad artística y literaria[11] mientras que otros, como García Márquez, opinan que el principal deber político del escritor es *escribir* ya que si el escritor posee una ideología política bien definida, ésta se encuentra ya implícita en su obra.[12]

Nos parece que estas dos ideas expresan perfectamente la posición del escritor en América Latina pues a pesar de la diferencia de ideología política, social y a veces hasta cultural, lo que une a todos los escritores de hoy es su preocupación por la problemática del hombre universal.

Desde el punto de vista estilístico, el novelista hispanoamericano busca la creación de un idioma, de un lenguaje que no esté atado al academicismo de la Real Academia y que le permita introducir los giros dialectales latinoamericanos. El escritor hispanoamericano busca liberarse de la tutela del castellano tradicional y para lograrlo necesita la creación de un español propio, de un español americano.

Fuentes, en su libro *La nueva novela hispanoamericana* señala que:

---

[11] Carpentier, pág. 29.
[12] García Márquez y Vargas Llosa, pág. 41.

Radical ante su propio pasado, el nuevo escritor latinoamericano emprende una revisión a partir de una evidencia: la falta de un lenguaje. La vieja obligación de la denuncia se convierte en una elaboración mucho más ardua: la elaboración de todo lo dicho en nuestra larga historia de mentiras, silencios, retóricas y complicidades académicas. Inventar un lenguaje, es decir, lo que la historia ha callado.[13]

Por lo tanto, la nueva novela hispanoamericana es revolucionaria en cuanto que se niega a aceptar un orden establecido en favor de la renovación tanto del lenguaje como de las técnicas novelísticas. El escritor de hoy, en su afán de renovación se plantea el problema de la novela como obra de arte y al hacerlo, la novela se convierte, como dice Fuentes, en mito, lenguaje y estructura.[14] En su propósito de presentar los problemas del hombre y la realidad latinoamericana, el novelista contemporáneo precisa de un nuevo concepto no sólo del lenguaje y de la estructura sino también del tiempo y la "realidad", de modo que el lector debe mirar la obra como una unidad donde interesa tanto la forma como el contenido.

Desde el punto de vista estructural, el escritor hispanoamericano de hoy abandona casi por completo la estructura lineal en favor de estructuras circulares o abiertas, y nos encontramos con que muchas veces no hay un solo hilo narrador sino una serie de sucesos encadenados o yuxtapuestos que producen la sensación de desorden y caos en el lector. El novelista experimenta con la estructura y requiere la participación activa del

---

[13] Fuentes, Carlos. *La nueva novela hispanoamericana* (México: Editorial Joaquín Mortiz, S. A., 1969), pág. 30.
[14] *Ibid.,* pág. 20.

lector; de ahí que éste muchas veces tenga que buscar un orden dentro del aparente desorden estructural.

A nivel temporal, el novelista rompe con la idea tradicional del tiempo. Al escritor de hoy no parece interesarle demasiado el concepto normal, lo que le importa es el tiempo interior tal y como se concibe en el subconsciente del hombre. Esto le sirve para que en el transcurso de días, horas o minutos pueda narrar hechos que ocurren muchas veces en generaciones enteras. El tiempo, en más de una novela *(Pédro Páramo, Cien años de soledad)* queda como suspendido en el espacio. Es un tiempo que parece detenerse en un presente incierto que se explica solamente por medio del retorno al pasado de una o más generaciones. El tiempo de la novela es además un elemento sobre el cual el hombre no parece tener control alguno, de ahí que se vea sometido a los pocos o muchos cambios de éste.

El concepto de la realidad en la novelística hispanoamericana de hoy difiere de la novela realista. El escritor busca una percepción de la realidad donde se combine lo real, lo ambiguo, lo misterioso, lo fantástico o lo feo. La fusión de estos elementos, bien manipulada en escritores como Borges, Cortázar, Fuentes, Rulfo, Carpentier o García Márquez resulta en la creación de un mundo donde existe un vivir absurdo y caótico, pero al mismo tiempo creíble y verosímil a los ojos del lector. Pero el novelista no se limita a crear un orbe artístico; detrás de ese cosmos existe una doble realidad que refleja una ideología literaria, social, cultural o política del escritor, pues como dice David Patrick Gallagher:

> Latin American novelists very often seek to create a reality that is quite deliberately alternative to the one they are living in. The lesson is not missed that although the new

creation may well be fictive, the society it is aiming to replace is fictive too —it is the mendacious invention of politicians, generals, and oligarchs. Much contemporary Latin American fiction is indeed engaged in an attempt to expose authoritarian lies, to seek out the truth concealed by them.[15]

El escritor hispanoamericano parte de una verdad que le aflige como hombre hispanoamericano, pero por medio de elementos y técnicas innovadoras la transforma y crea su propia realidad.

En su deseo de representar la problemática y el caos del hombre contemporáneo, el escritor hispanoamericano recurre a técnicas tan variadas como el realismo mágico, el monólogo interior, la yuxtaposición de tiempo y espacio, la ironía, la sátira, el montaje, los paralelismos y la retrospección. Por medio de estos recursos presenta temas como: la soledad, las dictaduras, las revoluciones, la opresión social, la incomunicación, la falta de identidad a nivel individual y nacional, el aislamiento y la libertad.

El estudio que se hará de Carpentier, García Márquez y Fuentes tendrá por objeto destacar algunos de los temas y técnicas que sobresalen en *El siglo de las luces, El recurso del método, Cien años de soledad, El otoño del patriarca* y *La muerte de Artemio Cruz,* novelas que se consideran representativas de los autores y de la novela hispanoamericana contemporánea.

---

[15] Gallagher, David Patrick. *Modern Latin American Literature* (London, New York: Oxford University Press, 1973), pág. 89.

ALEJO CARPENTIER

Datos biográficos e ideología política y literaria

De padre francés y madre rusa, Alejo Carpentier[16] nace en La Habana el 26 de diciembre de 1904. Desde muy joven es iniciado por su padre en la literatura y a los 12 años empieza a escribir novelas imitando a Salgari. A los 17 años ingresa en la Universidad de La Habana para estudiar arquitectura pero nunca termina la carrera. Ese mismo año, 1921, empieza a hacer periodismo en el diario *La Discusión* comenzando así su larga carrera intelectual.

Alexis Márquez Rodríguez señala que entre 1920 y 1928 Carpentier se vincula con otros jóvenes intelectuales que más tarde sobresalen en la política y las letras cubanas: Juan Marinello, Rubén Martínez Villena, Julio Antonio Mella, Emilio Roig de Leuchsenring y Nicolás Guillén entre otros.[17] En 1923 se une al Grupo

---

[16] Para una biografía más extensa véanse las obras de: Alexis Márquez Rodríguez. *Lo barroco y lo real-maravilloso en la obra de Alejo Carpentier* (México: Siglo Veintiuno Editores, S. A., 1982). José Sánchez Boudy. *La temática novelística de Alejo Carpentier* (Miami: Ediciones Universal, 1969). Luis Harss y Barbara Bohmann. *Los nuestros* (Buenos Aires: Editorial Sudamericana, S. A., 1966).

[17] Márquez Rodríguez. *Lo barroco y lo real maravilloso en la obra de Alejo Carpentier*, págs. 491-492.

Minorista y en 1924 es nombrado jefe de redacción de
la revista *Carteles*.

Invitado por el novelista Juan de Dios Bojórquez,
Carpentier visita México en 1926. Allí conoce a José
Clemente Orozco y a Diego Rivera, con quienes
establece una gran amistad. Este viaje es muy importante
en la formación del escritor pues el contacto con la
pintura mexicana lo enfrenta con otra realidad artística.
Carpentier mismo destaca la trascendencia que esta
visita a México tuvo para él.

> ...yo acababa de ser iniciado en la pintura no
> figurativa, en las maneras de pintar de un
> Picasso, de un Gris, en el cubismo, en una
> pintura que cada vez iba más hacia lo
> abstracto, y de repente, he aquí que me
> encontraba en México con un tipo de pintura
> profundamente afincada en lo real circun-
> dante, en lo contingente, en la circunstancia
> y en lo vivo, y que estaba plasmada de una
> serie de realidades nuevas de América de una
> manera completamente inesperada e impre-
> vista.[18]

Mil novecientos veintisiete es una año crucial en la
vida del escritor, ya que junto con algunos del Grupo
Minorista firma un manifiesto contra la dictadura de
Gerardo Machado donde se comprometen a trabajar:

> Por la revisión de los valores falsos y
> gastados. Por el arte vernáculo y, en general,
> por el arte nuevo en sus diversas manifesta-
> ciones. Por la reforma de la enseñanza
> pública. Por la independencia enconómica

---

[18] Carpentier. *La novela latinoamericana en vísperas de un nuevo siglo y
otros ensayos,* pág. 96.

de Cuba, y contra el imperialismo yanqui.
Contra las dictaduras unipersonales en el
mundo, en América, en Cuba. Por la cordia-
lidad y unión latinoamericanas.[19]

Su participación en este manifiesto trae como resultado
su arresto y encarcelamiento durante varios meses.
Cuando finalmente es puesto en libertad, ésta es
condicional y no puede salir de La Habana. Carpentier,
ante el temor de ser encarcelado nuevamente, escapa a
París en marzo de 1928, ayudado por el poeta
surrealista Robert Desnos, quien se encuentra de paso
por La Habana. Su estancia en París (1928-39) le
permite establecer contacto con los máximos represen-
tantes del surrealismo: André Bretón, Louis Aragón,
Paul Eluard, Chirico, Jacques Prèvert, Antonin Artaud,
etc., y colabora en revistas como: *Documentos, Biffure*
y *Révolution surrealiste.*

Los años que Carpentier pasa en París enriquecen
su visión de escritor, pero su entusiasmo por el
surrealismo decae pues, como él mismo ha declarado,
pronto se da cuenta de que él no puede agregar mucho
al surrealismo ya que éste es un movimiento ya hecho.[20]
Es también este período donde empieza su obsesión
por una América que conoce poco pero que considera
primordial para su obra como tema y como materia
estética.

Para Carpentier el destierro trae como resultado la
valoración de la realidad americana y la intuición de
que su misión como artista consiste en expresar y
definir la esencia de América. Por eso, durante casi
ocho años se dedica a leer todo lo que puede sobre
América, desde las Cartas de Colón hasta autores del

[19] *Ibid.,* pág. 84.
[20] *Ibid.,* pág. 99.

siglo XVIII. Sin embargo, el hecho de que Carpentier se aleje del surrealismo porque no puede contribuir con nada nuevo y quiera "expresar la realidad americana" no impide que admita su deuda a dicha escuela.

> América se me presentaba como una enorme nebulosa, que yo trataba de entender porque tenía la oscura intuición de que mi obra se iba a desarrollar aquí, que iba a ser profundamente americana... He dicho que me aparté del surrealismo porque me pareció que no iba a aportar nada a él. Pero el surrealismo sí significó mucho para mí. *Me enseñó a ver texturas, aspectos de la vida americana que no había advertido,* envueltos como estábamos en la ola de nativismos traída por Güiraldes, Gallegos y José Eustasio Rivera. Comprendí que detrás de ese nativismo había algo más; lo que llamo los contextos: contexto telúrico y contexto épico político: el que halle la relación entre ambos escribirá la novela americana.[21]

Carpentier regresa a Cuba en 1936 pero no tarda mucho tiempo en volver a París y desde allí en 1937 va a España a un Congreso de Escritores, entre los que se encontraban César Vallejo y Pablo Neruda. Su nostalgia por Cuba hace que emprenda nuevamente su retorno a La Habana en 1939 donde permanece hasta 1943, ganándose la vida como escritor y productor de radio.

En 1943 el autor Louis Jouvet lo invita a ir a Haití, viaje que inicia inmediatamente con su mujer, Lilia. Este recorrido es de primordial importacia para el

---

[21] Leante, César. "Confesiones de un escritor barroco", en Giacoman, Helmy F. *Homenaje a Alejo Carpentier: Variaciones interpretativas en torno a su obra* (New York: Las Américas Publishing Company, 1970), págs. 21-22.

novelista, pues lo pone en contacto con un mundo que será básico para su concepto de lo real-maravilloso. Su visita a Haití hace que Carpentier se encuentre:

> ...ante los prodigios de un mundo mágico, de un mundo sincrético, de un mundo donde hallaba al estado vivo, al estado bruto, ya hecho, preparado, mostrado, todo aquello que los surrealistas, hay que decirlo, fabricaban demasiado a menudo a base de artificio.[22]

De esta experiencia surge no sólo lo real-maravilloso, sino lo que se puede considerar su primera gran obra, *El reino de este mundo,* novela que termina en 1945.

Pero su visión de América no se completa hasta que va a Venezuela, donde es contratado para organizar una emisora de radio en 1945 y permanece allí hasta 1959. De su estancia en este país Carpentier ha dicho:

> Conocer Venezuela completaba mi visión de América, ya que este país es como un compendio del Continente: allí están sus grandes ríos, sus llanos interminables, sus gigantescas montañas, la selva, la tierra. La tierra venezolana fue para mí como una toma de contacto con el suelo de América, y meterme en sus selvas conocer el cuarto día de la Creación.[23]

Márquez Rodríguez señala que la residencia de Carpentier en Venezuela le sirvió además para viajar por el interior y visitar otros países del continente,

---

[22] Carpentier. *La novela latinoamericana en vísperas de un nuevo siglo y otros ensayos,* pág. 102.
[23] Leante, César, pág. 27.

logrando así obtener una imagen bastante completa y exacta de América Latina.[24]

El triunfo de la Revolución Cubana hace que Carpentier piense en un retorno definitivo a su país y así lo hace en 1959 para, como él dice, "asistir al primer 26 de Julio". Su vuelta, como dice Márquez Rodríguez, le revela la dimensión del triunfo de la revuelta y se da cuenta que ésa es la verdadera revolución que buscan Esteban y Sofía.[25]

Carpentier, al volver a Cuba, participa activamente en la formación del país. En 1960 es nombrado Subdirector de la Dirección de Cultura, en 1961 Vicepresidente de la Unión de Escritores y Artistas, en 1962 Vicepresidente del Consejo Nacional de Cultura, y ese mismo año Director Ejecutivo de la Editorial Nacional de Cuba. Más tarde es designado Consejero Cultural de la Embajada de Cuba en París. Y tras una larga enfermedad, Carpentier muere en París, el 24 de abril de 1980.

La obra de Carpentier es variadísima; es un intelectual que lo mismo escribe novela y cuento que teatro, ensayo y música; destacándose: *Ecue-Yamba-O* (1933), *La música en Cuba* (1946), *El reino de este mundo* (1949), *Los pasos perdidos* (1953), *Guerra del tiempo* (1958), *El siglo de las luces* (1962), *Tientos y diferencias* (1967), *El derecho de asilo* (1972), *El recurso del método* (1974), *Concierto barroco* (1974), *Letra y solfa* (1975), *Crónicas* (1976), *Razón de ser* (1976), *La consagración de la primavera* (1978), *Cuentos completos* (1979), *La novela latinoamericana en vísperas de un nuevo siglo y otros ensayos* (1981).

Alejo Carpentier es un escritor que abiertamente ha expresado su ideología política y literaria. Es un

---

[24] Márquez Rodríguez. *Lo barroco y lo real maravilloso en la obra de Alejo Carpentier*, pág. 519.
[25] *Ibid.*, pág. 525.

hombre que ve el siglo XX como el período de las grandes revoluciones y cambios. Como intelectual y novelista opina que el papel del escritor latinoamericano consiste en presentar y traducir esas transformaciones.[26] Para él en Hispanoamérica sólo existen dos posibilidades: el estancamiento que él considera inadmisible y el progreso a un nivel nacional y colectivo sin la aceptación del neocolonialismo.[27]

Al referirse al compromiso político del escritor contemporáneo, Carpentier señala que dicho compromiso no pone en peligro la calidad artística de la obra y que eso sucede sólo cuando se le ofrece al lector una novela de arenga, tribuna y moraleja. En su opinión, algunas de las obras maestras han sido inspiradas por la política y agrega que:

> El novelista latinoamericano, en este nuevo fin de siglo será un novelista políticamente comprometido por la fuerza de las circunstancias. Era todavía posible para un escritor latinoamericano, ser apolítico en tiempos de Rubén Darío. Pero a partir de la Revolución Mexicana (que todavía obsesiona a muchos autores mexicanos); a partir del general despertar universitario de los años 20, ser apolítico es imposible para un escritor nuestro.[28]

Y con respecto a los temas, Carpentier considera que el novelista debe partir de asuntos que afectan a su pueblo y elevarse de lo particular a lo universal. O sea que, el novelista debe presentar al lector lo que él ve y entiende; debe dar una visión del mundo, partiendo de

---

[26] Carpentier. *La novela latinoamericana en vísperas de un nuevo siglo y otros ensayos,* págs. 110-111.
[27] *Ibid.,* pág. 28.
[28] *Ibid.,* págs. 29-31.

su compromiso social con éste.[29] Por eso al referirse a
su papel dentro de la novela latinoamericana contemporánea no vacila en decir:

> En cuanto a mí, habiendo asistido a un
> proceso revolucionario que se produjo en el
> lugar de América donde menos se pensaba
> que pudiera producirse, no puedo ni podré
> sustraerme ya a la intensidad, a la fuerza, por
> no decir al embrujo, de la temática revolucio-
> naria. Hombre de mi tiempo, soy de mi
> tiempo y mi tiempo trascendente es el de la
> Revolución cubana. Escritor comprometido
> soy y como tal actúo...[30]

En sus obras Carpentier transmite sus ideas y es un
escritor comprometido, no cabe la menor duda, pero
no es un novelista que predique o que sacrifique el
valor estético de su obra. De ahí que en sus novelas
interese tanto el fondo como la forma.

Surrealismo-real-maravilloso-realismo mágico

La calidad y originalidad de la obra narrativa de
Carpentier ha sido negada por más de un crítico. Hay
aquellos que como Sánchez Boudy niegan al novelista
su papel de escritor de la realidad americana y le
atribuyen "cualidades" de escritor de novelas de tesis.[31]
Y otros que como Enrique Anderson Imbert, no ven
ninguna originalidad en lo real-maravilloso de Carpentier.[32] Sin embargo, un estudio más detenido, como el

---

[29] *Ibid.*, pág. 46.
[30] *Ibid.*, pág. 111.
[31] Sánchez Boudy, págs. 81-85.
[32] Anderson Imbert, Enrique. *El realismo mágico y otros ensayos*
(Caracas: Monte Avila Editores, C. A., 1976).

que hace Márquez Rodríguez,[33] muestra que sin lugar a dudas Carpentier es uno de los primeros novelistas contemporáneos a quien desde un principio preocupa presentar la realidad americana.

Como se mencionó anteriormente, Carpentier es un escritor que se forma bajo el surrealismo; pero a pesar de su intensa participación en dicho movimiento, pronto se da cuenta de que lo que realmente desea es ser un escritor de lo americano. Esa obsesión por Hispanoamérica y sus experiencias en varios países harán que nazca lo que él llama lo real-maravilloso, fenómeno estético que está estrechamente relacionado con el surrealismo y el realismo mágico, pero que difiere de ellos en más de un aspecto y posee una jerarquía propia.

Sin embargo, críticos como Anderson Imbert no ven en el "realismo-mágico" originalidad alguna. Para él, el término que surge en las artes plásticas y de la pintura pasa a la literatura y se logra a través de tres categorías.

> una tesis: la categoría de lo verídico, que da el "realismo"; una antítesis: la categoría de lo sobrenatural, que da la "literatura fantástica"; y una síntesis: la categoría de lo extraño que da la literatura del "realismo mágico".[34]

Partiendo de estas bases, Anderson Imbert ve a Carpentier como un escritor europeizado y como un novelista que falla ante todo al pensar que el arte es una mera imitación de la realidad y que ésta supera al arte. Para Anderson Imbert, Carpentier yerra al

---

[33] Márquez Rodríguez, además de su libro *Lo barroco y lo real-maravilloso en la obra de Alejo Carpentier*, hay que tomar en cuenta su estudio anterior: *La obra narrativa de Alejo Carpentier* (Caracas: Ediciones de la Biblioteca de la Universidad Central de Venezuela, 1970).

[34] Anderson Imbert, págs. 8-9.

suponer que "lo maravilloso" es tangible como las cosas físicas.[35] Sin embargo, si se analiza con cuidado lo que Carpentier entiende por "lo real-maravilloso" se puede observar que él no ve el arte como una mera imitación de la realidad ni piensa que "lo real-maravilloso" sea perceptible para todos los hombres. Para empezar, lo que Carpentier dice es que lo real-maravilloso forma parte de la realidad americana *pero,* el escritor, poeta o novelista, debe no sólo poder captarlo, sino también transmitirlo a sus lectores. O sea que lo real-maravilloso no es tan "tangible". El escritor debe poseer tanto el don de la observación como el arte de traspasarlo a las páginas de sus obras.

Nos parece que en su análisis Anderson Imbert no distingue entre real-maravilloso y realismo mágico. Para él, escritores tan diversos como Carpentier, García Márquez, Vicente Huidobro, Agustín Yáñez, César Vallejo o Jorge Luis Borges escriben dentro del realismo mágico.[36] Para Anderson Imbert:

> El realismo mágico echa sus raíces en el Ser pero lo hace describiéndolo como problemático. Las cosas existen, sí, y qué placer nos da el verlas emerger del fluir de la fantasía, pero ahora penetramos en ella y en sus fondos volvemos a tocar el enigma. Entre la disolución de la realidad (magia) y la copia de la realidad (realismo) el realismo mágico se asombra como si asistiera al espectáculo de una nueva Creación. Visto con ojos nuevos a la luz de una nueva mañana, el mundo es, si no maravilloso, al menos perturbador. En esta clase de narraciones los sucesos, siendo reales, producen la ilusión de irrealidad. La

---

[35] *Ibid.,* pág. 15.
[36] *Ibid.,* págs. 21-23.

estrategia del escritor consiste en sugerir un clima sobrenatural sin apartarse de la naturaleza y su táctica es deformar la realidad en el magín de personajes neuróticos.[37]

Vale decir que para un mejor entendimiento del realismo mágico y real-maravilloso, se debe partir de la diferenciación de dichos fenómenos. Márquez Rodríguez, en nuestra opinión, es quien mejor ha establecido las relaciones y discrepancias al señalar que el problema viene primordialmente del hecho que el realismo mágico no ha sido definido ni apoyado por una declaración doctrinaria, y se han visto como tres fenómenos idénticos.[38] Márquez Rodríguez señala que:

> La gran diferencia entre surrealismo y realismo mágico está en que el surrealismo encuentra la fuente de lo bello y lo maravilloso en la mente del hombre dando rienda suelta a su imaginación mientras que el realismo mágico utiliza como base la realidad circundante (que el surrealismo rechaza y desprecia) en su dimensión natural, histórica, social o psicológica.[39]

Lo real-maravilloso a nivel literario es original de Carpentier; tanto el concepto como la definición. Es un término que primeramente aparece en *El reino de este mundo* y es ampliado en *Tientos y diferencias* y *La novela latinoamericana en vísperas de un nuevo siglo y otros ensayos.*

---

[37] *Ibid.*, pág. 19.
[38] Márquez Rodríguez. *Lo barroco y lo real-maravilloso en la obra de Alejo Carpentier*, págs. 36-37.
[39] *Ibid.*, pág. 42.

...lo maravilloso comienza a serlo de manera inequívoca cuando surge una inesperada alteración de la realidad (el milagro), de una revelación privilegiada de la realidad, de una iluminación inhabitual o singularmente favorecedora de las inadvertidas riquezas de la realidad, de una ampliación de las escalas y categorías de la realidad, percibidas con particular intensidad en virtud de una exaltación del espíritu que la conduce a un modo de "estado límite"... la sensación de lo maravilloso presupone una fe... por la virginidad del paisaje, por la formación, por la ontología, por la presencia fáustica del indio y el negro, por la revelación que constituyó su reciente descubrimiento, por los fecundos mestizajes que propició, América está muy lejos de haber agotado su caudal de mitologías. Pero, ¿qué es la historia de América toda sino una crónica de lo real-maravilloso?[40]

Pero la definición del concepto va más allá, puesto que para Carpentier la noción de lo real-maravilloso no es sólo lo bello y hermoso, sino todo lo extraordinario, asombroso, pues en su opinión todo lo insólito, todo lo que se sale de las normas establecidas pertenece a lo real-maravilloso.[41]

Todo lo anterior se entiende mucho mejor si pensamos que Carpentier mira el mundo latinoamericano como un mundo esencialmente "maravilloso" donde se encuentran las cosas en un estado bruto y donde lo insólito es y ha sido siempre lo cotidiano.[42] Y

---

[40] Carpentier. *Tientos y diferencias* (La Habana: Ediciones Unión, 1966), págs. 96-97, 99.
[41] *Ibid.*, pág. 127.
[42] *Ibid.*, pág. 131.

para transmitir lo real-maravilloso el escritor, como
dice Márquez Rodríguez, utiliza básicamente las estructuras literarias, el estilo y el lenguaje, elementos
que por su estrecha relación forman una unidad
compacta pero son al mismo tiempo tres realidades,
perfectamente diferenciables,[43] que ayudan al escritor a
presentar la realidad americana.

En resumen, parece haber una gran diferencia entre
surrealismo, realismo mágico y lo real-maravilloso de
Carpentier y sin negar la calidad de otros estudios
sobre este tema, quien mejor distingue esas diferencias
es Márquez Rodríguez cuando dice:

> El deslinde entre los tres movimientos comien-
> za en el origen que en cada uno de ellos se
> atribuye a lo maravilloso. Para el surrealismo
> reside en una superrealidad, distinta y opuesta
> a la realidad circundante y cotidiana. El
> realismo mágico, en cambio, parte de esa
> realidad circundante y cotidiana, pero to-
> mándola como materia bruta que una vez
> elaborada por el artista, se transforma en
> realidad mágica. Lo real-maravilloso, por su
> parte, a diferencia de ambos, descubre lo
> maravilloso también en la realidad circun-
> dante, pero sin que ésta requiera tratamiento
> alguno para transformarse en prodigio o
> maravilla, porque se trata de una realidad
> que es de por sí maravillosa, de una maravilla
> ya hecha y tangible, puesta allí al alcance de
> la mano.[44]

Debe aclararse que lo real-maravilloso, más que un

---

[43] Márquez Rodríguez. *Lo barroco y lo real-maravilloso en la obra de Alejo Carpentier*, pág. 49.
[44] *Ibid.*, pág. 50.

procedimiento estético, como lo es el realismo mágico, es un modo de ser y es algo que, pese a lo que dicen algunos críticos como Anderson Imbert, no es privativo de Latinoamérica ni Carpentier lo pensó así, pues en *Tientos y diferencias* insinúa que se da en otros países y otras culturas. En lo que sí insiste el novelista es en la capacidad del escritor para captarlo y transmitirlo, o sea que la parte estética de lo real-maravilloso resulta de la manera en que el escritor capta la realidad.

El siglo de las luces y *El recurso del método*. Temas

Partiendo de las diferencias anteriores se analizarán *El siglo de las luces* y *El recurso del método* como obras representativas de lo real-maravilloso, fenómeno que abarca lo bello y lo feo en estas dos obras. Los temas y las técnicas se estudiarán al mismo tiempo si aparecen en ambas novelas, pues aunque una no es continuación de la otra en cuanto a desarrollo de personajes nos parece que sí lo es en cuanto a la presentación de la realidad americana y a los temas que preocupan a Carpentier como escritor y hombre de su época.

Argumento de las obras

El siglo de las luces (1962) ha sido considerada como la obra maestra de Carpentier y es una de las primeras novelas en que se asume la realidad política, social, cultural e histórica americana. La acción se sitúa a fines del siglo XVIII y comienzos del XIX y presenta la vida de Víctor Hugues, alrededor de quien giran las de Esteban, Sofía y Carlos. Sin embargo, Hugues no es introducido sino hasta ya bien entrada la obra. Lo que el novelista hace es presentar primero a tres adolescentes quienes con la muerte del padre adquieren una libertad que nunca han tenido puesto que han vivido en un ambiente donde todo parece estar limitado por las normas morales del padre.

Carpentier, antes de la llegada de Hugues, crea un ambiente absurdo, caótico y desordenado. Los tres jóvenes desean cambiar el mundo pero son inmaduros y no saben qué hacer ni con el dinero ni con la libertad recién adquirida; de ahí que la primera impresión que se reciba de Sofía, Esteban y Carlos sea la de tres seres jóvenes y desorientados que nunca se han enfrentado con la realidad de la vida.

Con la llegada de Víctor Hugues, hombre sin edad concreta en la novela, se alteran las vidas de los tres personajes. Al poner Hugues todo en orden, rompe el mundo estrafalario y de fantasía en que se han encerrado los tres primos. La presencia y ayuda de Hugues trae no sólo la curación de Esteban (por el médico brujo, Ogé) y el descubrimiento de los malos manejos del tutor, sino el despertar sexual de los personajes, sobre todo Sofía y Esteban, criaturas que son fuertemente influenciadas por la filosofía política y personal de Hugues.

El tiempo va transformando poco a poco a los protagonistas, y cuando Hugues y Ogé tiene que abandonar La Habana al ser el primero acusado de francmasonería, los primos, ya muy dominados por Hugues, les ayudan a escapar. Esta oportunidad es aprovechada por Hugues quien les propone que se vayan con él y este viaje es, para Sofía y Esteban, su primer encuentro con las revoluciones y para Sofía además sus primeras experiencias sexuales con Hugues. La revolución de Port-au-Prince sirve además para que Carpentier nos muestre al Víctor Hugues activo, al hombre difícil de vencer y capaz de volver a empezar de nuevo cuantas veces sea necesario.

El constante movimiento de tiempo y espacio permite al escritor mostrar los cambios que se llevan a

cabo tanto en Hugues como en Sofía, Esteban y
Carlos. El rebelde Hugues, quien desde el comienzo de
la obra busca la libertad del hombre, termina por
convertirse en su verdugo. Esteban se desilusiona de los
ideales revolucionarios y, cansado de ver los resultados
negativos, regresa a La Habana donde se encuentra
con que sus primos tienen los mismos ideales para
América que él tuvo, y se da cuenta de que está
enamorado de Sofía. Esta, por su parte, a la muerte de
su marido va en busca de Hugues, pero como Esteban,
se desilusiona del hombre (Hugues) y los resultados de
unos ideales que él les inculcó. La diferencia entre
Sofía y Esteban está en que aquélla expresará más
abiertamente sus opiniones y querrá formar parte
activa pero de una revolución liberadora, no opresora.
Al no ver sus anhelos revolucionarios satisfechos, Sofía
abandona a Hugues, quien solo y sin ideales ya no sabe
por qué ni para qué lucha y se dedica a buscar su
propio beneficio. La presencia de Carlos al final de la
obra, sirve para recapitular la vida de Esteban y Sofía,
quienes han muerto participando en la revolución del 2
de mayo en Madrid.

En *El recurso del método,* Carpentier ya no se
limita a presentar la problemática de un sector de
Hispanoamérica; aquí, la acción se sitúa nuevamente
en un país latinoamericano y Francia, pero indirectamente cubre problemas que afectan a más de uno de
nuestros países hispanoamericanos. El efecto de las
revoluciones y dictaduras es mucho más ampliado y
universalizado en esta novela.

El recurso del método es una obra donde tal vez se
percibe mucho más el compromiso político de Carpentier, sin que por ello merme su calidad artística. Es una
novela de fuerte relación francesa y norteamericana; en
ella, el acercamiento del escritor a las revoluciones
latinoamericanas, la intervención yanqui y el efecto de
estos dos fenómenos en el hombre hispanoamericano

es muy complejo. Es un mundo que está presentado con gran sensibilidad, ironía y ambigüedad.

La trama de *El recurso del método* gira alrededor de un dictador hispanoamericano que pasa gran parte del tiempo en París, país al que ama y admira por sus adelantos y su aristocracia. Irónicamente vive en una casa cuyas ventanas dan hacia el Arco del Triunfo. El primer encuentro del lector con el anónimo déspota se produce al comienzo de la obra cuando éste se despierta al oír el timbre de la puerta. Mientras se despereza y mira constantemente al reloj para verificar la hora y el lugar donde se encuentra, reconstruye lo sucedido la noche anterior. Carpentier nos presenta aquí a un individuo repulsivo que se jacta de sus experiencias sexuales con prostitutas caras. La llegada del barbero lo vuelve momentáneamente al presente, pero las fotografías de su hijo Silvestre sirven al novelista para que el personaje nos adentre un poco en su vida familiar al evocar a su mujer y a sus otros hijos; Ariel, Marco Antonio, Radamés y Ofelia. Los giros que el dictador debe hacer mientras el sastre le toma medidas son utilizados por el escritor para mostrar la otra cara del dictador: la del hombre culto que vive rodeado por hombres de artes y letras así como de Peralta, su brazo derecho que al final termina por abandonarlo para unirse a Alfa Omega.

Una vez que el novelista ha creado el ambiente en que viven el dictador y aquéllos que le rodean se produce el primer golpe de estado, tan común en Latinoamérica, por Ataúlfo Galván y desde París empieza a preparar su defensa para mantenerse en el poder.

Carpentier insinúa que con el golpe de estado no se logra nada, pues Galván promete seguir protegiendo los monopolios y las concesiones a las empresas norteamericanas. La ventaja que el Primer Magistrado tiene sobre Galván es que parece conocer toda Latinoamérica, posee el don de la "palabra" y sabe manipular las situaciones y la gente. Es un hombre hipócrita que guarda las apariencias, su vicio por el alcohol y las mujeres y es capaz de todo por mantenerse en el poder.

Una vez eliminada la amenaza, el Primer Magistrado se encuentra con que tiene que enfrentarse con un movimiento reformista encabezado por Luis Leoncio Martínez, profesor de filosofía y admirador de los anarquistas Bakunin y Francisco Ferrer. El grupo pide la reforma agraria y acusa al gobierno de malversación de fondos públicos. El Primer Magistrado logra "comprar" (presionado por el cónsul norteamericano) al General Becerra, líder del grupo, pero surge Angel Estatua, líder popular que continúa una lucha que lleva a la masacre del Matadero Municipal, suceso que traerá consigo una mala reputación internacional para el Primer Magistrado. Pacificado el país, vuelve a París de donde tiene que regresar nuevamente para detener el segundo levantamiento encabezado por su Ministro de Guerra, Walter Hoffmann. Desde París, el Primer Magistrado se plantea su situación actual, se da cuenta de que ya no posee el mismo poder político y que su floreado lenguaje no le es útil en esta ocasión. Su táctica, por lo tanto, será la religión y la claridad en sus discursos. Su regreso tiene esta vez más de un propósito: mantenerse en el poder y demostrar a sus enemigos que a pesar de su vejez goza aún de fuerza y poder entre los suyos.

Este segundo y último regreso es el más largo; es un período en que se produce el enriquecimiento, la modernización y mecanización del país, gracias a la primera guerra mundial. Sin embargo, ese progreso está vedado a las masas y trae como consecuencia las protestas por parte de la oposición. En el momento de más seguridad empiezan a ponerle bombas iniciándose así una guerra abierta que trae consigo la falta de libertad, la casi opresión absoluta. Pero esto no detiene la aparición de periódicos subversivos como *Liberación* ni la fama y apoyo que El Estudiante recibe, por su parte, del pueblo.

Estados Unidos al ver que El Estudiante, hombre de ideas comunistas, se está convirtiendo en héroe popular, apoya la elección de Luis Leoncio Martínez, hombre a quien pueden controlar mejor que a El Estudiante y que termina por convertirse en otro dictador más. El Primer Magistrado es abandonado por Peralta y al final lo vemos solo, sus "amigos" intelectuales lo han abandonado o rehúyen cualquier relación con él. Ahora, desde lejos, observa lo que pasa en su país y muere como no quería, solo, sin el apoyo sincero de nadie. Hasta su hija, el día de su muerte lo deja con la Mayorala para irse a una fiesta.

Como se puede observar, Carpentier es un escritor a quien le interesa el aspecto social, histórico, político y humano del hombre. Es un novelista que, partiendo de la realidad americana, muestra el efecto que la historia, con su cambios y revoluciones, ha tenido en el hombre contemporáneo. Sus temas reflejan la problemática de Latinoamérica, pero como individuo del siglo XX el hombre hispanoamericano participa de los cambios mundiales. De ahí que la narrativa de Carpentier, al presentar temas como las revoluciones, la libertad, la opresión, la dictadura, la corrupción, la comunicación, la soledad, el aislamiento, la falta de identidad, la intervención extranjera, adquiera una calidad y nivel universales. Para lograrlo Carpentier crea un mundo jerárquico donde cada persona tiene su lugar y recurre a técnicas como la estructura, lo real-maravilloso, la ambigüedad, la ironía, el diálogo, el monólogo interior, la yuxtaposición de tiempo y espacio, la creación de personajes, la caricatura y la creación de un lenguaje que él llama barroco y americano.

Lo histórico

La historia le ha preocupado siempre a Carpentier. Sin embargo, nos parece que la manera en que el novelista utiliza la información histórica no es la de un historiador. En las obras de Alejo Carpentier, los datos y hechos históricos no se falsean; lo que ocurre es que el modo de enfoque dentro de la obra es tal que un mismo suceso o fecha puede ser aplicado a más de un período histórico. El mismo en *Tientos y diferencias,* al referirse a los temas históricos, dice:

> Me apasiono por los temas históricos por dos razones: porque para mí no existe la modernidad en el sentido que se le otorga, *el hombre es el mismo en diferentes edades y situarlo en su pasado puede ser también situarlo en su presente.* La segunda razón es que la novela de amor entre dos o más personajes no me ha interesado jamás. Amo los grandes temas, los grandes movimientos colectivos. Ellos dan la más alta riqueza a los personajes y a la trama.[45]

Partiendo de estas bases, se puede observar que en *El siglo de las luces* el novelista sitúa la obra durante los años de la Revolución Francesa y utiliza la figura de Víctor Hugues para mostrar los efectos de la revolución en el Caribe. Pero aunque los hechos transcurren en un período de tiempo más o menos definido (entre 1789 y 1808), Carpentier ha creado un ambiente y unos personajes cuyas experiencias pueden ser aplicables a cualquier revolución, ya sea latinoamericana o de otro continente. Nos parece que lo que Carpentier se propone en *El siglo de las luces* es mostrar los efectos que la revolución tiene en el hombre, tanto europeo

---

[45] Carpentier. *Tientos y diferencias,* págs. 20-30.

como americano. Aunque hay que aclarar que el
novelista pone más hincapié en las acciones e ideas de
Hugues, prototipo del dictador, y los efectos de éstas
en la ideología del hombre americano, representado en
este caso por los tres primos.

El aspecto histórico adquiere un carácter mucho
más amplio en *El recurso del método*. Allí, Carpentier,
partiendo de las dictaduras de Batista y Machado,
penetra en unos problemas más complejos que a través
del tiempo han afectado el desarrollo de la vida
latinoamericana. El escritor ha dicho que la historia
toma lugar entre los años 1913-1927 y que se puede
extender hasta 1972. Pero aquí, más que en ningún
otro libro, Carpentier muestra cómo los hechos se
repiten y pueden aplicarse a diferentes épocas. Esto se
ve claramente si pensamos por ejemplo en las dos
revoluciones contra el Primer Magistrado. Según
Esther Mocega-González los sucesos descritos en *El
recurso del método* cubren más de un hecho real
acaecido en Cuba.

> ...la primera revolución se proyecta en el
> texto, la de Ataúlfo Galván, coincide, por el
> lugar que se menciona con la revolución de
> Río Verde... este hecho corresponde en
> armonía con el calendario histórico de la Isla
> al año de 1931. La sedición del general
> Becerra que se desvanece tras la dádiva de
> algunos miles de dólares a los complotadores
> es, en coincidencia con ese calendario de
> 1923. La de Hoffmann... es una representación
> de dos movimientos armados ocurridos en la
> isla de Cuba: el del 4 de septiembre de 1933;
> y luego, el mismo movimiento refleja la
> invasión de Bahía de Cochinos en 1961...[46]

---

[46] Mocega-González, Esther. *Alejo Carpentier: Estudios sobre su narrativa*
(Madrid: Editorial Playor, 1980), págs. 89-90.

O sea que uno o dos sucesos en la novela sirven para que Carpentier simbolice más de un hecho y su repetición en la historia y la vida del hombre. Y lo mismo ocurre con la ya casi eterna figura del dictador latinoamericano. En el Primer Magistrado, el novelista representa uno de los más graves problemas que han atribulado y afligen a los pueblos latinoamericanos: las dictaduras y el colonialismo norteamericano.

La historia en la narrativa de Carpentier no es falseada pero sí es recreada para que así la obra adquiera un nivel americano y universal. Esto, nos parece, se logra mejor en *El recurso del método,* donde los hechos no se sitúan ya en un lugar concreto y donde el personaje principal, al carecer de nombre, se le puede aplicar lo mismo el de Porfirio Díaz que el de Estrada Cabrera, el de Francisco Franco y otro cualquiera. Por lo tanto, se puede decir que a Carpentier le interesa presentar los hechos mismos pero también el aspecto humano de éstos y el efecto que han tenido en el desarrollo de Latinoamérica.

Las revoluciones

Aunque el tema de la revolución es algo que ha preocupado a Carpentier desde sus inicios como novelista, en este estudio nos limitaremos a analizar dicho tema a través de las dos obras que aquí se estudian.

En *El siglo de las luces* el novelista no se limita a presentar las ideas de la revolución francesa sino que examina y critica los efectos que las insurrecciones, en general, tienen en el ser humano. Carpentier es un hombre que siempre ha apoyado las revoluciones cuando éstas significan cambios positivos para el hombre. No cabe duda que en sus obras se critican los aspectos negativos de los movimientos revolucionarios y la corrupción de sus líderes, pero nos parece que eso no es suficiente para afirmar, de forma tan tajante como lo hace Sánchez Boudy, que Carpentier no cree ni en el hombre ni en la revolución.

> Es interesante notar que la postura revolucionaria que sostiene Alejo Carpentier, que esa postura ideológica, es completamente antitética con la que se encuentra en sus novelas. Pocos escritores han negado tanto las revoluciones, las han atacado tanto como Alejo Carpentier en *El reino de este mundo* y en *El siglo de las luces*. El nombre de este último es una ironía cargada de vitriolo. Pues de acuerdo con el comentado literato, las revoluciones no traen luces, sino sangre.[47]

Si se analiza la obra con cuidado se puede observar que Carpentier, a pesar de criticar duramente las causas y las consecuencias de la revolución, al final sigue creyendo en ellas y en el hombre. De no ser así no hubiese hecho a sus personajes partícipes de la revolución del 2 de mayo en Madrid. Además, es importante notar que Carlos posee las mismas ideas que Esteban y Sofía y que el novelista, al final de la obra, insinúa que hay que continuar luchando para liberarse de dictaduras como la de Hugues y de las intervenciones extranjeras como la francesa.

Por otro lado, lo que el novelista ha hecho en *El siglo de las luces* es presentar no una revolución idealizada, sino una donde aparecen todas las contradicciones desde sus bases ideológicas hasta los líderes que pretenden llevarlas a cabo. Por eso Carpentier ha

---

[47] Sánchez Boudy, págs. 109-110.

mezclado en su obra a un hombre tan práctico y materialista como Hugues con otros tan idealistas como Sofía, Esteban o el español Martínez Ballesteros. Todos ellos en sus inicios revolucionarios buscan cambios que mejoren la vida del hombre, pero sus ideales van cambiando de acuerdo con las necesidades más inmediatas y para personas como Víctor Hugues, la revolución significará el poder y el progreso personal mientras que a Sofía y Esteban les vendrá la desilusión y el pesimismo. Pero éste será sólo temporal, pues al final, Sofía sobre todo, continúa creyendo en los movimientos revolucionarios.

La revolución adquiere en los personajes valores diferentes. Lo que el novelista muestra es que en estos movimientos no hay "sanos" ni "enfermos", la mayoría mira ante todo por sus propios intereses y cambia según las circunstancias. La gente se va desilusionando, pero, aunque pocos, hay algunos que como Sofía, no se corrompen y mantienen unos ideales reformadores que mejoren la situación de las masas.

En *El recurso del método* el tema de la revolución, por la manera en que es enfocado, adquiere un carácter mucho más amplio y complejo. Aquí el hombre lucha por liberarse no sólo del colonialismo norteamericano sino del déspota nacional, quien, rodeado de un pequeño grupo, se lucra y permite la prostitución y el enriquecimiento de una minoría mientras al pueblo se le mantiene en la pobreza y en la ignorancia. En esta obra Carpentier nuevamente analiza y ataca los defectos de las revoluciones y sus líderes y sobre todo las consecuencias que estos levantamientos significan para el pueblo explotado. El hecho de que el escritor no sitúe ninguna de las revueltas en un tiempo y lugar concreto hace que su novela adquiera un aire mucho más americano y universal, pues los golpes de estado de Ataúlfo Galván y Walter Hoffmann pueden ser los mismos de más de un país hispanoamericano o europeo del siglo XX.

El recurso del método es una novela en que Carpentier rechaza completamente la dictadura militar de izquierda o derecha. Lo que el novelista parece insinuar es que en los países hispanoamericanos lo que se necesita es una revolución de las masas de donde surja un líder que no apoye el colonialismo norteamericano, como lo hacen Galván y Hoffmann. El escritor no parece creer tampoco en hombres como Luis Leoncio Martínez quien, igual que Hugues, inicialmente busca la libertad del pueblo pero termina por convertirse en un opresor más. El novelista ve la solución en el establecimiento de un régimen socialista. Carpentier, a través de El Estudiante, muestra nuevamente que no todos los hombres se corrompen con el poder político. En El Estudiante presenta al hombre que es capaz de levantar a las masas y no venderse a los intereses del dictador de turno. En individuos como él, existe la esperanza de un mundo mejor.

Es verdad que el final de esta obra no es optimista pero se debe tener en cuenta que hoy en día Latinoamérica sigue sufriendo el intervecionismo norteamericano y las dictaduras de más de una nación hispanoamericana. Dictaduras que continuarán siendo apoyadas por Estados Unidos quien defiende sus intereses económicos y políticos y que probablemente será necesaria más de una revolución para que el hombre hispanoamericano logre librarse de la opresión interior y exterior alcanzando así una individualidad nacional. En las revoluciones como las de Galván, Hoffmann y Martínez, Carpentier ve tan sólo el empobrecimiento de las masas y la corrupción del hombre. Son revoluciones que no conducen a nada porque están guiadas por los intereses personales de unos cuantos y tan sólo sirven para llevar al poder a unos individuos incapaces de comprender la situación de sus países o de Latinoamérica en general.

La libertad

La libertad es un tema que se encuentra estrechamente vinculado a la revolución. Tanto en *El siglo de las luces* como en *El recurso del método* el hombre va en busca de cambios políticos y sociales que proporcionen mayor libertad al individuo. Para lograr su propósito el novelista parte nuevamente de la problemática latinoamericana y eleva su tema a lo universal. De ahí que en la narrativa de Carpentier la lucha del hombre y de los pueblos por su libertad adquiera dimensiones muy complejas. Márquez Rodríguez opina que en la narrativa de Carpentier dicho tema adquiere dos dimensiones.

> En primer lugar, la libertad de los pueblos, la libertad como anhelo social y como lucha colectiva. En segundo lugar, la libertad del individuo, puesta de manifiesto en su faz ética, como lucha del hombre por su libertad personal, como defensa agónica de su fuero interno.[48]

En *El siglo de las luces* el autor crea primeramente un mundo alrededor del cual se mueven Sofía, Carlos y Esteban. Es un mundo ambiguo donde lo mismo se puede estar en el siglo XVIII que en el siglo XX, puesto que presenta la vida de tres adolescentes que tras la muerte del padre han recuperado una libertad que les había sido usurpada; a Sofía metiéndola en el convento, a Carlos encajándolo en un mundo comercial que no entiende y que no le gusta y a Esteban ignorando su enfermedad confinándolo a un cuarto oscuro y húmedo.

---

[48] Márquez Rodríguez. *Lo barroco y lo real-maravilloso en la obra de Alejo Carpentier*, pág. 441.

La libertad en esta obra tiene un desarrollo muy amplio y complejo; el hombre debe liberarse no sólo de la opresión familiar sino que además tiene que aprender a hacer un uso correcto de esa libertad personal. Esto es lo que sucede con los primos quienes, al morir el padre, se sienten por primera vez dueños de sí mismos:

> Mucho les había afectado la muerte del padre. Y, sin embargo, cuando se vieron solos, a la luz del día, en el largo comedor de los bodegones embetunados... hubieran querido confesarse que una deleitosa sensación de libertad los emperezaba en torno a una comida encargada del hotel cercano... Sofía había bajado de bata, divertida en probarlo todo, en tanto que Esteban renacía al calor de una garnacha que Carlos proclamaba excelente. La casa, a la que siempre había contemplado con ojos acostumbrados a su realidad, como algo a la vez familiar y ajeno, cobraba una singular importancia, poblada de requerimientos, ahora se sabían responsables de su conservación y permanencia.[49]

Sin embargo, es importante notar que aún después de morir el comerciante, los chicos continúan viviendo en un ambiente cerrado, en una casa donde todo produce la sensación de viejo y abandonado.

> Faltaban baldosas en el patio; estaban sucias las estatuas; demasiado entraban los lodos de la calle al recibidor; el moblaje de los salones y aposentos, reducido a piezas desempareja-

---

[49] Carpentier. *El siglo de las luces* (Barcelona: Editorial Seix Barral, S. A., 1980), pág. 17. Todas las citas referentes a esta obra aparecerán en el texto.

> das, más parecía destinado a cualquier almo-
> neda que al adorno de una mansión decente.
> Hacía muchos años que no corría el agua por
> la fuente de los delfines mudos y faltaban
> cristales a las mamparas interiores. (Pág. 18)

Son seres que tienen, hasta cierto punto, miedo de enfrentarse a la realidad. Quieren salir de esa atmósfera cerrada que los enajena pero no saben usar la libertad que han adquirido porque se encuentran desorientados y solos.

Al no encontrar solución alguna, los personajes crean un ámbito absurdo y desordenado que les permite huir de la realidad más próxima. Pero tras de vivir un año así, a través de Víctor Hugues el novelista restablece el orden. Hugues es un hombre que trae la normalidad y una nueva filosofía de la vida. Por medio de él, Carlos, Sofía y Esteban entran en contacto con ideas más liberales, con un mundo que busca que el negro posea los mismos derechos que el blanco. Pero este orbe está lleno de contradicciones porque si bien es cierto que Hugues inicia a los primos en las ideas liberales, también es verdad que él mismo los enfrenta con la crueldad, la falsedad y el materialismo existente en los líderes como él.

Una de las contradicciones que se encuentran respecto a la libertad es el hecho de que con la igualdad de derechos otorgada a los negros llega también la primera guillotina.

> Comenzaron a sonar martillazos, poniendo
> un ritmo siniestro sobre la inmensa inquietud
> del mar, donde ya aparecían algunos sarga-
> zos... "¡Conque esto *también* viajaba con
> nosotros!", exclamó Esteban. "Inevitable-
> mente —dijo Víctor, regresando al cama-

rote—. *Esto* y la imprenta son las dos cosas
necesarias que llevamos a bordo, fuera de los
cañones." "La letra con sangre entra", dijo
Esteban. "No me vengas con refranes españoles", dijo el otro, volviendo a llenar las
copas. Luego miró a su interlocutor con
intencionada fijeza, y yendo por una cartera
de becerro la abrió lentamente. Sacó un fajo
de papeles sellados y los arrojó sobre la
mesa... "Sí, también llevamos la máquina.
¿Pero sabes lo que entregaré a los hombres
del nuevo mundo?" Hizo una pausa y añadió,
apoyándose en cada palabra: "El decreto del
16 Pluvioso del año II, *por el que queda
abolida la esclavitud. De ahora en adelante,
todos los hombres, sin distinción de razas,*
domiciliados *en nuestras colonias, son declarados ciudadanos franceses, con absoluta
igualdad de derechos."* (Pág. 127)

Nos parece que en el decreto mismo hay paradojas
puesto que se le otorga la *libertad* al individuo, pero se
le da a medias puesto que éste debe aún responder a
unas leyes creadas al estilo de los franceses y el
individuo continúa siguiendo reglas o estatutos que no
se ajustan a la realidad del hombre americano. Por lo
tanto se puede decir que aún con esa *libertad* persiste el
dominio francés; y a esto es precisamente a lo que se
opone el escritor, a cualquier tipo de colonialismo que
oprima al hombre hispanoamericano.

Por otro lado es importante notar que el novelista
no se limita a criticar a aquellos que "liberan" sino
también a quienes reciben esa libertad. Claude Dumas,
señala que en *El siglo de las luces* Carpentier insinúa
que en el proceso de la abolición de la esclavitud fallan
los dos bandos.

...el autor parece sugerir que la culpa se comparte en diversas proporciones, entre los negros, que no entendieron bien la noción de la libertad y los hombres de la Revolución que trajeron la letra pero no el espíritu de un decreto de libertad.[50]

Todo esto es verdad, pues si se lee la obra con cuidado, se puede observar que Hugues es un hombre lleno de prejuicios que favorece más a aquellos que no son negros y éstos, por su parte, al obtener la libertad se niegan muchas veces a trabajar (págs. 147, 155-56). O sea que, lo que el novelista señala es que ni las revoluciones ni la libertad pueden ganarse sin la cooperación de todos.

> Sabedor de que numerosos negros, en la comarca de las Abysses, se negaban a trabajar en el cultivo de fincas expropiadas, alegando que eran hombres libres, Víctor Hugues hizo apresar a los más díscolos, condenándolos a la guillotina. Esteban observaba, con alguna extrañeza por lo demás, que el Comisario, después de tanto haber pregonado la sublimidad del decreto del 16 Pluvioso del Año II, no mostraba mayor simpatía hacia los negros: "Bastante tienen con que los consideremos como ciudadanos franceses", solía decir con tono áspero. (Págs. 155-56)

En *El recurso del método* la falta de libertad del individuo y del pueblo se extiende a todos los niveles. El hombre es sometido a un sistema que le prohibe expresar sus ideas libremente. Uno de los primeros

---

[50] Dumas, Claude. *"El siglo de las luces,* de Alejo Carpentier; novela filosófica", en Giacoman, págs. 334-335.

aspectos que el novelista toca es la falta de libertad de prensa en el anónimo país latinoamericano. Es interesante notar que para lograrlo, Carpentier se vale de una comparación entre la prensa francesa y la hispanoamericana en general, en el preciso momento en que el Primer Magistrado se levanta.

> *Le Journal,* ahora. *L'Excelsior,* cuyas páginas, por sus muchas fotos, vienen a ser un cinematógrafo de la actualidad. *L'Action Francaise,* con las recetas gastronómicas de Pampille que mi hija señala cada día, con lápiz rojo, a la atención de nuestro excelente cocinero, y el imprecatorio editorial DeLeon Daudet, cuyas geniales apocalípticas injurias —expresión suprema de la libertad de prensa— promoverían duelos, secuestros, asesinatos y balaceras cotidianas en nuestros países.[51]

Esa falta de libertad no se limita a la prensa pues bajo el régimen del Primer Magistrado el individuo carece del derecho a expresar sus ideas políticas. Esto, que se hace patente a todo lo largo de la obra, presenta sus primeras manifestaciones en el encerramiento que llevan a cabo los universitarios como muestra de su disgusto contra el sistema. Ya aquí el lector se percata de que el Primer Magistrado ignora cualquier ley que le impida mantener al hombre sometido a sus normas y se muestra liberal sólo cuando no se está en su contra.

> ...Hoffmann le venía con la noticia de que los estudiantes, encerrados en la Universidad,

---

[51] Carpentier. *El recurso del método* (México: Siglo Veintiuno Editores, S. A., 1976), pág. 12. Todas las citas referentes a esa obra aparecerán en el texto.

estaban dando un mitin contra el Gobierno.
—"Metan la caballería en el edificio" —dijo
el Presidente. —"Pero..., ¿y el fuero centena-
rio?, ¿la autonomía?" —"No estoy para
pensar en semejantes pendejadas. Bastante
que han jodido ya con esa autonomía.
Estamos en estado de emergencia." —"¿Y si
resisten, si tiran ladrillos desde las azoteas, si
desjarretan a los caballos, como lo hicieron
en 1908?" —"En ese caso... ¡plomo con ellos!
Repito que estamos en estado de emergencia
y no pueden tolerarse desórdenes." (Pág. 52)

La falta de expresión tanto a nivel personal como de
masas va aumentando conforme avanza la obra ya que
mientras más se opone el hombre más se le priva de sus
libertades mínimas. Al obrero se le impide la formación
de sindicatos (pág. 72), los cuales son vistos como una
amenaza para los intereses norteamericanos. Al campesino, bajo amenazas, se le niega la libertad de elegir
al gobernante deseado (pág. 84), hasta culminar en el
primer levantamiento con la masacre de Nueva Córdoba.

Con el segundo levantamiento, se inicia un período
dentro del cual los derechos del hombre son pisoteados
al máximo debido a que la oposición que confronta
ahora el Primer Magistrado es mucho más fuerte, más
revolucionaria y más firme. Para mantenerse en el
poder, el Presidente tiene que recurrir a la censura de
todo tipo de libros y periódicos subversivos, nacionales
o extranjeros. Lo irónico de todo es que donde se
empieza por criticar la falta de libertad en su gobierno
es en el país que lo ha mantenido en el poder, Estados
Unidos:

Tres artículos más publicó el New York
Times sobre la situación económica y política

del país —artículos que se difundieron enor-
memente, pese a que Peralta, vigilante,
hiciese comprar todos los números del periódico apenas llegaban a las librerías y American
Book Shops que lo recibían... Mientras
tanto, la prensa de acá, sometida a censura,
impedida de abordar muchos asuntos que se
querían tener en silencio, se entregaba con
creciente maestría... a explotar el sensaciona-
lismo de la crónica roja, el hecho de sangre,
el acontecimiento insólito. (Pág. 219)

Pero si esto no fuese suficiente, el novelista hace
surgir un periódico interior, *Liberación,* para de esta
forma mostrar que de nada valen los castigos o las
detenciones contra un pueblo que, cansado de ser
oprimido busca su libertad.

Abríase aquel Año I. Número I, con un
editorial contra el régimen, severo, sin epítetos
inútiles, seco, como trallazo, escrito en prosa
clara y expedita... Por ello se impuso la
censura a toda correspondencia de países
vecinos. Pero el martes siguiente, a poco de
despertarse, tenía el Primer Magistrado su
Número 2 de *Liberación* en la bandeja del
desayuno, traído por la Mayorala Elmira. Se
impuso entonces la censura interna en las
oficinas de repartición del No. 3 que, ignorando los caminos del correo, apareció... en
los buzones, ministerios, oficinas públicas,
empresas comerciales y residencias particulares... tirados a balcones o dejados en zaguanes
y alféizares, por misteriosas manos. Todas
las imprentas... fueron puestas bajo vigilancia
militar... Pero nada pudo impedir la aparición
de los números 4, 5, 6, 7 de *Liberación.*
(Págs. 225-26)

Todo este caos y confusión, que tiene como propósito liberar al pueblo de la opresión, alcanza su culminación con la huelga general. Pero contra el optimismo de las masas, la "libertad" obtenida tiene un precio demasiado elevado ya que mientras celebra alegremente, el pueblo es masacrado en plena calle por las fuerzas del orden. Por otro lado la libertad adquirida no es la que se espera ni se desea puesto que Luis Leoncio Martínez se convierte en otro "Presidente" más. Su discurso inaugural es repetición de promesas hechas por otros. Ofrece garantías y libertad siempre y cuando éstas no estorben a su gobierno y los intereses de empresas privadas.

> En el inicio de una nueva Era... el Alfa-Omega, partido de la Esperanza, había respondido al sturm-und-drang, a la pulsión política, de las nuevas generaciones, marcando el ocaso de las Dictaduras de este continente, *estableciendo una Democracia auténtica siempre que ésta no rompiera con la necesaria armonía entre el Capital y el Trabajo; se reconocía la necesidad de una oposición, siempre que fuese una oposición cooperativa;* se aceptaba el derecho de huelga, siempre que... no paralizaran las empresas privadas ni los servicios públicos; en fin, se legalizaba el Partido Comunista... siempre que no entorpeciera el funcionamiento de las instituciones y no alentara la lucha de clases... (Págs. 320-21)

Lo que Carpentier insinúa es que al hombre no se le puede otorgar una *libertad a medias* o una *libertad disfrazada* donde el individuo no se puede realizar como ser humano. Cabe notar además, que el hecho de que El Estudiante aparezca en París, asistiendo a reuniones que se oponen a la opresión es, en sí, un indicio de que el novelista tiene aún la esperanza de que algún día el Hombre adquiera tanto su libertad individual como política y pueda realizarse completamente. Por lo tanto, la nota de optimismo que aparece en las obras es una muestra de que Carpentier cree en el hombre y las luchas por su liberación.

La dictadura

El tema de la dictadura no es nuevo en la literatura hispanoamericana contemporánea, es algo que por años ha obsesionado a más de un escritor. Es una realidad que durante décadas ha afectado el desarrollo humano, cultural, social y político de más de un país latinoamericano.

En la narrativa del siglo XX la publicación de *El señor Presidente* abre nuevos caminos para un análisis más profundo de esta terrible realidad americana. Sin detenernos demasiado, es importante destacar que Miguel Angel Asturias crea el arquetipo del dictador latinoamericano, pero en su obra, más que una persona concreta se siente su sombra. No se puede negar sin embargo, que dicha novela presenta ya, a través de los actos y la gente que aparece en la obra, los rasgos generales que caracterizarán a los dictadores de *Yo el Supremo, El otoño del patriarca* y *El recurso del método,* novelas que reflejan perfectamente los diferentes tipos de déspotas que han plagado la vida del hombre latinoamericano y a los que se les ha dado títulos de: Señor Presidente, Primer Magistrado, Caudillo, Jefe o Protector, entre otros.

La dictadura como forma de opresión es un tema que en la narrativa de Alejo Carpentier se encuentra estrechamente ligado al de la libertad y las revoluciones. El novelista parece ver las revoluciones y el deseo de libertad del hombre como las armas más poderosas contra los regímenes autocráticos. Por otro lado, es importante destacar que en su crítica sobre la dictadura, Carpentier pone énfasis en el apoyo extranjero que reciben los tiranos para mantenerse en el poder. Sus ataques van dirigidos sobre todo a la intervención estadounidense, que con su ayuda militar y económica ha mantenido a más de un autócrata en el poder. Sin embargo, es importante recordar que para el novelista importa la denuncia, pero también el arte narrativo y así lo expresa en *Tientos y diferencias* al hablar de los contextos políticos.

Hay países nuestros cuya historia totaliza más de ciento cincuenta asonadas militares en el transcurso de un siglo. Nuestras guerras de nación a nación fueron promovidas y utilizadas por potencias foráneas, interesadas en conservar algo o arrebatar algo. El contexto político militar latinoamericano es de implicaciones inagotables. Hay que tenerlo en cuenta, aunque con el cuidado de no caer en una fácil y declamatoria literatura de denuncia.[52]

La dictadura es un tema que parece obsesionar a Carpentier desde sus inicios como escritor. Pero, dada la amplitud y complejidad del tema se limitará su análisis a las dos obras que resumen sus ideas sobre dicho tema, *El siglo de las luces* y *El recurso del método*.

En *El siglo de las luces,* para llegar al tema de la dictadura, Carpentier va creando poco a poco el ambiente en que se mueve Víctor Hugues. En esta obra, el novelista permite que el déspota se vaya

---

[52] Carpentier. *Tientos y diferencias,* pág. 21.

formando ante los ojos del lector, para así mostrar las transformaciones físicas, psicológicas y morales del personaje-dictador.

El despotismo en esta obra es ejercido por fuerzas extranjeras y por un hombre lleno de contradicciones. El novelista, ya casi desde el comienzo, hace que el lector se percate del carácter voluble de Víctor Hugues al presentarlo como un individuo ambiguo en quien parece haber más de una personalidad y como un ser que posee una combinación de rasgos distintivos y vulgares.

> Había en él una desconcertante mezcla de vulgaridad y distinción. *Podía pasar de la más alta alborotosa facundia meridional a una extremada economía de las palabras, según el rumbo que siguiera el coloquio. Varios individuos parecían alojarse en su persona.* Cuando hablaba de compra-ventas le salía una gesticulación de cambista... Poco después, se concentraba en la lectura de un libro, permaneciendo inmóvil con el ceño tenazmente fruncido, sin que los párpados parecieran moverse sobre sus ojos sombríos, dotados de una fijeza que calaba las páginas. Cuando le daba por cocinar, se tornaba cocinero. ... Ciertos días, sus manos eran duras y avaras... Otras veces se le hacían ligeras y finas. (Págs. 52-3)

Esta descripción es muy reveladora, pues en pocas líneas, Carpentier ha proporcionado los rasgos que caracterizan más tarde a este hombre, quien posee el don de la palabra y lo mismo puede actuar como un hombre culto que vulgar. Esto en sí anuncia ya los cambios que se efectuarán en el personaje-dictador.

Nos parece que en *El siglo de las luces* el novelista

no se limita a presentar las atrocidades de la dictadura, sino que va más allá, pues Hugues es, en principio, un hombre de ideas liberales que está a favor de la democracia y las reformas sociales.

> Inteligente para el comercio, conocedor de los mecanismos de la Banca y de los Seguros, negociante por oficio, Víctor estaba, sin embargo, por el reparto de tierras y pertenencias, la entrega de los hijos al Estado, la abolición de las fortunas, y la acuñación de una moneda de hierro que, como la espartana, no pudiese atesorarse. (Pág. 53)

Sin embargo, estos ideales chocan con la realidad práctica porque al quedar arruinado a causa de los levantamientos de Port-au-Prince, Hugues no defenderá los derechos del negro sino que partirá a Francia, donde sabe que existe la posibilidad de volver a enriquecerse y a conquistar el poder.

> Víctor, arruinado como lo estaba, sin más monedas que las ganadas en Cuba, se dio a pensar en el mañana... El francés había cobrado el hábito de salir temprano, desapareciendo hasta muy tarde. Conociéndolo, se abstenía el joven de hacerle preguntas, Víctor era hombre que sólo hablaba de sus logros cuando eran alcanzados, aspirando ya a logros mayores. (Pág. 98)

Las razones de la participación de Hugues en la revolución son más bien prácticas y materialistas que idealistas. Para él lo más importante no es ya la igualdad, su admiración por Robespierre lo transforma poco a poco en un hombre sin escrúpulos que ve a los hombres como Esteban como a seres que pierden el tiempo hablando de cosas que no tienen que ver con la realidad más inmediata. Los ve como individuos que dan la espalda a su época.

> "Todos esos magos e inspirados no son sino una tanda de ennmmerdeurs", decía Víctor, que ahora se apreciaba de estar con los pies muy afincados sobre la tierra, tomando a menudo la palabra en los jacobinos, donde tenía la oportunidad de codearse con *Billaud-Varennes* y Collot d'Herbois, llegando a acercarse alguna vez a Maximiliano Robespierre, a quien situaba por encima de los tribunos de la Revolución... (Pág. 107)

Hugues, por lo tanto, utiliza la revolución como un medio para situarse mejor. Apoyado por Billaud-Varennes y Robespierre, al ser enviado a la Guadalupe, se convierte en un Comisario cruel e inhumano, capaz de hacerse respetar, causar miedo e imponer sus leyes por medio de la fuerza.

Lo que Carpentier hace en la creación del mundo en que se mueve el Comisario, es eliminar poco a poco cualquier posible oposición. Así, al morir el último integrante del Estado Mayor, Víctor queda como amo y señor del lugar. Es la oportunidad que este hombre esperaba; da la libertad, pero al mismo tiempo una serie de leyes que mantienen oprimido no sólo al negro, sino a todas las razas.

> Se supo entonces que el General Aubert, último integrante del Estado Mayor de la expedición, moría de fiebre amarilla. Víctor Hugues quedaba como único amo de la Grande de la Guadalupe... les dictó, para impresión inmediata, el texto de un bando en el que se proclamaba el estado de sitio y la

formación, por leva forzosa, de una milicia de dos mil hombres de color en estado de llevar armas. *Todo habitante que propalara falsos rumores, se mostrara enemigo de la libertad* o tratara de pasar a la Basse-Terre, *sería sumariamente ejecutado, incitándose a los buenos patriotas a la delación de cualquier infidente.* (Pág. 141)

El tipo de opresión iniciada por Hugues es común en toda dictadura. La anulación de la libertad, el servicio militar forzado, la delación interna que enfrenta a familias, así como la imposibilidad de salir del país es rasgo común a todas las dictaduras. La prudencia, la astucia del dictador, le permite mantener la sumisión de las masas, pero sólo temporalmente puesto que al negarse los negros a trabajar se inicia la etapa de terror y en nombre de la democracia y la libertad, Hugues impone el trabajo forzado y la guillotina.

Las iglesias permanecían cerradas cuando, acaso, habían vuelto a abrir en Francia. Los negros habían sido declarados ciudadanos libres, pero los que no eran soldados o marinos por la fuerza, doblaban el lomo de sol a sol, como antes, bajo la tralla de sus vigilantes, detrás de los cuales se pintaba, por añadidura, el implacable azimut de la guillotina. (Pág. 168)

Nos parece que en *El siglo de las luces* lo que el novelista hace es mostrar tanto la formación de la dictadura como la del déspota, con sus ideales y contradicciones que chocan con sus necesidades e intereses más inmediatos. El dictador se presenta como un individuo que prácticamente surge de la *nada,* con ideas liberales y democráticas pero que poco a poco se va convirtiendo en un hombre oportunista hasta adquirir el poder de hacer y deshacer la vida de aquellos que lo rodean; pero completamente solo.

En *El recurso del método* la dictadura alcanza niveles más americanos y complejos. La figura del Primer Magistrado es ambigua pero al mismo tiempo más delineada dentro del mundo en que se mueve. Su origen y la manera en que ha adquirido el poder no se muestra al lector hasta bien entrada la obra. Lo que el escritor desea es presentar el ambiente de lujo en que viven él y su familia para, a lo largo de la obra, contrastarlo con la ignorancia y la pobreza en que subsisten las masas oprimidas por su despotismo. Al dictador de *El recurso del método* Carpentier lo presenta como un hombre "ilustrado". Es un individuo que posee una oratoria pomposa y sonora que le permite impresionar a la gente. Es un autócrata que sabe mucho de etiqueta y tiene a París como el lugar del buen gusto, del orden y la proporción. Es importante notar además que si el déspota de la obra anterior ejerce su gobierno durante el período en que los países hispanoamericanos no han obtenido aún su independencia, el de *El recurso del método* es ya un dictador latinoamericano de nuestro siglo.

A través del Primer Magistrado, el novelista nos presenta las dictaduras modernas, las que en nombre de la democracia y el bienestar del pueblo se institucionalizan y son apoyadas por las clases altas y los intereses extranjeros. Tanto en la recreación del mundo como del dictador, el novelista parte nuevamente de la realidad americana; su dictador tiene las características de más de un déspota, lo mismo se le puede relacionar con Estrada Cabrera que con Machado, Díaz o cualquiera de los actuales dictadores. En el Primer Magistrado el escritor ha reunido una serie de "cualidades" que hacen de él un resumen tanto del déspota ilustrado como del que no lo es, pues es un individuo que a pesar de su ilustración mantiene rasgos que lo identifican con su origen vulgar y humilde: como el no poder dormir más que en hamaca en París o al final olvidar las reglas de la urbanidad en la mesa y comer con los dedos.

En la dictadura del Primer Magistrado, Carpentier ha reunido la corrupción del caudillo, del presidente o jefe de estado, que coarta la libertad del hombre y que se mantiene en el poder a base de "elecciones compradas" a base del terror y las amenazas y, sobre todo a base de mantener en la ignorancia al pueblo. Esto lo podemos notar en los métodos que se deben utilizar durante las elecciones —el uso de unos colores que en sí, denotan opresión: blanco y negro.

> Como un cuarenta por ciento de la población no sabía leer ni escribir, se confeccionaron tarjetas con color —blanca, para "sí"; negra, para "no"— con el fin de simplificar el mecanismo de las votaciones. Y voces misteriosas, voces solapadas, voces insidiosas, empezaron a cuchichear, en las ciudades y los campos... de este a oeste, que cualquier voto, aunque secreto, sería conocido por las autoridades campesinas o municipales. Hoy existían técnicas nuevas para lograrlo. Cámaras... ocultas... Donde no existían tales dispositivos, habría hombres escondidos... Un creciente terror se fue apoderando de los empleados públicos... Por todo ello, el plebiscito arrojó un enorme y multitudinario "sí"... (Págs. 84-5)

El control ejercido por la dictadura es total, el Primer Magistrado controla al obrero, al campesino, al profesorado, al extranjero nacionalizado y a la prensa.

Para él, la ley del juego en la dictadura es eliminar todo
lo que estorbe, la regla es el Recurso del método.

> ...habría que perseguir por tales tierras al
> General Hoffmann, cercarlo, sitiarlo, acorra-
> larlo, y, al fin, ponerlo de espaldas a una
> pared de convento, iglesia o cementerio y
> tronarlo. "¡Fuego!" No había más remedio.
> Era la regla del juego. Recurso del método.
> (Pág. 121)

En su afán de poder y control, el Primer Magistrado
no respeta nada, todo lo corrompe, *pero* en el
momento oportuno, al darse cuenta de que su prestigio
político ha decaído y que la oposición tiene bases
sólidas para echarle en cara las concesiones hechas a
los Estados Unidos, cambia la táctica. Sabe que en sus
discursos no puede usar las mismas palabras porque ya
no dispone de un vocabulario dinámico y sincero, pues
como él mismo dice, las ha "malbaratado", las ha
"puteado". Por lo tanto su salida es la misma de otros
dictadores latinoamericanos —buscar el apoyo de la
religión.

> Había pues, que poner a las Vírgenes del
> lado nuestro... ya que el Príncipe, ante una
> fuerza adversa, tenía el deber de echar mano
> a cuanto pudiera ser favorable a su causa...
> Y ahora sí que le venían ideas de adentro, le
> renacían palabras, al Primer Magistrado,
> repentinamente dueño de un vocabulario
> nuevo... Resuelto estaba: él también, nuevo
> Templario, se sumaba a la Santa Cruzada de
> la Latinidad. Una victoria de Walter Hoff-
> mann y de su camarilla significaba una
> germanización de nuestras culturas...
> (Pág. 126)

Con el respaldo recibido de la iglesia su poder se consolida una vez más. Este triunfo trae la mecanización, el progreso y desarrollo del país, pero nuevamente Carpentier muestra cómo esa riqueza alcanza tan sólo a una minoría mientras las masas sólo se la imaginan.

> El país conocía una prosperidad asombrosa, ciertamente. Pero el creciente costo de la vida tenía al pobre de siempre en la miseria de siempre —desayuno de plátano asado, batata al mediodía, mendrugo y mandioca al fin de la jornada, con alguna cecina de chivo soleado o tasajo de vaca aftosa para domingos y cumpleaños— a pesar de la aparente bonanza de sueldos. (Pág. 161)

La denuncia contra las autarquías es descomunal en esta obra. El novelista critica los métodos opresivos, la jerarquía de clases, la explotación del obrero y campesino así como la falta de expresión. Y en su afán por mostrar los excesos del Primer Magistrado presenta un hecho que ha sido común a más de una dictadura: la destrucción de la literatura subversiva. Sólo que al hacerlo, Carpentier recurre al humor y a la sátira y hace que un hecho tan feo produzca risa.

> A las tres, ocuparon las autoridades el mando del Teniente Calvo, experto designado —distintas librerías que ofrecían al público, en ediciones económicas libros tales como *La semana roja en Barcelona... El caballero de la Casa Roja, El libro rojo, La aurora roja... La virgen roja, El rojo y el negro...*— exponentes todos, según el experto, de una *literatura roja,* de propaganda revolucionaria, culpable de hechos como el que anoche había sucedido en Palacio. Los tomos arrojados a

carretones, tomaron el camino del Incinerador de Basuras... —"Llévense, de una vez, *La caperucita roja* había dicho fuera de sí mismo uno de los comerciantes. (Pág. 181)

Todo se registra, casas, cocinas, camas, burdeles, tabernas, nada se escapa de la opresión despótica del Primer Magistrado al primer signo de oposición. Y menos cuando se atenta contra su vida, entonces recurre a la cárcel y al castigo físico.

Carpentier, en *El recurso del método* parece insinuar que la única manera de acabar con las dictaduras es por medio de la oposición tanto intelectual como de las masas. Por eso, en su obra, el novelista muestra cómo la unidad del pueblo, las huelgas generales, y la constante presión por parte de la prensa sirven no sólo para confundir y producir el caos de los poderosos sino también para derrocarlos. Es importante notar además, que en *El recurso del método,* igual que en *El siglo de las luces* Carpentier enfrenta al liberal y al déspota. Nos parece que tanto en Sofía como en El Estudiante, el novelista ve la esperanza del cambio hacia un mundo mejor. Esto se ve sobre todo en *El recurso del método,* donde El Estudiante, al hablar con el Primer Magistrado, le hace ver que no todos buscan enriquecerse con la política y que si lo mata de nada le servirá pues la lucha se continuará con él o sin él.

... "Puedes hablarme con toda confianza, como a un hermano mayor. Yo tengo una experiencia política que ustedes no tienen. Podría explicarte por qué unas cosas son posibles y otras no. Todo lo que quiero es entender... Que nos entendamos... Confíate a mí... Dime..." —"¡Ni loco!" —respondió el otro... "¿Así que sigue la guerra?" —"Seguirá conmigo o sin mí." —"¿Persistes en tus utopías, tus socialismos, que han fracasado en todas partes?" —"Es asunto mío... Y de muchos más." —"La Revolución Mexicana fue un fracaso." —"Por eso nos enseñó tanto." —"Lo de Rusia ha fracasado ya." —"Todavía no está demostrado." (Págs. 240-41)

Como se puede ver, la solución que Carpentier parece ofrecer a las dictaduras es el establecimiento de un estado comunista o socialista en el que el pueblo forme parte activa del gobierno y donde no existan jerarquías sociales. Por eso sus revoluciones fracasan, pero es una derrota a corto plazo porque existe la esperanza en el hombre.

Corrupción

La corrupción es uno de los más graves problemas en la política hispanoamericana y uno de los temas que preocupan a los escritores contemporáneos. Durante décadas, la corrupción de los gobernantes ha permitido concesiones a países que, en vez de mejorar han empeorado la situación. En la novelística de Carpentier, dicho tema es analizado agudamente y desde sus raíces más profundas. La idea general presentada por el novelista es que el hombre latinoamericano contemporáneo crece y se desarrolla dentro de un medio tan corrupto que le resulta difícil eludir el contagio si no detenta unos valores morales y políticos firmes. Pero a pesar de todo esto, se puede notar que Carpentier continúa creyendo en la capacidad del hombre y el pueblo hispanoamericano; por eso ve en la fuerza de este último la solución al problema del cohecho político. Lo que el escritor parece decir es que la extirpación de este asunto debe llevarse a cabo desde sus raíces, es decir, desde los más bajos niveles, pues de otra manera nunca se eliminará.

El siglo de las luces en una novela en la cual la corrupción del hombre va tomando diferentes facetas. A través de Víctor Hugues, Carpentier presenta al hombre que, surgido casi de la nada, utiliza la revolución para sus intereses propios. En él, Carpentier encarna al "revolucionario" que cambia según los vaivenes políticos, de ahí que lo mismo sea capaz de llevar la libertad a América que implantar la guillotina, que perseguir al negro e imponer nuevamente la esclavitud. Es en este tipo de individuo en el cual el novelista no cree y por eso contrapone las figuras de Esteban y Sofía, para así transmitir la esperanza en el futuro.

En *El recurso del método* el problema empeora, Carpentier muestra cómo la corrupción ha alcanzado todos los niveles gubernamentales. En el régimen del Primer Magistrado se puede observar que el hombre nuevamente actúa según las circunstancias políticas. Además, en esta obra el político mira ya no sólo por los intereses propios, sino por los de su familia y las empresas extranjeras.

Cabe destacar que en *El recurso del método* la denuncia de Carpentier abarca todos los sectores públicos. El dictador está consciente de los malos manejos de su gabinete y de su enriquecimiento a costa del pueblo, pero no hace absolutamente nada por impedirlo.

> Así oyendo a sus gentes de ojo encerradura y olfato alerta... se enteraba de los muy divertidos y pintorescos negocios que a sus espaldas se manejaban: el negocio del puente construido sobre un río ignorado por los mapas; el negocio de la Biblioteca Municipal sin libros; ... el... de los juguetes para kinder-

gartens que no existían; el... de las Materni-
dades Campesinas, a las que nunca iban los
campesinos; ... el... de películas pornográficas
vendidas en latas de Quaker-Oat... el... de los
tragamonedas... llevado por el Jefe de la
Secreta; ... el... de consultorios astrológicos...
con los cuales se entendía el Ministro de
Interior... Entre divertido y enojado contem-
plaba cada mañana el Primer Magistrado,
aquel panorama... *pensando que lo menos
que podía hacer era premiar la fidelidad y el
celo de los suyos con graciosa moneda de
folklore. Porque él no era ni había sido
nunca hombre de negocios pequeños.* (Págs.
183-84)

No le importa que los demás se corrompan debido a
que él es el peor de todos. Por otro lado, le conviene
mantener ese ambiente a su alrededor porque sabe que
de no hacerlo no contaría con el apoyo de su
administración. Y lo que Carpentier insinúa es que
toda esta corrupción estanca a los países latinoamericanos impidiendo así el desarrollo económico, social y
cultural de los pueblos.

Soledad → *Aislamiento*

Uno de los aspectos que se destaca en ambas obras
es el hecho de que el fracaso de las revoluciones y la
proliferación de las dictaduras se debe en parte al
aislamiento de los países en que éstas se llevan a cabo.
Si se leen las obras con cuidado se puede observar que
lo que favorece la dictadura de Hugues y del Primer
Magistrado es el aislamiento y la incomunicación de
sus respectivos países. Por otro lado, el aislamiento en
ambas obras no es sólo geográfico sino también

político y es promovido tanto por Hugues como por el
Primer Magistrado ya que gracias a esto se "impide" la
introducción de ideas opuestas a su régimen.

Nos parece que el aislamiento geográfico y político
de los pueblos trae como consecuencia la soledad del
hombre. Es interesante notar que en ambas novelas,
Carpentier insiste, desde diferentes perspectivas, en la
soledad de sus personajes. Tanto en *El siglo de las luces*
como en *El recurso del método* el triunfo político de
Víctor y el Primer Magistrado no impide que en el
fondo sean unos individuos profundamente solos.

Un análisis más detenido de *El siglo de las luces* nos
permite observar que la soledad es un problema que
afecta a casi todos los personajes principales. El
ambiente mismo que se crea al principio de la obra es
uno donde el hombre, al tener que enfrentarse con la
vida, se da cuenta de su soledad y sus limitaciones.
Sofía, Carlos y Esteban son seres sensibles e idealistas
que se sienten solos y desean salir de un mundo que los
enajena.

> *Después de rezar, sin haberse tomado deter-
> minación alguna, se abrazaron llorando,
> sintiéndose solos en el Universo, huérfanos
> desamparados en una urbe indiferente y sin
> alma,* ajena a todo lo que fuese arte o poesía,
> entregada al negocio y a la fealdad. Agobiados
> por el calor y los olores a tasajo, a cebollas...
> subieron a la azotea... llevando mantas y
> almohadas sobre las que acabaron por dor-
> mirse, luego de hablar, con las caras puestas
> en el cielo, de planetas habitables... donde la
> vida sería acaso mejor que la de esta Tierra
> perennemente entregada a la acción de la
> muerte. (Pág. 23)

Tras un año de encierro, los chicos son sacados de ese

aislamiento y soledad por Víctor Hugues, hombre que los hace reaccionar y pensar en sí mismos de una manera más positiva. Pero, conforme avanza la obra el lector se percata de que la soledad y el aislamiento del hombre están siempre presentes.

Nos parece que Carpentier profundiza más este tema desde el momento que hace que sus personajes partan hacia París. Allí, las criaturas se "embriagan" de la vida parisina pero pronto salen de ella para introducirse, por diversas razones, en la Revolución Francesa. Tal vez el primer personaje en quien notamos una profunda soledad es Esteban, para quien la revolución significaba cambios, pero al ser enviado lejos de París se da cuenta de que ha sido absorbido por el Acontecimiento y que contra lo que esperaba, todo está lleno de confusiones y contradicciones.

> ...Esteban tenía la impresión de decrecer, de achicarse, de perder toda personalidad, de ser absorbido por el Acontecimiento, donde su humildísima colaboración era irremediablemente anónima. Tenía ganas de llorar al sentirse tan poca cosa. Hubiese querido hallar, en su congoja, el firme regazo de Sofía, donde tantas veces descargara la frente, en busca de la fuerza sosegadora, maternal, que como de madre verdadera le manara de las entrañas vírgenes... *Y empezaba a llorar de veras, pensando en su soledad, en su inutilidad...* (Pág. 112)

Esteban se siente solo no únicamente por el aislamiento y la confusión de la guerra, sino además por la incomunicación que se ha establecido entre él y Víctor Hugues, a quien él en un principio admira y ve como un modelo a seguir. Esta incomunicación hace que el personaje se sienta mucho más solo al ver que Víctor, al partir hacia América, pone una barrera entre ambos, y ya no lo trata con la misma amistad y cariño, a pesar de sus intentos por acercarse a él.

> Esteban trataba de colocarse en su camino cuando iba o volvía, fingiendo que estaba absorbido por una tarea cualquiera mientras el otro le pasaba cerca. Pero Víctor nunca le dirigía la palabra cuando iba rodeado de capitanes y ayudantes. Aquel grupo... constituía un mundo al que no tenía acceso. Al verlo alejarse, Esteban miraba con una suerte de fascinación y de ira aquellas fuertes espaldas... eran las espaldas de quien conocía los más íntimos secretos de su casa; de quien se hubiera inmiscuido en su existencia como una fatalidad, llevándola por rumbos cada vez más inciertos... (Pág. 131)

Al no encontrar la amistad, el apoyo, el compañerismo de Víctor, mientras permanece a su lado, Esteban, desilusionado de la revolución, se aísla en su propio mundo para así escapar de la crueldad y los abusos. Sin embargo, ante la falsedad y corrupción que ve a su alrededor reacciona y se da cuenta de que se ha convertido en un hombre que ha sido dirigido por voluntad ajena y trata de escapar a esa realidad y soledad a través de la bebida.

> Sin ser prisionero, lo era de hecho, puesto que su destino actual lo ligaba a una nacionalidad de hombres combatida por todo el mundo. Nada era tan semejante a una pesadilla... Desde la aparición de Víctor Hugues —lo primero que se había sabido de él era que usaba un paraguas verde— el Yo contemplado en esa escenografía de borricas

> había dejado de pertenecerse a sí mismo: su
> existir, su devenir, estaban regidos por la
> Voluntad ajena... (Pág. 188)

Esta tremenda soledad alcanza su culminación en
su regreso a La Habana. Allí, Esteban se enfrenta con
otra realidad —su amor por Sofía. El reencuentro entre
los primos hace que Esteban se dé cuenta de que la
atracción que siente por su prima no es filial, sino
amorosa. La idea de que Sofía pueda marcharse a
viajar con su marido casi le aterra porque es un hombre
completamente solo que espera encontrar en su casa el
"paraíso" que dejó antes de marcharse.

> Esteban se enteraba de esos proyectos, sin-
> tiendo una lacerante angustia ante la idea de
> que fuesen realizables, y de que, acaso, se
> viese privado de una presencia que era la
> única justificación de su existencia actual,
> vacía de ambiciones, de ideales o de apeten-
> cias. (Pág. 280)

Se puede decir que Esteban es un ser que sólo al final
logra escapar de su soledad por medio de la compañía
de Sofía, quien lo rescata de la prisión. Pero aun así, se
puede observar que el novelista insiste en la soledad y
aislamiento en que viven ambos personajes, quienes
tienen poco contacto con la gente que los rodea.

La soledad y el aislamiento es algo que aflige por
igual, o tal vez con más intensidad, a Víctor Hugues.
En él, el novelista ha querido representar al hombre
activo y lleno de poder, pero también profundamente
solo. Ya desde que es introducido en la obra el lector se
percata de que es un individuo astuto e inteligente pero
al mismo tiempo un hombre a quien le gusta dominar
y controlar a los demás. A través de Víctor, Carpentier
nos adentra en un mundo materialista donde lo

fundamental es subir aún a costa de la libertad y la
personalidad individual. Ese deseo de poder va transformando al protagonista, quien se aísla en su pequeño
mundo, se torna desconfiado y no comparte sus dudas
ni pensamientos con nadie. La soledad de este personaje
se capta no solamente a través del aislamiento físico a
que él se somete sino a través de otros personajes. Por
ejemplo, por medio de Esteban se sabe que la crueldad
de Víctor se debe en parte a su soledad y al deseo de
aturdirse, de escapar de su propio mundo, donde es
odiado.

> *Con casi femenina ternura dolíase Esteban
> de la creciente soledad de Víctor Hugues.*
> Seguía el Comisario desempeñando su papel
> con implacable rigor, apurando a los tribu-
> nales, sin dar tregua a la guillotina, rema-
> chando retóricas de ayer, dictando, editando,
> legislando, juzgando, *metido en todo, pero
> quien bien lo conocía se daba cuenta de que
> su excesiva actividad era movida por un
> recóndito deseo de aturdirse...* El joven
> hubiese querido estar a su lado, acompañarlo,
> sosegarlo, en tales momentos. Pero el Comi-
> sario, cada vez más esquivo, se encerraba
> para leer hasta la madrugada, o iba, al
> atardecer, en coche que sólo compartía a
> veces don De Leyssegues... (Pág. 168-69)

Nos parece que la soledad de Victor Hugues va
aumentando a la par con el poder que va adquiriendo,
pues se puede observar que mientras más autoridad
tiene más caóticas y absurdas se hacen sus órdenes y
más solo se encuentra, a pesar de estar rodeado de
súbditos. La soledad de Víctor es producto de la
desilusión y el desengaño:

"Terminó para ti la gran aventura... *No sé lo que pensarás de mi.* Acaso que soy un monstruo. Pero hay épocas, recuérdalo, que no se hacen para los hombres tiernos." *Tomó un poco de arena, haciéndola correr de una mano a otra como si fuesen las ampollas de una clepsidra. "La revolución se desmorona. No tengo ya de qué agarrarme. No creo en nada."* ... Esteban abrazó al Agente con repentino cariño: "¿Para qué te habrás metido en política?", preguntó recordando los días en que el otro no hubiese enajenado aún su libertad en el ejercicio de un poder que se había vuelto, en fin de cuentas, una trágica servidumbre. "Acaso porque nací panadero —dijo Víctor—. Es probable que si los negros no hubieran quemado mi panadería aquella noche, no se hubiera reunido el Congreso de los Estados Unidos, para declarar la guerra a Francia." (Pág. 212)

Desde lo más profundo de su ser Víctor Hugues intenta justificar, con un tono de amargura, su situación actual. Se ha convertido en lo que es, según él, por una serie de casualidades y circunstancias de las cuales no ha podido escapar. Pero momentos como éstos son temporales, y Hugues vuelve a ser el hombre cruel y solitario cuyos únicos intereses parecen ser la prosperidad, las grandes empresas (pág. 323) y el poder.

La ambición y el poder terminan por dominarlo y corromperlo y por eso, al final, a pesar de tratar de retener a Sofía, no lo logra porque ella, igual que Esteban, se ha dado cuenta de su falsedad y crueldad.

"La Revolución ha transformado a más de uno", dijo Víctor. "Es eso, acaso lo magnífico que hizo la Revolución: trastornar a más de

uno..." Agarrándola por los brazos, el hombre
la zarandeó a lo largo de la habitación,
lastimándola, empujándola... Cayendo sobre
ella, la abrazó fuertemente sin hallar resistencia: lo que se le ofrecía era un cuerpo frío,
inerte, distante, que se prestaba a todo con
tal de acabar pronto. La miró como otras
veces... en tales momentos, tan cerca de los
ojos que se confundían sus luces. Ella desvió
la cara. *"Sí; es mejor que te vayas", dijo
Víctor echándose a un lado, jadeante aún,
insatisfecho, invadido por una tristeza enorme.*
(Págs. 344-45)

En *El recurso del método,* Carpentier insiste
nuevamente en el tema del aislamiento y la soledad,
sólo que lo hace de una manera más amplia y
aplicándolo a toda Latinoamérica. En esta obra es
evidente que el país dominado por el Primer Magistrado
parece permanecer no sólo en la aislamiento geográfico
sino incomunicado a las ideas de fuera, especialmente
aquellas que se opongan al régimen. A través del
aislamento geográfico y político, el novelista hace
patente cómo una gran parte de las dictaduras latinoamericanas se han sostenido y se mantienen gracias a
que la introducción de planes de reforma e igualdad
son eliminados antes de que lleguen a la gente o porque
se quita de en medio a aquellas personas en quienes se
ven posibilidades de levantar a las masas. Tal es el caso
de Luis Leoncio Martínez y El Estudiante, opositores a
quienes se intenta eliminar con resultados dispares.
Es importante notar, sin embargo que en *El recurso
del método* se hace hincapié en la soledad y el
aislamiento de los dictadores, seres a quienes se les ve
como hombres fundamentalmente solos. Por eso el
novelista ha revestido a su dictador con rasgos
aplicables a los déspotas modernos y hace que el

Primer Magistrado constantemente recuerde la soledad en que han muerto otros dictadores.

Ya casi desde el comienzo de la obra el novelista descubre al lector el aislamiento en que vive el Primer Magistrado. Como otros dictadores ha creado un mundo restringido al que muy pocos pueden penetrar, y, tanto en París como en América la base de sus relaciones con los demás son los intereses materiales o políticos, no la amistad ni el apoyo moral; de ahí que a los primeros errores que comete, sus "amigos" parisienses se alejen de él. Esto se ve sobre todo a su regreso a París después de derrotar a Ataúlfo Galván y de la matanza de Córdoba. Las fotografías tomadas por el fotógrafo francés han llegado a París y sus antiguas amistades rehuyen cualquier relación con él.

> ...el Primer Magistrado sintió como una orgánica necesidad de restablecer sus relaciones con la ciudad. Llamó por teléfono al Quai Conti de los gratos conciertos: la señora no estaba en casa. Llamó al violinista Morel, que lo felicitó por su regreso con el tono presuroso y evasivo de quien desea dar rápido término a una conversación. Llamó a Louisa de Mornand, cuya ama de llaves, luego de hacerle esperar más de lo correcto, le hizo saber que la hermosa dama estaría ausente por varios días... Y llamó, llamó, llamó, a éste, a aquél, topándose —menos cuando se trató de su sastre, de su peluquero— con voces que parecían haber mudado de registro y estilo. (Págs. 92-3)

El rechazo y el aislamiento a que es sometido le duelen al dictador porque París es el lugar que más le gusta y admira. Y para hacer más fuerte su soledad y amargura,

Carpentier hace que su propio hijo, al ser interrogado
por los periódicos no defienda las acciones de su padre.

> Y lo más duro de todo, acaso, era que su hijo
> Marco Antonio, interrogado por un perio-
> dista... en vez de tomar la defensa de su
> padre, había declarado: "Je n'ai que faire de
> ces embouillements sudamericains"... Miraba
> el cielo raso de molduras yesosas con una
> amargura jamás conocida. Poco le hubiera
> importado ser tratado de "carnicero", de
> bárbaro, de cafre de lo que fuera, en sitios
> que nunca le habían sido gratos y que por lo
> mismo, dotaba, en su conversación, de atri-
> butos peyorativos. (Págs. 94-95)

La soledad en que se encuentra el Primer Magistrado le
impide ver la realidad y creer que hasta la servidumbre
o la gente del café lo mira como a un enemigo. Intenta
justificarse y en su afán de limpiarse de culpas acusa a
sus víctimas de ser anarquistas y socialistas y los ve
además como unas masas ignorantes y fanáticas a las
que es necesario pacificar (págs. 98-99). El Primer
Magistrado, tras comprar publicidad en los periódicos
recupera su "reputación", pero sólo lo logra a medias
puesto que aquellos amigos a quienes realmente desea
reconquistar siguen aislándolo e ignorándolo.

> El Primer Magistrado..., dio por terminada
> la costosísima campaña... Campaña que
> había resultado doblemente inútil por lo que
> ahora ocurría y porque no le había valido,
> para decir la verdad, el restablecimiento de
> su prestigio donde más ansioso estaba de
> recuperarlo. O, al menos, no tenía muestras
> de ello. Nadie lo había llamado por teléfono
> para comentar favorablemente alguna publi-

> cación —salvo su sastre, su barbero, desde luego. Las gentes que le interesaban estaban de vacaciones —vacaciones juiciosamente prolongadas en expectación de los acontecimientos. (Pág. 107)

Esta soledad y aislamiento va en progreso continuo ya que con el tiempo, el Primer Magistrado pierde no sólo sus amistades parisienses sino además el apoyo de los que forman su gabinete y el de Estados Unidos. Son estos quizás los momentos culminantes de la obra pues es entonces cuando, de una manera muy clara y con un ritmo más acelerado, el novelista muestra paso a paso la caída total del dictador. El aislamiento forzado por lo tanto, proviene ahora de la oposición, de las masas oprimidas que producen la confusión y el caos y que lo acorralan en Palacio, lugar que se ve ahora como el único lugar seguro tal vez porque muy cerca de allí se encuentra el American Club.

> En las poblaciones mayores, la teja, el ladrillo, la piedra, y a veces la dinamita, peleaban contra el plomo... Todo esto iba confinando el Primer Magistrado en una isla, isla con atalayas, miradores, muchas rejas y simétrico adorno de palmas que era el Palacio Presidencial a donde llegaban tantas noticias revueltas, contradictorias, falsas o ciertas, optimistas o teñidas de negro, que ya era imposible hacer un recuerdo claro, general, cronológico, de lo que realmente ocurría. (Pág. 248)

Consciente de que no puede hacer mucho y de que está dominado por los intereses norteamericanos, el Primer Magistrado intenta salir de esa "isla" y en último intento, al darse cuenta de que no puede pedir la ayuda de los Estados Unidos (págs. 249-51), se finge muerto y recurre nuevamente a la masacre, hecho que significará tanto su caída total como el camino a la soledad más profunda.

Es en su estancia final en Francia donde se ve que el Primer Magistrado tampoco cuenta con el cariño ni apoyo de su familia ya que a Ofelia poco le importa que esté vivo. Es en París donde el Ex se da cuenta de que allí tampoco le queda *nada* puesto que todos sus amigos o están muertos, fuera, o no quieren verlo.

> ... París, para mí, se había despoblado. Me di cuenta de ello, aquella tarde, cuando, tras de un largo sueño, traté de hacer un recuento de lo que, en esta ciudad, podía recuperar. Reynaldo Hahn no me salía al teléfono. Acaso vivía en las afueras... El Ilustre Académico, tan comprensivo siempre... había muerto meses antes... En tales días no me atrevía a llamar por teléfono a Madam Verdurin —ahora princesa— o con humos de tal —hiciese un desdén a quien no era, en suma, sino un presidente latinoamericano arrojado de su palacio. (Págs. 306-07)

Este desaliento y soledad hacen que el hombre sienta temor a morir en el abandono en que han muerto otros como Estrada Cabrera o Díaz.

> Y pensaba yo, amargamente, en el lamentable fin de Estrada Cabrera; en los muchos mandatarios arrastrados por las calles de sus capitales; *en los expulsados y humillados, como Profirio Díaz;* en los encallados en este país, tras un largo poder, como Guzmán Blanco; *en el mismo Rosas de Argentina, cuya hija cansada de representar papeles de*

> *virgen abnegada,* de magnánima intercesora
> frente a los encarnizamientos del Terrible,
> *revelándose, de repente... había abandonado*
> *el duro patriarca al llegarle el ocaso, dejándolo*
> *morir de tristeza y soledad,* en las grisuras de
> Southhampton. (Pág. 307)

Su miedo a la soledad y a la muerte lo inducen a visitar
la tumba de Porfirio Díaz donde en son de broma pide
que lo entierren junto a su "cuate" (págs. 335-36).

Es interesante observar que Alejo Carpentier al
final de la obra muestra que todos los temores y
"deseos" del Primer Magistrado se convierten en una
tremenda realidad pues al morir, su hija lo abandona
por irse a la Jornada de los Drags. Como Díaz, muere
expulsado y humillado y con el tiempo nadie parece
acordarse de él.

> Engrisado por las lluvias, no pocas nevadas y
> el descuido en que se le tiene desde hace
> años, el pequeño panteón de dos columnas
> dóricas se alza siempre en el Cementerio
> Montparnasse, no lejos de la tumba de
> Porfirio Díaz. Quienes contemplan su inte-
> rior... pueden ver el sencillo altar sobre el
> cual se sienta la imagen de la Divina Pastora...
> A sus pies..., se halla un arca de mármol,
> sostenida por cuatro jaguares, donde se
> guarda un poco de la Tierra del Sagrado
> Suelo Patrio. (Pág. 343)

Y hay además algo que recalca la soledad del Primer
Magistrado. La tierra que supuestamente es de su país
ha sido recogida por Ofelia en el jardín de Luxemburgo.
Nos parece que esta última nota, cargada de una ironía
casi cruel, muestra la completa soledad del dictador y
el desarraigo en que muere ya que esta nota final

parece indicar que no pertenece a ningún lugar
específico; por eso para su sepultura se ha recogido
tierra de un jardín. Por otro lado, el hecho de que su
tumba sea casi una réplica de la de Porfirio Díaz indica
que el novelista ve en el Primer Magistrado la
repetición de un ciclo o período de la vida social y
política latinoamericana.

En resumen, tanto el dictador de *El siglo de las
luces* como el de *El recurso del método* son hombres
dominados por un aislamiento y soledad al que les es
difícil escapar y en el caso de Hugues, esa soledad es
transmitida a aquellos que lo rodean.

Intervención extranjera

La intervención extranjera es quizá uno de los
temas que más preocupan al escritor latinoamericano
de hoy y cualquiera que sea su enfoque se puede
observar que lo que más critica es la intervención
norteamericana en la vida social y política de América
Latina.

Es importante subrayar que Alejo Carpentier es
uno de los novelistas hispanoamericanos que de
manera más directa denuncia la intromisión de los
Estados Unidos en el progreso y mejoramiento de los
países latinoamericanos. Y aunque dicho tema se
anuncia ya en *El siglo de las luces,* nos parece que *El
recurso del método* ofrece al lector la posibilidad de
analizar de una manera más clara y detallada el
imperialismo norteamericano a todos los niveles puesto
que el novelista muestra los efectos que dicho fenómeno
tiene en el hombre. En *El recurso del método,* la
intervención norteamericana en la sociedad hispanoamericana es nefasta ya que lo que se imita en América
Latina de los Estados Unidos y lo que éstos introducen
allí es lo más negativo. De ahí que la visión estadouni-

dense no sea nada positiva en la obra narrativa de este
escritor. Críticos como David Danielson en su artículo
"Alejo Carpentier and the United States: Notes on the
Recurso del método" señala que:

> Carpentier's picture of the United States is
> clearly not one likely to be familiar to most
> people who call the country home. And
> precisely *that* is perhaps the most important
> thing about it. We are subject to a kind of
> colonization of the mind which is vital to the
> implementation of corresponding policies
> abroad. Our citizens know little (though
> recently somewhat more than before) about
> the actions of our military and foreign
> service officers, espionage agents, police ins-
> tructors, academic consultans and business
> executives in Latin America... And of course
> Latin Americans can be expected to view us
> not as we view ourselves, but most naturally
> in terms of how we behave, especially in their
> countries. Which is how we are viewed, for
> the most part, in the *Recurso del método.*[53]

Desde el punto de vista político se puede decir que
el novelista está, sobre todo, en contra del apoyo
estadounidense a las dictaduras latinoamericanas. Ya
casi desde el comienzo de la obra el lector percibe la
influencia que los Estados Unidos tienen en regímenes
como el del Primer Magistrado. El escritor insiste
especialmente en la ayuda de armamentos que se
proporciona a cambio de concesiones territoriales;
pero lo hace de tal forma que su denuncia, al salir de la
boca del dictador, suena a arenga.

---

[53] Danielson, David J. "Alejo Carpentier and the United States: Notes on
the *Recurso del método". International Fiction Review,* núm. 6 (1976),
pág. 144.

> A Peralta; cable a Ariel, su hijo. Embajador
> en Washington, disponiéndose la inmediata
> compra .de armamentos, porque, material
> logístico y globos de observación como los
> que recientemente había adoptado el Ejército
> Francés... procediéndose, para ello, puesto
> que toda guerra es cara y el Tesoro Nacional
> andaba muy maltrecho, a la cesión, a la
> United Fruit Co., de la zona bananera del
> Pacífico —operación demorada desde hacía
> demasiado tiempo por los peros, alegatos y
> objeciones, de catedráticos e intelectuales
> que no sabían sino hablar de pendejadas,
> denunciando las apetencias— inevitables,
> por Dios, inevitables, fatales, querámoslo o
> no, por razones geográficas, por impera-
> tivos históricos del imperialismo yanqui.
> (Págs. 32-33)

Sin embargo el apoyo recibido por el dictador no se
reduce a la venta de armas sino a la intervención
militar directa, si es necesaria, para mantener los
intereses políticos norteamericanos. La visión que se
presenta de los Estados Unidos en este respecto es la de
un país que, en nombre de la democracia, controla las
decisiones políticas de varios países que se encuentran
en proceso de desarrollo y ve la posible expansión del
socialismo o comunismo como una amenaza directa
para ellos. De ahí que el Primer Magistrado no vea el
golpe de Ataúlfo Galván ni el liderazgo de Luis
Leoncio Martínez como una amenaza incontrolable
puesto que sabe que, en última instancia cuenta con el
apoyo de los Estados Unidos.

> ...pensó el Presidente que, en realidad, la
> actividad de un enemigo común, en la
> retaguardia del General Ataúlfo Galván,

venía a favorecerlo, limitando la acción del
rebelde a dos provincias del Nordeste. Y si lo
de Nueva Córdoba cobraba cuerpo, podría
contarse en última instancia con la ayuda de
Estados Unidos, ya que la Casa Blanca,
estaba opuesta, ahora más que nunca, a toda
germinación de movimientos anarquizantes,
socializantes, en esta América de abajo,
harto revoltosa y latina. (Pág. 51)

Lo que Alejo Carpentier da a entender es que los
norteamericanos se han valido precisamente de la
inestabilidad política para implantar tanto sus ideas
como sus multinacionales. Ofrecen su apoyo económico
al gobernante mientras éste no se oponga a sus
intereses y mientras goce de buena fama y reputación
entre los suyos. Ya se ve desde el primer levantamiento
que al primer indicio de formación de sindicatos y
reformas agrarias los Estados Unidos se muestran
listos para intervenir. Pero para que su denuncia sea
más efectiva, el novelista recurre a la ironía verbal. Es
interesante ver cómo el Primer Magistrado se siente lo
suficientemente capaz de controlar a los hombres de
Nueva Córdoba e irónicamente es él quien rechaza la
intervención militar americana porque la ve como una
excusa para extender su imperialismo.

...el Embajador de Estados Unidos ofrecía
una rápida intervención de tropas norteamericanas para salvaguardar las instituciónes
democráticas. Precisamente, unos acorazados
estaban de maniobras por el Caribe. —"Sería
humillante para nuestra soberanía" —observó
el Primer Magistrado—: "Esta operación no
va a ser difícil. *Y hay que mostrar a esos*
gringos de mierda que nos bastamos para

> *resolver nuestros problemas. Porque ellos, además, son de los que vienen por tres semanas y se quedan dos años, haciendo los grandes negocios.* Llegan vestidos de kaki y salen forrados de oro. Mirad lo que hizo el General Wood en Cuba..." (Pág. 72)

Todo esto es irónico, casi burlesco pues estas ideas salen de un individuo que se enriquece y no respeta ningún tipo de soberanía nacional.

Pero la denuncia de Carpentier no se queda ahí ya que el novelista desea mostrar cómo los Estados Unidos niegan su apoyo al político de turno cuando éste ya se ha "quemado" demasiado y no les sirve. Esto se observa sobre todo cuando el Primer Magistrado no sólo no puede controlar a las masas sino que cuenta con la fuerte oposición tanto de Luis Leoncio Martínez como de El Estudiante. Ante esta situación, los norteamericanos optan por apoyar al político que ofrece mejores posibilidades para un mejor control del país donde desean intervenir así como al individuo que pueda ser dominado por ellos y no ofrezca mucha resistencia a cambios que favorezcan a los Estados Unidos; en este caso, Luis Leoncio Martínez,

> —"Por lo pronto tiene nuestro respaldo."
> —"¿Así que a mí me dejan caer?" —"Nuestro Departamento de Estado sabrá lo que hace."
> —"¿Cómo pueden tomar en serio al profesor ese que...?" El tenista daba muestras de impaciencia: —"No he venido aquí a discutir, sino a ponerlo frente a una realidad. El Doctor Luis Leoncio cuenta con el apoyo de las fuerzas vivas del país. Lo siguen muchos jóvenes de ideas generosas y democráticas."
> ... —"El Doctor Luis Leoncio tiene ideas, un

> plan..." —"*También lo tiene el estudiante*"
> —digo yo. —"*Pero ahí la cosa es distinta*"
> —dice el tenista... —"*Me acojo al amparo de
> la Embajada de los Estados Unidos.*" —"¡Ni
> pensarlo!" —dice el tenista: "*Habría motines
> frente al edificio... Lo único que puedo hacer
> es darle asilo en nuestro consulado de Puerto
> Araguato...* (Págs. 270-71)

mientras que al Primer Magistrado se le niega prácticamente todo. El novelista sugiere que la intervención norteamericana en América Latina es tan fuerte que es capaz de hacer y deshacer gobiernos. Pero hay, sin embargo, una nota de esperanza en la figura de El Estudiante, personaje que en la obra, es un líder que al parecer ha adquirido fama y reconocimiento y que aunque se opone a las ideas norteamericanas es difícil que sea eliminado por Estados Unidos, pues hacer esto significaría, hasta cierto punto, aceptar su intromisión en la formación de los gobiernos hispanoamericanos.

A nivel cultural la intervención norteamericana se nota en la imposición de costumbres anglosajonas que van cambiando tradiciones tan antiguas como las Navidades o Día de Reyes. En estas imitaciones, el novelista parece ver la pérdida de una indentidad netamente latinoamericana puesto que dichas tradiciones están teñidas de una fuerte raíz indígena. Pero la presencia de EE. UU no se limita a las tradiciones religiosas, va más allá; ha alcanzado todos los niveles sociales y su invasión se siente en la comida, la medicina, la educación y la mecanización.

La denuncia de Carpentier es fuerte y directa pero tiene un tono sereno, moderado, sin sermonear. El escritor se vale del diálogo, de la ironía, de carteles propagandísticos para hacer su crítica más eficaz.

Técnicas narrativas

Desde el punto de vista técnico, Carpentier es un novelista que experimenta con una serie de recursos que lo convierten en uno de los escritores más innovadores de la novela hispanoamericana contemporánea. Debido a la gran variedad de técnicas narrativas utilizadas por el novelista, lo que este estudio se propone es hacer un análisis de aquéllas que sobresalen en *El siglo de las luces* y *El recurso del método:* la estructura, la creación de personajes, lo real-maravilloso, la ambigüedad, la ironía, el diálogo, el monólogo interior, los niveles narrativos, el uso de tiempo y espacio, la caricatura y el lenguaje. Por otro lado, no pretende ser un estudio exhaustivo y final ya que por su complejidad las obras se prestan a diversas interpretaciones.

Estructura

Como escritor de lo real-maravilloso la técnica estructural es primordial en la narrativa de Carpentier. A simple vista, las obras que aquí se analizan poseen una estructura simple, pero una vez que el lector se ha adentrado en ellas se da cuenta de que esa sencillez es aparente, pues el uso que hace Carpentier de diferentes técnicas complican la estructura de las novelas.

El siglo de las luces es una obra en la que se ha visto una narración de estructura lineal. Márquez Rodríguez, al referirse a este aspecto de la novela, señala que:

> *El siglo de las luces* posee una armazón aún más compleja que las anteriores, y sin embargo es también novela que puede inscribirse dentro de las que respetan lo que hemos llamado esquema tradicional. La mayor complejidad le viene del constante desplazamiento

espacial de la acción... Con todo, la narración de *El siglo de las luces* es todavía de tipo lineal. Y la secuencia se produce casi íntegramente sin grandes cortes cronológicos, hasta el punto de que en la mayoría de los casos cada capítulo es continuación directa del precedente.[54]

Sin negar la validez de esta aseveración, puede decirse que la estructura de *El siglo de las luces* es mucho más compleja y tiende más hacia la forma circular a base de capítulos que se inician con Carlos a la muerte de su padre y termina con él tras la de Esteban y Sofía. Partiendo de esta base se puede observar que por medio de la forma circular el escritor muestra la repetición de hechos y acciones.

La obra está dividida en siete capítulos, dentro de los cuales existen a la vez una serie de subdivisiones que se encuentran muchas veces encabezadas por títulos de pinturas de Goya. En el primer capítulo, constituido por once partes, se nos introduce a un mundo ambiguo donde Carlos, Esteban y Sofía, al intentar alejarse del mundo exterior, crean un orbe donde el tiempo pierde su significado normal. Esta primera sección expone la transformación inicial de los primos, destaca los rasgos que definirán la actuación de Hugues a lo largo de la novela y la partida de Hugues y Esteban a Francia. El capítulo segundo, dividido en doce partes, subraya el poder y la fama que Hugues empieza a adquirir así como sus contradicciones y su soledad. Esteban, al ser enviado a Bayona y ver de cerca los resultados de la revolución, se va tornando pesimista.

El tercer capítulo, separado en cinco secciones,

---

[54] Márquez Rodríguez. *La obra narrativa de Alejo Carpentier,* págs. 195-196.

tiene el Caribe como escenario. Es quizás la parte donde Carpentier hace más gala de sus dotes de escritor de lo real-maravilloso. Gran parte de este capítulo se lleva a cabo en el mar, lugar en donde los hombres se sienten "libres" y alejados del mundo de la opresión y la guillotina. Se despliegan los cambios de Víctor, quien es presionado por sus enemigos hasta que finalmente logran que sea llamado a Francia a rendir cuentas. Víctor se confiesa decepcionado de la revolución y ofrece a Esteban la oportunidad de marcharse de la Guadalupe. En el capítulo cuarto (seis partes) se pasa a Cayena, donde encontramos a Esteban sumergido en un lugar mucho más caótico y deprimente que el anterior. El cambio de Cayena a Paramaribo descubre a Esteban el contraste entre un mundo de muerte, podredumbre y corrupción con el de una ciudad alegre que si bien le recuerda la de su infancia, también lo enfrenta con el hecho de que la condición del negro no ha cambiado, simplemente se han sofisticado los castigos. Esta parte destaca sobre todo la desilusión y cansancio de Esteban.

El capítulo quinto, dividido en siete partes, subraya los cambios que se han llevado a cabo tanto a nivel familiar como personal y político. Sofía se ha casado con Jorge y tiene ahora las mismas ideas e ilusiones que poseía Esteban. Este por su parte advierte que no encaja en el mundo de sus primos; se da cuenta de su amor por Sofía y al declarárselo se rompe la unión que existía entre ellos. Al morir Jorge, Sofía marcha en busca de Hugues. Esteban es detenido y para que Sofía pueda escapar se acusa de todo lo imaginable. El sexto capítulo cubre diferentes escenarios, el mar, Barbados, Cayena. Sofía recuerda sus primeras experiencias con Hugues; se ha formado una imagen de él y lo que hace, y no concibe que pueda ser de otra manera. Piensa que éste logrará en América lo que no se ha conseguido en Europa; pero contra lo que espera, es recibida con frialdad e indiferencia. Esta sección de la obra resalta el desengaño de Sofía quien, al darse cuenta de la corrupción de Víctor, se rebela y decide marcharse para no hacerse cómplice de sus abusos e injusticias.

El capítulo séptimo, carece de subdivisiones y tiene como escenario Cayena, Burdeos y Madrid. Como en el primer capítulo, el novelista recurre a la ambigüedad; el lector tarda en darse cuenta de que el *forastero,* el *viajero* no es otro que Carlos. Es aquí donde se une la partida de Sofía con el encarcelamiento de Esteban. Ambos han muerto en el levantamiento del 2 de mayo. Carlos es quien une el principio con el final; todo es un círculo donde se han ido repitiendo las acciones y al concluir la obra, se tiene la sensación de que las revoluciones se iterarán con diferentes personajes.

El recurso del método está también construida a base de siete capítulos que se subdividen. El novelista opta nuevamente por una estructura circular donde hay un constante movimiento de tiempo y espacio indicado por el *aquí* o el *allá,* según donde se encuentre el personaje que habla.

El primer capítulo, único sin subdivisiones, nos presenta el ambiente de lujo y abundancia en que vive el dictador en su residencia parisina. Esta primera parte proporciona los rasgos distintivos del déspota: hombre culto y refinado pero a la vez frívolo y alcohólico surgido de la nada. Se anuncia una serie de personajes que serán clave en el desarrollo de la obra y del dictador: sus hijos (Ofelia, Marco Antonio y Ariel), Luis Leoncio Martínez. Se inicia el ataque contra la dictadura, la intervención norteamericana y se prepara la defensa contra el golpe de Ataúlfo Galván. El capítulo segundo, dividido en cuatro secciones, tiene como escenario el mar, donde se firman las concesiones a la United Fruit Co., Nueva York y el anónimo país del Primer Magistrado. Se insiste en el apoyo estadounidense a la dictaduras y su influencia en la vida social y cultural de Hispanoamérica. Ante la posible formación de sindicatos se ataca Nueva Córdoba, lo cual trae como consecuencia la masacre del Matadero Municipal y posteriormente la reelección del Primer Magistrado. La niñez y la adolescencia del dictador se proyecta a través de ataques por parte de la oposición y recuerdos del déspota.

En el tercer capítulo se retorna a París para presenciar el mal recibimiento de que es objeto el Primer Magistrado. La matanza de Nueva Córdoba ha alcanzado nivel internacional. El deseo de recuperar su reputación lleva al déspota a comprar la prensa sensacionalista, pero ante la imposibilidad de recobrar fama y posición se justifica diciendo que, en su puesto, la ley consiste en eliminar todo lo que estorbe. El segundo levantamiento revela un personaje más consciente de su edad, de sus errores y sus flaquezas, pero, que a pesar de los consejos de Peralta, no se da por vencido y opta simplemente por modificar su táctica política. El cuarto capítulo (cinco secciones) narra, a través del *nosotros,* la manera en que Hoffmann es acorralado y abandonado por sus seguidores. El Primer Magistrado, apoyado por la Iglesia y el Comercio vence nuevamente y es recibido con títulos de Beneficador, Benemérito de la Patria, etc. Esta parte, la más larga de todas, expone además los adelantos técnicos y económicos del país así como la miseria en que continúan viviendo las clases no privilegiadas. Es aquí donde el escritor empieza a subrayar el efecto que tienen las dictaduras, tanto para las masas como para el autarca.

El capítulo quinto, consistente en tres partes, presenta un estudio de los movimientos literarios y el cambio de gustos para, de esta manera, evidenciar la invasión de los periódicos norteamericanos en Latinoamérica. Este análisis sugiere además que la literatura ha sido una de las armas más frecuentes contra la opresión. El novelista deja sentir además los aspectos más negativos de las autarquías: la censura excesiva, las torturas, las detenciones y la falta de libertad. El Primer Magistrado se finge muerto para así demostrar su poder y control. La gente cae en la trampa y al celebrar su muerte se produce la masacre que trae consigo la caída final del Primer Magistrado.

En el sexto capítulo, dividido en dos partes, se presentan los resultados de la matanza. El dictador se queda solo y los Estados Unidos, ante la posible formación de un gobierno comunista, ofrece su apoyo a Luis Leoncio Martínez. El séptimo capítulo, distribuido en cuatro secciones, se lleva a cabo en París. Se presenta a un hombre vencido y desterrado, a un Ex que vive de los recuerdos y tiene miedo a la muerte, al olvido y a la soledad, pero que termina muriendo tal y como no quería. Luis Leoncio Martínez sube al poder. La gente vuelve a quedar en el vacío pues no se vislumbra en el nuevo presidente posibilidades de cambio. La figura de El Estudiante y su presencia en París al lado de otros líderes de izquierda da un tono de esperanza.

En *El recurso del método* lo que da forma a la novela es la figura del Primer Magistrado, con él se inicia y se concluye la obra. Parece que con su vida y su muerte, Carpentier ha querido presentar la repetición del dictador latinoamericano y una serie de problemas que, como un círculo vicioso, continúan apareciendo en la historia hispanoamericana y no parecen tener fin. Por estas razones, la estructura circular es la que mejor funciona en ambas obras ya que el novelista presenta los problemas que afligen al hombre hispanoamericano pero que ocurren y se repiten en otros países y en el hombre en general.

Creación de personajes

Otro aspecto que destaca en la obra narrativa de Alejo Carpentier es la creación de personajes. Gran parte de las novelas de este escritor se caracterizan por tener más de un protagonista central; tal es el caso de *El siglo de las luces* y *El recurso del método* donde el lector entra en el mundo de unas criaturas que reflejan al hombre contemporáneo, con sus dudas, sus cambios, sus contradicciones y hasta su podredumbre.

Los personajes de Alejo Carpentier, como dice Márquez Rodríguez, no son los protagonistas típicos de la novela tradicional y en su opinión lo que los define e identifica son sus acciones.[55] A esto habría que agregar que en la novelística de Carpentier el lector no sólo conoce a los personajes por sus acciones sino además por lo que unos piensan de otros, o por lo que el personaje piensa de sí mismo. Jorge Pickenhayn al referirse a los protagonistas de Carpentier señala que:

> Los personajes de... Carpentier disponen, casi siempre, de una personalidad fluctuante, adecuándose, por momentos, a posibilidades que pueden ser casi opuestas: admiten y defienden, ahora, lo que antes rechazaban, son contradictorios y paradójicos, por lo mismo que pretenden ser humanos.[56]

Por lo tanto, lo que interesa de los personajes de Carpentier no es un sólo aspecto de ellos ya que son unos seres complejos, redondos y creíbles de quienes hay que estudiar tanto sus cualidades positivas como

---

[55] *Ibid.*, págs. 198-199.
[56] Pickenhayn, Jorge. *Para leer a Alejo Carpentier* (Buenos Aires: Editorial PLUS ULTRA, 1978), pág. 18.

las negativas por lo que éstas representan para el hombre de hoy.

En *El siglo de las luces,* Carpentier presenta una serie de personajes que lo mismo que son de fines del siglo XVIII y comienzos del XIX, bien podrían pertenecer a la década de los ochenta. Son figuras que por sus ideas políticas, sobre todo, o personales, por sus dudas y sus deseos se contemporizan y pasan a formar parte de la realidad latinoamericana de nuestros días. En su creación, el novelista ha combinado los personajes reales (Víctor Hugues) con los ficticios (Esteban, Carlos y Sofía) pero a estos últimos los ha dotado de una serie de características que los hacen reales, verosímiles a los ojos del lector.

De todos los personajes que aparecen en esta obra Víctor Hugues es quizás quien más atención ha recibido por parte de la crítica. En él, el escritor ha reunido una serie de contradicciones que lo convierten en el personaje más complejo de la obra. Víctor Hugues es un ser que se va formando ante los ojos del lector. Desde que aparece se presenta como un hombre fuerte y sensual que a primera vista puede suscitar simpatía, aversión o ambas cosas al mismo tiempo.

> *Era un hombre sin años* —acaso treinta, acaso cuarenta, acaso muchos menos—, de rostro detenido en la inalterabilidad que comunican a todo semblante los surcos prematuros marcados en la frente y las mejillas por la movilidad de una fisonomía adiestrada en pasar bruscamente —y esto se vería desde las primeras palabras— de una extrema tensión a la pasividad irónica, de la risa irrefrenada a una *expresión voluntariosa y dura,* que *reflejaba un dominante afán de imponer pareceres y convicciones.* Por lo

demás, su cutis muy curtido por el sol, *el pelo peinado a la despeinada según la moda... completaban una saludable y recia estampa... Si sus labios eran plebeyos y sensuales, los ojos, muy oscuros, le relumbraban con imperiosa y casi altanera intensidad.* (Pág. 31)

Como se puede ver, Carpentier, más que darnos un retrato físico nos da uno psicológico. Hugues es un hombre lleno de ambigüedad. De su fisonomía física el novelista destaca aquellos rasgos que resaltan su fuerza y altanería. Es un individuo que nunca se acompleja de su origen humilde, al contrario, se jacta de ser hijo de un panadero y con su simpatía se gana la amistad y el cariño de los tres primos a quienes con su avasalladora personalidad prácticamente termina por dominar.

Carpentier casi desde el principio insiste en lo que se podría llamar la multipersonalidad del personaje. Es un hombre que lo mismo puede actuar de una forma refinada como vulgar e igual puede hablar como un comerciante que concentrarse en la lectura de libros complejos (págs. 52-53). Es además un individuo que está a favor de la democracia y las reformas sociales. Pero es importante notar que junto a todas estas características, el novelista une, por medio de juegos teatrales, su afición por representar legisladores y magistrados, lo cual anuncia ya sus futuras contradicciones.

Con el tiempo, y con la pérdida de su tienda en Port-au-Prince, Víctor Hugues va transformándose poco a poco en un hombre ambicioso que poco o nada se acuerda de sus ideas reformadoras. La fama y poder que va adquiriendo en París la conocemos a través de personajes como Martínez Ballesteros o Esteban. Y conforme avanza la obra el lector se va percatando de que junto con el poder, Víctor Hugues se vuelve un hombre que mientras más poder adquiere, más profunda es su soledad porque es un hombre sujeto a los deberes de la política y la "revolución".

En Víctor Hugues el novelista ha reunido todas las contradicciones del revolucionario que con la gloria se convierte en un ser despiadado, cruel y oportunista. El poder lo ciega hasta tal punto que en su régimen se traicionan todos los derechos del hombre porque a él, más que defender la libertad, le interesan el poder y el lucro económico. Por eso lo mismo le da otorgar la libertad que quitarla y no sorprende que al final se convierta en un rico hacendado con esclavos. Críticos como Muller-Berg señalan que Víctor Hugues:

> ...es el hombre de acción, el político puro, o tal vez un idealista que se convierte en realista. Al principio es un auténtico revolucionario que defiende las más avanzadas ideas progresistas de su época... Pero en el último análisis el protagonista... se convierte en un "chaquetero" que ha vestido tantos trajes que ya no sabe cuál le corresponde. O sea, un oportunista amoral para quien ya no existen ideas filosóficas y para el que todos los medio que le lleven a un determinado fin son buenos.[57]

Sin embargo, a nivel personal, hay momentos en que el novelista hace que el lector se compadezca de él. En el fondo le interesa la amistad de Esteban y es precisamente ese afecto lo que lo orilla a confesar su desengaño y su condición a la partida de Esteban.

> La revolución se desmorona. No tengo nada de qué agarrarme. *No creo en nada.* (Pág. 212)

---

[57] Muller-Berg, Klaus. *Alejo Carpentier. Estudio biográfico crítico* (New York: Las Americas Publishing Company, Inc., 1972), págs. 63-64.

Y es la soledad, la pasión y el amor los que logran que se vea a Víctor rogando a Sofía que se quede ya casi al final de la obra.

Junto a Hugues encontramos a Esteban, hombre idealista, cuya convivencia con Víctor Hugues y participación en la revolución lo desilusionan. La primera visión que proyecta el personaje es la de un adolescente endeble que precisa del cuidado de los demás para sobrevivir.

> ... Carlos y Sofía fueron hasta el cuarto contiguo a las caballerizas, acaso el más húmedo y oscuro de la casa: el único sin embargo, donde Esteban lograba dormir, a veces una noche entera sin padecer sus crisis.
>
> Pero ahora estaba asido-colgado de los más altos barrotes de la ventana, espigados por el esfuerzo, crucificado de bruces, desnudo el torso, con todo el costillar marcado en relieves, sin más ropa que un chal enrollado en la cintura. Su pecho exhalaba un silbido sordo... Las manos buscaban en la reja un hierro más alto del que prenderse, como si el cuerpo hubiese querido estirarse en su delgadez surcada por venas moradas. Sofía, impotente ante un mal que desafiaba los males y sinapismos, pasó un paño mojado en agua fresca por la frente y las mejillas del enfermo. (Pág. 15-16)

Esteban es, desde el punto de vista físico, lo opuesto de Víctor Hugues. Su estado enfermizo contrasta con la virilidad y fuerza del francés pero conforme avanza la obra, una vez que recupera su salud, notamos que la fortaleza de Esteban no está en lo físico, sino en sus ideales. Si se sitúa a Esteban dentro del contexto de la obra se puede observar que éste es un personaje que va creciendo, despertando a la vida sexual y política ante los ojos del lector. Desde el punto de vista genésico, las primeras experiencias de Esteban no se pueden comparar con las que tiene en Francia o en la Guadalupe. En sus primeras exploraciones, Carpentier presenta al adolescente inexperto cuyas incursiones están guiadas más por la curiosidad que por el amor.

> De una noción abstracta de los mecanismos físicos a la consumación real del acto había una enorme distancia que sólo la adolescencia puede medir —con la vaga sensación de culpa, de peligro, de comienzo de Algo, que implicaba el hecho de ceñir una carne ajena... *Nada de lo que aconteció en una habitación calurosa y angosta, sin más adorno que unas enaguas colgadas de un clavo, le pareció muy importante ni extraordinario.* Ciertas novelas modernas de una crudeza jamás conocida, le habían revelado que la verdadera voluptuosidad obedecía a impulsos más sutiles y compartidos. Sin embargo, durante... semanas volvió, cada día al mismo lugar; necesitaba demostrarse que era capaz de hacer, sin remordimientos ni deficiencias físicas... lo que hacían, muy naturalmente, los mozos de su edad... (Pág. 51)

La curiosidad de Esteban tiene como propósito no sólo la experimentación sexual sino además la necesidad de probarse a sí mismo que la enfermedad no lo ha mutilado y que es como los demás.

Este inexperto adolescente contrasta, hasta cierto punto, con el hombre que vemos gozando de la vida nocturna de París. Allí ya no se percibe inseguridad, se ha convertido en un individuo un tanto audaz (pág. 97) que logra por fin exaltar y controlar su sensualidad.

Con el tiempo, el sexo se convierte, para este personaje, en un escape de la realidad que lo rodea (págs. 163-165). La mujer, durante su estancia en la Guadalupe es más que nada una fuente de placer y evasión, de ahí que no sorprenda su reacción con la mulata cuando ésta descubre sus ideas ante Víctor Hugues (pág. 171). Este momento es presentado por el novelista con un fuerte tono humorístico para así reducir la importancia del espionaje y la intromisión de Hugues en la vida privada de Esteban.

> Esteban, luego de holgarse por última vez con Mademoiselle Athalie Bajazet y de morderle los pechos con una ferocidad que mucho debía al rencor, le había amoratado las nalgas a bofetones —tenía el cuerpo demasiado lindo para que pudiera pegársele en otra parte— por soplona y policía, deján-dola gimiente, arrepentida y, acaso por vez primera, realmente enamorada. (Pág. 177)

A nivel político, Esteban es un hombre idealista cuyo enfrentamiento con la realidad lo torna en un individuo solitario, desengañado y "pesimista". Muller-Berg al referirse a este personaje opina que:

> Esteban es un hombre de meditación, el intelectual contemplativo, la voz crítica y, en ciertos momentos, la máscara de Carpentier, sensible a los males de la sociedad y dispuesto a cambiarlos conforme a esquemas teóricos.[58]

A esto habría que agregar que la participación de Esteban en la revolución no se reduce a la teoría, ya que lo vemos colaborar activamente en ella, ya como

---

[58] *Ibid.*, pág. 64.

traductor, como escribano o al final, confundiéndose
entre las masas de Madrid.

Nos parece que Esteban representa tanto el contraste
físico como político de Víctor Hugues. Es un individuo
que políticamente cree en unos cambios y reformas que
proporcionen libertad al hombre. Entra en la revolución
guiado por el deseo de lograr enmiendas sociales y
políticas. A causa de las constantes transformaciones,
los fines materialistas que ve en los líderes así como la
institución de la guillotina en Francia se produce en él
una especie de confusión y caos que lo llevan a creer
que está perdiendo su personalidad e individualidad
propias.

> Esteban tenía la impresión de decrecer, de
> perder toda la personalidad, de ser absorbido
> por el Acontecimiento, donde su humildísima
> colaboración era irremediablemente anónima.
> Tenía ganas de llorar al sentirse tan poca
> cosa... Y empezaba a llorar de veras, pensando
> en su soledad... (Pág. 112)

En América, Esteban se enfrenta con unas realidades
que lo afectan de una manera más directa ya que como
americano desea la libertad del hombre de este
continente. Su primera desilusión y encuentro con la
verdad llega en el momento en que descubre que junto
con la abolición de la esclavitud llevan la guillotina.
Esteban no acepta este hecho porque va en contra de
sus convicciones. El parece ser un hombre que, como
Carpentier, no cree en una libertad a medias. Su
conflicto ideológico con Víctor viene precisamente de
que Esteban puede adaptarse a los cambios positivos
pero no a los negativos propiciados por Hugues. Su
pesimismo y desengaño de la revolución nacen más que
nada de las contradicciones, los actos y la corrupción
de líderes como Víctor Hugues.

El dinamismo y la energía de Sofía sirven también para que el novelista insista en la necesidad de continuar en la lucha por la libertad. Sofía es un personaje que desde el comienzo de la obra se presenta como una mujer rebelde y madura, a pesar de ser tan sólo una adolescente. Es ella la primera que rechaza las normas morales establecidas por su padre y quien además se niega a continuar una vocación que se le había impuesto. Unida a su madurez y perspicacia Sofía se proyecta además como una mujer idealista, poseedora de sensibilidad artística y literaria.

Cabe destacar que antes de la llegada de Víctor Hugues es Sofía quien mantiene la unidad de los primos, quienes la miran casi como a una madre. Por medio de la presencia de Hugues en el ámbito familiar, Carpentier destaca el lado conservador de la protagonista. Al comenzar la obra Sofía es una mujer puritana que se escandaliza de la realidad de los burdeles. Por otro lado, está llena de prejuicios sociales y raciales; asocia al negro con la servidumbre y se niega a aceptar que un hombre de color sea médico y tenga los mismos derechos que el blanco. (Págs. 41-44)

La convivencia con Víctor y sus primos hace que Sofía vaya despertando a la realidad y que el rechazo inicial hacia Víctor se convierta en una atracción que la lleva a sus primeras experiencias sexuales. Su desarrollo a nivel ideológico no se presenta de la misma manera que el de Esteban. Sofía desaparece mucho tiempo de la obra, hay alusiones a ella, a través de Esteban o Víctor, pero no es sino hasta el regreso de su primo a La Habana, cuando realmente vemos los cambios que se han operado en ella. El lector pronto se da cuenta de que en Sofía se ha producido además un cambio político. En ella se repiten las mismas ideas que han desilusionado a Esteban. Sofía se ha convertido en una mujer fuerte y decidida que no acepta el derrotismo de Esteban cuando dice:

"Pues nosotros no estamos de acuerdo", dijo
Sofía de pronto, con una vocecilla agridulce
que era, en ella, anunció de discusión... Y,
como si hablara para sí misma, se entregó a
un monólogo que hallaba un visible asenti-
miento en los semblantes de Carlos y Jorge.
No podía vivirse sin un ideal político; la
dicha de los pueblos no podía alcanzarse de
primer intento; se habían cometido graves
errores, ciertamente, pero esos errores servían
de útil enseñanza para el futuro... ella admitía
que los excesos de la Revolución eran
deplorables, pero las grandes conquistas
humanas sólo se lograban con dolor y
sacrificios. (Pág. 268)

A la muerte de Jorge, Sofía rompe con el tradicio-
nalismo a que ha vivido sujeta y marcha en busca de
Víctor Hugues. Su partida está motivada por dos
razones, sus ideas políticas, su deseo de participar
activamente en la formación de un gobierno americano
y su reencuentro personal con su antiguo amante.
Algunos críticos han visto la marcha de Sofía negativa-
mente. Edmundo Desnoes, al referirse a este personaje,
señala que aunque es una mujer que permanece fiel a
sus ideales:

Sofía sin embargo es una mujer y siempre la
encontramos dependiendo de un hombre,
desde su hermano y su primo al principio de
la novela, pasando luego por su esposo... y su
amante francés, hasta terminar en España
con Esteban.[59]

Contra lo que opina Desnoes, nos parece que Sofía es

---

[59] Desnoes, Edmundo. *El siglo de las luces",* en Giacoman, págs. 298-299.

uno de los personajes más independientes de la obra. Si se lee con cuidado se puede observar que es Esteban quien depende de ella y busca su protección durante su juventud y más tarde a su regreso a La Habana. Por otro lado, su unión con Hugues no está de ninguna manera motivada por la dependencia, ya que al final es ella quien lo deja a pesar de sus ruegos y la seguridad económica que él significa. Tampoco puede verse su final al lado de Esteban como una sujeción puesto que si nos basamos en lo que cuentan la costurera o los criados, nos podemos dar cuenta de que sucede todo lo contrario.

Sofía es una mujer de ideas liberales y firmes. Como Esteban, cree en la emancipación y el mejoramiento del hombre americano. Junto a Hugues encuentra la felicidad sexual, pero no puede satisfacer sus ideales revolucionarios. Con la reinstauración de la esclavitud Sofía se da cuenta de la corrupción política de Víctor Hugues. Esta realidad la lleva a la conclusión de que el hombre que había idealizado cambia según las circunstancias y sus intereses propios y no de acuerdo con las necesidades de la gente. Se rebela sobre todo ante la idea de que la esclavitud sea una necesidad que deba aceptarse.

> Sofía, enterada un viernes de lo perpetrado el martes anterior, recibió la noticia con horror. Todo lo que había esperado hallar aquí, en este avanzado reducto de las ideas nuevas, se traducía en decepciones intolerables. Había soñado con hacerse útil... había creído asomarse a un trabajo de titanes... y sólo asistía al restablecimiento gradual de cuanto parecía abolido —de cuanto le habían enseñado los libros máximos que debía ser abolido. (Págs. 330-331)

Su desengaño la aleja no sólo del político, sino también

del hombre y ante la imposibilidad de cambio decide apartarse. Pero es importante notar que, aún al marcharse, Sofía no se da por vencida; se muestra dispuesta a proseguir su lucha por un mundo mejor.

> "Estoy cansada de vivir entre muertos. Poco importa que la peste haya salido de la ciudad. Desde antes llevaban ustedes las huellas de la muerte en las caras" ... "¿Dónde está la casa mejor que ahora buscas?" No sé. Donde los hombres vivan de otra manera. Aquí todo huele a cadáver. Quiero volver al mundo de los vivos; de los que creen en algo. *"Nada espero de los que nada esperan"* ... *"Ahora —decía ella— emprenderás otra expedición militar a la selva. No puede ser de otro modo... Te debes a tu autoridad. Pero yo no contemplaré semejante espectáculo"* ... *Ahora sé lo que debe rechazarse y lo que debe aceptarse.* (Pág. 344)

Su experiencia la ha cambiado a nivel personal, pero no político; sus ideas siguen siendo tan fuertes o quizás más que a su llegada. Y prueba de lucha continua será su participación en la guerra contra los franceses en Madrid.

En resumen, se puede decir que en Sofía, como señala Márquez Rodríguez, Carpentier ha representado a la mujer intemporal que va madurando en su ideología, a la revolucionaria que no flaquea en su lucha por la libertad.[60]

En *El recurso del método* la originalidad de los personajes está no sólo en lo que éstos significan dentro de la realidad americana sino en su simbología

---

[60] Márquez Rodríguez. *Lo barroco y lo real-maravilloso en la obra de Alejo Carpentier,* pág. 115.

universal y humana. Como en la obra anterior, el lector llega a conocer a los protagonistas a través de sus acciones, lo que unos piensan de otros y además por lo que ellos piensan de sí mismos. En *El recurso del método* los personajes constituyen una de las partes fundamentales de la obra ya que a través de ellos el novelista presenta la visión de un mundo cruel dominado por la dictadura y las intervenciones extranjeras. Por lo tanto, se puede decir que en la creación de sus criaturas, Carpentier utiliza el personaje como técnica y como tema.

Nos parece que uno de los personajes que destaca en la narrativa de Carpentier es el Primer Magistrado. En él, el escritor ha unido características del déspota iletrado y vulgar con las del intelectual e ilustrado y ha creado el "autócrata perfecto" con todas las artimañas necesarias. Al referirse a la caracterización de este personaje el novelista ha dicho:

> ...al hacer mi dictador yo quise hacer lo que se llama un retrato-robot, un personaje-robot. He agarrado a varios dictadores de América Latina y los he sumado en uno... Mi personaje tiene... los siguientes ingredientes: su política general, y sobre todo su incomprensión total en el proceso histórico y de la época histórica en que vive son netamente de Gerardo Machado... dictador de Cuba a quien padecí... Por lo tanto en los ingredientes digo, hay un 60 por ciento de Machado, hay un 20 por ciento de Chapita y de Estrada Cabrera y hay un 15 por ciento de Porfirio Díaz y si acaso un 5 por ciento de Guzmán Blanco,[61]

---

[61] *Ibid.*, págs. 120-121.

El Primer Magistrado es un personaje que, en contraste con Víctor Hugues, está ya formado y ha adquirido una posición desde el comienzo de la obra. Su vida anterior la conocemos a través de la crítica provocada por la oposición, desde el presente y por medio de recuerdos del protagonista mismo. Lo primero que el lector nota en la caracterización de este personaje es la ausencia de la descripción física y la anonimidad del Primer Magistrado; lo cual da a la obra una sensación de intemporalidad. Al novelista le interesa del Primer Magistrado no su fisonomía sino lo que éste simboliza para la vida social y política de Latinoamérica; de ahí que en su caracterización se enfoquen mucho más los rasgos que lo definen como dictador. Para lograrlo, Carpentier recurre a una serie de recursos, tales como el humor, la ironía, el lenguaje y la caricatura, que le permiten criticar las ideas y el comportamiento del Primer Magistrado.

Inicialmente este personaje es un individuo lascivo y desagradable que pasa las noches en los burdeles satisfaciendo sus fantasías sexuales con prostitutas.

> ...he dormido más de lo acostrumbrado y es que anoche, claro, anoche y muy tarde me he tirado a una hermanita de San Vicente de Paul, vestida de azul añil, con toca de alas almidonadas, escapulario entre las tetas, y disciplina de cuero de Rusia en la cintura. La celda era perfecta, con su misal de pasta becerrona en la tosca mesa de madera... La cama, sin embargo, pese a su estilo conventual y penitenciario era comodísima, con sus almohadas de falsa estameña, sus plumas metidas en funda que parecerían hechas de austera lona... Cómoda era la cama, como lo eran el diván del cuarto de los califas... y la Cámara Nupcial donde Gaby, vestida de

> novia, coronada de azahares, se hacía desflo-
> rar cuatro o cinco veces cada noche, cuando
> no estaba de turno en la mañana... (Pág. 13)

El tono irónico y burlón del narrador nos introduce
además a la vida familiar del dictador. Los sonidos de
la música del piano tocado por Ofelia, su hija, le hacen
recordar a su mujer, quien ha muerto hace algunos
años, ha sido enterrada con todos los honores militares
y casi como una santa.

> Doña Hermenegilda había sido casada y con
> hijos, desde luego —Ofelia, Ariel, Marco
> Antonio y Radamés—, pero el Arzobispo
> recordaba a sus oyentes, en su discurso, las
> bienaventuradas virtudes conyugales de Santa
> Isabel, madre del Bautista, y de Mónica,
> madre de Agustín. Yo, por supuesto, dichas
> las palabras útiles, no creí urgente elevar
> solicitud alguna a la magna autoridad del
> Vaticano, puesto que mi mujer y yo habíamos
> vivido en concubinato durante años, antes de
> que los imprevisibles y tormentosos rejuegos
> de la política me condujeran a donde hoy me
> encuentro. Lo importante era que el retrato
> de mi Hermenegilda, impreso en Dresden, a
> todo dolor, era objeto de culto a todo lo
> largo y ancho del país. (Pág. 19)

Conforme avanza la obra, nos damos cuenta de que
esta familia, de quien parece sentirse tan satisfecho, le
ofrece poco apoyo en los momentos difíciles y que está
tan corrupta como él.

El Primer Magistrado posee una gran facilidad de
palabra. Bárbara Bockus Aponte, al referirse al Primer
Magistrado, señala que es un personaje cuya oratoria
no es sencilla y posee un estilo rebuscado que le ha

dado fama. Esta crítica ve en él al hombre que manipula a la perfección la palabra hablada y escrita de acuerdo con las circunstancias, y por eso lo mismo le da discursos floridos que unos claros y directos que sorprenden a sus oyentes.[62] Es precisamente este *don,* una de las armas más poderosas que sostienen al Primer Magistrado en el poder y él está muy consciente de ello.

> ...Muchas burlas debía el Primer Magistrado a los rebuscados giros de la oratoria. Pero —y así lo entendía Peralta— no usaba de ellos por mero barroquismo verbal; sabía que con tales artificios del lenguaje había creado un estilo que ostentaba su cuño y que el empleo de palabras, adjetivos, epítetos inusitados, que mal entendían sus oyentes, lejos de perjudicarlo, halagaba, en ellos, un atávico culto a lo preciosista y floreado, cobrando con esto, una fama de maestro del idioma cuyo tono contrastaba con el de las machaconas, cuartelarias y mal redactadas proclamas de su adversario... (Pág. 48)

Sabedor de la importancia del estilo y vocabulario de sus discursos, se puede observar que la actitud cambia cuando se da cuenta no sólo de que la oposición es más fuerte, sino que además se está volviendo viejo. Hay entonces momentos de duda en cuanto a la táctica que debe usar porque sabe que ya no goza del mismo prestigio y que en su país es tan odiado como los "gringos".

> ...habría que hablar, que pronunciar palabras.

---

[62] Bockus Aponte, Barbara. "El dictador ilustrado de Alejo Carpentier", en *Estructura de la novela y en la poesía* (California: The Hispanic Press, 1980), pág. 30.

Y esas palabras no le venían a la mente,
porque las clásicas, las fluyentes, de tanto
haber sido remachadas en distintos registros,
con las correspondientes mímicas gestuales,
resultarían gastadas, viejas... *ya no disponía
de palabras útiles, dinámicas... porque las
había malbaratado... las había puteado...*
Había, pues, que poner a las Vírgenes de
nuestro lado... Y ahora sí que le venían ideas
de adentro, le renacían palabras, al Primer
Magistrado, repentinamente dueño de un
vocabulario nuevo. (Págs. 122-123, 125-126)

En el Primer Magistrado, el novelista personifica al
dictador institucionalizado, al déspota que se vale de
las leyes, creadas y alteradas por él mismo para
mantenerse en el poder por medio de "reelecciones
democráticas". El Primer Magistrado simboliza al
autócrata latinoamericano cuyo poder está, además,
basado en la censura, en la opresión, en la tortura, y
sobre todo, en la ayuda norteamericana.

Algo que distingue al Primer Magistrado de otros
dictadores es el hecho de que es un hombre a quien
preocupa su papel dentro de la historia. Esto se puede
ver sobre todo en los monumentos, estatuas y edificios
que hace construir en su país así como en su actitud
final al ser arrojadas las estatuas al mar (págs. 291-
292). Es éste quizás uno de los momentos más patéticos
de la obra y donde se nota la soledad del personaje.

"Ahora estas estatuas suyas descansarán en
el fondo del mar... Y allá por el año 2500 o
3000 las encontrará la pala de una draga,
devolviéndolas a la luz... Pasará lo mismo
que con las esculturas romanas de mala
época que pueden verse en muchos museos:
sólo se sabe que son imágenes de un Gladia-

> dor, Un Patricio... Los nombres se perdieron.
> En el caso suyo se dirá: 'Busto, estatua, de
> Un Dictador. Fueron tantos y serán todavía,
> en este hemisferio que el nombre será lo de
> menos'." ... "Figura usted en el Pequeño
> Larousse? ¿No?... Pues entonces está jodido..."
> Y aquella tarde lloré. Lloré sobre un diccio-
> nario... que me ignoraba. (Págs. 292-293)

En el diálogo se intercalan dos ideas, la resignación del dictador y un tono un tanto pesimista por parte del escritor quien, por medio del cónsul, destaca la repetición histórica de los dictadores y lo difícil que ha resultado, hasta ahora, eliminar una lacra que continúa asediando a más de un país hispano.

Pero la gran caracterización de este personaje no sería completa sin otro rasgo muy peculiar, su vicio por el alcohol. Es éste un atributo que se destaca ya desde el comienzo de la obra. Carpentier se burla de la hipocresía del Primer Magistrado, quien ante el pueblo se quiere presentar como un hombre recto e intachable que rechaza el uso del alcohol cuando en realidad es un borracho empedernido a quien Peralta le tiene la botella siembre dispuesta.

En resumen, en la creación del Primer Magistrado, Carpentier ha reunido las cualidades del hombre que lo mismo puede dialogar sobre las artes plásticas, la música y la literatura que actuar como un hombre vulgar y mujeriego. Es un individuo que ha sido dotado tanto de fuerza mental como física y sabe manipular al hombre en pro de sí mismo.

Primordial en la presentación del mundo presentado por Carpentier es la figura de El Estudiante, personaje de gran fuerza y voluntad, capaz de mover a las masas aunque su aspecto físico produzca la sensación de debilidad. El Estudiante es uno de los pocos personajes a quienes se describe físicamente. Sin embargo, es

importante destacar que esta descripción la utiliza el
escritor para mostrar el contraste entre este personaje y
el Primer Magistrado. Y es precisamente él quien lo
describe.

> Corpulento, cargado de hombros... contem-
> plaba el Primer Magistrado al adversario
> con alguna sorpresa. Donde creía encontrar
> un mozo atlético, de músculos endurecidos
> por el handball universitario, con rostro
> crispado y desafiante, *veía ahora un joven*
> *delgado, endeble, a medio camino entre la*
> *adolescencia y la madurez, algo despeinado,*
> *de rostro pálido, que lo miraba de frente, eso*
> *sí, casi sin parpadear, con ojos muy claros,*
> *acaso verdegrises,* acaso verdeazules, que a
> pesar de casi una femenina sensibilidad,
> expresaban la fuerza del carácter y la deter-
> minación de quien podía actuar, si lo creía
> necesario, con la dureza de los creyentes y los
> convencidos... (Pág. 234)

Luego entonces, lo que define a El Estudiante, no es su
aspecto físico, sino sus acciones, sus sueños de libertad,
su deseo de derrocar al dictador. Es un político de
izquierda que busca la igualdad social y quien, en
contraste con el Esteban de *El siglo de las luces* se
muestra más activo y menos desengañado y pesimista.

Críticos como Mocega-González han visto en la
figura de El Estudiante la semilla del futuro dictador y
el hombre que estudia cómo llegar al poder.[63] Sin
embargo, un análisis detenido permite llegar a una
conclusión completamente opuesta. El Estudiante no
es sólo el contraste físico del dictador sino también el
ideológico. Es un hombre que clandestinamente se

---

[63] Mocega González, pág. 93.

opone a los abusos del Primer Magistrado. De ser la persona que Mocega-González sugiere hubiese aprovechado la entrevista con el dictador para sacar provecho de ella; pero no es así pues durante ese momento nos parece que El Estudiante demuestra que sus propósitos no son los de seguir enriqueciendo a una minoría o continuar apoyando la intervención estadounidense sino ayudar al mejoramiento de las masas. Es un individuo que razona y quien ante las acusaciones del dictador es capaz de reaccionar calmadamente y ·mostrar que su muerte sólo traería otra dictadura militar, y que no desea su puesto.

> —"Pero en fin: si yo muriera mañana..."— "Sería lamentable para nosotros, Señor... Porque una junta militar tomaría el poder, y todo seguiría igual o peor bajo el gobierno de cualquier Walter Hoffmann, que Dios tenga en su santa paz." —"Pero... ¿qué quieren ustedes entonces?" El otro, con voz poco subida, pero sin apresurar el tiempo: —"Que sea usted derribado por-un-le-van-ta-mien-to-po-pu-lar." —"¿Y después? ¿Tú vendrías a ocupar mi puesto, no es cierto?" —*"Jamás he deseado semejante cosa."* (Pág. 239)

Nos parece que la posición política de El Estudiante es sincera. Su fin no es alcanzar el poder, y prueba de esto es que ya casi al final de la obra lo vemos aún luchando, ahora contra Luis Leoncio Martínez.

Otro aspecto que destaca en la caracterización de este personaje es su ambigüedad e intemporalidad. Es un individuo de quien se destacan los rasgos físicos que lo contrastan con el Primer Magistrado, pero, al mismo tiempo se dan con una vaguedad increíble. Nunca sabemos ni su edad ni el color exacto de sus ojos. Conocemos su origen humilde, su formación izquierdista y su firme decisión de luchar contra las dictaduras, pero nada más. Su figura queda en el anonimato. Y es que en su creación el escritor busca la representación del hombre liberal que, en la clandestinidad y luego abiertamente, lucha contra las dictaduras y la influencia yanqui en Hispanoamérica.

Luis Leoncio Martínez sí que es el hombre que estudia la manera de llegar al poder. En él, Carpentier ha personificado al intelectual oportunista que usa su carisma, su conocimiento y su fuerza con las masas no para mejorar la condición del hombre sino para subyugarlo aún más. Carpentier lo presenta como un hombre inteligente y liberal que se opone al régimen del Primer Magistrado y le preocupa la condición del trabajador (págs. 50-51). Pero, conforme avanza la obra, el lector se da cuenta de que no posee las mismas cualidades que El Estudiante ya que huye ante la amenaza de un encarcelamiento y nunca se llega a enfrentar con el dictador (pág. 83). A su regreso, las tácticas utilizadas por su organización para derrocar al Primer Magistrado son tan dañinas y negativas como las de éste.

En Luis Leoncio Martínez encontramos casi las mismas contradicciones que en Víctor Hugues. Como éste sus ideas consisten en liberar al pueblo, pero su actuación final muestra todo lo contrario, pues se convierte en su opresor. La diferencia que existe entre estos dos personajes está en que Luis Leoncio Martínez utiliza unas armas más modernas y complicadas que la guillotina, pero en el fondo son tan crueles e inhumanas como ésta. Por otro lado, Luis Leoncio Martínez es un personaje que se acerca mucho más a la realidad del siglo XX; es el caudillo latinoamericano que en nombre de la democracia se convierte en la sucesión del Primer Magistrado y que como éste, es apoyado por los Estados Unidos a quien antes había rechazado.

El Embajador norteamericano y el Cónsul son quizás unos de los personajes en quienes Carpentier más descarga su sátira e ironía. Aunque la influencia de Estados Unidos en la vida del hombre latinoamericano se deja sentir en todos los niveles a lo largo de la obra, Carpentier, a través del Embajador y el Cónsul, muestra de una manera más directa la intervención estadounidense a nivel político. A través de estos hombres se ve claramente el imperialismo y los intereses que defienden los Estados Unidos. Uno de los aspectos que el novelista destaca, por medio del Embajador, es la oposición de los Estados Unidos a la formación de gobiernos socialistas o comunistas en América Latina. Por eso ante la más mínima amenaza el Embajador ofrece ayuda militar al Primer Magistrado (pág. 72) y llegado el momento, cuando ve peligrar los intereses económicos de los Estados Unidos, exige acabar con las ideas "socializantes" de Luis Leoncio Martínez. Pero es a la caída del Primer Magistrado cuando realmente se nota que este país, en su apoyo a las dictaduras o gobiernos "democráticos", defiende tan sólo sus intereses económicos y políticos. La actitud del Embajador norteamericano es clara, como el Primer Magistrado no les es ya de utilidad alguna, lo único que puede ofrecerle es ayudarlo a escapar, ya que su gobierno apoya a Luis Leoncio Martínez.

> Mr. Enoch Crowder, con sus gafas de oro, su cara de puritano viejo, pero ahora sin levita viene de tenista... con pantalón de franela rayada, letras rojas (YALE) en el sweater, raqueta en mano... ha venido así... con raqueta y todo, porque lleva dos días sin salir del Country Club, conferenciando, delibe-rando, con las fuerzas vivas de la Banca... de la Industria... quienes pidieron que el Minne-sota viniera con sus marines de mierda...

para romper el asedio de la multitud que
grita en torno al edificio pidiendo sus cabezas... Busco las pantuflas... —"Pero, carajo,
yo no he renunciado..." —"No he venido
aquí a discutir nuestro consulado de Puerto
Araguato..." —"Me llevará usted en su
auto..." —"Lo siento: pero no puedo expo-
nerme a que nos echen plomo en el camino."
(Págs. 268-271)

Pero en ningún momento se muestra dispuesto a poner
en peligro los intereses de su país o los suyos propios.
Su personalidad es la de un norteamericano extravagante
en su vestir, pero seco y materialista en su trato con los
políticos.

El "retrato" del cónsul es aún más caricaturesco y
materialista. David Danielson, al referirse a este
personaje, piensa que es el yanqui más interesante de
toda la novela.[64] El Primer Magistrado es quien lo
introduce y lo recuerda así:

Acude hacia mí el Cónsul Norteamericano,
*de pantalones arrugados y cowboy shirt, de
esas que tienen pequeños respiraderos en las
axilas...* "Tengo instrucciones de sacarlos por
un carguero nuestro que llega mañana... Si
tienen hambre, hay unos paquetes de corn-
flakes, sopas Campbell y latas de pork-and-
beans. Hay wisky en el escaparate aquél.
Despáchese a gusto, Mister President, pues
sabemos que si a usted le quitan el trago, así,
de repente, es cosa de delirium. (Pág. 276)

El cónsul es un hombre abierto que, como el Embajador,
está consciente de su papel en Latinoamérica y en

---

[64] Danielson, pág. 143.

la política norteamericana. Es él quien informa al
dictador de la traición de Peralta y quien se niega a
llevarlo al Minnesota, por representar esto una posible
amenaza para la presencia de la marina allí. Pero lo hace
de tal forma que sus justificaciones ante el Primer
Magistrado sirven para caricaturizar a éste último. En
sus razones hay una burla hacia el alcoholismo y la
situación final del Dictador.

> El Minnesota es parte integrante, jurídica y
> militar, del territorio de los Estados Unidos.
> Así que si es usted hombre de ginger-ale y de
> coca-cola. Y si con tales bebidas no le
> tiemblan las manos al despertar... —"¿Pero
> aquí también no estamos en territorio de
> los Estados Unidos?" —le dije... —"Yo no
> puedo impedir que un enfermo traiga sus
> medicinas. Y como yo, en todo esto soy un
> *equivocado*, puedo creer también que eso es
> jarabe pectoral, Emulsión Scott, o Matico de
> Grimaud. (Pág. 283)

Es un hombre astuto que sabe manejar las situaciones
con ironía, ataca donde duele y donde sabe que no
puede ser abatido.

Los descendientes del Primer Magistrado son
personajes que interesan tanto por el papel que
desempeñan en la vida del dictador como por lo que
significan para la vida latinoamericana. En los hijos del
déspota, Carpentier plantea una serie de defectos que
siendo realidades palpables han creado la mala reputación de que gozan los hijos de los políticos. Ofelia es el
prototipo de la hija rica que dilapida el dinero en cosas
superfluas. Es una mujer ambiciosa que desdeña la
cultura indígena y se sirve de ella sólo para su propio
beneficio. No es una hija que busque la comunicación
con su padre, por el contrario, se puede decir que lo

mismo le da que esté vivo o muerto, como se ve cuando
el Primer Magistrado regresa a París después de su
caída y al final de la obra. Ariel, por otro lado,
representa al hijo que ha seguido los pasos del padre.
Es un hombre que desde niño ha dado muestras de
estar hecho para el engaño y la mentira.

> De Ariel no tenía quejas: parido para diplo-
> mático engañaba a los curas desde pequeño,
> respondía a las preguntas con preguntas,
> mentía que era un gusto bailando en la
> cuerda floja con peto de condecoraciones,
> recurriendo —cuando se le apremiaba en el
> esclarecimiento de un sucedido molesto— al
> inmediato manejo de un prontuario de ambi-
> güedades, como hubiese hecho el Chateau-
> briand de las cancillerías en semejante apuro.
> (Pág. 68)

Poquísimas veces se ve actuar a este personaje, pero
cuando lo hace es patente su corrupción, como por
ejemplo, en la concesión que se le hace a la United
Fruit Co., la cual ha arreglado él mismo. (Págs. 32-33)
    El novelista parece deleitarse criticando y satirizando
a la prole del Primer Magistrado. Y esa familia no
podía estar completa sin el don Juan, personaje que
aparece encarnado en la figura de Marco Antonio, el
hijo menor, quien se cree descendiente de hidalgos y se
pasa la vida viajando, alardeando de sus títulos
nobiliarios y "acostándose con hembras de Título".

> Bastante fantasioso —loco, como decimos
> acá—, llevado por impulsos del momento,
> había sufrido una crisis mística, adolescente,
> al comprobar un día, ante el espejo de un
> armario de lunas, que el sexo se le atirabuzo-
> naba en purgación de garabatillo... se había

>convencido de que era descendiente, por
>línea bastante torcida, colateral, indirecta y
>entreverada, de los Emperadores de Bizancio...
>Olvidada la aspiración mística y comprado
>en muchos pesos el título de *Limitrofe...,*
>Conde de Dalmacia para el caso, andaba
>paseando su flamante nobleza por Europa,
>Título entre Títulos, celoso de Títulos, experto
>en Títulos, acostándose con hembras de
>Títulos... (Págs. 68-69)

Los demás personajes que rodean al Presidente no
dejan de ser interesantes. Peralta personifica a los
favoritos de los políticos. Es el brazo derecho del
Primer Magistrado; en apariencia es fiel y seguidor de
sus ideas; pero es tan sólo una máscara ya que es él
precisamente quien ayuda a poner las bombas en casa
de su jefe y quien más tarde lo abandona para seguir en
Alfa Omega. La Mayorala, la mujer "abnegada", la
amante fiel que sirve de objeto sexual al dictador
cuando éste lo desea o no tiene a nadie más, es además
una señora de pueblo, de costumbres y lenguaje
popular y onomatopéyico que al ser trasplantada a
París no se adapta completamente ni a la cultura ni a
los usos franceses.

Resumiendo, se puede decir que los protagonistas
de *El recurso del método* por su simbología, reflejan la
problemática del hombre hispanoamericano. Son figuras
que se han repetido y se repiten en la historia
latinoamericana y universal.

Ironía

La ironía rezuma en las dos obras estudiadas. Son
objeto de ironía no sólo uno o dos personajes sino la
vida del hombre. Ya en los títulos de las novelas el

lector se percata del doble significado y una vez que se adentra en las obras mismas nota además que dicha ironía existe en el tono del narrador a la par que en el acontecer novelesco.

En *El siglo de las luces* lo que predomina es la ironía de los acontecimientos, la cual ha sido definida como:

> ...The proces by which the outcome of events is shown to be the reverse of what it is, or what logically should be, expected.[65]

Uno de los primeros ejemplos los encontramos casi al comienzo de la obra. El padre de Sofía ha muerto pero en vida, todos lo han visto como un hombre serio, austero y conservador. Es un comerciante que al parecer, durante su vida, ha gozado de una reputación intachable y ha impuesto a sus hijos unos valores morales que indican su religiosidad. Sin embargo, a través de Remigio se nos revela una realidad completamente opuesta. El austero padre no es más que un hombre lleno de defectos que no ha muerto como sus hijos se imaginan.

> Violento, irrespetuoso, tiró su sombrero al suelo, clamando que habían quemado *sus* plantas; que las cultivaba desde hacía muchísimo tiempo para venderlas al mercado, porque eran de medicina; que le habían destruido el caisimón... que servía para curar todo lo que dañaba las entrepiernas del hombre... que con lo hecho se había ofendido gravemente al señor de los bosques... Y,

---

[65] Hargrave Kubow, Sally Ann. "The Novel as Irony: Luis Martín-Santos. *Tiempo de silencio".* Tesis Doctoral, University of California, Riverside, 1978, pág. 39.

echándose a llorar, terminó gimiendo que si el caballero se hubiese fiado un poco más de sus yerbas —bien se las había ofrecido, viendo que iba por mal camino, con esta última manía suya de meter mujeres en la casa, cuando Carlos estaba en la finca, Sofía en el Convento, y el otro demasiado enfermo para darse cuenta de nada— no hubiera muerto como había muerto, encaramado sobre una hembra, seguramente por demasiado alardear de arrestos negados a su vejez. (Págs. 45-46)

Es importante notar que la ironía de *El siglo de las luces* la encontramos sobre todo en los hechos, en los resultados de la revolución traída a América. Uno de los aspectos en los que el novelista parece hacer hincapié es en el hecho de que al ser traída la guillotina el verdugo sea, irónicamente, un mulato educado en París que lleva en los bolsillos caramelos para los niños (pág. 146). Y contra lo que el lector y los personajes esperan, los resultados del movimiento revolucionario son completamente lo opuesto de lo que Hugues se propone inicialmente; ya que en vez de libertad viene la opresión y la dictadura.

La ironía es mucho más fuerte en *El recurso del método,* en donde domina el tono irónico en casi toda la obra. Bockus Aponte, al hablar de la ironía señala que:

La ironía se nota sobre todo en el narrador, el cual se presenta como narrador de la retórica oficial del régimen en pasajes que, de no ser por la incongruencia o descripciones o la acumulación de detalles se tomarían como si fuesen reales y aceptables en su significado literal.[66]

A esto hay que agregar que la ironía en *El recurso del método* alcanza unos matices increíbles. El novelista la utiliza en la caracterización de personajes, en el diálogo y en el resultado de los hechos. Con frecuencia, Carpentier coloca al dictador en situaciones en las que sus ideas o actitudes resultan completamente irónicas. Por ejemplo, cuando a su arribo a Nueva York tras adquirir la obra de Domingo F. Sarmiento, el *Facundo* se lamenta del atraso de los pueblos latinoamericanos y del caudillismo (págs. 41-42), o cuando se niega a aceptar la intervención de los militares norteamericanos porque piensa, precisamente él, que se debe demostrar a los Estados Unidos que los pueblos latinoamericanos deben resolver sus problemas internos por sí mismos, pues la presencia norteamericana sólo sirve para la explotación de las riquezas naturales (pág. 72).

La ironía verbal se da sobre todo en el diálogo entre El Estudiante y el Primer Magistrado. Las respuestas de El Estudiante contrastan con el sentido literal de sus palabras.

> Lo peor que podría ocurrirnos a nosotros ahora, es que lo mataran a usted. Tengo un compañero de lucha, católico y practicante —no tiene remedio— que reza y hace promesas a la Divina Pastora para que nos conserve su preciosa existencia... —"A *usted* lo necesitamos, Señor." (Págs. 238-239)

Su organización *necesita* al Primer Magistrado, pero tan sólo para que sea derrocado por las masas. Por otro lado, los rezos que se hacen por su existencia

---

[66] Bockus Aponte, pág. 41.

tienen el mismo propósito negativo para el dictador —su caída. Otro claro ejemplo de ironía se encuentra en la construcción de la cárcel, un edificio moderno, bello, y que quiere ser prototipo del establecimiento humanizado (págs. 203-04). Todo esto resulta irónico si pensamos que en su edificación se ha forzado al hombre a trabajar día y noche y que servirá sobre todo para acallar las voces de rebeldía del pueblo oprimido.

Ambigüedad

La ambigüedad es algo que ocurre tanto en *El siglo de las luces* como en *El recurso del método,* aunque cabe destacar el hecho de que dicha técnica es más acusada en la segunda obra. En *El siglo de las luces* la ambigüedad se nota sobre todo en la creación del mundo en que se mueven los personajes al comienzo de la obra. Al principio no se sabe en qué ciudad se inicia la acción, quién ha muerto o quién es el adolescente que ha vuelto a la ciudad. De Carlos tan sólo se dice que es hijo de un comerciante, pero no se sabe su nombre. El autor, más que en antecedentes familiares o lugares geográficos concretos, insiste en la construcción de un mundo vago y cerrado. Finalmente sitúa la obra en *una isla,* aunque se tarda en reconocer que se trata de Cuba. Los personajes mismos son atemporales, pues no sabemos el período temporal que se cubre. Se alude a la "última guerra europea", pero esto más que aclarar confunde ya que puede ser cualquiera de las guerras ocurridas en Europa, y, tanto Sofía como Carlos y Esteban pueden pertenecer a cualquier época puesto que el novelista hace hincapié en rasgos, gustos y costumbres que no denoten una época específica. La vaguedad se nota además en la creación de Víctor Hugues, un individuo que al llegar a La Habana tiene treinta años o "acaso" cuarenta o menos (pág. 31). Más tarde la ambigüedad se evidencia en las amistades y en las logias que frecuenta Esteban en París. Este, al referirse a la gente que suele ir a esos lugares alude a la música de un compositor masón llamado "Mosar, o Motzarth, o algo parecido" (pág. 105).

En *El recurso del método*, obra de fuerte compromiso político, a la par que consumado ejemplo del arte literario de Carpentier, la ambigüedad es absoluta. La anfibología permite que el novelista analice, sin nombrar un país concreto, la vida social y política de Latinoamérica, los efectos de las dictaduras y la intervención estadounidense en las nuevas generaciones.

Esta ambigüedad en *El recurso del método* es el resultado de una serie de problemas y personajes sacados de la realidad latinoamericana que han sido situados en Europa y en América. Ya desde el comienzo de la obra se percibe la vaguedad en el *yo* narrador, quien al referirse a París y a su país los denomina con un *acá* y *allá,* respectivamente. Además, conforme avanza la obra, la inversión del *acá* y el *allá* confunden más de una vez pues, de pronto no se sabe si el personaje que habla está en París, Estados Unidos o el anónimo país del Primer Magistrado.

En cuanto a los personajes, la ambigüedad es aparente en la descripción física, si la hay, y en el nombre. Si se comienza con el Primer Magistrado, lo primero que se observa es que la vaguedad es casi total en su creación. El novelista ha reunido en él una serie de rasgos que no permiten colocarlo dentro de un país concreto. Sus acciones, su corrupción, su moral, su política, pertenecen a la realidad hispanoamericana pero no se le puede dar al Primer Magistrado un nombre y apellido que lo distingan de otros dictadores. Por eso, el novelista hace que a lo largo de la obra reciba títulos como Benemérito, Pacificador, Presidente, Dictador o Patriarca y, que sus descendientes carezcan de apelativo. De los demás personajes el más ambiguo es quizás El

Estudiante de quien nunca sabemos nombre, apellido, edad u origen exacto.

La combinación de lugares concretos —París, Nueva York— con los que se repiten o que no existen en la geografía latinoamericana —Nueva Córdoba, Puerto Araguato—; la imprecisión de tiempo y espacio en los sucesos, así como la caracterización de personajes es lo que hace que esta novela produzca el deseo de poder situar la obra en algún lugar y hasta poder adivinar quién es el Dictador, El Estudiante, el Cónsul o el Embajador. Pero es algo que nunca se logra y allí está el arte ambiguo de la obra. Lo que el novelista parece insinuar es que estos personajes siguen existiendo en la política hispanoamericana y que su extirpación será posible el día en que los políticos no busquen el poder o el lucro personal y los Estados Unidos dejen de intervenir en América Latina.

Niveles narrativos

A nivel narrativo, Carpentier es un novelista que experimenta con más de un punto de vista, la primera, segunda y tercera persona. En *El siglo de las luces,* a pesar de haber diálogos y monólogos predomina la narración en tercera persona. Es a través de un narrador omnisciente que nos enteramos de lo que hacen los personajes y de hechos que se han llevado a cabo. Aunque hay que notar que al final de la obra, indirectamente se les da la palabra a la encajera, al barbero, al médico, al librero, a la camarera y a la guantera, quienes ayudan a reconstruir la vida de Esteban y Sofía en Madrid.

Es en *El recurso del método* donde el novelista utiliza más de una persona narrativa. En esta obra, además del narrador omnisciente existe la primera y tercera persona del singular y la primera del plural. Por medio del *yo* se presenta la visión que el Primer Magistrado tiene de lo que sucede a su alrededor así como el contraste que existe entre la perspectiva que los demás tienen de su familia y lo que ésta realmente es. Claro ejemplo de esto último es la actitud cariñosa y considerada que, por ejemplo, percibe el Académico y la realidad que exterioriza el Primer Magistrado.

> Sus besos en mi frente habían sido de mera filfa y comedia propuestas a la admiración del visitante, pues ella, en realidad, jamás contaba con mi parecer o aquiescencia para hacer cuanto se le antojara. Conmigo usaba y abusaba, del terror que me inspiraban sus terribles cóleras, de súbito desatadas cuando yo pretendía oponerme a sus voluntades...
> (Pág. 28)

El *yo* se utiliza además para presentar los pensamientos interiores del personaje en momentos de tensión, cuando no puede o no desea expresar abiertamente lo que en realidad piensa. Tal es el momento en que el Déspota no acepta la ayuda militar que le ofrece el Embajador norteamericano, o cuando recuerda su caída desde París (pág. 267). Con el *nosotros,* Carpentier presenta los sucesos en que un narrador desconocido parece haber participado defendiendo las ideas del Primer Magistrado.

> Habíamos acosado al rebelde en una región de arenas movedizas a la que tuvo que replegarse, cada vez más abandonado por tropas en tal agobio de derrotas que se iban desatendiendo de discursos y de admoniciones, proclamas y repartos de aguardiente, para admitir... que se habían jugado una carta

> jodida, y quienes tenían el flux de baraja
> mayor éramos nosotros. (Pág. 135)

Pero, lo que predomina en *El recurso del método* es la narración en tercera persona del singular. El uso de este nivel narrativo permite que Carpentier haga una crítica mucho más efectiva ya que la narración está cargada de una fuerte ambigüedad e ironía.

Diálogo - Monólogo

El diálogo en la narrativa de Carpentier no suele ser un diálogo completamente directo; más bien se puede hablar de un diálogo indirecto o lo que Márquez Rodríguez llama "diálogo implícito"[67] y de un diálogo que tiende al monólogo.

En *El siglo de las luces* el poco uso del diálogo es indicio de la poca comunicación, el aislamiento y la soledad del hombre. Como lo que domina en la obra es la narración en tercera persona, el diálogo está indicado con el uso de guión o de comillas. Al comienzo de la obra a través del diálogo se hacen aparentes las enfermedades de Esteban, la impotencia de Sofía y Carlos para curarlo y el inicio de la amistad entre los primos, Hugues y Ogé.

> "¡Hay que hacer algo! —gritó Sofía—: ¡Hay
> que hacer algo...!" Víctor después de algunos
> minutos, de aparente indiferencia... pidió el
> coche, anunciando que iba por Alguien que
> podía valerse de poderes extraordinarios
> para vencer la enfermedad... "¡Pero... es un
> negro!", cuchicheó Sofía... al oído de Víctor.
> "Todos los hombres nacieron iguales", res-

---

[67] Márquez Rodríguez. *La obra narrativa de Alejo Carpentier*, pág. 200.

pondió el otro, apartándola con un leve empellón... "Dejen trabajar al médico —dijo Víctor...— Hay que acabar como sea con esa crisis" ... "C'est-ca" dijo Ogé, contemplando el minúsculo jardín... "Es posible que hayamos dado con la razón del mal", dijo, entregándose a una explicación que Sofía halló semejante, en todo, a un curso de nigromancia. (Págs. 43-45)

Más adelante y también a través del diálogo se pone de manifiesto la incomunicación entre Esteban y Hugues, a la par que se evidencia la soledad, corrupción y contradicciones de este último (pág. 127).

"Deja eso —le gritó el Agente por una ventanilla—. Acompáñame a Gozier..." Durante el trayecto habló de sucesos nimios... Ya en la playa... descorchó una botella de sidra inglesa, y, con tono pausado empezó a hablar. "Me echan de aquí, no hay otro modo de decirlo: me echan de aquí. Los señores del Directorio pretenden que yo vaya a París para rendir cuentas de mi administración. Y eso no es todo: viene un arrastrasables, el General Desfourneaus, para sustituirme, en tanto que el infame Perlady regresa triunfalmente" ... "Falta ahora que yo entregue el poder. Aún tengo gente conmigo." "¿Vas a declarar la guerra a Francia?", preguntó Esteban... "A Francia, no. Si acaso a su cochino gobierno." (Pág. 210)

Pero ese poco diálogo que hay entre Esteban y Víctor, alcanza, a veces, el nivel de soliloquio ya que Víctor más que hablar con Esteban parece hablar consigo mismo. La parte donde quizás se nota más el uso del diálogo es aquella en que Sofía se da cuenta de la falsedad de Víctor y se rebela porque no desea convertirse en una mujer como él. Entonces, el ritmo de la obra se acelera para así demostrar la pasión con que ambos personajes defienden sus posiciones (págs. 340-45).

El uso del monólogo interior indirecto, se relaciona principalmente con Esteban a quien más de una vez encontramos analizando, a solas, su papel en la revolución. En estos momentos, el lector percibe la lucha interior del personaje, pero ésta no nace directamente de Esteban, el narrador está presente para complementar la información que no proporciona el protagonista,

> "Soy un discutidor —admitía recordando lo que Víctor le había dicho unos días antes—. Pero discutidor conmigo mismo, que es peor" ... Esteban pasaba días dialogando, dentro de sí mismo, con un Víctor ausente, dándole consejos, pidiéndole cuentas, alzando la voz, en preparación mental de un soliloquio que tal vez no se trabaría nunca... (Págs. 130-131)

y que es necesaria para captar la soledad en que se encuentra y la comunicación que busca el personaje con los demás.

En *El recurso del método* el diálogo y el monólogo aparecen de forma directa e indirecta y en ambos casos, muchas veces aparecen marcados por un fuerte tono de ironía por parte del hablante o el narrador. El diálogo indirecto lo utiliza Carpentier para mostrar, de forma burlona, los apetitos sexuales del dictador (pág. 43), así como sus atropellos y sus abusos (pág. 52), su estrategia militar (pág. 53) y su condición física (pág. 86). Pero tal vez el mejor ejemplo de este tipo de diálogo se encuentre en el enfrentamiento verbal entre el Primer Magistrado y El Estudiante. Dicho momento es utilizado por el escritor para mostrar el conflicto ideológico entre hombres de un mismo origen humilde.

> —"Veo que le gustan los clásicos" —dijo El Estudiante. —"Más bien la cría de gallinas. No te olvides que soy hijo de la tierra... Acaso por ello..." Y calló perplejo ante el estilo que habría de adoptar en aquel diálogo: no valerse del estilo frondoso... —"¿Por qué me aborrece *usted* tanto? ... El Estudiante, harto enterado ya por el *usted* de la estrategia verbal del otro... —"Yo no lo aborrezco a *usted* Señor." —"Pero, 'obras son amores'" —dijo el Poderoso, sin alzar el diapasón—: "Las bombas no se tiran aquí contra los camareros del Palacio. Luego, hay odio, furia en *usted*." —"Nada contra *usted*, Señor." ... "Yo nada entiendo de explosivos." —"Bueno, *tú* no (rectificó) *usted*, no. Pero las colocan sus partidarios... (Págs. 237-238)

El larguísimo diálogo (págs. 237-43) sirve además para que el Dictador intente corromper a El Estudiante ofreciéndole dinero y una posición desahogada en Europa y para que éste se burle del Dictador y le haga ver que no todos los líderes tienen sus mismos propósitos materialistas.

El uso del monólogo interior alcanza su perfección absoluta en lo que se podría llamar el monodiálogo interior directo que antecede al enfrentamiento verbal entre el Primer Magistrado y El Estudiante. Aquí no se nota la intervención del narrador, el escritor ha dejado que los pensamientos de ambos personajes fluyan con una rapidez extraordinaria. Carpentier entra en el subconsciente de los protagonistas; pero lo hace de tal forma que logra que los pensamientos de uno sean la respuesta inmediata a lo que el otro ha pensado.

> Se miraban ambos: No sabe hasta que punto está en su papel/ más parece poeta provinciano que otra cosa/ ... hermosa indumentaria de relumbrón/ trajecito de "The Quality Shop"/ cara de nalga/ mejillas de niña/ ... las manos le tiemblan de alcohol/ tiene manos de pianista, pero debería limpiarse las uñas/ el Tirano clásico/ el Arcángel que fuimos todos/ hombre de vicios y porquerías: lo lleva en el semblante/ cara de muchacho que no se ha tumbado a muchas hembras: intelectual pajizo/ ... no me mires así que yo no bajaré la mirada/ a pesar de que es valiente no resistirá la tortura/ me pregunto si soportaría la tortura: ... le voy a ofrecer un trago/ no lo aceptará.../ ojalá me ofreciera un trago... (Págs. 236-237)

Este monodiálogo se va poco a poco exteriorizando hasta llegar al diálogo directo del que se habló anteriormente.

Tiempo y espacio

Carpentier es un escritor que normalmente no sitúa la acción de sus obras en un sólo lugar. Sus personajes parecen estar sometidos a una constante mutación de espacio y de tiempo. Es un autor que tanto en *El siglo de las luces* como en *El recurso del método* experimenta con el tiempo circular. Es decir con un tiempo donde el ayer se vuelve hoy, el hoy se torna futuro y éste en pasado. Con el uso del tiempo circular, lo que Carpentier intenta mostrar es la repetición de sucesos, personajes y problemas del hombre. En ambas obras, el lector vuelve al personaje con que se inició la obra y en el caso de *El recurso del método* al lugar también. El escritor mismo, al referirse al tiempo en su obra señala que, en la vida del hombre latinoamericano conviven el pasado, el presente y el futuro y que el novelista tiene que manejar este tiempo sin salirse de la realidad.[68]

Lo primero que se percibe en *El siglo de las luces* es la intemporalidad y la vaguedad del lugar en que es colocada la obra. Aunque más tarde los sucesos narrados sitúan la acción durante la Revolución Francesa, un ambiente atemporal que permite aplicar lo que se narra a más de una época ha sido establecido mucho antes. El constante movimiento en que viven los personajes así como sus actos apuntan a los cambios físicos y de ideales que ocurren en ellos. Lo primero se nota sobre todo en Víctor y Sofía. De Hugues, el novelista alude a su gordura en más de una ocasión, y de Sofía al desarrollo físico que se ha producido en ella mientras Esteban ha estado ausente.

En *El recurso del método* el espacio temporal en que se sitúa la acción de la obra es ambivalente. Si se toma en cuenta lo que Carpentier ha dicho sobre esta novela habría que decir que va de 1913 a 1927, pero la ambigüedad de los personajes o país del Dictador, así como el epílogo, permiten hablar de un período temporal anterior o presente. De las dos obras que aquí se analizan, es ésta en la que el novelista más experimenta con el tiempo circular. Esto se ve en la repetición de personajes como Ataúlfo Galván, Walter Hoffmann y Luis Leoncio Martínez. Con cada uno de ellos se termina un período que lleva exactamente a la misma situación. El lector siente además la sensación de que ese círculo no termina con Luis Leoncio

---

[68] Carpentier. *La novela latinoamericana en víspera de un nuevo siglo y otros ensayos,* págs. 154-156.

Martínez y que otro ocupará su lugar. O sea que en ambas obras la originalidad en el uso del tiempo está en la atemporalidad que adquieren tanto los personajes como los hechos que se narran.

Lo real-maravilloso

Lo real-maravilloso se da en *El siglo de las luces* y *El recurso del método* en sus dos aspectos, lo bello y lo feo. El novelista, para transmitir lo real-maravilloso, se vale de una serie de técnicas literarias que le permiten presentar la realidad del hombre americano. Márquez Rodríguez opina que el escritor de lo real-maravilloso se vale primordialmente de las estructuras literarias, el estilo y el lenguaje.[69] A esto habría que agregar que Carpentier, en su creación de la real-maravilloso, en las obras que aquí se estudian, va más allá de estos tres aspectos puesto que la complejidad del mundo que pretende presentar requiere además el uso de técnicas como las que se han analizado anteriormente, y de otras como el estilo y el lenguaje.

Lo real-maravilloso en *El siglo de las luces* resulta de la atmósfera creada por el autor, de la percepción que los personajes y el narrador tienen de la realidad así como de los sucesos que se relatan en la obra. Uno de los primeros ejemplos de lo real-maravilloso lo encontramos en la curación de Esteban. Carpentier parte de unos hechos concretos: Esteban padece una rara enfermedad que lo postra en cama; nadie ha podido curarlo, sólo lo logra un médico-brujo que, con sus remedios, hace volver miembros del cuerpo de Esteban a su lugar original. Ahora bien, lo maravilloso

---

[69] Márquez Rodríguez. *Lo barroco y lo real-maravilloso en la obra de Alejo Carpentier*, pág. 49.

no está sólo en esto, sino además en la manera que se
narra la curación y en el lenguaje descriptivo.

> ...algo asombroso ocurría al enfermo... Era
> como si Esteban fuese tragando cada toma
> de aire a sorbos cortos y con ese alivio le
> volvían las costillas y clavículas a su lugar,
> debajo y no por encima del propio contorno.
> "Así como hay hombres que mueren devora-
> dos por el Framboyán o por el Cardo del
> Viernes Santo —dijo Ogé—, éste era matado
> lamentablemente por las flores amarillas que
> se alimentaban de su materia." Y ahora,
> sentado ante el enfermo, apretándole las
> rodillas entre las suyas, le miraba a los ojos
> con imperiosa fijeza, mientras sus manos,
> llevando un ondulante movimiento de dedos,
> parecían descargarle un fluido invisible sobre
> las sienes... "Una tisana de ipeca y hojas de
> arnica cuando despierte", dijo el curandero,
> yendo a cuidar de la compostura de su traje
> ante un espejo... (Págs. 46-47)

En unas cuantas líneas, Carpentier ha reunido más de
una realidad, la enfermedad de Esteban y el mundo del
curanderismo y la brujería que aún hoy es tan patente
en la cultura hispanoamericana. El mundo científico
moderno y el del curanderismo, que por su inexplicabi-
lidad es frecuentemente rechazado por la ciencia, se
encuentra combinado en el médico-curandero-brujo
Ogé.

   A nivel histórico lo real-maravilloso resulta de la
combinación de lo cotidiano y el terror de la guillotina,
que se convierte en un hecho diario. Los horrores de la
dictadura, en este caso la de Víctor Hugues, se narran
de una manera estéticamente hermosa y para lograrlo,
Carpentier hace que la Plaza de la Victoria se convierta

en una especie de mercado al aire libre, donde la crueldad de la guillotina forma parte del comercio al venderse en miniaturas y donde los niños reciben directamente el influjo de esa violencia y la practican en los animales.

El gentío del mercado se fue mudando a la hermosa Plaza portuaria, con sus aparadores y hornillas, sus puestos esquineros y tenderetes al sol, pregonándose a cualquier hora, entre desplomes de cabezas ayer respetadas y aduladas, el buñuelo y los pimientos, la corosola y el hojaldre, la anona y el pargo fresco... El patíbulo se había vuelto el eje de una banca, de un foro de ejecuciones, de una perenne almoneda. Ya las ejecuciones no interrumpían los regateos, porfías ni discusiones. La guillotina había entrado a formar parte de lo habitual y cotidiano. Se vendían, entre perejiles y oréganos, unas guillotinas minúsculas, de adorno, que muchos llevaban a sus casas. Los niños, aguzando el ingenio, construían unas maquinillas destinadas a la decapitación de gatos. Una hermosa parda... ofrecía licores a sus invitados en unos frascos de madera, de forma humana, que al ser colocados en una báscula largaban los tapones... bajo la acción de una cuchilla de juguete, movida por un pequeño verdugo automáticamente. (Pág. 155)

Pero lo real-maravilloso en *El siglo de las luces* está no sólo en lo feo y asombroso, lo encontramos además en la naturaleza americana, cuya belleza es sentida y apreciada sobre todo por Esteban.

La más hermosa visión de la naturaleza aparece en el capítulo tercero donde se produce una especie de

diálogo entre el hombre y el mundo natural. Esteban
descubre un mundo no corrompido por el hombre; un
mundo todavía, en parte, innombrado. El encuentro de
Esteban con el orbe marino produce la sensación de
estar ante un paraíso:

> Esteban veía en las selvas de coral una
> imagen tangible, una figuración cercana...
> del Paraíso Perdido... Había playas negras,
> hechas de pizarras y mármoles pulverizados,
> donde el sol ponía regueros de chispas;
> playas blancas... tan esplendorosamente blan-
> cas que alguna arena, en ellas, se hubiese
> pintado como mancha... Maravilloso era, en
> la multiplicidad de aquellas Oceánidas, hallar
> la Vida en todas partes, balbucientes, re-
> toñando, reptando, sobre rocas desgastadas
> como sobre el tronco viajero, en una perenne
> confusión entre lo que era planta y era
> animal; entre lo llevado, flotado, traído y lo
> que actuaba por propio impulso... Esteban se
> maravilla al observar cómo, el lenguaje en
> estas islas, había tenido que usar de la
> aglutinación, la amalgama verbal y la metá-
> fora, para traducir la ambigüedad formal de
> las cosas que participaban de varias esencias.
> (Págs. 181-182)

Toda esta visión de la naturaleza en la que Carpentier
hace gala de un lenguaje poético, proporciona un
remanso alejado de los horrores de la dictadura y sirve,
a su vez, para mostrar la sensibilidad del personaje que
no logra adaptarse al mundo de Víctor Hugues.

En *El recurso del método* el novelista enfoca sobre
todo en lo inesperado, en lo feo de lo real-maravilloso.
Con gran maestría lingüística, Carpentier logra captar
y transmitir al lector los horrores de las dictaduras

latinoamericanas y lo hace de tal forma que aún hechos tan horribles como el de la masacre del Matadero Municipal o la matanza ocurrida en las calles de la ciudad por las fuerzas del orden son narradas con un goce increíble. Cabe notar que en el segundo suceso, Carpentier une lo bello con lo feo. Con la muerte del Déspota, la gente se echa a las calles gritando de felicidad y alegría por su libertad; pero ese momento es roto por la inesperada aparición de los camiones blindados que traen consigo el horror y la muerte.

> Y aquel día, a eso de las tres de la tarde empezaron a sonar muchos teléfonos. Unos, al principio intermitentes y desperdigados. Luego, más numerosos, más subidos de tono... Y las gentes se tiran a las calles; y los que se abrazan, y los que se ríen, y los que corren, se juntan, se aglomeran... se funden en masa, en enorme masa y claman "¡Viva la Libertad!" ... Ahora, ir hacia el centro cantando el Himno Patrio, el Himno de los Libertadores... Pero en eso aparecen los carros blindados de la 4ª Motorizada, abriendo fuego sobre la multitud... Caen granadas de la torre de la Telefónica, abriendo aullantes boquetes en la muchedumbre que, abajo, se aglomeraba en un mitin... Asoman sus bocas, en las esquinas, docenas de ametralladoras. Cerrando las avenidas avanzan ahora, lentamente, pausadamente, policías y soldados... Y ahora corren, huyen, las gentes despavoridas, dejando cuerpos y más cuerpos... Y las tropas avanzan, despacio, muy despacio, disparando siempre, pisando a los heridos que yacen en el piso, o rematando, a culata o bayoneta, al que se les agarra a las polainas y botas. (Págs. 262-63)

El siglo de las luces y *El recurso del método* representan un resumen de lo real-maravilloso en todos sus aspectos, ya que en ambas obras el novelista presenta lo cotidiano, lo inusitado, lo feo, lo hermoso y lo inexplicable.

Lengua y estilo

Desde el punto de vista estilístico, Alejo Carpentier es un novelista que plasma en su obra el vocabulario y el habla del hombre de América Latina. En *El siglo de las luces* y *El recurso del método* vemos a un autor que se ha emancipado de la tutela del español tradicional. Carpentier, partiendo de la realidad, crea su propio mundo y su propia lengua e introduce en la narrativa palabras de otros idiomas que han sido aceptadas en el habla hispanoamericana.

En su afán por captar la realidad hispanoamericana Carpentier intenta presentar el habla de todos los niveles sociales. En *El recurso del método,* sobre todo, lo mismo transmite el habla del Primer Magistrado que la de Luis Leoncio Martínez, el Embajador, Ofelia, Peralta o la popular y onomatopéyica expresión de la Mayorala. Por medio de la lengua, la estructura circular, la ironía, la creación de personajes, la ambigüedad y el diálogo y el monólogo, Carpentier consigue expresar la problemática del hombre hispanoamericano. Tanto en *El siglo de las luces* como en *El recurso del método,* capta la atención porque en ellas plantea una serie de problemas que afectan primordialmente a América Latina, pero que no son particulares de ella sino que se dan en otros continentes.

GABRIEL GARCIA MARQUEZ

Datos biográficos y su ideología política y literaria

Gabriel García Márquez[1] nace en Aracataca, Colombia el 6 de marzo de 1928. Procedente de una familia numerosa, García Márquez crece con sus abuelos maternos; el coronel Nicolás Márquez Iguarán y Tranquilina Iguarán Cotes quienes según Vargas Llosa, eran primos hermanos y constituían la familia más eminente de la aristocracia de Aracataca.[2] Estos dos personajes tienen una gran influencia en la formación personal y literaria del escritor colombiano.

Durante su niñez, Gabriel García Márquez vive en un mundo un tanto irreal donde no existe una frontera bien definida entre el orbe de los vivos y de los muertos. En varias entrevistas el escritor ha insistido en el hecho de que mientras vive con sus abuelos, doña Tranquilina Iguarán le narra los sucesos más fantásticos

---

[1] Para la biografía y formación literaria de García Márquez véanse sobre todo: Mario Vargas Llosa. *García Márquez: Historia de un deicidio* (Barcelona: Barral Editores, S. A., 1970). Gabriel García Márquez y Mario Vargas Llosa. *La novela en América Latina: Diálogo* (Perú: Carlos Milla Batres/Ediciones, 1967). Gabriel García Márquez y Plinio Apuleyo Mendoza. *El olor de la guayaba* (Bogotá: Editorial la Oveja Negra Lta., 1982). Ernesto González Bermejo. *Cosas de escritores. Gabriel García Márquez, Mario Vargas Llosa, Julio Cortázar* (Montevideo: Biblioteca en Marcha, 1971). Raymond Williams L. *Gabriel García Márquez* (Boston: Twayne Publishers, 1984).

[2] Vargas Llosa. *García Márquez: Historia de un deicidio,* pág. 13.

e irreales como si formaran parte de la vida cotidiana. Al recordar su infancia con sus abuelos García Márquez dice:

> De día, el mundo mágico de la abuela me resultaba fascinante, vivía dentro de él, era mi mundo propio. Pero en la noche me causaba terror... El del abuelo en cambio, era para mí la seguridad absoluta dentro del incierto de la abuela. Sólo con él desaparecía la zozobra, y me sentía con los pies sobre la tierra y bien establecido en la vida real. Lo raro... es que yo quería ser como el abuelo —realista, valiente y seguro—, pero no podía resistir la tentación constante de asomarme al mundo de la abuela.[3]

La convivencia con el abuelo, que ha participado en las guerras civiles del lado liberal, permite a García Márquez entrar en contacto con el mundo de los liberales y lo que quedaba de los norteamericanos en su región de origen.[4] A través de él escucha las diferentes versiones, ambiguas todas, sobre la masacre de los trabajadores de la Ciénaga en 1928. Pero el influjo de su abuelo durante su niñez va más allá, él es quien lo introduce al fantástico mundo del circo y de los gitanos.

Al morir su abuelo, García Márquez, que tiene 8 años de edad, va a vivir con sus padres. A los doce años va a Barranquilla para asistir al colegio y después a Zipaquirá. En 1946 termina el bachillerato y en 1947

---

[3] García Márquez y Apuleyo Mendoza, *El olor de la guayaba,* pág. 15.

[4] Ibid., págs. 9-11. Críticos como Apuleyo Mendoza y Vargas Llosa subrayan que cuando nace García Márquez quedan aún huellas de la United Fruit Co. que llevó a Colombia un período de apogeo y derroche pero también la ruina y abandono posterior.

ingresa en la Facultad de Derecho de la Universidad Nacional de Bogotá, donde sólo dura un año.

De acuerdo con Vargas Llosa, García Márquez se inicia como escritor en 1947 con el cuento "La tercera resignación", que salió en *El Espectador,* periódico que entre 1947 y 1952 le publica diez cuentos más.[5] En 1950 en un viaje a Barranquilla conoce a Alfonso Fuenmayor, Alvaro Cepeda Samudio, Germán Vargas y Ramón Vinyes. Su encuentro con estos hombres le influye tanto que se traslada a vivir a Barranquilla donde trabaja para *El Heraldo* viviendo, debido a su escaso sueldo (3 pesos), en un cuartucho de un edificio llamado "El Rascacielos" que era realmente un burdel. Pero se reúne diariamente con sus amigos en el "Café Happy" y en la librería "Mundo" donde lee a los novelistas modernos.[6] Su amistad con los que posteriormente se han conocido como el Grupo de Barranquilla es decisiva en la formación del escritor ya que junto a ellos descubre la vida y la literatura.

Su labor como periodista le ha permitido viajar por varios países. En 1957 visita, con su amigo Plinio Apuleyo Mendoza, los países socialistas y Rusia. Ese mismo año, estando en Londres es contratado para trabajar en Caracas para la revista *Momento.* En marzo de 1958 viaja a Barranquilla para casarse con Mercedes Barcha.

En 1959 va a Cuba a cubrir lo que Fidel Castro llamó "la Operación Verdad". Allí, de acuerdo con Vargas Llosas, García Márquez se torna firme defensor de la Revolución Cubana.[7] Su adhesión a dicho movimiento se evidencia al aceptar hacerse cargo, junto con Apuleyo Mendoza, de la oficina de Prensa

---

[5] Vargas Llosa. *García Márquez: Historia de un deicidio,* pág. 33.

[6] *Ibid.,* págs. 36-37.

[7] *Ibid.,* pág. 60. Castro invita a gente y periodistas a observar el juicio de Sosa Blanco. Según Vargas Llosa, este juicio permite a García Márquez documentarse en los hombres de la dictadura de Batista.

Latina en Colombia.[8] En 1961 es enviado como subjefe a Nueva York donde debe trabajar bajo una gran tensión a causa de las amenazas constantes por parte de refugiados cubanos. Por motivos políticos y en apoyo al director de Prensa Latina, Jorge Ricardo Masseti, García Márquez renuncia a su puesto[9] y parte para México donde inicialmente trabaja dirigiendo las revistas *La familia* y *Sucesos* y después para la agencia de publicidad "Walter Thompson".

En 1965, García Márquez empieza a escribir *Cien años de soledad* (1967), novela que le proporcionará la fama internacional. Además de su labor como periodista García Márquez ha escrito: *La hojarasca* (1955), "Monólogo de Isabel viendo llover en Macondo" (1955), *El coronel no tiene quien le escriba* (1958), *Los funerales de Mamá Grande* (1962), *La mala hora* (1962), *Cien años de soledad* (1967), "Un hombre viejo con unas alas enormes" (1968), "Blacamán el bueno, vendedor de milagros" (1968), "Relato de un náufrago" (1970), *La increíble historia de la cándida Eréndira y de su abuela desalmada* (1972), *El negro que hizo esperar a los ángeles* (1972), *Cuando era feliz e indocumentado* (1974), *El otoño del patriarca* (1975), *Operación Carlota* (1977), *Crónica de una muerte anunciada* (1981), *La aventura de Miguel Littín clandestino en Chile* (1986) y *El general en su laberinto* (1989).

García Márquez es un hombre de izquierdas que si bien forma parte del Partido Comunista a los 22 años,

---

[8] *Ibid.* De acuerdo con Vargas Llosa, Prensa Latina se forma debido a las deformaciones de los hechos revolucionarios por parte de la prensa norteamericana.

[9] Durante 1961 se produce en Cuba lo que se ha conocido por "el año del sectarismo". Plinio Apuleyo Mendoza señala que durante este año los miembros del antiguo Partido Comunista acaparan puestos claves en el gobierno y atacan a Massetti hasta que éste cae como director de Prensa Latina que se opone abiertamente al sectarismo. Señala además que muchos periodistas que compartían sus ideas revolucionarias renuncian a sus puestos. En *El olor de la guayaba, op. cit.*

se considera más simpatizante que militante de dicho
partido. Es un escritor que cree en la alternativa del
socialismo u otras siempre que éstas sean propias de los
países latinoamericanos y no meras copias de lo que se
hace en otros lugares. Piensa que Centro América y el
Caribe están en un período histórico de madurez que
les puede permitir salir de su estancamiento tradicional,
pero también está consciente de que los Estados
Unidos no lo permiten porque eso implicaría una
renuncia a unos privilegios muy antiguos y desmesura-
dos.[10]

Aunque a nivel personal García Márquez es un
individuo alta y abiertamente comprometido, desde el
punto de vista literario no cree en la literatura de
denuncia o lo que se ha llamado novela social porque
ese mundo es limitado y no ha servido de nada en el
aspecto político. Piensa además que los hispanoamericanos esperan algo más que la revelación de opresiones
e injusticias que conocen de sobra.[11] Para García
Márquez:

> ...la gran contribución política del escritor es
> no evadirse ni de sus convicciones ni de la
> realidad, sino ayudar a que a través de su
> obra, el lector entienda mejor cuál es la
> realidad política y social de su país o de su
> continente y creo que es esa una labor
> política positiva e importante y creo que esa
> es la función política del escritor. Esa y nada
> más, como escritor; ahora, como hombre,
> puede tener una militancia política y no sólo
> puede tenerla sino que debe tenerla, porque
> es una persona con audiencia y entonces

---

[10] *Ibid.,* págs. 101-108.
[11] *Ibid.,* pág. 61.

debe aprovechar esa audiencia para ejercer una función política.[12]

García Márquez ve la novela como una transposición poética de la realidad y, en su opinión, todas sus novelas están basadas en ella.[13] Piensa además que los novelistas son autores de un sólo tema y que el suyo es *la soledad*. Por eso al referirse a la progresión de su narrativa señala que en todos sus libros anteriores a *Cien años de soledad* hay una búsqueda:

> En realidad, uno no escribe sino un libro. Lo difícil es saber cuál es el libro que uno está escribiendo. En mi caso lo que más se dice es que es el libro de Macondo. Pero si lo piensas con cuidado, verás que el libro que yo estoy escribiendo no es el libro de Macondo, sino el libro de la soledad.[14]

En la creación de su mundo novelístico García Márquez parte de la realidad latinoamericana; pero es una realidad en la que se unen las creencias y las leyendas porque él no cree que la realidad se limite a las matanzas de los policías sino que abarca la historia, la vida cotidiana con los triunfos y fracasos de la gente.[15] Este concepto de la realidad, así como las técnicas utilizadas en sus cuentos y novelas es lo que hace de García Márquez un escritor del realismo mágico. En sus obras se percibe una doble realidad, la artística y la político-social. García Márquez es un escritor que se preocupa no sólo por la autenticidad política y social

[12] Fernández-Braso, Miguel. *La soledad de Gabriel García Márquez. (Una conversación infinita)* (Barcelona: Editorial Planeta, S. A., 1972), pág. 93.
[13] García Márquez y Apuleyo Mendoza. *El olor de la guayaba,* págs. 35-37.
[14] González Bermejo, pág. 18.
[15] *Ibid.,* págs. 23-25.

de Colombia sino de América Latina y del mundo en general. Sus obras parten de una realidad inmediata y, hasta si se quiere, local, pero el trato artístico que recibe esa realidad la eleva a un nivel universal que abarca la problemática del hombre contemporáneo.

Cien años de soledad. El otoño del patriarca. Temas

Dada la extensión y complejidad de la obra de García Márquez, este estudio se limitará al análisis de *Cien años de soledad* y *El otoño del patriarca,* novelas que se consideran claves[16] en la narrativa de este autor. Por motivos de espacio es necesario ceñirse a temas como: la soledad, la incomunicación, la falta de identidad, la dictadura, la intervención extranjera, y las guerras civiles. Desde el punto de vista técnico se estudiarán: la estructura, el uso del tiempo y el espacio, la ironía, los niveles narrativos, la ambigüedad, el realismo mágico y la creación de personajes. Y aunque los protagonistas de *Cien años de soledad* no son continuación de *El otoño del patriarca,* hay temas y técnicas que unen a las obras y que muestran un desarrollo de una a otra novela. Por lo tanto, cada tema y técnica se analizará al mismo tiempo, si aparece en los dos libros.

Argumento de las obras

Considerada como la obra maestra de García Márquez y por algunos, de la literatura hispanoameri-

---

[16] Estas obras son claves porque muestran dos facetas del escritor. Parece que *Cien años de soledad* representa la culminación de técnicas y estilo que ya se anunciaba en novelas y cuentos anteriores. Esta novela es, al mismo tiempo, un resumen de los temas que han preocupado a García Márquez y la obra donde Macondo adquiere una autonomía e individualidad propia. Con la publicación de *El otoño del patriarca* García Márquez, manteniendo la calidad artística y un estilo inconfundible, muestra otra faceta de su narrativa. Su obra se torna más poética, más experimental, a la par que, más política.

cana, *Cien años de soledad* narra la historia de seis generaciones de los Buendía y paralelamente la fundación y desarrollo de Macondo, lugar que ha sido visto como un símbolo de la creación del mundo, de una civilización o como la metáfora de Colombia y América Latina.[17]

José Arcadio Buendía y Ursula Iguarán, primos hermanos, se casan en contra de la voluntad de sus familiares, quienes temen que engendren hijos con cola de cerdo, pero a José Arcadio no le importa "tener cochinitos, siempre que puedan hablar". Su mujer, atemorizada por esa idea se niega a consumar la unión. Empiezan a correr rumores de que al año de casados Ursula continúa siendo virgen porque José Arcadio es impotente. Esto empieza a molestar a José Arcadio pero Ursula logra calmarlo diciéndole que ellos saben que no es así. Siguen así hasta que durante una pelea de gallos, después de haber perdido, Prudencio Aguilar le echa en cara su aparente incapacidad. Enfurecido, José Arcadio Buendía lo reta a muerte; muere Prudencio Aguilar y esa misma noche se consuma su matrimonio. El asunto es catalogado como un drama de honor pero a José Arcadio y a Ursula les queda el remordimiento. Además, el muerto continúa regresando hasta que José Arcadio le promete que se irán lejos del pueblo. Es así como José Arcadio y Ursula, seguidos de otros jóvenes del pueblo atraviesan la sierra en busca de una tierra *no* prometida y fundan Macondo. Una vez establecidos allí, el desarrollo del pueblo

---

[17] Bolletino, Vicenzo ve la obra como la culminación de una metáfora tras la cual se esconden Colombia y Latinoamérica, en su obra, *Breve estudio de la novelística de García Márquez* (Madrid: Playor, S. A., 1973). Solá, Graciela de, en su libro, *Claves simbólicas de García Márquez* (Buenos Aires: Fernando García Cambeiro, 1977), ve a José Arcadio Buendía como un Abraham y Cristo histórico que lleva a los primeros fundadores de Macondo a la Tierra Prometida. Otro crítico que ve *Cien años de soledad* como la metáfora total de Colombia es Oviedo, José Miguel en su artículo: "Macondo: un territorio mágico y americano", en *Nueve asedios a García Márquez* (Santiago de Chile: Editorial Universitaria, S. A., 1969).

estará fuertemente vinculado al crecimiento de la familia Buendía quien, generación tras generación, advertirá a sus descendientes el peligro de casarse entre parientes y la posibilidad de procrear hijos con cola de cerdo hasta que al cumplirse los cien años, cuando ya nadie puede prevenir al último Aureliano y a Amaranta Ursula, se cumple lo que Ursula tanto temía y lo que Melquíades ha pronosticado en su libro sobre los Buendía, escrito en sánscrito y descifrado por Aureliano.

Paralela a esta historia está la del pueblo de Macondo, una especie de paraíso donde la gente vive feliz sin leyes ni religión establecida hasta que se empieza a introducir la civilización, primero a través de los gitanos y después con la ruta hallada por Ursula; con lo cual se concluye que Macondo no está rodeado por el mar. Este camino trae el comercio de fuera, el desarrollo del pueblo, y, con la llegada de Rebeca, la fiebre del insomnio. Al terminar la peste, Ursula se da cuenta de que el tiempo ha pasado, y que la familia ha crecido. Emprende la ampliación de la casa y al terminar llega, sin hacer ruido, la primera autoridad de fuera —Apolinar Moscote. José Arcadio Buendía se rebela ante la primera orden del Corregidor porque ve su llegada y sus leyes como una amenaza para la tranquilidad del pueblo y lo echa de Macondo. Moscote se va, pero regresa con los soldados y más tarde lleva la religión.

Con la llegada del tren, la luz eléctrica y el cine llega también el caos y la intervención extranjera a Macondo. Con el progreso, la invasión de forasteros y la United Fruit Co., se entra en un período de opresión y explotación en que se le niega al hombre el derecho a expresar libremente sus ideas políticas y laborales. Ante la imposibilidad de seguir explotando a la gente, la compañía bananera deshace todo y se marcha, dejando detrás de sí un pueblo en ruinas. El deterioro del pueblo coincide con la muerte de Ursula un jueves santo después de la lluvia, entre los 115 y 120 años. La desaparición de esta mujer y poco después la de Pilar Ternera cierra un período. Con el regreso de Amaranta Ursula, se inicia el de la ruina total.

El otoño del patriarca es una novela que, tras el éxito de Cien años de soledad, fue esperada con gran expectación. Aunque García Márquez la considera su mejor novela, no ha recibido la misma atención que Cien años de soledad. Esto se debe tal vez a que El otoño del patriarca es una obra más poética, más trabajada, más compleja, y a la vez, de una denuncia política mucho más fuerte. Si Cien años de soledad puede leerse como una obra de arte pasando por alto la denuncia del autor, en El otoño del patriarca esto es imposible puesto que, aunque sigue existiendo la nota de humor y de ironía, el escritor requiere no sólo la participación activa sino además una familiaridad con los problemas sociales y políticos que afectan a su país, a Hispanoamérica y al mundo en general.

En El otoño del patriarca (1975) García Márquez rompe completamente con la unidad de tiempo y espacio para, por medio de narradores múltiples, contar la vida y formación de un longevo y "anónimo" dictador. García Márquez crea primeramente un mundo que ha sido dominado por las jerarquías sociales y militares. La gente ha vivido tantos años bajo el poder del patriarca que ahora, cuando al fin lo encuentran muerto, no lo pueden creer. Y no lo pueden creer porque su muerte se ha simulado anteriormente colocando su cuerpo tal y como se ha pronosticado que moriría. Su gobierno ha sido escandaloso y desordenado; es un hombre que ha regido más con su presencia que con leyes escritas puesto que al subir al poder no sabe ni leer ni escribir. Su régimen ha sido primitivo y simple pero opresivo a la vez. Su origen es ambiguo; su madre, Bendición Alvarado ha ejercido el oficio de pajarera y prostituta. No se sabe quién ha sido el padre del déspota; es más, existe la posibilidad de que su madre no se llame ni siquiera Bendición Alvarado.

El poder que ha adquirido el patriarca conlleva la soledad puesto que la ambición de los militares que lo rodean hacen de él un hombre básicamente desconfiado y tremendamente astuto para averiguar quiénes son aquéllos que lo traicionan. Su gobierno ha sido mantenido gracias al apoyo de la religión y potencias extranjeras, entre ellas los Estados Unidos, a quienes se ve obligado, a causa de la deuda externa y la ruina nacional, a ceder el mar. Al final, el anónimo déspota termina por aislarse para que los demás no se den cuenta de su decrepitud y le tengan lástima. Vive condenado a la soledad, muere solo y ajeno a las muchedumbres que celebran su muerte, su libertad, y anuncian que el tiempo de la eternidad ha terminado.

Tanto en *Cien años de soledad* como *El otoño del patriarca,* García Márquez, sin abandonar la parte artística de la obra, presenta una serie de problemas que afectan al hombre contemporáneo. Partiendo de la realidad latinoamericana el novelista muestra los efectos de la soledad, la dictadura, la intervención extranjera y las guerras civiles en el individuo.

Lo histórico

Lo histórico es algo que, sobre todo en *Cien años de soledad,* no es obvio ya que el novelista no intenta escribir una novela social o histórica. En la narrativa de García Márquez dicho tema aparece como trasfondo y para quien no esté familiarizado con la historia de Colombia y América Latina muchos de los sucesos pasan desapercibidos porque, en su proyección de los sucesos, García Márquez no proporciona lugares ni fechas concretos. En su aproximación a la realidad

histórica de Hispanoamérica el novelista fusiona la
realidad con la fantasía, exagera la magnitud de los
hechos y los altera de tal forma que una misma
realidad histórica pueda ser adaptada a más de un país.

En *Cien años de soledad* García Márquez, al
combinar hechos históricos de Colombia con la vida de
los Buendía, crea un mundo maravilloso donde los
acontecimientos que se narran adquieren un aura de
ambigüedad e irrealidad. Raymond Williams, al referirse
al aspecto histórico de la obra señala que:

> At the historical level, the novel can be read
> as a history of Colombia, the history of Latin
> America, or even the history of humanity. As a
> history of each of these entities, Macondo
> completes an entire cycle: birth, development,
> prosperity, decadence and death.[18]

Si se toma como punto de partida la realidad
histórica de Colombia, pronto nos damos cuenta de
que García Márquez se detiene ante todo en las guerras
entre los liberales y los conservadores y la intervención
norteamericana a principios del siglo XX. Aunque a
primera vista se tiene la sensación de que los acontecimientos y personajes han sido completamente alterados,
una lectura cuidadosa permite observar que García
Márquez no se ha apartado mucho de la realidad
histórica y que lo que hace en su novela es rechazar la
versión oficial (por ejemplo de la huelga de 1928), paro
en el que, de acuerdo con Graciela de Solá, interviene
el ejército para deshacer la reunión, produciéndose una
masacre de la que nunca se ha llegado a saber el
número exacto de muertos porque el régimen militar
impidió a los periodistas entrar en la zona.[19] Si se parte

---

[18] Williams, Raymond L. *Gabriel García Márquez* (Boston: Twayne
Publishers, 1984), pág. 79.
[19] Solá, Graciela de, pág. 67.

de esta base, es posible observar que algo similar ocurre en *Cien años de soledad.* En la novela, los empleados de la compañía bananera piden mejoras en las viviendas, los servicios médicos, y condiciones de trabajo dignas, pero sus voces son acalladas, primero por los abogados y después con la matanza. Sin embargo, el gobierno, por decreto, impone su verdad oficial: la gente se ha retirado pacíficamente a sus casas y no ha habido masacre alguna. Y, con el tiempo, la gente olvida o duda que tal suceso haya ocurrido en realidad.

Sin embargo, la manera en que García Márquez enfoca la lucha entre liberales y conservadores, así como su presentación de la huelga y la masacre, le permite adquirir un nivel mucho más amplio, más universal. Las guerras civiles bien pueden simbolizar esa eterna lucha entre liberales y conservadores en América Latina y otros países puesto que, a fin de cuentas, lo que los liberales han buscado, sobre todo en Latinoamérica, es la separación de Iglesia y Estado, libertad de expresión, el derecho a una educación para todos, libertad de religión y repartición de tierras.

En *El otoño del patriarca* el aspecto histórico adquiere un carácter más complejo. Partiendo de la realidad latinoamericana García Márquez nos presenta una de las realidades históricas que han estancado el desarrollo cultural, social y político de más de un país hispano. Nos parece que la yuxtaposición de tiempo y espacio en *El otoño del patriarca* permite al novelista situar su obra en más de una época ya que lo que él parece insinuar es que la dictadura es un hecho histórico que ha afectado la vida del hombre latinoamericano desde los tiempos de la conquista. En *El otoño del patriarca* el autor reúne los rasgos generales de cualquier dictador del mundo hispano al igual que de los peores dictadores universales.

Por lo tanto se puede decir que la historia en la

obra narrativa de García Márquez es recreada para, de
esta manera, testimoniar los efectos de las guerras
civiles, las huelgas, las dictaduras y el imperialismo, en
el hombre contemporáneo.

Aislamiento → Soledad → Falta de comunicación

Si existe un tema que predomine en la obra
narrativa de García Márquez, es el aislamiento y la
soledad; de ahí que uno de los aspectos que más
destaque en *Cien años de soledad* y *El otoño del
patriarca* sea el aislamiento geográfico de Macondo y
del anónimo país del dictador así como el aislamiento
y la soledad en que viven los personajes de ambas
obras.

En *Cien años de soledad* el aislamiento y la soledad
son fenómenos que aquejan la vida de los personajes a
todos los niveles y su efecto se deja sentir tanto en los
vivos como en los muertos. Carmen Arnau, al referirse
a esta novela explica que:

> *Cien años de soledad* es la condena de un
> autor o el destino de unos personajes que
> tienen un tiempo límite: cien años (número
> tan redondo como impreciso), caracterizados
> por la soledad. Esta "soledad", común deno-
> minador de las obras de García Márquez,
> que reviste en *Cien años...* mil y una formas
> y motivaciones: soledad de la decrepitud,
> soledad de la adolescencia, soledad del poder,
> soledad del miedo, soledad de las parrandas,
> soledad del amor..., todo es soledad.[20]

---

[20] Arnau, Carmen. *El mundo mítico de Gabriel García Márquez*
(Barcelona: Ediciones Península, 1971), pág. 71.

Un análisis detallado de la obra permite deducir que la soledad y el aislamiento en *Cien años de soledad* se suscita por la falta de comunicación y solidaridad que existe entre los protagonistas, seres que *hablan* con los demás pero no *transmiten* sus verdaderas ideas o sentimientos. Y, al no poder expresar sus deseos, sus emociones y sus dudas, estos hombres y mujeres terminan por aislarse construyendo un mundo al que pocos, o nadie tiene acceso.

La soledad es un fenómeno que, de acuerdo con el tipo de soledad y personaje de quien se hable, adquiere diversos niveles de intensidad. Tal parece que la soledad más profunda es aquella que resulta de la imposibilidad de alcanzar o consolidar una relación amorosa. No es que los personajes estén incapacitados para amar, lo que sucede es que existe una serie de obstáculos y tabúes que les impiden realizar sus propósitos amorosos. El primer obstáculo con el que se encuentran los Buendía es la atracción que existe entre miembros del mismo clan y la amenaza latente del nacimiento de hijos con cola de cerdo. Ante la imposibilidad de hallar solución a los problemas, los hombres buscan sustitutas que alivien un poco su soledad amorosa, pero contra lo que esperan, su soledad se torna mucho más intensa y caótica. Este es el caso de José Arcadio quien, al tener su primera experiencia con Pilar Ternera imagina que la está teniendo con Ursula.

> Permaneció inmóvil un largo rato, preguntándose asombrado cómo había hecho para llegar a ese mundo de desamparo, cuando una mano con todos los dedos extendidos, que tanteaba las tinieblas, le tropezó la cara... Entonces se confió a aquella mano, y en un terrible estado de agotamiento se dejó llevar a un lugar sin formas donde le

quitaron la ropa y lo zarandearon como un costal de papas y lo voltearon al derecho y al revés, en una oscuridad insondable... donde ya no olía más a mujer, sino a amoníaco y donde trataba de acordarse del rostro de ella y se encontraba con el rostro de Ursula, confusamente consciente de que estaba haciendo algo que desde hacía mucho tiempo deseaba que se pudiera hacer..., y sintiendo que no podía resistir más el rumor glacial de sus riñones y el aire de sus tripas, y *el miedo, y el ansia atolondrada de huir y al mismo tiempo de quedarse para siempre en aquel silencio exasperado y aquella soledad espantosa.*[21]

José Arcadio es quizás el único personaje que logra, temporalmente, superar su soledad amorosa, primero con Pilar Ternera, después con la joven gitana y las prostitutas y finalmente con Rebeca. Es también él quien rompe con el tabú de no poder casarse con parientes. Esta rebelión, más que el amor y la felicidad, trae consigo el aislamiento, la soledad y finalmente la muerte. El aislamiento es inmediato, pues al ir en contra de su voluntad, Ursula, quien considera a Rebeca miembro de la familia, los echa de casa. Ambos viven solos, aislados de los demás y es esto precisamente lo que imposibilita conocer las causas exactas de su muerte.

Como José Arcadio, otros varones de la familia se sentirán atraídos por las mujeres (Arcadio por su madre, Pilar Ternera, José Arcadio, el hijo de Aureliano II y Aureliano José por Amaranta y el último

---

[21] García Márquez, Gabriel. *Cien años de soledad* (Buenos Aires: Editorial Sudamericana, S. A., 1974), págs. 30-31. Todas las citas referentes a esta obra irán en el texto.

Aureliano por Amaranta Ursula) e intentarán aliviar su soledad amorosa pero, se puede afirmar que nunca lo logran, pues José Arcadio, al morir en la alberca, sigue pensando en Amaranta aún después de muerto.

La soledad amorosa de los personajes femeninos adquiere matices distintos y donde más se nota es en Rebeca, Amaranta y Fernanda del Carpio. La de Rebeca es producida primero por la ausencia de Pietro Crespi y la espera de cartas. Su solución será encerrarse en sí misma, no hablar a nadie de su problema y comer tierra.

> Rebeca esperaba el amor a las cuatro de la tarde bordando junto a la ventana. Sabía que la mula del correo no llegaba sino cada quince días, pero ella la esperaba siempre, convencida de que iba a llegar un día cualquiera por equivocación. Sucedió todo lo contrario: una vez la mula no llegó la fecha prevista. Loca de desesperación, Rebeca se levantó a media noche y comió puñados de tierra en el jardín, con una avidez suicida, llorando de dolor y de furia, masticando lombrices tiernas y astillándose las muelas con huesos de amanecer. Se hundió en un estado de postración febril, perdió la conciencia, y su corazón se abrió en un delirio sin pudor. (Pág. 63)

La envidia y rencor de Amaranta resultan en constantes postergaciones del matrimonio y mantienen a Rebeca en una terrible soledad hasta el regreso de José Arcadio, con quien se casa. Sin embargo, se puede decir que en este matrimonio, más que amor, hay atracción sexual y la unión entre ellos conlleva la soledad y el aislamiento de los demás. Rebeca, tras matar a José Arcadio, se encierra en la más absoluta soledad, perdiendo toda la noción de lo que pasa en Macondo y del tiempo que transcurre.

De las mujeres, la más sola de todas es Amaranta, mujer que casi siempre desea lo que no puede conseguir y cuando finalmente lo logra, lo rechaza. Se siente atraída por Crespi, pero cuando lo conquista no acepta su propuesta de matrimonio. Su soledad es mucho más dolorosa porque es la mujer que más se siente atraída hacia los varones de la familia, y la que al mismo tiempo está más consciente de la imposibilidad de sus relaciones. Se puede decir que Amaranta no se casa con Crespi porque se siente atraída por Aureliano José a quien ha criado como una madre y que si el incesto no se consuma cuando éste vuelve de la guerra, esto no se debe a la falta de atracción, sino al *miedo* por parte de ella, quien un día cierra la puerta con llave para que Aureliano José no pueda entrar. Y ese mismo tipo de cariño sentirá por José Arcadio a quien acariciará, mientras lo baña, como a un hombre. Su soledad es tal, que para pasar el tiempo fabrica su propia mortaja mientras espera la muerte. En ella, por lo tanto se da la soledad amorosa y la soledad del miedo a consumar la "maldición" que se cierne sobre su familia.

La soledad de Fernanda del Carpio es ante todo el resultado de la falta de comunicación y el deseo de imponer unos valores y costumbres que no concuerdan con los de los Buendía. Su excesiva rigidez en el aspecto sexual lleva a su marido a buscar la compañía de Petra Cotes, en quien encuentra la mujer y compañera. Y, así como aleja al esposo, la familia se va apartando de ella, a regañadientes "aceptan" algunas de sus costumbres y remilgos caseros pero en el fondo nadie se adapta a sus antiguas y austeras tradiciones y, en más de una ocasión, Amaranta y Amaranta Ursula se mofan de sus aires de "reina".

En *Cien años de soledad* se empieza a dar ya la soledad del poder en personajes como Aureliano quien, aunque en principio lucha contra el conservadurismo, hay momentos en que el poder que ha adquirido lo vuelven insensible y cruel y no permite que nadie, ni siquiera su madre, se le acerque a tres metros de distancia. El poder lo embriaga y el caos de la guerra lo torna un tanto indiferente y, de no ser porque hasta el final lucha contra los conservadores, se podría ver en él ya un antecedente del patriarca. Esto es evidente por ejemplo cuando se da cuenta del peligro que el general Teófilo Vargas representa para los liberales. El no da la orden de que lo maten, pero este hombre aparece despedazado a machetazos y él asume el mando del poder central.

> La embriaguez del poder empezó a descomponerse en ráfagas de desazón. Buscando un remedio contra el frío, hizo fusilar al joven oficial que propuso el asesinato del general Teófilo Vargas. *Sus órdenes se cumplían antes de ser impartidas, aún antes de que él las concibiera, y siempre llegaban más lejos* de donde él se hubiera atrevido a hacerlas llegar. Extraviado en la soledad de su inmenso poder, empezó a perder el rumbo. Le molestaba la gente que lo aclamaba en los pueblos vecinos, ya que le parecía la misma que aclamaba al enemigo. (Pág. 146)

La diferencia entre Aureliano y el patriarca consiste en que el primero termina por rechazar el poder (págs. 147-49), mientras que el último vive en la soledad del poder.

La identidad

El tema de la identidad individual y nacional es algo que ha preocupado a más de un escritor hispanoamericano contemporáneo. En la narrativa de García Márquez esto se hace patente en *Cien años de soledad* y *El otoño del patriarca* novelas en que, por diversas circunstancias, el hombre llega a perder su individualidad propia.

En *Cien años de soledad,* la lucha del hombre por mantener su identidad se proyecta a través de los Buendía, quienes defienden la individualidad de Macondo y la identidad familiar. El primer signo por mantener una identidad se manifiesta a través de la peste del insomnio. El efecto que tiene este fenómeno en el individuo es quitarle el sueño, borrar los recuerdos de la infancia y hacerle olvidar los nombres de las cosas. Con el tiempo, la gente se acostumbra a dormir, se toman precauciones para no contaminar a los que vienen de fuera; pero el hombre termina por acostumbrarse a reorganizar su vida de acuerdo a la situación. Contra esto es lo que Aureliano y José Arcadio luchan, contra la apatía e indiferencia del pueblo. La fórmula descubierta por Aureliano e impuesta al pueblo por su padre los defiende, durante meses, del olvido.

> Cuando su padre le comunicó su alarma por haber olvidado hasta los hechos más impresionantes de su niñez, Aureliano explicó su método, y José Arcadio Buendía lo puso en práctica en toda la casa y más tarde lo impuso a todo el pueblo. Con un hisopo entintado marcó cada cosa con su nombre: mesa, silla... Fue al corral y marcó los animales y las plantas: vaca, chivo, puerca, yuca malanga, guineo. Poco a poco, estudiando las infinitas posibilidades del olvido, se dio cuenta de que podía llegar un día en que se reconocieran las cosas por sus inscripciones, pero no su utilidad. Entonces fue más

> explícito... Así continuaron viviendo una
> realidad escurridiza, momentáneamente cap-
> turada por las palabras, pero que había de
> fugarse sin remedio cuando olvidaran los
> valores de la letra escrita. (Pág. 47)

Detrás de la aparente simplicidad de la peste y la solución se encuentra otra realidad más compleja. Lo que el escritor sugiere es que el hombre hispanoameri-cano no debe olvidar nunca su cultura, su historia y sus costumbres, pues al hacerlo o habituarse a las cosas e imposiciones que vienen de fuera corre el riesgo de perder su identidad e independencia.

En *El otoño del patriarca* el hombre, al vivir bajo el control y la eterna dictadura del patriarca, ha perdido su identidad. Pero es importante subrayar que en esta novela hasta el déspota mismo, envuelto en su mundo y su poder, termina por perder su individualidad.

Uno de los personajes más afectados por la falta de identidad es Patricio Aragonés. Su parecido con el patriarca es fatal porque, aunque al principio el dictador no pone mucha atención a su semejanza, el hecho de que sobreviva seis atentados dirigidos contra él lo hacen pensar en la posibilidad de utilizarlo como su doble a cambio de no mandarlo matar. La con-vivencia con el patriarca produce un cambio total en las costumbres y manera de ser de Patricio Aragonés quien, con el tiempo, acaba por apropiarse de las maneras y costumbres del dictador, perdiendo así todo rasgo de identidad propia.

> ...había adquirido la costumbre de arrastrar
> los pies aplanados a golpes de mazo, le
> zumbaban los oídos y le encantaba la potra
> en las madrugadas de invierno, y había
> aprendido a quitarse y a ponerse la espuela
> de oro como si se le enredaran las correas

> sólo por ganar tiempo en las audiencias
> mascullando carajo con estas hebillas que
> fabrican los herreros de Flandes ni para eso
> sirven, y de bromista lenguaraz que había
> sido cuando soplaba botellas en la carquesa
> de su padre se volvió meditativo y sombrío y
> no ponía atención a lo que decían sino que
> escudriñaba la penumbra de los ojos para
> adivinar lo que no le decían, y nunca
> contestó a una pregunta sin preguntar a su
> vez y usted qué opina y de holgazán y vividor
> que había sido... se volvió tacaño y rapaz, se
> resignó a amar por asalto y a dormir en el
> suelo, vestido, bocabajo y sin almohada, *y
> renunció a sus ínfulas precoces de identidad
> propia.*[22]

Patricio Aragonés termina por aceptar vivir un destino
que no es el suyo porque está consciente de que nada
puede hacer contra el poder del patriarca. Sólo al final,
cuando se está muriendo, recupera parte de su identidad
al confesarle al dictador que tal vez él, por parecérsele,
es el único que lo estima porque todos los demás le
dicen lo que él quiere escuchar y que si se mantiene en
el poder es gracias al apoyo extranjero y por miedo a
que lo maten (págs. 35-38).

La identidad familiar del autarca nunca llega a
establecerse. García Márquez manipula a la perfección
este aspecto de la obra, pues aún cuando el enviado de
Roma viene a América, nunca consigue averiguar el
origen exacto de Bendición Alvarado ni el de su hijo.

> ...parecía imposible demostrar su identidad
> porque en los archivos del monasterio donde

[22] García Márquez. *El otoño del patriarca* (Barcelona: Editorial Bruguera,
S. A., 1983), págs. 19-20. Todas las citas referentes a esta obra aparecerán en
el texto.

> la habían bautizado no se encontró la hoja de
> su acta de nacimiento y en cambio se
> encontraron tres distintas, del hijo y en todas
> era él tres veces distinto, tres veces parido
> mal por la gracia de los artífices de la historia
> patria que habían embrollado los hijos de la
> realidad para que nadie pudiera descifrar el
> secreto de su origen... (Pág. 193)

La "insuficiencia" de datos que puedan otorgar una
identidad propia al déspota tiene la finalidad de
situarlo en una época y país indeterminado del mundo,
pero sobre todo, en cualquier territorio de Hispanoamérica.

Las guerras civiles

La inestabilidad política y las constantes guerras
civiles en Colombia han producido una literatura de
denuncia. García Márquez es un escritor que no se ha
mostrado indiferente a esta problemática. Sus obras
anteriores a *Cien años de soledad* y *El otoño del
patriarca* reflejan su preocupación por las guerras
civiles y la repercusión en la vida del hombre. En
novelas como *El coronel no tiene quien le escriba* o *La
mala hora* a García Márquez no le interesa hacer un
recuento de los muertos producidos durante la época
de la violencia sino reflejar sus efectos: la represión, la
falta de libertad y la incomunicación. Las guerras
aparecen como trasfondo, el hombre ha vuelto de ellas
y lo que vive ahora son sus consecuencias.

En *Cien años de soledad* las guerras civiles y la
violencia no se manifiestan sólo como trasfondo,
forman parte de la vida del hombre. Sin embargo, es
importante notar que el escritor insiste nuevamente, no

en la guerra *per se,* sino en sus efectos sobre los líderes liberales y conservadores y en el pueblo mismo.

La confusión, el desorden y el caos producidos por la guerra son fenómenos en los que García Márquez hace hincapié en *Cien años de soledad.* La imposición de la ley marcial en el país y los abusos perpetrados por los militares conducen a un enfrentamiento directo entre los liberales y conservadores de Macondo. Aureliano Buendía, al ver que Moscote ya no tiene ningún poder de autoridad y que el capitán del ejército en nombre del orden público oprime a la gente, decide organizar a la gente y levantarse en armas.

> El martes a medianoche, en una operación descabellada, veintiún hombres menores de treinta años al mando de Aureliano Buendía, armados con cuchillos de mesa y hierros afilados, tomaron por sorpresa la guarnición, se apoderaron de las armas y fusilaron en el patio al capitán y los cuatro soldados que habían asesinado a la mujer... Arcadio fue nombrado jefe civil y militar de la plaza. Los rebeldes casados apenas si tuvieron tiempo de despedirse de sus esposas, a quienes abandonaron a sus propios recursos. Se fueron al amanecer, aclamados por la población liberada del terror, para unirse a las fuerzas del general revolucionario Victorio Medina, quien según las últimas noticias andaba por el rumbo de Manaure. (Pág. 93)

Las circunstancias y las condiciones en que estos hombres se unen a las fuerzas liberales reflejan la realidad de más de un país hispanoamericano. El pueblo se levanta contra el opresor sin el armamento adecuado y unos ideales perfectamente definidos. Saben que van a pelear al lado de Victorio Medina pero nunca se cuestionan el por qué de la lucha de este general. Lo que el escritor sugiere es que el fracaso de las guerras civiles en Latinoamerica se debe precisamente a la confusión ideológica y a la codicia y corrupción de algunos de sus líderes.

En *Cien años de soledad* la crítica de García Márquez está dirigida contra los dos bandos, subraya los abusos de los conservadores y señala algunos de los fallos que impiden el triunfo liberal. A través de Aureliano, el novelista proyecta la idea de que nada se conseguirá mientras los líderes del partido liberal estén divididos y unos de ellos busquen tan sólo obtener puestos en el gobierno.

> A pesar de su regreso triunfal, el coronel Aureliano Buendía no se entusiasmaba por las apariencias... Buscando una tronera de escape pasaba horas y horas en la oficina telegráfica, conferenciando con los jefes de otras plazas, y cada vez salía con la impresión más definida de que la guerra estaba estancada... "Estaremos perdiendo el tiempo mientras los cabrones del partido estén mendigando un asiento en el congreso."
> (Págs. 119-20)

La denuncia de García Márquez contra la corrupción de los liberales es fortísima. El escritor pone de manifiesto que el compromiso político a que deben llegar los liberales no consiste en echar por tierra los propósitos de la revolución. Para él, el triunfo de los liberales no se conseguirá buscando el apoyo de los terratenientes y de la iglesia y renunciando a otras reformas sociales, sino manteniendo unos valores políticos y morales firmes. Por eso hace que uno de los hombres rechace abiertamente la propuesta de la comitiva liberal y que Aureliano, antes de firmar, les haga ver que al negar los ideales de la revolución y buscar el apoyo de estos dos sectores, luchan tan sólo por el poder.

> Pedían, en primer término, renunciar a la revisión de los títulos de propiedad de la tierra para recuperar el apoyo de los terratenientes liberales. Pedían, en segundo término, renunciar a la lucha contra la influencia clerical para obtener el respaldo del pueblo católico. Pedían, por último, renunciar a las aspiraciones de igualdad de derechos entre hijos naturales y los legítimos para preservar la integridad de los hogares...
> Uno de los asesores políticos del coronel Aureliano Buendía se apresuró a intervenir.
> —Es un contrasentido —dijo—. Si estas reformas son buenas, quiere decir que es bueno el régimen conservador... Quiere decir en síntesis, que durante casi veinte años hemos estado luchando contra los asentimientos de la nación... "No pierda el tiempo doctor", dijo. "Lo importante es que desde este momento sólo luchamos por el poder."
> (Págs. 147-48)

Con lo anterior queda claro que García Márquez simpatiza con un programa y un partido liberal que no traicionen los derechos básicos del hombre y que no se conviertan en un opresor más.

En *El otoño del patriarca* las revoluciones reaparecen como trasfondo. Se hace alusión a una serie de levantamientos, pero todos han sido atrofiados por las fuerzas militares de la dictadura. El hombre del anónimo país vive más que nada los resultados de las guerras civiles, puesto que de una de ellas ha surgido la figura del patriarca.

La dictadura

La dictadura es un tema que, durante años, ha obsesionado a García Márquez y adquiere en su obra diversos matices. En las dos obras que aquí se analizan el escritor sugiere que el totalitarismo de los países latinoamericanos ha nacido en las guerras civiles; de la corrupción y la avaricia de líderes que una vez que se ven en el poder controlan la vida del hombre y le niegan el derecho a elegir a los gobernantes que han de regir el destino de sus países.

En *Cien años de soledad* se da ya la semilla de la dictadura en personajes como Arcadio, quien al quedarse al cuidado de Macondo se convierte en una especie de dictador al imponer el servicio militar y dictar una serie de leyes absurdas y opresivas: como al hacer que los hombres mayores lleven un brazal rojo o la prohibición religiosa a menos que se celebren victorias liberales (págs. 94-95).

Pero la obra donde más se siente el efecto de la dictadura es *El otoño del patriarca*. Aquí, casi desde el comienzo de la obra el peso de la opresión es evidente. El hombre ha vivido tanto tiempo sometido al totalitarismo del patriarca que éste ha pasado a formar parte de la vida cotidiana y la existencia no se concibe sin la sombra de su poder.

La autarquía, tal como se presenta en *El otoño del patriarca* es compleja y contradictoria, de ahí que se preste a diversas interpretaciones. Críticos como Iván Jasic opinan que el dictador cuenta con el apoyo del pueblo y que el mayor obstáculo que el patriarca encuentra para acercarse a la gente y recibir sus muestras de admiración y respeto provienen del control que las fuerzas de seguridad ejercen sobre su persona y la programación de manifestaciones de

afecto dirigidas al déspota.[23] Sin negar la validez de
esta aserción es importante notar que las muestras de
estimación de que es objeto el dictador son mínimas y
provienen de una minoría. Esto se puede ver en el
"primer otoño", al morir Patricio Aragonés. En este
momento el patriarca observa el afecto que le dispensan
el hombre, la colegiala y la vendedora de pescado, pero
lo que predomina después de su aparente muerte es la
sensación de alegría y liberación. El hombre intenta
destruir todo lo que significa su presencia y su poder, y
esto ocurre aún entre sus propias concubinas e hijos
bastardos.

> ...vio... los ocho hombres que lo sacaron de
> su estado inmemorial y de su estado quimérico
> de agapantos y girasoles y se lo llevaron a
> rastras por las escaleras, los que desbarataron
> la tripamenta de aquel paraíso de opulencia y
> desdicha que creían destruir para siempre
> destruyendo para siempre la madriguera del
> poder... aniquilando el mundo para que no
> quedara en la memoria de las generaciones
> futuras ni siquiera un recuerdo íntimo de la
> estirpe maldita de las gentes de armas... vio a
> sus viudas felices que abandonaban la casa
> por las puertas de servicio llevando de
> cabestro las vacas de mis establos... vio a sus
> sietemesinos haciendo músicas de júbilo con
> los trastos de la cocina... vio la hoguera
> encendida en la Plaza de Armas para quemar
> los retratos oficiales... que estuvieron a toda
> hora y en todas partes desde el principio de
> su régimen... (Págs. 42-43)

---

[23] Jaksic, Iván. "La lógica del terror en la novela latinoamericana
contemporánea sobre la dictadura", en *Explicación de Textos Literarios,* 12,
núm. 2 (1983-1984), pág. 46.

El deseo de las multitudes por borrar todo lo que signifique la presencia del autarca muestra, sin lugar a dudas, el rechazo del pueblo hacia la dictadura. Por otro lado, es evidente que tanto en la muerte de Bendición Alvarado como en la actitud de la gente ante los abusos de Leticia Nazareno, no existe el respaldo al dictador.[24] Si se analizan las dos situaciones por separado, se observa que las masas que siguen el cadáver de Bendición Alvarado están guiadas, primero, por el fanatismo religioso al presenciar los falsos milagros que ocurren ante sus ojos y, segundo, todos los prodigios han sido preparados por los jefes militares para obtener provecho económico de ellos. Y por último, en las expresiones de "si el general lo supiera" más que apoyo hay un tono de temor, resignación e ironía pues, en realidad, los comerciantes y la gente no están seguros de lo que sucedería "si el general lo supiera".

En *El otoño del patriarca* García Márquez denuncia la opresión y la falta de libertad existentes en los sistemas totalitarios. En gobiernos como el del patriarca el hombre tiene pocas opciones, pues todo es controlado por sus esbirros. El pueblo no puede manifestar su descontento porque, cuando lo hace, es objeto de matanzas (pág. 45) o de torturas atroces en que se le obliga a confesar que sus protestas han sido pagadas por los enemigos del orden (págs. 50-51).

Uno de los aspectos que García Márquez destaca en *El otoño del patriarca* es que las dictaduras más largas se han sostenido gracias al engaño y a la ignorancia en que se mantiene al pueblo. Tras la primera masacre y el destierro de intelectuales y políticos de la oposición, el déspota "entretiene" al pueblo con concursos de belleza, ferias o fútbol. Embauca a la gente haciéndole

---

[24] *Ibid.*, Jaksic ve estos dos sucesos como una muestra más del apoyo de que es objeto el dictador.

creer que todo marcha bien. Hace abrir escuelas pero no para proporcionarles una educación, sino para enseñarles a barrer. Su propósito es alimentar la ignorancia y no darles tiempo a que piensen.

> ...desmantelaron las cámaras de suplicio donde era posible triturar hueso por hueso hasta todos los huesos sin matar, proclamó la amnistía general, se anticipó al futuro con la ocurrencia mágica de que la vaina de este país es que a la gente de este país le sobra demasiado tiempo para pensar y buscando la manera de mantenerla ocupada restauró los juegos florales de marzo y los concursos anuales de reinas de belleza, construyó el estadio de pelota más grande del Caribe e impartió a nuestro equipo la consigna de victoria o muerte, y ordenó establecer en cada provincia una escuela para enseñar a barrer... (Págs. 51-52)

El enriquecimiento de una minoría y la miseria en que vive el pueblo se contraponen para evidenciar la expoliación y el engaño de que ha sido objeto el hombre común. Durante la dictadura del Patriarca, sus hombres, en nombre del federalismo, se reparten el país, exigen tributos y dictan sus leyes propias (págs. 72-73). Esto es algo que caracteriza la dictadura del Patriarca, quien siempre se rodea de militares u hombres como Nacho, en quien relega su autoridad permitiendo así que se forme lo que se podría llamar una metadictadura que sólo él, con su astucia animal, puede controlar.

Es importante señalar que en *El otoño del patriarca* el novelista denuncia el apoyo que las clases privilegia-das, la Iglesia y los Estados Unidos ofrecen a las dictaduras. En estas tres fuerzas el novelista parece ver los tres enemigos más poderosos contra el establecimiento de un gobierno socialista en América Latina. Pero la visión de García Márquez respecto a la solución de la dictadura no es pesimista. El final permite vislumbrar que el novelista cree en el hombre y existe la esperanza de que algún día se erradique el problema de las dictaduras. En su presentación de la autocracia, García Márquez trasciende los límites territoriales del Caribe y de la América Latina, pues hay momentos y hechos que bien se pueden aplicar a la dictadura franquista.[25]

Intervención extranjera

García Márquez, como Carpentier y gran parte de los escritores hispanoamericanos, rechaza la intervención foránea en el desarrollo económico, social y político de Latinoamérica cuando su único objeto es la explotación de la gente y su territorio. Como en el caso de Carpentier, los ataques de García Márquez van directa o indirectamente dirigidos a la intervención norteamericana en el Caribe y América Latina en general.

La denuncia contra la intervención estadounidense en *Cien años de soledad* se expone a través de la llegada de la compañía bananera a Macondo. El novelista destaca la idea de que la intromisión de los Estados Unidos en la vida política y económica de América Latina se ha llevado a cabo de una manera solapada y ha sido apoyada por unos políticos corruptos

---

[25] Entre los momentos que recuerdan la dictadura española están: los frecuentes anuncios de su muerte durante su enfermedad, las colas de gente que se formaron para ver su cadáver; las escenas de ancianas, que acostumbradas a su poder, lloraban su muerte y no se imaginaban una España sin su presencia y la reacción de júbilo entre la gente. Todo esto lo pude presenciar al encontrarme, a la sazón, en España haciendo un curso para extranjeros.

que en vez de velar por el desarrollo de sus pueblos buscan el poder y el lucro. En esta obra se puede observar cómo la compañía bananera va preparando el terreno antes de establecerse en Macondo. Mr. Herbert, enviado especial, empieza por analizar el plátano, la luz y la humedad, pero no revela a nadie sus intenciones. Más tarde, finge cazar mariposas por el pueblo pero lo que hace en realidad es examinar la tierra y alistar todo para los ingenieros agrónomos y Mr. Brown.

> El miércoles llegó un grupo de ingenieros agrónomos, hidrólogos, topógrafos y agrimensores que durante varias semanas exploraron los mismos lugares donde Mr. Herbert cazaba mariposas. Más tarde llegó el señor Jack Brown en un vagón suplementario que engancharon en la cola del tren amarillo, y que era todo laminado de plata, con poltronas de terciopelo episcopal y techo de vidrios azules. En el vagón especial llegaron también, revoloteando en torno al señor Brown, los solemnes abogados vestidos de negro que en otra época siguieron por todas partes al coronel Aureliano Buendía... (Pág. 196)

El apoyo del gobierno a las empresas norteamericanas no permite que los pueblos tengan tiempo para rechazar la nefasta influencia. Su invasión se produce de una forma tan rápida que cuando el hombre se da cuenta de ello no hay nada que pueda hacer para evitarlo porque ya están ahí, formando parte de su vida e imponiendo sus leyes. La presencia de la compañía bananera lo altera todo: el pueblo pierde su autonomía y rasgos que lo distinguían de los demás; las autoridades se cambian según las necesidades de Mr. Brown, el pueblo se divide en dos secciones, la gente del país y los norteamericanos que viven detrás del alambrado sin mezclarse con las masas; todo se torna en caos y opresión.

> Las autoridades locales después del armisticio de Neerlandia, eran alcaldes sin iniciativa, jueces decorativos, escogidos entre los pacíficos y cansados conservadores de Macondo... Cuando llegó la compañía bananera, sin embargo, los funcionarios locales fueron sustituidos por forasteros autoritarios que el señor Brown se llevó a vivir en el gallinero electrificado, para que gozaran, según explícito, de la dignidad que correspondía a su envestidura... Los antiguos policías fueron reemplazados por sicarios de machetes. Encerrado en el taller, el coronel Aureliano Buendía pensaba en estos cambios, y por primera vez en sus callados años de soledad le atormentó la definida certidumbre de que había sido un error no proseguir la guerra hasta sus últimas consecuencias. (Pág. 206)

Las pocas reacciones de rebeldía contra la intervención extranjera son acalladas inmediatamente. Ante la posibilidad de que los hijos del coronel Aureliano sigan su idea de echar fuera a los "gringos", se asesina a todos sus hijos y más tarde se promete una "investigación exhaustiva" (págs. 207-08).

La denuncia contra la corrupción política de América Latina y la intervención norteamericana se intensifica con la huelga de los obreros. Este acontecimiento es utilizado por el novelista para evidenciar la explotación del trabajador y la "legalidad" de las empresas norteamericanas. Lo que García Márquez sugiere es que las compañías estadounidenses no mejoran las condiciones de vida del hombre ni contribuyen al desarrollo económico de los pueblos, pues si bien es cierto que abren nuevas fuentes de trabajo, también es verdad que poco o nada se queda en los países donde se establecen estas corporaciones porque imponen a la gente sus productos y en el momento en que ven en peligro sus negocios levantan el vuelo y desaparecen tan rápido como llegaron.

> José Arcadio Segundo fue encarcelado porque reveló que el sistema de los vales era un recurso de la compañía para financiar sus barcos fruteros, que de no haber sido por la mercancía de los comisariatos hubieran tenido que regresar vacíos desde Nueva Orleans hasta los puertos de embarque del banano... Cuando los trabajadores redactaron un pliego de peticiones unánime, pasó mucho tiempo sin que pudieran notificar oficialmente a la compañía bananera. Tan pronto conoció el acuerdo, el señor Brown enganchó en el tren su suntuoso vagón de vidrio y desapareció de Macondo junto con los representantes más conocidos de su empresa. (Pág. 255)

El levantamiento de los trabajadores exigiendo mejoras de trabajo permite al novelista entrar en los más altos niveles gubernamentales para así demostrar que el imperialismo norteamericano ha sobrevivido, a pesar de los paros y las masacres, gracias al proteccionismo de las autoridades supremas, que oficialmente niegan la existencia de las empresas y trabajadores, y amparan a sus dueños proporcionándoles todo tipo de protección (págs. 257-60).

En *El otoño del patriarca* el novelista denuncia el apoyo que las potencias extranjeras han proporcionado a las dictaduras. Ya casi desde el comienzo de la obra Patricio Aragonés pone de manifiesto que si el

patriarca se ha mantenido en el poder esto se debe más
que nada al respaldo que le han otorgado los Estados
Unidos.

> ...usted no es presidente de nadie ni está en el
> trono por sus cañones sino que lo sentaron
> los ingleses y lo sostuvieron los gringos con el
> par de cojones de su acorazado... (Pág. 37)

La presencia de este país a lo largo de toda la obra está
representada por la larga serie de cónsules y embajadores
que, pacientemente, esperan el momento oportuno
para solicitar y al final exigir la concesión marítima.
  Uno de los aspectos que más se destaca en *El otoño
del patriarca* es el oportunismo norteamericano. El
novelista subraya cómo gran parte de las concesiones a
Estados Unidos se han llevado a cabo en momentos de
desequilibrio político y ruina económica. El patriarca
se niega a ceder el mar durante mucho tiempo, pero a
pesar de eso, sus jefes y él mismo continúan recibiendo
la ayuda financiera del gobierno norteamericano. El
momento de pagar todos los favores surge cuando el
patriarca, tras la muerte de Nacho, intenta reconstruir
su país y se encuentra con que los políticos de quienes
se ha rodeado no han hecho más que esquilmar lo
poco que le quedaba al país. Su único recurso es
recurrir a MacQueen quien, consciente de la situación
del patriarca, le ofrece dos alternativas, el desembarco
de tropas norteamericanas o la concesión marítima.

> ...MacQueen le replicó que ya no estamos en
> condiciones de discutir excelencia..., estamos
> en la curva final, o vienen los infantes o nos
> llevamos el mar, no hay otra excelencia, no
> había otra, madre, de modo que se llevaron
> el Caribe en abril... (Pág. 313)

O sea que la presencia norteamericana, se mire como se mire, siempre representa una amenaza para los pueblos hispanoamericanos. Es estas dos obras se sugiere que mientras Estados Unidos continúe imponiendo su poder en América Latina, ésta no podrá alcanzar un desarrollo económico y político que beneficie a todas las esferas sociales. García Márquez aboga en favor de que el hombre debe luchar por liberarse del imperialismo norteamericano y la corrupción de aquellos que lo aceptan.

Técnicas narrativas

Desde el punto de vista técnico, García Márquez cree que la técnica y el lenguaje son instrumentos determinados por el tema de la novela. Es un escritor que parte de una imagen visual y concede gran importancia a la primera parte del libro porque piensa que allí se pueden establecer muchos puntos de estilo y estructura. Es además un narrador a quien le cuesta más pensar el libro que redactarlo[26] porque al parecer, antes de iniciar la tarea de escribir precisa contar con la imagen, tono y estilo que ha de seguir en la obra. La experimentación que García Márquez hace con la fantasía y la realidad, así como otra gran variedad de recursos técnicos, lo han convertido en uno de los escritores más innovadores de la narrativa hispanoamericana y mundial contemporánea. Dada la variedad de técnicas empleadas en sus obras, este trabajo se limitará a analizar aquéllas que se destacan en *Cien años de soledad* y *El otoño del patriarca*.

---

[26] García Márquez y Apuleyo Mendoza. *El olor de la guayaba*, págs. 26-27, 63.

Estructura

La parte estructural es uno de los aspectos técnicos que más ha estudiado la crítica al tratar la narrativa del escritor colombiano. A simple vista las obras que aquí se analizan poseen una estructura sencilla, pero esa aparente simplicidad desaparece muy pronto pues el novelista recurre a una serie de procedimientos complejos.

Cien años de soledad es una novela que por su manejo del tiempo, espacio y personajes es una obra de construcción mítica, circular o bíblica. García Márquez al referirse a este aspecto de la obra señala que tardó mucho tiempo en adquirir los recursos técnicos necesarios para escribirla.

> Nunca logré armar una estructura continua, sino trozos sueltos, de los cuales quedaron algunos publicados en los periódicos donde trabajaba entonces. El número de años no fue nunca nada que me preocupara. Más aún: no estoy muy seguro de que la historia de *Cien años de soledad* dure en realidad 100 años.[27]

Para él, *Cien años de soledad* es *una historia lineal* donde lo cotidiano y lo extraordinario se unen con la mayor naturalidad.[28]

Esto no ha impedido que críticos como Reinaldo Arenas hablen de una estructura bíblica, Hugo Achugar de una construcción mítica, Carmen Arnau de un ciclo spengleriano, Blanco Aguinaga de una forma lineal y cronológica o Julio Ortega de cuatro secuencias del

---

[27] *Ibid.,* pág. 77.
[28] *Ibid.*

mundo y el tiempo.[29] Sin negar la validez de estas interpretaciones, puede decirse que *Cien años de soledad* tiende más a la estructura en espiral. Partiendo de esta base, Jorge McMurray es quien presenta una mejor interpretación de este tipo de estructura cuando dice:

> *One Hundred Years of Solitude* synthesizes virtually all levels of human reality including the historic and mythical, the individual and collective, the tragic and humorous, the logical and fantastic. Its structural configuration consist of a spiral of concentric circles representing a family, a town, a nation, a continent, and all mankind.[30]

Lo que produce la sensación de círculo en *Cien años de soledad* es la reiteración de nombres, sucesos, temas y lugares. Sin embargo, es importante observar que los círculos no son perfectos ya que, como se verá más adelante, la repetición no es completamente igual en todos los casos.

La obra está dividida en veinte capítulos, no numerados, cada uno de los cuales forma una especie de pequeño semicírculo que al iniciarse presenta un resumen de los hechos más sobresalientes que se desarrollan en esa sección o posteriormente. En el

---

[29] Ver. Oviedo, José Miguel, Achugar, Hugo y Arbeleche, Jorge. *Aproximaciones a García Márquez* (Montevideo: Fundación de Cultura Universitaria, 1969). En este libro aparecen las ideas de Arenas y Achugar págs. 1-7. Arnau, Carmen. *El mundo mítico de Gabriel García Márquez* (Barcelona: Ediciones Península, 1971), págs. 128-29. Blanco Aguinaga, Carlos. *De mitólogos y novelistas* (Madrid: Ediciones Turner, S. A., 1975). Aguinaga en su libro rechaza por completo la estructura circular. Para él, el retroceso con que comienza la obra no es ni el principio ni el fin de la historia, pág. 37. Ortega, "Gabriel García Márquez, *Cien años de soledad"*, en *Nueve asedios a García Márquez, op. cit.,* págs. 74-75.

[30] McMurray, George R. *Gabriel García Márquez* (New York: Frederick Ungar Publishing, Co., Inc., 1977), pág. 106.

primer capítulo, se introduce inmediatamente al mundo de Melquíades y los Buendía y el aislamiento geográfico de Macondo. Se subraya el carácter emprendedor e imaginativo de José Arcadio Buendía y la firmeza y la seriedad de Ursula Iguarán. Se introduce además a sus dos hijos José Arcadio y Aureliano y se anuncia la muerte de Melquíades.

En el segundo capítulo, por medio de un retroceso, se narra el origen de los Buendía, los antecedentes de los hijos con cola de cerdo y las circunstancias que han llevado a Ursula y a José Arcadio Buendía a abandonar su pueblo de origen. Se introduce a Pilar Ternera y se habla de las relaciones entre ésta y José Arcadio. En el tercer capítulo Visitación y Rebeca Montiel llegan a Macondo. Se produce la peste del insomnio, se subrayan sus efectos en la gente y, Melquíades, cansado de la soledad de la muerte y repudiado por su tribu retorna a Macondo. La cuarta parte introduce a Pietro Crespi, de quien se enamoran Amaranta y Rebeca. Muere Melquíades y José Arcado Buendía es atado al castaño. El capítulo quinto presenta la boda de Aureliano con Remedios y se suspende la de Rebeca con Pietro Crespi. Muere Remedios al dar a luz, vuelve José Arcadio quien al casarse con Rebeca es expulsado de la familia. Estalla la guerra y, ante la imposición de un gobierno militar, Aureliano se levanta en armas.

La sexta parte habla de las guerras promovidas por Aureliano, los abusos de Arcadio, las relaciones entre Crespi y Amaranta y el enriquecimiento de José Arcadio. En la séptima sección, Aureliano experimenta el caos de la guerra y muere José Arcadio Buendía. La octava parte presenta el transcurrir del tiempo; Amaranta empieza a sentirse vieja y atraída por Aureliano José. Aureliano regresa de la guerra convertido en un hombre duro y cruel. En el noveno capítulo se subraya la falta de comunicación, el caos de la guerra y la desilusión de Aureliano.

En el décimo capítulo se hace hincapié en los rasgos que distinguen a Aureliano II y a José Arcadio II, se alude a las relaciones de ambos con Petra Cotes; se destaca la belleza de Remedios la bella y la atracción que ejerce sobre los hombres. La sección décima primera resalta las consecuencias inmediatas del matrimonio de Aureliano II con Fernanda y el concubinato de él con Petra Cotes. En la sección décimo segunda se narra la instalación de la compañía bananera. De la rebeldía de Aureliano contra la corrupción del gobierno resulta el asesinato de sus hijos. En la parte trece se notan cambios en la educación de los Buendía, José Arcadio es enviado al seminario y Meme a un colegio de monjas. En la sección catorce se hace hincapié en el carácter de Meme, su amistad con Patricia Brown y sus relaciones con Mauricio Babilonia. En el quince, Meme es llevada a un convento; nace el último Aureliano y Fernanda lo hace aparecer como un niño que ha sido dejado en una canastilla. Se produce la huelga de los obreros y la masacre en la plaza central. La sección dieciséis presenta los resultados inmediatos de la huelga y la desaparición de la compañía bananera. Se produce una lluvia que dura más de cuatro años.

En el capítulo diecisiete, José Arcadio II se encierra en el cuarto de Melquíades; mueren Ursula a los 115 ó 120 años, Rebeca, José Arcadio II y Aureliano II. La sección dieciocho empieza a concentrarse en la última generación. Aureliano descubre la lengua en que están escritos los manuscritos y Melquíades le revela dónde puede conseguir información para su transcripción. Muere Fernanda, vuelve José Arcadio y muere asesinado por unos niños. En el capítulo diecinueve regresa Amaranta Ursula de quien se recalca su carácter alegre y su sensualidad. Su retorno cambia el carácter introvertido de Aureliano y se lleva a cabo la unión incestuosa.

En el último capítulo, Macondo ha quedado casi desolado. Muere Pilar Ternera. Amaranta Ursula y Aureliano se aíslan e intentan luchar contra el tiempo y el olvido pero, con el nacimiento de su hijo —con cola de cerdo y devorado por las hormigas— se cumple el ciclo previsto por Melquíades. Aureliano se encierra y traduce los pergaminos.

Como se puede ver, el capítulo primero se une con el último al cumplirse los temores que Ursula intenta prevenir toda su vida. Con la exterminación del último Buendía se cierra la espiral iniciada con los antepasados de Ursula Iguarán.

En *El otoño del patriarca,* el completo abandono de tiempo, espacio y puntuación tradicional, los constantes retrocesos, repeticiones y narradores múltiples, producen la sensación de un gran círculo que se inicia con el anuncio de la muerte definitiva del patriarca y termina con la aceptación de ésta. García Márquez, al referirse a la sintaxis y la estructura de la obra dice:

> Imagínate un libro con estructura lineal: sería infinito y más aburrido de lo que es. Su estructura en espiral, en cambio, permite comprimir el tiempo, y contar muchas cosas como metidas en una cápsula. El monólogo múltiple, por otra parte, permite que intervengan numerosas voces sin identificarse, como sucede en realidad con la Historia y esas conspiraciones masivas del Caribe que están llenas de infinitos secretos a voces. De todos mis libros este es el más experimental, y el que más me interesa como aventura poética.[31]

---

[31] García Márquez y Apuleyo Mendoza. *El olor de la guayaba,* pág. 88.

Como la obra anterior, *El otoño del patriarca* está dividida en seis capítulos no numerados que van formando semicírculos hasta completar la espiral.

En el primer capítulo el novelista crea el ambiente que ha de predominar en toda la obra. El descubrimiento del cadáver del déspota introduce al lector en un mundo jerárquico dominado por la poderosa sombra del Patriarca. Se destaca la soledad, el apetito sexual del dictador y la muerte de Patricio Aragonés. Se introduce a Bendición Alvarado, se habla del apoyo estadounidense a las dictaduras, la corrupción política y el primer golpe militar. En el capítulo segundo se insiste en la incredulidad ante la muerte del autarca y el dominio que ha ejercido a través del tiempo. Se introduce a Leticia Nazareno, se alude a las experiencias sexuales del dictador con las niñas del colegio y, a su origen incierto. Por medio de la madre se evoca la manera en que, reforzado por los últimos caudillos federales, el patriarca derroca al tirano Lautaro Muñoz. Se presenta la "seducción" de Manuela Sánchez y su incapacidad de amar.

La tercera parte revela la superstición del déspota, quien mata a la adivinadora que le pronostica su muerte. Se establece la lotería y se narra la muerte de los niños que sacan los boletos. Rodrigo Aguilar, apoyado por otros militares y Norton, manda matar al Patriarca y éste, para vengarse, se los sirve de cena. En la cuarta parte se habla de la atracción que ejerce Leticia Nazareno sobre el patriarca. García Márquez insiste en la ignorancia del dictador y su origen incierto. El quinto capítulo muestra el paso del tiempo. Al anochecer, los hombres todavía no han reconstruido el legendario cadáver. Se subrayan los abusos de Leticia Nazareno y su muerte en el mercado por perros amaestrados. El patriarca se da cuenta de que nada puede hacer contra los 14 culpables del atentado y contrata a Nacho para que investigue y le entregue a los culpables.

En el capítulo final, se exhibe el cadáver; todo se planea de tal forma que no surjan levantamientos. Se vuelve al período de Nacho para mostrar el poder que ha ejercido sobre el patriarca y el sistema de delación y vigilancia que se ha establecido a todos los niveles. García Márquez denuncia, de una manera más directa, el poder de la política norteamericana y la inhabilidad de los políticos latinoamericanos para erradicar tan funesta influencia. Muere el déspota, solo y consciente de que en su vida no ha vivido, *ha aprendido a vivir.*

Lo que da forma a *El otoño del patriarca* es la figura del dictador con sus jefes militares que se van repitiendo con una serie de problemas que continúan formando parte de la realidad de América Latina. En *El otoño del patriarca,* García Márquez ha reunido los rasgos del déspota de cualquier país hispano y los problemas de las dictaduras universales.

Creación de personajes

Un aspecto que sobresale en la narrativa de Gabriel García Márquez es la creación de personajes. En ellos, el novelista ha combinado la fantasía y la realidad para presentar una serie de problemas que afectan la vida personal, social y política del hombre contemporáneo. Sus criaturas no se parecen, en forma alguna, al personaje de la novela tradicional, pues son seres que representan lo absurdo y lo desconcertante de la vida y, como tales, en su manera de ser y actuar, van de un extremo a otro. En la narrativa de García Márquez el lector conoce a los protagonistas a través de sus acciones, las confrontaciones de unos con otros, la perspectiva que unos tienen de los demás y lo que ellos piensan de sí mismos.

En *Cien años de soledad,* por medio de la exageración, el absurdo y la fantasía, García Márquez crea unos personajes que por sus deseos, sus fantasías, sus ideas políticas y su comportamiento, pertenecen a cualquier época. En la elaboración de sus figuras, el escritor parte de la realidad colombiana pero la transforma de tal modo que sus cualidades, defectos e ideales puedan ser aplicados a cualquier hombre o mujer. La ironía, la exageración y los rasgos animalescos que atribuye a más de uno, hacen que muchas veces sus personajes parezcan caricatura o distorsión de unas realidades que pretende proyectar pero, en general, puede decirse que a pesar de las extravagancias o actos increíbles de algunos de ellos, sus protagonistas son verosímiles porque él desde el comienzo ha establecido una atmósfera donde todo puede suceder.

Es imposible hablar de un protagonista central en *Cien años de soledad* ya que el novelista concede la misma importancia a todos sus personajes, ya sean hombres o mujeres. Dada la "repetición" de nombres, en este análisis los personajes serán separados por grupos para así mostrar que dicha repetición no es completa[32] y que en cada uno de ellos existen diferencias que los distinguen de los demás y les dan individualidad propia.

Mario Vargas Llosa, al referirse a los personajes, opina que en la familia Buendía predomina la inferioridad de la mujer y que hay una estricta división entre los varones y las hembras. Para él:

> ...los varones son miembros activos y productores, los que trabajan, se enriquecen, guerrean y se lanzan en aventuras descabella-

---

[32] Blanco Aguinaga, pág. 37. Blanco Aguinaga, al referirse a los personajes señala que éstos no son repeticiones de otros, para él son tan sólo variantes.

das, en tanto que la función de las mujeres es permanecer en el hogar y ocuparse de las tareas domésticas, como barrer, cocinar, fregar, bordar... El hombre es el amo y señor del mundo, la mujer ama y señora del hogar.[33]

Sin negar la interpretación de Vargas Llosa, se puede aseverar que las funciones de los dos sexos no son tan marcadas como él pretende, ya que, como se verá más adelante, son precisamente las mujeres las que llevan a cabo acciones no logradas por el hombre. Por otro lado la rigurosa separación de Vargas Llosa limita el alcance de la obra, pues la actitud pasiva no es exclusiva de la mujer, y además algunos rasgos del hombre se dan en la mujer y viceversa.

José Arcadio Buendía es uno de los personajes que por su función de fundador de Macondo ha dado origen a una serie de interpretaciones. Críticas como Graciela de Solá ven en él a un Abraham y Cristo histórico y al patriarca que lleva al pueblo a la tierra prometida.[34] Sin embargo, si se analizan los motivos que llevan a José Arcadio Buendía a fundar Macondo se puede notar que el novelista mismo alude al hecho de que éste va en busca de una tierra "no prometida" y que, a no ser por la muerte de Patricio Aguilar y el remordimiento, nunca hubiese salido de su pueblo. Parece que en la creación de este joven patriarca lo que García Márquez presenta es la manera y las dificultades con las que se han enfrentado los hombres de los pueblos hispanoamericanos. En José Arcadio Buendía, el novelista simboliza al hombre emprendedor, al líder que es capaz de organizar y construir un pueblo donde todos tienen los mismos derechos.

---

[33] Vargas Llosa. *García Márquez: Historia de un deicidio,* pág. 504.
[34] Solá, Graciela de, págs. 117, 120.

> José Arcadio Buendía, que era el hombre
> más emprendedor que se vería jamás en la
> aldea, había dispuesto de tal modo las casas,
> que desde todas podía llegarse al río y
> abastecerse de agua con igual esfuerzo, y
> trazó las calles con tan buen sentido que
> ninguna casa recibía más sol que otra a la
> hora del calor. (Pág. 15)

Pero a la inteligencia, García Márquez ha unido la extravagancia, el amor a la alquimia y a la aventura. José Arcadio Buendía lo mismo puede encerrarse en su laboratorio para intentar multiplicar las monedas de su mujer, que intentar que los hombres lo sigan en su descabellada búsqueda de la civilización sin tener idea de la geografía, organizar a la gente durante la peste del insomnio o rebelarse y rechazar la llegada de la primera autoridad haciendo que se respete la individualidad e independencia de Macondo.

La partida de Ursula en busca de su hijo José Arcadio le sirve al escritor para presentar otros rasgos que revelan que la división entre hombres y mujeres no es tan marcada. Al irse Ursula, José Arcadio Buendía cuida de Amaranta casi como una madre ya que lo único que su condición fisiológica le impide es amamantarla.

> Durante varias semanas, José Arcadio Buen-
> día se dejó vencer por la consternación. *Se*
> *ocupaba como una madre* de la pequeña
> Amaranta. La bañaba y cambiaba de ropa,
> la llevaba a ser amamantada cuatro veces al
> día y hasta le cantaba en la noche las canciones
> que Ursula nunca supo cantar. (Pág. 37)

Por otro lado es importante notar que, José Arcadio Buendía precisa de la presencia de su mujer, puesto que es ella quien en más de un ocasión lo hace desistir de sus locuras. Encerrado en su cuarto de experimentos y sin el cuidado de Ursula, José Arcadio Buendía se deja arrastrar por la imaginación y entra en un estado de delirio del que no se recupera nunca más.

> José Arcadio Buendía consiguió por fin lo que buscaba: conectó a una bailarina de cuerda el mecanismo del reloj, y el juguete bailó sin interrupción al compás de su propia música durante tres días. Aquel hallazgo lo excitó mucho más que sus empresas descabelladas. No volvió a comer. No volvió a dormir. *Sin la vigilancia y los cuidados de Ursula se dejó arrastrar por su imaginación hacia un estado de delirio perpetuo* del cual no se volvería a recuperar. (Pág. 72)

El extremo aislamiento en que vive el personaje y su falta de contacto aún con miembros de su familia trae como resultado que José Arcadio Buendía pierda la noción del tiempo y lo que sucede a su alrededor. Su soledad es tan profunda que ya ni siquiera puede comunicarse con los vivos y el pasado se vuelve presente en su imaginación.

> ...estragado por la vigilia, entró al taller de Aureliano y le preguntó: "¿Qué día es hoy?" Aureliano le contestó que era martes. "Eso mismo pensaba yo", dijo José Arcadio Buendía. "De pronto me he dado cuenta de que sigue siendo lunes, como ayer. Mira el cielo, mira las paredes, mira las begonias. También hoy es lunes." Al día siguiente, miércoles, José Arcadio Buendía volvió al taller. "Esto es un desastre —dijo—. Mira el aire, oye el zumbido del sol, igual que ayer y antier. También hoy es lunes." (Pág. 73)

Su delirio y la falta de noción de la realidad lo llevan a destruir todo lo que represente el estancamiento del tiempo. Esto, y su incongruencia al hablar, hace que lo aten al castaño donde, incapaz de comunicarse con los demás, vive en un estado de soledad e inocencia total, puesto que nadie de su familia comprende lo que dice.

> Cuando llegaron Ursula y Amaranta todavía estaba atado de pies y manos al tronco del castaño, empapado de lluvia y en un estado de inocencia total. Le hablaron, y él las miró sin reconocerlas y les dijo algo incomprensible. Ursula le soltó las muñecas y los tobillos, ulcerados por la presión de las sogas, y lo dejó amarrado únicamente por la cintura. Más tarde le construyeron un cobertizo de palma para protegerlo del sol y la lluvia. (Pág. 74)

A pesar de los intentos de Ursula, los únicos personajes con quien puede comunicarse son los muertos. Y es que en su estado hay muy poca diferencia entre un mundo y otro, por eso su muerte se presenta como el final del recorrido de un sueño de cuartos infinitos (pág. 124).

José Arcadio, el hijo mayor, es concebido durante la travesía de la sierra. Es descrito como un individuo de "cabeza cuadrada" que hereda el carácter voluntarioso del padre, pero no la imaginación. Es un personaje que ha sido dotado de unas características sexuales exageradas y que, conforme va creciendo y experimentando con el sexo, ejerce una fuerte atracción sobre las mujeres. José Arcadio es el primero en sentir atracción hacia un miembro de la misma familia. Su iniciación sexual con Pilar Ternera está marcada por el deseo que siente por Ursula. Al producirse la unión, José Arcadio imagina estar con su madre y la experiencia, más que placer, le produce una sensación de vacío, soledad y caos (págs. 30-31). Lo que lo une a Pilar Ternera es la soledad y el rencor que siente hacia su padre por haberlo golpeado (págs. 32-33). Por eso, aunque exprese el deseo de hacer públicas sus relaciones, no lo cumple y al saber que va a ser padre deja de frecuentar a Pilar Ternera y se encierra en el laboratorio con su padre y su hermano.

José Arcadio no tiene interés alguno por la ciencia. El temor de ser descubierto lo lleva a huir. Es un joven inexperto que todavía no adquiere madurez y al marcharse con los gitanos tan sólo le interesa escapar las posibles consecuencias de sus relaciones con Pilar Ternera. Su retorno al hogar trastorna el orden familiar; su vida con los gitanos ha hecho de él un hombre despreocupado y aventurero que vive de la explotación de su cuerpo, pero mantiene la "mirada triste".

> En el calor de la fiesta exhibió sobre el mostrador su masculinidad inverosímil... A las mujeres que lo asediaron con su codicia les preguntó quien pagaba más. La que tenía más le ofreció veinte pesos. Entonces él propuso rifarse entre todas a diez pesos el número... De eso vivía. Le había dado sesenta y cinco veces la vuelta al mundo, enrolado en una tripulación de marineros apátridas. (Pág. 84)

Al volver, José Arcadio no encaja dentro del mundo de los Buendía. Del joven inexperto que se marchó con los gitanos no queda nada, pues se ha convertido en un hombre que rechaza abiertamente cualquier ley o moral que le impida hacer su voluntad y ser él mismo.

José Arcadio es el primero que, al casarse con Rebeca, va en contra de las normas que Ursula ha establecido en cuanto a las uniones entre parientes. José Arcadio no consulta ni pide la aprobación de nadie. Su rebeldía trae como resultado su expulsión de la casa, pero eso es algo que no parece preocuparle. Su unión con Rebeca y la fuerte influencia que ésta ejerce sobre él cambian su carácter y manera de ser. Pero su transformación no es completamente positiva, pues si bien es verdad que se transforma en un hombre trabajador también es cierto que su ambición lo lleva a convertirse en el primer cacique de Macondo.

> Se decía que empezó arando su patio y había seguido derecho por las tierras contiguas, derribando cercas y arrasando cercas con sus bueyes, hasta apoderarse por la fuerza de los mejores predios del contorno. A los campesinos que no había despojado porque no le interesaban sus tierras les impuso una contribución... Fundaba su derecho en que las tierras usurpadas habían sido distribuidas por José Arcadio Buendía en los tiempos de la fundación, y creía posible demostrar que su padre estaba loco desde entonces... (Pág. 103)

Su muerte es inexplicable. El lector nunca llega a saber si es Rebeca o alguien más quien lo asesina. Sus abusos dan cabida a una posible venganza por parte de los campesinos pero la versión de Rebeca no convence tampoco. Su muerte, por lo tanto, queda sin solución y lo que más se recuerda de este suceso es la sangre que corre por las calles para avisar a Ursula.

En Arcadio (hijo de José Arcadio y Pilar Ternera) el novelista ha encarnado al militar corrupto. Es uno de los Arcadios que vive más corto tiempo y quien menos encaja en la vida familiar de los Buendía. El deseo de Ursula, de reconocerlo y criarlo como miembro de la familia fracasa no sólo por el carácter solitario y hermético del personaje sino además porque, pese a lo que dice Ursula, el chico no ha recibido el trato de hijo legítimo. Es un muchacho al que se le ha prestado poca atención y a quien se ha vestido con la ropa más vieja de Aureliano. La poca comunicación que ha tenido ha sido con Melquíades, Visitación y Cataure. Todo esto ha hecho que Arcadio reniegue de ser un Buendía y que no le importe que le digan que no parece de la familia (págs. 100-01). En él se dan también los deseos incestuosos, pero no con una Buendía, sino con Pilar Ternera, a pesar de que ésta ya es muy vieja. Los propósitos de Arcadio chocan con la voluntad de Pilar Ternera quien, para evitar el incesto, pone en su lugar a Santa Sofía de la Piedad, mujer con quien, hasta su muerte, vive en concubinato.

Al quedarse encargado del pueblo, Arcadio ve la oportunidad de poseer lo que nunca ha tenido —poder y dinero. Las denuncias de los campesinos contra José Arcadio son desoídas por él y en vez de ayudarlos y hacer justicia legaliza las propiedades usurpadas por su padre. El poder lo ciega, su gobierno se convierte en una dictadura militar que implanta todo tipo de leyes opresivas y crueles (pág. 95). Su gobierno dura muy poco porque no cuenta con hombres ni armas que lo mantengan en el poder. Al caer todos sus hombres y ser fusilados, Arcadio se da cuenta de que el miedo que ha tenido desde niño no se debe a la muerte sino a la vida misma y siente un alivio nunca experimentado (págs. 106-07).

Aureliano II (hijo de Arcadio y Santa Sofía de la Piedad) es en realidad José Arcadio II. Desde joven revela su aversión a la guerra y las ejecuciones. Prefiere la vida familiar y en un tiempo intenta traducir los manuscritos, pero no lo consigue porque Melquíades le infunde sabiduría pero no le da las claves para poder leer los pergaminos. Su picardía y parecido con José Arcadio II lo llevan a compartir, sin que éste se dé cuenta, a Petra Cotes, mujer que con el tiempo se convierte en su amante. Es un hombre que se hace rico con la cría de ganado y se caracteriza por ser despreocupado, alegre y parrandero. Sus extravagancias hacen que un día decida empapelar con billetes la casa de los Buendía. Al conocer a Fernanda del Carpio su carácter no se altera demasiado pues pronto se da cuenta de que esta mujer no le puede proporcionar el amor, ni siquiera el placer sexual que Petra Cotes le ofrece (págs. 177-79).

Lo que hace cambiar a este personaje es la ruina que trae consigo la tormenta que dura más de cuatro años. Durante este tiempo el ejercicio lo adelgaza, recupera su físico y al mismo tiempo se da cuenta de su vejez, hecho que se intensifica cuando recuerda a Petra Cotes sin estremecerse. Al terminar la lluvia y quedar completamente arruinado, se ve otra faceta del personaje. Sus relaciones con Petra Cotes cambian, los une la amistad, el cariño, la soledad y el deseo de sacar adelante a la familia (págs. 286-88). El amor que siente por su hija, Amaranta Ursula, hace que saque fuerzas para vender suficientes billetes de lotería para así enviarla a estudiar a Bruselas. Su situación final no es nada envidiable, la gente al principio lo respeta porque recuerda su antigua posición, pero esto dura poco. Su muerte es la de un hombre común y corriente y sólo allí recupera su verdadero lugar cuando los "borrachitos tristes" colocan su féretro en el lugar del de su hermano.

José Arcadio (hijo de Aureliano II y Fernanda) desde niño es criado para que sea religioso y es enviado a estudiar en un seminario en Roma. La muerte de su madre lo hace volver al pasado. Es entonces cuando se sabe que nunca ha estado en el seminario, que ha vivido obsesionado por el recuerdo de Amaranta Ursula y que nunca ha hecho intento alguno por olvidarla (pág. 311).

José Arcadio vive de los recuerdos y las apariencias

y, como su madre, es un hombre hipócrita y mentiroso. Al regresar a Macondo se revela como un individuo fuerte y jerárquico a pesar de su apariencia un tanto femenina. Igual que su madre, encierra a Aureliano al saber que es bastardo; restaura la alcoba de Meme, la alberca que le permite recordar las caricias de Amaranta y se encierra en su mundo de soledad. Es un ser ambicioso que ha vuelto a Macondo no por amor a su madre sino porque espera encontrar la herencia de que tanto ha hablado Fernanda en sus cartas. Sus deseos de riqueza se ven cumplidos al encontrar las monedas que Ursula había escondido; pero eso le dura muy poco porque al echar a los niños de la casa, después de haberse embriagado con ellos, éstos vuelven para ahogarlo en la alberca donde aún después de muerto continúa recordando a Amaranta.

Aureliano es uno de los varones que tiene más larga vida, y desde niño se distingue por ser taciturno y retraído. Como a su padre, le gusta la alquimia y posee el don de ver lo que va a pasar. Físicamente no posee la corpulencia de su hermano pero sí una expresión muy intensa que revela ya una gran fuerza de voluntad. De niño busca la comunicación con su hermano y a través de lo que le cuenta él de sus experiencias con Pilar Ternera empieza a sentir curiosidad por el sexo; pero conforme crece se vuelve callado y solitario. Su primera experiencia sexual refleja que el haber conocido la teoría sexual por medio de su hermano no ha sido nada positivo, pues lo ha acomplejado de su constitución física y le impide tener una relación sexual normal —se siente frustrado e inútil.

> Aureliano echó una moneda en la alcancía que la matrona tenía en las piernas y entró en el cuarto sin saber para qué... Conocía la mecánica teoría del amor, pero no podía tenerse en pie a causa del desaliento de sus

rodillas, y aunque tenía la piel erizada y ardiente no podía resistir la urgencia de expulsar el peso de sus tripas... Aureliano se desvistió, atormentado por el pudor, sin poderse quitar la idea de que su desnudez no resistía comparación con su hermano. A pesar de los esfuerzos de la muchacha, él se sintió cada vez más indiferente y terriblemente solo. (Págs. 51-52)

La llegada de Moscote hace que Aureliano se enamore de Remedios, una niña de nueve años. La imposibilidad de verla lo lleva a buscar refugio en Pilar Ternera, quien lo inicia sexualmente y se convierte en su confidente. Su matrimonio dura muy poco, pues Remedios muere al dar a luz a los gemelos. Su fallecimiento trae como consecuencia que Aureliano se aísle y se refugie en el trabajo hasta que, al ver la corrupción de su suegro y posteriormente los abusos de los militares, es arrastrado a la guerra. En Aureliano, García Márquez personifica al líder liberal que tras varios años de lucha termina desilusionado de los resultados de las guerras civiles y la corrupción de los políticos y antiguos liberales. En él, se encarna al guerrillero que es capaz de levantar las masas; al hombre que se rehúsa a aceptar falsos honores y denuncia la intervención extranjera y la corrupción de los políticos de su país. Aureliano, sin embargo, no es un hombre carente de dudas y defectos. El caos de la guerra lo lleva a cuestionar las verdaderas razones por las que lucha. Se da cuenta de que muy pocos saben realmente por qué lo hacen.

—Dime una cosa, compadre: ¿por qué estás peleando?
—Por qué ha de ser compadre —contestó

el coronel Gerineldo Márquez: por el gran partido liberal.

—Dichoso tú que lo sabes —contestó él—. Yo por mi parte apenas ahora me doy cuenta que estoy peleando por orgullo.

—Eso es malo —dijo el coronel Gerineldo Márquez. Al coronel Aureliano Buendía le divirtió su alarma. "Naturalmente", dijo. "Pero en todo caso, es mejor eso, que no saber por qué se pelea."...

—O pelear como tú por algo que no significa nada para nadie. (Pág. 121)

Esta desilusión la llevará consigo hasta casi el final de su vida al ver los abusos de los militares llevados por la compañía bananera. Entonces se da cuenta de que el error de las guerras civiles ha consistido en no llevarlas hasta el final y se arrepiente de haberse encerrado en su mundo de pescaditos (págs. 206-11).

Aureliano José (hijo de Aureliano y Pilar Ternera) es criado por Amaranta y desde muy joven se siente fuertemente atraído por ella. Al principio la busca para ahuyentar el miedo pero llega un momento en que, al tomar conciencia de la desnudez de la mujer, la busca para sentir su cuerpo y su respiración (pág. 126). La certeza de que no es rechazado lo vuelve más audaz; primero se finge dormido para que ella pueda acariciarlo y más tarde se buscan abiertamente hasta que casi son sorprendidos por Ursula (págs. 126-27). Ante la imposibilidad de sus relaciones se va a la guerra para olvidarla pero regresa convencido de la inutilidad de su esfuerzo y determinado a casarse con ella.

La guerra lo cambia, al volver ya no es el chico que Amaranta podía manipular; ahora es él, quien por un tiempo maneja la situación. De nada sirven las aparentes protestas y resistencias de ella porque la ausencia del sobrino ha aumentado en ambos el deseo (págs. 131-32). Aurelio reúne, igual que Amaranta, todos los requisitos para el incesto. En él se encuentra la misma actitud de José Arcadio Buendía ante la posibilidad de procrear hijos con cola de cerdo, no escucha los argumentos de la mujer y le contesta que no le importa que nazcan "armadillos". Es el miedo de Amaranta quien realmente impide la consumación final cuando le cierra definitivamente la puerta (págs. 131-32). Al no poder alcanzar su amor por Amaranta, Aureliano José intenta olvidarla y al descubrir que Pilar Ternera es su madre comparten su mutua soledad hasta que una noche es acribillado en un teatro.

José Arcadio II es en apariencia un hombre que desde niño, al ver un fusilamiento, detesta las prácticas militares y la guerra. En principio se le ve más bien como un hombre de aventura; le gustan las peleas de gallos y es tramposo como ninguno. Es él quien pretende unir Macondo con el mar y después de trabajar para la compañía bananera y ver la expoliación de que es objeto el obrero empieza a organizar la huelga general. Es él quien denuncia la imposición de los vales que obligan a los trabajadores a comprar en el comisariato y durante la masacre de la plaza se mezcla, junto con Gavilán, entre la gente para ver lo que pasa y dirigir a las multitudes (pág. 257). José Arcadio II escapa vivo de la matanza pero queda marcado para siempre, pues al ver que nadie en el pueblo cree su versión se encierra en la soledad. Entonces se da cuenta de que no es aversión a la guerra lo que ha tenido siempre, sino un terrible miedo a que lo entierren vivo; por eso hace prometer a Sofía de la Piedad que no permitirá que lo entierren vivo y se encierra en el cuarto de Melquíades donde permanece hasta su muerte.

Aureliano (hijo de Meme y Mauricio Babilonia)

crece sin saber que es hijo de Meme. Es un hombre que, debido a su origen, es encerrado por Fernanda hasta que es accidentalmente descubierto por Aureliano II. El aislamiento en que vive lo convierte en un hombre ensimismado y esquivo. Pasa gran parte de su vida en el cuarto de Melquíades intentando descifrar los manuscritos y memorizando cosas. El es el único a quien Melquíades le facilita la información necesaria porque con él se cumplen los cien años que han de terminar con la estirpe de los Buendía.

El regreso de José Arcadio y de Amaranta Ursula empieza a cambiar su perspectiva de la vida. La revelación de que es bastardo y el encierro de que es objeto nuevamente no lo afectan demasiado. Lo que cambia totalmente su vida es la atracción que experimenta por Amaranta Ursula. Como los demás hombres de los Buendía busca el refugio en otra mujer. La diferencia está en que Aureliano pide a Nigromanta que actúe como Amaranta Ursula y logra conquistar y obtener su amor consumándose finalmente el incesto pronosticado por Melquíades.

Como se puede observar, los Buendía son hombres que presentan una individualidad propia; es cierto que hay rasgos o hechos que se repiten pero no son idénticos. Claro ejemplo de esto es la pasión que Amaranta despierta en Aureliano José y José Arcadio. La actitud de ambos es diferente, uno intenta olvidarla y otro trata de mantener su recuerdo. Todos los Aurelianos no se dedican a la guerra ni todos los José Arcadios son tan emprendedores como el primero. La característica que más une a los varones de este clan es sobre todo su aislamiento y su soledad.

Las mujeres son quizás las que poseen una personalidad más diversa. En esta interpretación se disiente nuevamente con Vargas Llosa quien ve a la mujer de *Cien años de soledad* como una mujer subdesarrollada que se somete al varón tanto sexualmente como a nivel

familiar.[35] Sin embargo, ver a la mujer de esta manera
limita la función de mujeres como Ursula. Además,
estas hembras no se encuentran confinadas al hogar y
las tareas domésticas, pues de ser así no existiría Meme
que se rebela contra las normas de su madre, ni
Amaranta Ursula que sale del país y en sí tiene tanta
libertad sexual como cualquier mujer moderna. O sea
que este tipo de libertad no es gozado sólo por las que
Vargas Llosa llama mujeres "inferiores" o "putas"[36]
pues si se analiza la obra con cuidado se puede
observar que lo que hace García Márquez en su obra es
desmitificar el papel tradicional de la mujer atribuyén-
dole un carácter que en más de una ocasión permite a
las mujeres enfrentarse al hombre e imponer su
voluntad.

Ursula Iguarán es la mujer que posee una gran
fuerza de voluntad y dinamismo. García Márquez, al
referirse a este personaje, señala que para él Ursula es
el paradigma de la mujer ideal y que está basada en
mujeres reales que ha conocido durante su vida.[37] Ya
desde el comienzo de la obra el novelista subraya la
importancia de esta mujer en la vida del hombre. Posee
la misma energía que su marido y se caracteriza por su
seriedad y firmeza.

> La laboriosidad de Ursula andaba a la par
> con la de su marido. Activa, menuda, severa,
> aquella mujer de nervios inquebrantables, a
> quien en ningún momento de su vida se le
> oyó cantar, parecía estar en todas partes
> desde el amanecer hasta muy entrada la

---

[35] Vargas Llosa. *Gabriel García Márquez: Historia de un deicidio,*
págs. 504-508.
[36] *Ibid.,* pág. 506.
[37] García Márquez y Apuleyo Mendoza. *El olor de la guayaba,* pág. 19.

noche, siempre perseguida por el suave susurro de sus pollerines de olán. (Pág. 15)

Su dinamismo está compenetrado con el miedo y la obsesión de engendrar hijos con cola de cerdo. Es una mujer que, al principio de su matrimonio se niega a consumar la unión no porque no ame a José Arcadio Buendía sino porque su madre le ha infundido el temor que la perturbará casi hasta su muerte. La entrega final, después de la muerte de Prudencio Aguilar, revela el enfrentamiento de Ursula con la realidad. José Arcadio Buendía, más que someterla, le hace ver la necesidad de afrontar las consecuencias de un matrimonio que ha sido prohibido a causa de su parentesco (págs. 25-26).

La obra de Ursula va más allá del buen funcionamiento del hogar. Es ella quien, al comienzo de la obra, astutamente manipula la situación para que los hombres del pueblo se nieguen a apoyar la expedición para mudar Macondo de lugar y finalmente, cuando su marido pretende que vayan ellos solos, se enfrenta con él e ignora sus promesas.

> ... "Puesto que nadie quiere irse nos iremos solos." Ursula no se alteró.
> —No nos iremos —dijo—. Aquí nos quedamos, porque aquí hemos tenido un hijo...
> José Arcadio Buendía no creyó que fuese tan rígida su mujer. Trató de seducirla con el hechizo de su fantasía, con la promesa de un mundo prodigioso... Pero Ursula fue insensible a su clarividencia. (Pág. 20)

Es ella quien, después de que José Arcadio es atado al castaño, toma las riendas de la casa y desempeña la función de padre y madre. Sin su clarividencia y fuerza de voluntad la familia se hubiese derrumbado, pues ella está siempre presente en las decisiones o cambios más importantes de su familia y del pueblo: controla el rencor de Amaranta, los abusos de Arcadio y la crueldad de Aureliano cuando decide fusilar a Gerineldo.

Ursula es sensible y perspicaz. Todo lo observa y analiza, no se deja vencer por la vejez. Es así como logra que los demás no se den cuenta de su ceguera y capta la incertidumbre amorosa de Meme mucho antes que la conservadora Fernanda (págs. 241-42). Lo único que vence a Ursula es la decrepitud. Ya casi al morir, igual que su marido, pierde la noción del tiempo y la realidad y vive en el pasado como si fuese presente (págs. 289-90).

Amaranta personifica a la mujer que se consume en la envidia y el deseo. Nace "liviana y acuosa como una lagartija". No es hermosa ni tiene gracia pero es distinguida. Se caracteriza por desear lo imposible y su rencor hacia Rebeca. Su odio hacia ésta nace primordialmente de la rivalidad por el amor de Pietro Crespi. Amaranta, al darse cuenta de que no es ella la correspondida, jura que la boda no se llevará a cabo y urde todo tipo de artimañas para impedirla (pág. 66). Amaranta es además una mujer contradictoria e insatisfecha ya que cuando por fin conquista a Pietro o a Gerineldo opta por no casarse con ninguno de ellos. Esa insatisfacción está motivada por la atracción que siente, primero por Aureliano y después por José Arcadio. No es que Amaranta sea incapaz de amar, lo que sucede es que la domina el miedo de engendrar bebés con cola de puerco, y por eso se encierra en la soledad.

Meme representa a la mujer que se rebela contra unos valores sociales establecidos. Posee la energía de Amaranta cuando era joven y la hospitalidad de su padre. Al irse al colegio de monjas y aprender a tocar el clavicordio aparentemente acepta las normas de su madre. Sin embargo, en el fondo detesta el despotismo de Fernanda; si tolera sus reglas es sólo por darle gusto para no tropezar con su intransigencia y poque esto le permite tener la casa llena de amigas y salir de ella.

> Desde muy niña le molestaba el rigor de Fernanda, su costumbre de decidir por los demás, y habría sido capaz de un sacrificio mucho más duro que las lecciones de clavicordio, sólo por no tropezar con su intransigencia... Su felicidad estaba en el otro extremo de la disciplina, en las fiestas ruidosas, en los comadreos de enamorados, en los prolongados encierros con sus amigas, donde aprendían a fumar y conversaban con asuntos de hombres, y donde una vez se les pasó la mano con tres botellas de ron de caña... (Págs. 230-31)

La actitud de Meme refleja la rebeldía de una jovencita que al ser educada con unas normas que la oprimen busca la manera de escapar de ellas. Su insubordinación llega al máximo cuando, desobedeciendo las órdenes de su madre, continúa teniendo relaciones con Mauricio Babilonia, hombre que, de acuerdo con la ideología jerárquica de Fernanda, es indigno de su hija. Su desobediencia resulta en el encierro conventual, pero el hecho de que tenga un hijo revela una vez más su independencia y su fuerza de voluntad para enfrentarse a su madre. Por otro lado, su situación refleja la denuncia de unos valores jerárquicos caducos, de ahí que sea presentada como una chica a quien le importan muy poco las diferencias de clases y de castas.

En Amaranta Ursula el novelista ha combinado rasgos del carácter de Ursula, Remedios la bella, Meme y Amaranta. Se le describe como una mujer moderna y sin prejuicios. Se ha dedicado a estudiar y al volver a Macondo tiene el firme propósito de restaurarlo (págs. 293-94) pero su voluntad choca con la ruina total en que ha quedado el pueblo y la indiferencia de la gente. Por otro lado, al sacar a Aureliano de su encierro, ella misma continúa un final que se ha iniciado con el descubrimiento de las claves para la traducción de los manuscritos, y, el hecho de que ninguno de los dos sepa que son parientes ayuda para que Amaranta Ursula decida romper con su marido.

Fernanda del Carpio representa a la mujer intransigente y tradicional que pretende mantener e imponer unas normas que no coinciden con la ideología de aquéllos que la rodean. Sus costumbres y valores jerárquicos reflejan los traídos a América por los españoles durante la conquista. A través de ella el novelista critica la creencia en las castas sociales y en los títulos así como la intromisión de la iglesia en la vida matrimonial.

Aunque Petra Cotes y Pilar Ternera no forman parte de la familia Buendía, su función dentro de la obra es importantísima ya que por medio de ellas se critica una costumbre muy común del mundo hispano. A ninguna de estas dos mujeres se les puede ver como inferiores ya que si se analiza su situación se puede comprender que Pilar Ternera no ha llegado a ser lo que es por gusto. Ha sido violada a los catorce años y después se le ha mantenido como amante hasta los veintidós. Y posteriormente, al irse a Macondo ha perdido su juventud esperando a un hombre que le anuncian las cartas pero que nunca llega. Es una mujer que a pesar de ser prostituta tiene unos rasgos altamente humanos que ni siquiera poseen algunas de las Buendía. Petra Cotes no es tampoco mujer inferior, su amor por Aureliano II la lleva a convertirse en su concubina ofreciéndole a Aureliano la comprensión, la ayuda y el apoyo que no le da Fernanda. Petra Cotes y

Pilar Ternera reflejan el machismo del varón y su costumbre de mantener la llamada "segunda casa".

Melquíades es el hombre que, como bien dice Gallager, posee un aire sobrenatural y lo mismo se le ve viejo y decrépito que rejuvenecido y triunfante.[38] Su función dentro de la obra es la de introducir a los Buendía al mundo de la alquimia y de la ciencia y proporcionar al último de ellos las claves para descifrar la historia que él ha escrito.

En *El otoño del patriarca* García Márquez presenta unos personajes que reflejan la realidad social y política de América Latina y son unos protagonistas que se llegan a conocer por sus acciones y la perspectiva que otros tienen de ellos. La figura predominante en esta obra es la del patriarca; su personalidad y lo que ésta significa en la vida del hombre hispanoamericano está siempre detrás de cualquier otro protagonista. García Márquez, al hablar de la creación de este personaje dice:

> —Mi intención fue siempre la de hacer una síntesis de todos los dictadores latinoamericanos; pero en especial del Caribe. Sin embargo, la personalidad de Juan Vicente Gómez era tan imponente, y además ejercía sobre mí una fascinación tan intensa, que sin duda el Patriarca tiene de él mucho más que de cualquier otro. En todo caso, la imagen mental que yo tengo de ambos es la misma. Lo cual no quiere decir, por supuesto, que él sea el personaje del libro, sino más bien una idealización de su imagen.[39]

Sin embargo parece que la originalidad de este

---

[38] Gallager, David Patrick. *Modern Latin American Literature* (London, New York: Oxford University Press, 1973), pág. 153.

[39] García Márquez y Apuleyo Mendoza. *El olor de la guayaba,* pág. 86.

personaje está no sólo en lo que significa para el Caribe e Hispanoamérica sino además en su simbología universal.

En el Patriarca, García Márquez personifica el déspota que surge de las guerras civiles y apoyado por fuerzas extranjeras se mantiene indefinidamente en el poder. El Patriarca es un protagonista que desde el comienzo de la obra ya ha adquirido una forma y posición. Su vida anterior es narrada por medio de retrocesos y narradores múltiples. Lo primero que se proporciona es una descripción física poco clara ya que lo que el novelista busca en las primeras páginas es crear un ambiente en el que el lector mismo sienta la fuerza del poder que el patriarca ha ejercido en el pueblo. Para eso, García Márquez recurre a la ambigüedad y da la imagen de una criatura ancianísima que al ser hallada muerta es irreconocible porque lo que todos han sentido, generación tras generación, ha sido la fuerza de su opresión.

> ...y allí lo vimos a él, con el uniforme de lienzo sin insignias, las polainas, la espuela de oro en el talón izquierdo, más viejo que todos los hombres y todos los animales viejos de la tierra y el agua... Sólo cuando lo volteamos para verle la cara comprendimos que era imposible reconocerlo aunque no hubiera estado carcomido de gallinazos, porque ninguno de nosotros lo había visto nunca..., y aunque su litografía enmarcada con la bandera en el pecho y el dragón de la patria estaba expuesta a todas horas en todas partes, sabíamos que eran copias de copias de retratos que ya se consideraban infieles en los tiempos de la cometa, cuando nuestros padres sabían que era él, porque se lo habían oído contar a los suyos, como éstos a los

suyos y desde niños nos acostumbraron a
creer que estaba vivo en la casa del poder...
(Págs. 10-11)

Lo que García Márquez busca es crear la suma de los
dictadores que durante siglos han estancado la vida de
los pueblos. En él, el novelista encarna al déspota
iletrado que en los comienzos de su régimen gobierna
de forma simple y primitiva pero que conforme
aprende los juegos de la política sofistica sus medios de
opresión.

El Patriarca es el tipo de dictador que una vez que ha
adquirido poder delega su autoridad en el favorito en
turno mientras él se encierra en su soledad y poder. Sin
embargo hay momentos claves en la obra en que, al
tomar él las riendas de su gobierno, el novelista
subraya su astucia. En los golpes de estado, perpetrados
por sus hombres de confianza, se revela un hombre que
posee la paciencia y la astucia de un gato montés.
Cualquier hombre que signifique una amenaza es
colocado en puestos altos para así poder vigilarlo más
de cerca y cuando percibe que está solo contra un
grupo de sus comandantes espera el momento oportuno
para atacar y eliminar al enemigo. Esto se hace patente
en el caso de los niños de la lotería a quienes sus
catorce comandantes han tenido encerrados sin que él
lo sepa y en el atentado del falso leproso. Al averiguar
lo de los niños no puede hacer nada porque eso
significaría tener 14 enemigos. Por lo tanto su opción
es apoyar todo lo que han hecho ellos y recomendarles
que sigan haciendo su trabajo.

...reunió al mando supremo, catorce comandantes trémulos que nunca fueron tan temibles
porque nunca estuvieron tan asustados, se
tomó su tiempo para escrutar los ojos de
cada uno, uno por uno, y entonces compren-

dió que estaba solo contra todos, así que
permaneció con la cabeza erguida, endureció
la voz, los exhortó a la unidad ahora más que
nunca por el buen nombre y el honor de las
fuerzas armadas, los absolvió de toda culpa...
y les ordenó que continuaran en sus puestos...
porque mi decisión superior e irrevocable es
que aquí no ha pasado nada... yo respondo.
(Págs. 142-43)

Pero en el caso del atentado busca pacientemente hasta
dar con el culpable durante un juego de dominó.

No conoció un instante de descanso hus-
meando en su contorno... sentía que era
alguien al alcance de su mano, alguien tan
próximo a su vida que conocía los escondrijos
de su miel de abejas, que tenía los ojos en las
cerraduras y oídos en las paredes a toda
hora y en todas partes... vio el presagio
materializado en una mano pensativa que
cerró el juego con el doble cinco, y fue como si una voz interior le hubiera revelado
que aquella era la mano de la traición... éste
es, se dijo perplejo... levantó la vista... y se
encontró con los hermosos ojos de artillero
de mi compadre del alma Rodrigo Aguilar...
(Págs. 157-58)

No actúa inmediatamente, investiga todo lo que ha
hecho su compadre y al darse cuenta de que éste planea
dar un golpe de estado y encerrarlo en "el asilo de
ancianos ilustres de los acantilados" se los *sirve de cena*
a sus cómplices el mismo día que tenían planeado
derrocarlo.

Otro aspecto que destaca en la caracterización de este personaje es su exagerada sexualidad y la soledad en que vive. La mayoría de los narradores lo recuerdan como un hombre solitario, sólo la niña, que más tarde se convierte en prostituta y regresa cuando muere, lo recuerda con un poco de ternura. Las demás mujeres, como Linero, lo proyectan como un individuo grande y sombrío que hace el amor de prisa y mal y, causa a fin de cuentas, más lástima que miedo (págs. 127-28). Por lo tanto puede decirse que en el Patriarca, García Márquez presenta a un dictador dominado por el poder, la soledad y el miedo. Su vida consiste en dominar y eliminar a aquellos que intentan derrocarlo.

En Bendición Alvarado el novelista personifica a una mujer ignorante que nunca se adapta a la jerarquía social que adquiere al subir su hijo al poder y prefiere continuar viviendo mezclada entre la servidumbre y las concubinas de su hijo. Como contraste de ella aparece Leticia Nazareno, mujer oportunista y de origen humilde. El poder adquirido con su matrimonio la ciega y la hace cometer una serie de atropellos que la conducen a la muerte.

Es importante destacar que los hombres que aparecen en esta obra existen y actúan como sombras del Patriarca, pues cuando éste considera que le estorban, los elimina. Esto es verdad si se piensa en personajes como Rodrigo Aguilar, todos los comandantes que manda matar y aún Leticia Nazareno y Nacho, personajes que más influencia tienen en la vida del Patriarca. En Nacho se simboliza al mercenario al servicio de cualquier tipo de gobierno que pague sus servicios. Es un hombre que como todos los sublíderes del patriarca se embriaga de poder. La diferencia entre él y los demás es que puede manipular mejor a su jefe pero a fin de cuentas termina muerto, como todos.

Tiempo y espacio

Una de las mayores innovaciones de la narrativa del novelista colombiano consiste en su utilización del tiempo y el espacio. Lo primero que se percibe en ambas obras es la ruptura con el concepto de tiempo lineal y cronológico. García Márquez retorna al pasado cuantas veces es necesario y más de una vez yuxtapone el tiempo y el espacio para producir la sensación de un tiempo que se ha detenido, que está como estancado en el aire, en la atmósfera que rodea a sus personajes.

En *Cien años de soledad* el novelista crea un tiempo que no está regido por el calendario ni por las manecillas del reloj. Esto ha dado origen a que el tiempo de esta obra se interprete de diversas formas. Críticos como José Miguel Oviedo ven el tiempo de esta novela como un tiempo cíclico porque en su opinión:

> ...el pasado se repite en el presente y el futuro es previsible porque, de alguna manera ya ocurrió. El tiempo ya no existe en Macondo, está congelado o, si se quiere, es, como en *Pedro Páramo,* el tiempo sin tiempo de los muertos.[40]

Sin negar la influencia que Rulfo ha tenido en escritores como García Márquez, existen rasgos temporales que separan a *Pedro Páramo* de *Cien años de soledad.* El tiempo de esta última obra no es completamente tiempo de los muertos puesto que el lector siempre puede distinguir los vivos de los muertos, mientras que en la de Rulfo no es así. Sin detenerse

---

[40] Oviedo, José Miguel. "Macondo: Un territorio mágico y americano", en *Nueve asedios a García Márquez,* pág. 102.

más en este aspecto nos parece que la acepción más acertada, en cuanto al tiempo se refiere, es la de Arnau para quien:

> G. M. distorsiona el tiempo y lo maneja a su antojo; crea un tiempo propio suyo, un tiempo que une final y principio, un tiempo que hace que la historia de *Cien años*... llegue entera hasta el final, siempre presente ante nosotros. El tiempo es tan sólo un procedimiento para conseguir esta totalidad temporal, la simultaneidad completa.[41]

En *Cien años de soledad* el transcurso del tiempo no se expresa con alusiones a fechas concretas. Ya desde el primer capítulo de la obra se establece un sistema que domina prácticamente en toda la novela. El narrador, desde un presente que se une con el pasado y el futuro, cuenta una serie de sucesos que terminan con el hecho más reciente. En la primera parte, por ejemplo, se introduce a Melquíades y su primera llegada a Macondo con los gitanos y se concluye con la llegada de otros que anuncian su muerte. Pero no todo queda allí, García Márquez retrocede para aludir a la travesía de la sierra, se adelanta para decir que esa misma expedición la hará el coronel Aureliano y une este pasado y futuro con la negativa de Ursula a emprender otra expedición. La ambigüedad espacial y temporal que existe en la obra no permite situar tampoco las guerras civiles ni la intervención norteamericana y la huelga general en un país concreto. El novelista ha modificado la realidad y el período histórico del que ha partido para de esta manera poder aplicar su denuncia a un nivel mucho más universal.

---

[41] Arnau, pág. 63.

A nivel de personajes el paso del tiempo se transmite a través de sus acciones, las observaciones de otros que, de pronto, se dan cuenta que unos han dejado de ser niños o se han convertido en ancianos. Por ejemplo, el crecimiento de Amaranta, Rebeca y Arcadio es "casualmente" descubierto por Ursula.

> Tan ocupada estaba en sus prósperas empresas, que una tarde miró por distracción hacia el patio, mientras la india la ayudaba a endulzar la masa, y vió dos adolescentes desconocidas y hermosas bordando en bastidor a la luz del crepúsculo. Eran Rebeca y Amaranta... Junto a ellas, aunque ya revelaba el impulso físico de su padre, Arcadio parecía un niño... Ursula se dio cuenta de pronto que la casa se había llenado de gente, que sus hijos estaban a punto de casarse y tener hijos, y... emprendió la ampliación de la casa. (Pág. 53)

Las constantes renovaciones de que es objeto la casa reflejan el transcurso del tiempo y los cambios que se producen a nivel familiar y de comunidad. Por ejemplo, al terminar las ampliaciones de Ursula y celebrarlas con una fiesta, se subraya la llegada de Pietro Crespi y la presencia de Moscote en Macondo. Más tarde los cambios los harán Aureliano II durante la tormenta, Jose Arcadio al volver de Roma y Amaranta Ursula de Bruselas. El tiempo que transcurre entre cada renovación muestra el deterioro de la casa y, a la vez, la ruina en que va cayendo Macondo y la familia Buendía.

El otoño del patriarca es la obra en que García Márquez experimenta más con el tiempo y el espacio. Los constantes retrocesos y yuxtaposiciones de tiempo y espacio así como la extrema ambigüedad de los personajes y la situación geográfica de los hechos producen la sensación de una completa atemporalidad. Esto permite que las atrocidades del Patriarca así como las perpetradas por sus comandantes o personas cercanas a él puedan ser aplicadas lo mismo al pasado que al presente.

Desde el punto de vista narrativo, la obra comienza la madrugada del lunes y termina la media noche de ese mismo día. Sin embargo, el período histórico y social que se descubre es indefinido. El tiempo parece haberse interrumpido durante el larguísimo régimen del patriarca y la gente comienza a despertarse de un letargo de siglos. Al penetrar en la "guarida presidencial" los gallinazos "remueven" el "tiempo estancado" que permite al hombre invadir el palacio municipal para, a través de los recuerdos, presentar la larga y compleja vida del patriarca.

> Durante el fin de semana los gallinazos se metieron por los balcones de la casa presidencial, destrozaron a picotazos las mallas de alambre de las ventanas y removieron con sus alas el tiempo estancado en el interior, y en la madrugada del lunes la ciudad despertó de su letargo de siglos con una tierna brisa de muerto grande y de podrida grandeza. Sólo entonces nos atrevimos a entrar... Fue como penetrar en el ámbito de otra época, porque el aire era más tenue en los pozos de escombros de la vasta guarida del poder, y el silencio era más antiguo... (Pág. 7)

Sus rememoraciones y su incredulidad ante la muerte del déspota los remontará a tiempos que no conocen y que les han sido narrados por familiares o gente del pueblo. La conclusión a la que se llega es que lo que García Márquez busca es transmitir la idea de que la

dictadura es un fenómeno que ha existido durante
siglos y que se ha sofisticado y modernizado con el
tiempo. Esto es verdad si se piensa que durante su
régimen, el Patriarca presencia el desembarco de
Cristobal Colón y el de los marinos norteamericanos
(págs. 57-58). Por lo tanto se puede decir que la
originalidad del tiempo y el espacio en García Márquez
está en la atemporalidad que adquieren hechos y
personajes así como en la ambigüedad geográfica de
ambas obras.

Ironía → Sátira

La técnica de la ironía es un recurso que se
encuentra estrechamente ligado a la sátira y aparece
primordialmente en la caracterización de personajes.

En *Cien años de soledad* aparece la ironía dramática
y de sucesos en personajes como Fernanda del Carpio,
mujer que vive dentro de un mundo falso. Desde niña
se le educa haciéndole creer que es noble y diferente a
las demás y que algún día llegará a ser reina. Después
de salir del colegio religioso vive una vida casi monacal
en espera de que se cumpla su destino y cuando la van
a buscar los guardias con la promesa de que la harán
reina de Madagascar no lo pone en duda porque lo ve
como algo normal. Fernanda *vive* su reinado como si
fuera real y tarda tiempo en darse cuenta de que se ha
convertido en reina; pero de carnaval.

> El carnaval había alcanzado su más alto
> nivel de locura... cuando apareció por el
> camino de la ciénaga una comparsa multitu-
> dinaria llevando en andas doradas a la mujer
> más fascinante que hubiera podido concebir
> la imaginación. Por un momento, los pacíficos
> habitantes de Macondo se quitaron las más-

> caras para ver mejor la deslumbrante criatura
> con corona de esmeraldas y capa de armiño,
> que parecía investida de autoridad legítima,
> y no simplemente de una soberanía de
> lentejuelas y papel crespón. (Págs. 174-75)

Fernanda nunca se enfrenta completamente con la
realidad, pues al casarse con Aureliano mantiene sus
austeras tradiciones y su extravagante costumbre de
defecar en la bacinilla que cree es de oro pero que al
final resulta tener tan sólo el escudo de oro y lo demás
de cobre. Su inhabilidad para aceptar la realidad trae
como resultado la burla y la sátira por parte de los
Buendía, especialmente de Amaranta.

> Amaranta se sintió tan incómoda con su
> dicción viciosa, y con su hábito de usar un
> eufemismo para cada cosa, que siempre
> hablaba delante de ella en jerigonza.
> —Esfetafa —decía— esfe defe lasfa quefe
> lesfe tifiefenenfe asfa cofo afa sufu profopi-
> fiafa mifierfedafa. (Pág. 183)

En Fernanda, García Márquez satiriza unas costumbres
completamente castizas impuestas durante la época
colonial pero que se mantuvieron por mucho tiempo
aún después de la independencia.

Ambigüedad

Uno de los recursos que sobresalen en la narrativa
de García Márquez es la ambigüedad; técnica que le
permite manipular la ubicación geográfica de sus obras
así como la identificación de personajes y hechos que
presenta.

En *Cien años de soledad* la ambigüedad se nota

primeramente en la creación del mundo en que pululan los personajes. Ya desde el comienzo el novelista sitúa la acción en Macondo, pero si se acude a la geografía colombiana tal lugar no existe; y, conforme avanza la obra puede notarse que los hechos históricos y los personajes se recrean de tal forma que las guerras civiles en las que pelea el coronel Aureliano lo mismo pueden ser las sangrientas de la revolución mexicana, cubana o más cercanamente la nicaragüense; y, él podría simbolizar a Rafael Uribe Uribe, Emiliano Zapata o Francisco Villa.

En *El otoño del patriarca* la ambigüedad es total. El personaje carece de nombre, se sabe que su país se encuentra localizado en el Caribe pero nunca se llega a especificar cuál de todos. Esta anfibología permite que García Márquez analice los efectos de la dictadura del anónimo Patriarca, el apoyo estadounidense a las autarquías hispanoamericanas y la corrupción política.

El laberinto

El laberinto es otro de los recursos técnicos que García Márquez utiliza en las novelas que aquí se estudian. Para lograr el laberinto, el escritor recurre al juego del tiempo y espacio, a la narración enmarañada, énfasis en la soledad y el subconsciente.

En *Cien años de soledad* el laberinto mental y físico revela la extrema soledad de los personajes y se da sobre todo en los varones. El primer protagonista en quien se nota el laberinto es en Aureliano, personaje que al enamorarse de Remedios y no poder verla sufre tanto que la ve y la busca por todas partes.

La llamó muchas veces, en desesperados esfuerzos de concentración, pero Remedios no respondió. La buscó en el taller de sus

> hermanas, en los visillos de su casa, en la
> oficina de su padre, pero solamente la
> encontró en la imagen que saturaba su
> propia y terrible soledad. (Pág. 63)

Intenta olvidarla emborrachándose pero eso sólo hace
su situación más confusa, pues al perder conciencia del
tiempo y lugar donde se encuentra se dirige a la casa de
Pilar Ternera, mujer con quien, inútilmente, tratará de
sustituir a Remedios.

> Con una destreza reposada, sin el menor
> tropiezo, dejó atrás los acantilados del dolor
> y encontró a Remedios convertida en un
> pantano sin horizontes, olorosa a animal
> crudo y a ropa recién planchada. Cuando
> salió a flote estaba llorando. (Pág. 65)

Y la soledad en que se refugia José Arcadio Buendía
está hecha de laberintos infinitos donde se combina la
realidad, la fantasía y el mundo de los vivos y de los
muertos.

> Cuando estaba solo, José Arcadio Buendía
> se consolaba en el sueño de los cuartos
> infinitos. Soñaba que se levantaba de la
> cama, abría la puerta y pasaba a otro cuarto
> igual... De ese cuarto pasaba a otro exacta-
> mente igual, cuya puerta abría para pasar a
> otro exactamente igual, y luego a otro
> exactamente igual, hasta el infinito. Le gus-
> taba irse de cuarto en cuarto, como en una
> galería de espejos paralelos, hasta que Pru-
> dencio Aguilar le tocaba el hombro. Entonces
> regresaba de cuarto en cuarto... recorriendo
> el camino inverso... (Pág. 124)

El laberinto de ambos personajes surge de la soledad, de su deseo de mitigarla y su incapacidad para distinguir o aceptar la realidad.

A nivel narrativo el laberinto, en ambas obras, resulta de la ambigüedad y "repetición" de sucesos y personajes, de la yuxtaposición de tiempo y espacio y la combinación de realidad y fantasía.

Niveles narrativos

Desde el punto de vista narrativo; García Márquez es un novelista que experimenta con la primera persona del singular y del plural y la tercera del singular. En *Cien años de soledad,* a pesar de existir el diálogo indirecto y el monodiálogo de Fernanda, predomina la narración en tercera persona. El narrador omnisciente es quien narra lo que ha ocurrido, anticipa lo que pasará y controla el diálogo indirecto de los protagonistas.

Si en *Cien años de soledad* el narrador omnisciente lo controla todo, en *El otoño del patriarca* esto ya no sucede. Allí García Márquez rompe con todo tipo de convencionalismos narrativos y en una misma oración pueden aparecer hasta dos o tres niveles narrativos juntos. La maestría y originalidad con que el novelista maneja estos recursos ha hecho que éste sea uno de los puntos más estudiados por la crítica. John Lipski, al referirse a esta obra, dice:

> In reading *El otoño del patriarca,* one is led through a constantly shifting verbal maze, shimmering with voices at times unidentified, and, at times remaining for only a fraction of a phrase, to be replaced by other voices representing a displaced center of consciousness which wanders continually throughout

> the spectrum of individual personalities con-
> tained in the narrative. It is the extreme use
> of the technique of multiple and at times
> nearly simultaneous points of view.. that
> allows one to study García Márquez' last
> novel as a unique creation...[42]

Por medio del *yo,* el novelista presenta la perspectiva
que el dictador tiene de sí mismo y su condición de
déspota; sirve para mostrar la manera en que ha sido
visto por personajes como Manuela Sánchez, la niña
que, a su muerte, vuelve ya mayor, o por los hombres
que entran en la casa presidencial. En estos hombres se
produce una especie de fusión entre la primera persona
del singular y el plural ya que muchas veces el narrador
comienza hablando de lo que ha visto o escuchado y,
de pronto, une su experiencia a la de los demás. El
narrador omnisciente, que va cambiando conforme
avanza la obra, presenta la información sobre la que el
dictador no tiene control. Es él quien presenta el origen
de Leticia Nazareno y el del dictador y su madre así
como el control que los jefes del Patriarca tienen en la
política. A través de él conocemos también la manera
en que va creciendo el hijo del dictador y su muerte al
lado de su madre.

Otro aspecto que se destaca en esta obra es el uso
del diálogo indirecto que muchas veces se convierte en
monodiálogo. Es importante notar que estos recursos
no están separados por una puntuación específica que
los distinga del resto de la narración sino que aparecen
incorporados y se diferencian únicamente por el uso
del *yo* y las respuestas. Ejemplo de esta técnica es la
conversación entre el dictador y Patricio Aragonés
cuando éste se está muriendo.

---

[42] Lipski, John M. "Embedded Dialogue in *El otoño del patriarca",* en
American Hispanist, 2, núm. 14 (January, 1977), pág. 10.

> ...pero a él no le importaba la insolencia sino
> la ingratitud de Patricio Aragonés a quien
> puse a vivir como un rey en un palacio y te di
> lo que nadie le ha dado a nadie en este
> mundo hasta prestarte mis propias mujeres,
> aunque mejor no hablemos de eso mi general
> que más vale estar capado a mazo que andar
> tumbando madres por el suelo como si fuera
> cuestión de hechar novillas... (pág. 36)

Otras veces, la conversación del Patriarca con otros
personajes se convierte en un monodiálogo indirecto
del dictador y sólo se distingue porque el mismo
personaje declara que eso no se lo ha expresado a su
interlocutor o porque el narrador omnisciente señala
que el déspota se pone a meditar. Esto se ve por
ejemplo cuando el monseñor Demetrio Aldous le
revela que toda la santidad de su madre ha sido
invención de sus hombres.

> ...ante el asombro de aquella revelación que
> en otro tiempo le habría fruncido las en-
> trañas, ni siquiera suspiró sino que medi-
> tó para sí mismo con una inquietud recóndita
> que no más eso faltaba padre, sólo faltaba
> que nadie me quisiera ahora que usted se va
> a disfrutar de la gloria de mi infortunio...
> mientras él se quedaba con la carga inme-
> recida de la verdad... más solo en esta patria
> que no escogí por mi voluntad sino que me
> la dieron hecha como usted la ha visto que
> es como ha sido desde siempre... métase en
> mi pellejo, *pero no lo dijo, apenas lo
> suspiró,* apenas hizo un parpadeo instantá-
> neo... (Págs. 201-02)

Puede aseverarse que el uso del diálogo y monólogo

indirecto, así como el predominio de la narración en tercera persona, refleja la soledad y la falta de comunicación que existen entre los personajes de ambas obras.

Realismo mágico

García Márquez es un escritor que experimenta con el aspecto bello y feo del realismo mágico y para transmitirlo recurre a una serie de técnicas que le permiten presentar la realidad del hombre americano y el realismo mágico como arte literario. En su creación de este recurso García Márquez se vale de la exageración, el absurdo, el lenguaje, el estilo, la fusión de la realidad con la fantasía y de las técnicas que se han estudiado anteriormente.

En *Cien años de soledad* el realismo mágico resulta de la ruptura con la fantasía y la realidad y la recreación que el novelista hace de sucesos y personajes, ya sean históricos o cotidianos, para crear una doble realidad.

A nivel social y político, las guerras en que participa el coronel Aureliano adquieren una dimensión que raya en lo fantástico. Esto lo logra el escritor por medio de la exageración del número de guerras en que participa, la gran cantidad de hijos que tiene con diferentes mujeres, sus increíbles escapes de la muerte y la leyenda que se forma alrededor de su persona; pero detrás de la increíble vida de este personaje está la terrible realidad de las sucesivas guerras civiles hispanoamericanas.

Pero donde más se nota el arte mágico del escritor es en la recreación de hechos de la vida diaria. Dos de los ejemplos que más se destacan en la obra son la ascensión al cielo de Remedios la bella y la muerte de José Arcadio. García Márquez ha declarado que el

primer caso está basado en una historia de pueblo en
que una chica se fuga por la madrugada y su abuela,
para ocultar la vergüenza, cuenta que su nieta se ha ido
al cielo.[43] En *Cien años de soledad* el escritor opta por
la versión de la abuela y al recrearla elimina cualquier
relación con esa historia. Remedios la bella, ya desde
su nacimiento, aparece como la única mujer que
mantiene su inocencia, se muestra indiferente ante los
convencionalismos de las mujeres y no comprende las
pretensiones amorosas o sexuales de los hombres
(págs. 199-202). Remedios se presenta como una
criatura de otro mundo; vive en una atmósfera irreal
carente de horarios y de recuerdos; no encaja en el
mundo de los Buendía por eso su ascenso resulta
natural y verosímil.

> ...Fernanda sintió que un delicado viento de
> luz le arrancó las sábanas de las manos y las
> desplegó en toda su amplitud. Amaranta
> sintió un temblor misterioso en los encajes de
> las pollerinas y trató de agarrarse de la
> sábana para no caer en el instante en que
> Remedios, la bella, empezaba a elevarse.
> Ursula, ya casi ciega, fue la única que tuvo la
> serenidad para identificar la naturaleza de
> aquel viento irreparable, y dejó las sábanas a
> merced de la luz, viendo a Remedios, la
> bella, que le decía adiós con la mano, entre el
> deslumbrante aleteo de las sábanas que
> subían con ella... y se perdieron con ella para
> siempre en los aires donde no podían alcan-
> zarla ni los más altos pájaros de la memoria.
> (Pág. 205)

---

[43] García Márquez y Apuleyo Mendoza. *El olor de la guayaba,* págs. 37-
38.

El episodio de José Arcadio está basado en un fenómeno natural de la humanidad —la muerte. García Márquez parte de la realidad de un suceso pero lo recrea de tal forma que, por medio de la muerte de este personaje, revela no sólo el final inexplicable de este hombre, sino además el misterio de la muerte misma. Al morir José Arcadio, es su sangre la que, al correr por las calles, le lleva la noticia a Ursula Iguarán.

> Un hilo de sangre salió por debajo de la puerta, atravesó la sala, salió a la calle, siguió en un curso directo por los andenes disparejos, descendió escalinatas y subió pestiles, pasó de largo por la Calle de los Turcos, dobló una esquina a la derecha y otra a la izquierda, volteó en ángulo recto frente a la casa de los Buendía, pasó por debajo de la puerta cerrada, atravesó la sala de visitas pegado a las paredes para no manchar los tapices, siguió por la otra sala, eludió una curva amplia... y pasó sin ser visto por debajo de la silla de Amaranta... y se metió por el granero y apareció en la cocina donde Ursula se disponía a partir treinta y seis huevos para el pan. (Pág. 118)

El otoño del patriarca es la obra en que se dan los aspectos más feos e insólitos del realismo mágico. En esta novela García Márquez parte de unos problemas que, desde hace muchos años, afectan la vida del hombre hispanoamericano. El rompimiento de García Márquez con el tiempo, el espacio y la realidad tradicional le permiten crear una atmósfera caótica y absurda donde cualquier tipo de atrocidad es posible. En *El otoño del patriarca* las masacres o asesinatos más increíbles son contados de la manera más natural, como si formaran parte de la vida cotidiana del hombre. Entre los sucesos que aparecen en la obra existen dos que destacan por su crueldad y su insólita solución —la masacre de los niños de la lotería y el asesinato del compadre del patriarca. En el primer caso el realismo mágico resulta del exagerado número de niños —dos mil; de su encierro en la fortaleza del puerto donde viven como animales; de la ignorancia del dictador de este hecho; de su solución de enviarlos en furgones nocturnos a las regiones menos habitadas y, finalmente, su orden de masacrarlos.

> Como simple medida de precaución sacó a los niños de la fortaleza... y los mandó ,en furgones nocturnos a las regiones menos habitadas del país... mientras se le ocurría una fórmula drástica había hecho que sacaran a los niños del escondite de la selva y los llevaran en sentido contrario a las provincias de las lluvias perpetuas donde no hubiera vientos infidentes que divulgaran sus voces, donde los animales de la tierra se pudrían caminando y crecían lirios en las palabras... había ordenado que los llevaran a las grutas andinas de las nieblas perpetuas para que nadie supiera dónde estaban... ordenó que metieran a los niños en una barcaza de cemento (y) los hicieran volar con una carga de dinamita sin darles tiempo a sufrir mientras seguían cantando... (Págs. 143-47)

En un sólo pasaje García Márquez presenta la doble o triple realidad del sistema dictatorial. El episodio de los niños refleja la crueldad de las dictaduras, los medios utilizados para acallar las voces de aquéllos que estorban, la corrupción política y el constante temor y soledad en que se consume el dictador.

En el segundo caso, la insólita manera en que muere Rodrigo de Aguilar refleja la astucia del déspota, su carácter vengativo y su poder de control sobre los demás. Enterado de la traición de sus hombres, el patriarca finge no saber nada; el día del patrono de los guardaespaldas actúa como si nada ocurriese y, como todos los demás pretende esperar a su "compadre del alma" para así hacer más efectiva su venganza. Al llegar la media noche, cuando empiezan a quererse marchar les pide que esperen y en seguida les sirve la suculenta cena.

> ...eran las doce, pero el general Rodrigo Aguilar no llegaba, alguien trató de levantarse, por favor, dijo, él lo petrificó con la mirada mortal de que nadie se mueva..., nadie viva sin mi permiso hasta que terminaron de sonar las doce, y entonces se abrieron las cortinas y entró el egregio general de división Rodrigo de Aguilar en bandeja de plata puesto cuan largo fue sobre una guarnición de coliflores y laureles, macerado en especias, dorado al horno, aderezado con el uniforme de cinco almendras de oro de las ocasiones solemnes y... una ramita de perejil en la boca, listo para ser servido en banquete de compañeros... y cuando hubo en cada plato una ración igual... con relleno de piñones y hierbas de olor, él dio la orden de empezar, buen provecho señores. (Págs. 161-62)

O sea que tanto en *Cien años de soledad* como en *El otoño del patriarca* lo que hace que las cosas más insólitas, crueles o extrañas aparezcan como algo real, es el tono en que son narradas y la creación de un ambiente entre real y fantástico, todo lo cual resulta en el realismo mágico.

Lengua y estilo

Desde el punto de vista estilístico lo primero que se nota es la aparente sencillez de las obras. Sin embargo, esta simplicidad es aparente pues una lectura cuidadosa permite observar que García Márquez ha creado un mundo, un tiempo y un lenguaje propio. En su orbe, como bien dice Vargas Llosa, no se omite ninguno de los niveles de la realidad y en una misma obra se da el individual y el colectivo, el legendario y el histórico, el cotidiano y el mítico.[44] Su lenguaje refleja una prosa trabajada y poética donde lo mismo aparecen arcaísmos en desuso que neologismos. En resumen, se puede decir que las obras de García Márquez exigen la participación activa del lector e interesan tanto por su forma como por su contenido ya que el escritor presenta la problemática del hombre hispanoamericano contemporáneo pero no ofrece soluciones directas.

---

[44] Vargas Llosa. "García Márquez: De Aracataca a Macondo", en *Nueve asedios a García Márquez,* pág. 143. Aunque el comentario de Vargas Llosa se aplica solamente a *Cien años de soledad* parece que en *El otoño del patriarca* García Márquez vuelve a armonizar diferentes niveles de la realidad.

CARLOS FUENTES

Datos biográficos y su ideología política y literaria

De familia burguesa, Carlos Fuentes[1] nace en la ciudad de México el 11 de noviembre de 1928. La posición diplomática de su padre le permite que desde niño viaje por varios países y asista a los mejores colegios. Inicia sus estudios primarios en la ciudad de México y los continúa en Washington, D.C., donde vive de 1934-40. Entre 1941-43 reside en Santiago de Chile y Buenos Aires; regresa a México en 1944 y termina sus estudios secundarios en el Colegio México en 1946. Estudia Derecho en la Universidad Nacional Autónoma de México de donde recibe el título de Licenciado y continúa estudios superiores en el Instituto de Estudios Internacionales de Ginebra donde se doctora en leyes.

Los estudios hechos por el escritor y la posición diplomática del padre parecían indicar que Fuentes se dedicaría a la vida diplomática. Sin embargo, ya desde los comienzos, el novelista combina la diplomacia con la carrera de escritor. Ha trabajado en el Servicio

---

[1] Para una biografía más detallada véase: Daniel de Guzmán. *Carlos Fuentes* (New York: Twayne Publishers, Inc., 1972). Wendy B. Faris. *Carlos Fuentes* (New York: Frederick Ungar Publishing Co., 1983). Fidel Ortega Martínez. *Carlos Fuentes y la realidad de México* (México: Editorial América, 1969).

Diplomático de la Secretaría de Relaciones Exteriores
de México; y entre otras actividades ha sido cofundador
de la *Revista Mexicana de Literatura* (1955-58 con
Manuel Carballo); ha trabajado como argumentista de
cine; y ha ejercido el periodismo político en importantes
diarios de países como México, Cuba, Colombia y
Estados Unidos.

Carlos Fuentes es un hombre que, debido a sus
ideas sobre la política, la cultura y las costumbres, es
muy controversial en México, Estados Unidos y otros
países. De ideas izquierdistas, es uno de los primeros
escritores que se atreve a criticar abiertamente la
corrupción de los políticos mexicanos y su proteccionismo a la intervención norteamericana en dicho país.
Wendy Faris destaca el hecho de que la oposición de
Fuentes al Partido Revolucionario Institucional lo
llevó a intentar formar, junto con Octavio Paz y otros
intelectuales, un nuevo partido político que confrontase
el monopolio del PRI. Esta rebeldía, según Faris, es
además una respuesta a la Noche de Tlatelolco (1968);
y quienes participan en la formación de este partido
desean fomentar nuevos medios de comunicación que
conduzcan a una política menos centralizada. Buscan
reformas que incluyan la nacionalización de la industria,
mayor control sobre la inversión extranjera y pongan
fin a la dependencia mexicana de los Estados Unidos.[2]

Fuentes es un escritor que, como Cortázar, García
Márquez, Carpentier y otros narradores hispanoamericanos ha simpatizado con la Revolución Cubana y el
marxismo. Es un escritor que considera que el novelista
desempeña una función muy importante en la vida no
sólo de México sino de Hispanoamérica en general. En
su opinión:

---

[2] Faris, pág. 10. Para mayores detalles sobre lo que se ha conocido como
la Noche o la Matanza de Tlatelolco léase a: Elena Poniatowska. *La noche de
Tlatelolco* (México: Ediciones Era., S. A., 1971).

> ... Es indudable que América Latina, en
> países que carecen de los medios de comuni-
> cación democráticos usuales en las comuni-
> dades europeas, en países que no cuentan
> con partidos políticos, ni con parlamentos
> independientes, ni con sindicatos libres, ni
> con una prensa que informe, ni con medios
> audiovisuales que cumplan una misión cultu-
> ral, queda en manos del escritor decir lo que
> todos esos canales de expresión normal no
> dicen, queda en manos de los escritores decir
> lo que la historia no dice...[3]

Sus ideas políticas las expresa Fuentes no sólo en sus
novelas sino además en sus ensayos y artículos
periodísticos. Faris, al hablar de la labor publicitaria
de Fuentes dice:

> In a regular column of *Vuelta,* Fuentes
> reviews books, films and exhibitions. He also
> expresses his political opinions —criticism of
> the two superpowers, of the U.S. presence in
> México and the rest of the world, of Mexico's
> one-party system, its unequal income distri-
> bution, its lack of significant agrarian reform.
> He persistently reiterates his dislike of all
> systems that deny individual freedom, whether
> of the left or the right, and wishes for a multi
> rather than a bipolar power structure in the
> world.[4]

Este tipo de actitud ha traído como consecuencia que
Fuentes sea criticado y no completamente aceptado
por los izquierdistas mexicanos. Fue también, proba-

---

[3] Ortega Martínez, pág. 42.
[4] Faris, pág. 10.

blemente, su crítica a ambos bandos y su negativa a aceptar cualquier medio que niegue la libertad de expresión, lo que motivó su salida de la revista *Política*.[5]

A pesar de haber pertenecido al partido comunista y de ser firme simpatizante de la Revolución Cubana, Fuentes es un novelista a quien no se le puede encasillar en ningún partido, ya que al parecer rechaza los abusos de la "democracia" norteamericana y los del comunismo ruso. Parece que Fuentes, desde el punto de vista político, como bien dice Luis Harss representa:

> ...un rechazo de cualquier apriori ideológico, un interés por el tercer mundo, por la independencia de criterio para juzgar tanto a los Estados Unidos como a la Unión Soviética.[6]

Sin embargo, el fuerte compromiso político de Fuentes no impide que su obra posea un alto valor artístico y literario. El mismo, al referirse a su función como novelista, separa la política de la literatura cuando dice:

> Ni quiero engañar: lo que el escritor puede hacer políticamente, debe hacerlo como ciudadano. Como escritor, su significado político es de otro nivel, se da implícitamente en la obra y se refiere a una capacidad privativa: la de mantener vivo el margen de la heterodoxia.[7]

---

[5] *Ibid.*, pág. 5. Según Faris, los que dejaron la revista arguyeron que ésta ya no permitía una discusión libre sobre los diversos puntos de vista izquierdistas y que simplemente exigía una adhesión a un partido de línea intransigente.

[6] Harss, Luis y Dohmann, Barbara. *Los nuestros* (Buenos Aires: Editorial Sudamericana, S. A., 1966), pág. 379.

[7] Conte, Rafael. *Lenguaje y violencia. Introducción a la nueva novela hispanoamericana* (Madrid: AL-BORAK, S. A., de Ediciones, 1972), pág. 191.

Fuentes cree no sólo en la experimentación técnica sino además en la lingüística; en su opinión el lenguaje hispanoamericano ha sido producto de una conquista y colonización; por eso el escritor hispanoamericano ha tenido que liberarse de un lenguaje jerárquico e impuesto.

> Radical ante su propio pasado, el nuevo escritor latinoamericano emprende una revisión a partir de una evidencia: la falta de un lenguaje... Continente de textos sagrados, Latinoamérica se siente urgida de una profanación que dé voz a cuatro siglos de lenguaje secuestrado, marginal, desconocido. Esta resurrección del lenguaje perdido exige una diversidad de exploraciones verbales que, hoy por hoy, es uno de los signos de salud de la novela hispanoamericana.[8]

Para Fuentes, la nueva novela hispanoamericana significa una rebelión contra el origen feudal del lenguaje. En su opinión, la literatura es revolucionaria en cuanto que se niega a aceptar el orden establecido del léxico y le opone un lenguaje que él llama de "la alarma", "la renovación", "el desorden", "el humor" y "la apertura".[9]

A nivel narrativo, Fuentes es también un escritor de difícil clasificación. Dentro de la narrativa de México pertenece a los escritores de la novela de la posrevolución. Es decir, es un escritor cuyas novelas no tienen ya la revolución como tema central. Fuentes estudia más bien los efectos que dicho movimiento ha tenido en el hombre contemporáneo. Y, una de sus innovaciones

---

[8] Fuentes, Carlos. *La nueva novela hispanoamericana* (México: Editorial Joaquín Mortiz, S. A., 1969), pág. 30.
[9] *Ibid.*, págs. 31-32.

consiste en situar la acción de su obra en la ciudad, en vez de un pueblo de provincia. Sin embargo es importante notar que conforme avanza su obra narrativa Fuentes se torna inclasificable, pues lo mismo escribe obras como *Aura,* que está cargada de rasgos del realismo mágico y de la literatura fantástica; que novelas como *Cambio de piel* y *Terra Nostra* novelas altamente experimentales donde se rompe completamente con el tiempo y espacio tradicional y donde se da la multiplicidad tanto de temas como de sucesos y personajes. Fuentes podría situarse en un plano intermedio entre el surrealismo y el realismo mágico por su experimentación con el lenguaje y el uso de técnicas como la ambigüedad, la yuxtaposición de tiempo y espacio, el uso de mitos o leyendas, el monólogo interior y los diversos niveles narrativos.

Fuentes, como hombre y escritor preocupado por la realidad y problemática mexicana dedica gran parte de su obra literaria a la búsqueda de identidad del mexicano a nivel personal y nacional. Para ello, muchas veces retorna, simbólicamente, al período precolombino, colonial o de la revolución mexicana y a protagonistas que simbolizan a personajes históricos como Hernán Cortés, La Malinche o dioses y personalidades de la cultura Azteca. Otros temas que destacan en su obra son: la soledad, la incomunicación, la revolución, la intervención extranjera, la falta de libertad, la corrupción política y el aislamiento. El enfoque que Fuentes da a sus temas hace que éstos, partiendo de la realidad mexicana, adquieran un nivel mucho más universal.

Su obra es extensa y variada; abarca el ensayo literario y político, el teatro, la novela y el cuento. Ha escrito: *Los días enmascarados* (1954), *La región más transparente (1958), Las buenas conciencias* (1959), *La muerte de Artemio Cruz, Aura* (1962),

Cantar de ciegos (1964), *Cambio de piel* (Premio Biblioteca Breve), *Zona sagrada* (1967), *Cumpleaños, La nueva novela hispanoamericana (1969), Todos los gatos son pardos, Casa con dos puertas, El tuerto es Rey* (1970), *Tiempo mexicano* (1971), *Terra Nostra* (1975), *Cervantes o la crítica de la lectura* (1976), *La cabeza de la Hidra* (1978), *Una familia lejana* (1980), *Agua quemada* (1981), *Gringo viejo* (1985).

A causa de la extensión de la obra de Fuentes, lo que se propone en esta sección es analizar los temas y técnicas que sobresalen en su novela más representativa: *La muerte de Artemio Cruz*. Los temas a estudiar serán los siguientes: la soledad, el aislamiento, la falta de libertad, la corrupción, la incomunicación, la revolución, la falta de identidad y la intervención extranjera.

La muerte de Artemio Cruz. Temas

La mayoría de los estudiosos de la literatura mexicana e hispanoamericana están de acuerdo en que *La muerte de Artemio Cruz* es una de las mejores obras de Carlos Fuentes. Alberto Díaz-Larra, al referirse a esta obra, dice:

> *La muerte de Artemio Cruz...* es una novela de la madurez definitiva del autor. Un camino encontrado y afirmado. Sin titubeos, con una seguridad refrenada página a página. Un autor que, según el catedrático Zamora Vicente, marca con sus novelas la madurez actual de las letras de habla española.[10]

---

[10] Díaz-Larra, Alberto. "Carlos Fuentes y la revolución traicionada", en Giacoman, Helmy F. *Homenaje a Carlos Fuentes. Variaciones interpretativas en torno a su obra* (New York: Las Américas Publishing Company, Inc., 1971), pág. 354.

No obstante, otros críticos como Manuel Pedro
González opinan que esta obra es una mera imitación
de Joyce y Malcom Lowry[11]

La obra gira alrededor de la vida y la muerte de
Artemio Cruz y el efecto que su comportamiento ha
tenido en la gente que lo rodea. La acción se sitúa en la
ciudad de México, el 9 de abril de 1959. Fuentes crea
una atmósfera ambigua y absurda donde se narran
acciones del presente, del pasado y un "futuro" en el
pasado que ya no "vive" el personaje que yace en su
lecho. Este ambiente permite que el novelista narre los
hechos en un orden aparente y que presente primero su
muerte y, ya casi al final, su nacimiento y origen.

Artemio Cruz es hijo ilegítimo de Anastasio Menchaca, hijo de una familia de hacendados que se han
enriquecido bajo la dictadura de Santa Anna. La
madre de Artemio Cruz, una mulata de la hacienda de
los Menchaca es arrojada de allí al nacer él. Se cría con
su tío Lunero y a los trece años, tras de matar
accidentalmente a Pedrito, por haberlo confundido
con el enganchador, se ve forzado a escapar. Por un
momento cree que podrá hacerlo con Lunero, pero éste
es asesinado mientras él lo espera en el monte. A los
trece años Cruz despierta a la realidad. Poco se sabe de
su vida entre esa edad y el tiempo en que se une,
aconsejado por su maestro, a la revolución.

Durante la guerra Cruz lucha del lado carrancista,
se enamora de Regina y está a punto de desertar.
Durante este período conoce a Gonzalo Bernal, hombre
a quien deja fusilar para salvar su propia vida. Al
terminar la revolución se presenta en la casa de los

---

[11] González, Manuel Pedro. "Acotaciones a *La muerte de Artemio Cruz*",
en *Coloquio sobre la novela hispanoamericana, op. cit.* El crítico no ve
prácticamente ninguna originalidad ni en *La región más transparente* ni en la
obra que aquí se analiza. Hay que tomar en cuenta, sin embargo, que este
crítico rechaza todas las innovaciones de los nuevos escritores latinoamericanos.

Bernal, finge haber sido amigo de Gonzalo y se casa con Catalina. Su matrimonio le permite apoderarse de grandes extensiones de tierra y escalar posiciones sociales y políticas.

Su fracaso matrimonial, la falta de comunicación y el rencor de su cónyuge hacen que, con el tiempo, a Artemio Cruz le interese tan sólo el poder que con su dinero puede ejercer sobre los demás, aún sobre su propia familia. En esta obra, Fuentes presenta la vida y el destino de un hombre después de la revolución y a través del mismo, el de México.

La Revolución Mexicana

En *La muerte de Artemio Cruz,* la Revolución de 1910-17 no aparece como tema central y único de la obra. Fuentes presenta los efectos que la lucha ha tenido en el pueblo y en la burguesía, sector social que critica mordazmente. Para lograr su propósito, el novelista crea un personaje que ha formado parte del ejército carrancista, grupo vencedor de la sangrienta guerra.[12] A través del recuerdo, lo hace volver a momentos claves de su vida y del conflicto nacional.

La Revolución Mexicana, tal y como se vislumbra en *La muerte de Artemio Cruz,* aparece como un movimiento caótico que si al comienzo tiene el propósito de mejorar la situación del campesino y del hombre en general, con el tiempo se convierte en una lucha sin sentido, pues al revolucionario se le enseña a matar pero no a pensar en las reformas iniciadas por Benito Juárez y continuadas por Francisco I. Madero, Emiliano Zapata y Francisco Villa.

En su novela, Fuentes, a través de personajes como Gonzalo Bernal, presenta la revolución como un

---

[12] Para una idea general de los orígenes de la Revolución Mexicana véanse el primer capítulo de las obras de Daniel de Guzmán y Fidel Ortega Martínez, obras que ya han sido citadas anteriormente.

movimiento que se ha desmoronado a causa de las divisiones entre los revolucionarios, el abandono de ideales reformadores, la ambición de poder y el oportunismo de algunos líderes. En la novela no se acusa a un sólo sector; todos, por una razón u otra son culpables del caos y la corrupción en que ha caído el ideal revolucionario.

> No, antes era otra cosa. Antes de que esto degenerara en facciones. Pueblo por donde pasaba la revolución era pueblo donde se acababan las deudas del campesino, se expropiaba a los agiotistas, se liberaba a los presos políticos y se destruía a los viejos caciques... Una revolución empieza a hacerse desde los campos de batalla, pero una vez que se corrompe, aunque siga ganando batallas liberales está perdida. Todos hemos sido responsables. Nos hemos dejado dividir y dirigir por los concupiscentes, los ambiciosos, los mediocres. Los que quieren una revolución de verdad, radical... son por desgracia hombres ignorantes y sangrientos. Y los letrados sólo quieren una revolución a medias, compatible con lo único que les interesa: medrar, vivir bien, sustituir a la *élite* de don Porfirio.[13]

En esta cita se alude además a la burguesía naciente de la revolución. Fuentes ve esta nueva aristocracia como uno de los elementos que más ha contribuido al fracaso de la revolución mexicana y al estancamiento social y político de México. Artemio Cruz forma parte

---

[13] Fuentes. *La muerte de Artemio Cruz* (México: Fondo de Cultura Económica, 1973), págs. 194-95. Todas las citas referentes a esta obra aparecerán en el texto.

de ese grupo de comerciantes y revolucionarios que al "triunfar" la revolución se enriquecen haciendo exactamente lo mismo que aquellos a quienes derrocaron. Como los hacendados de Porfirio Díaz o Santa Anna, Artemio explota y oprime al campesino. La diferencia básica es que después de la revolución el robo se institucionaliza y hombres como Cruz, en nombre de la Revolución, se enriquecen y ocupan puestos claves que les permiten, como se dijo en un tiempo, "carrancear".

El novelista ve la revolución con pesimismo, como un fenómeno que ha sido manipulado por hombres como Cruz inmediatamente después de la revolución y posteriormente por los miembros de un partido, que se supone representa dicho movimiento, el PRI. Como hombre que ha salido de la revolución mexicana, Artemio Cruz se aprovecha de todas las oportunidades que se le presentan para aumentar su fortuna. Al ser nombrado diputado no tiene ningún reparo en "chaquetear" y ponerse, igual que antiguos compañeros de guerra, del lado del que ocupa ahora la presidencia.

> Le compró el periódico a un voceador y trató de leerlo mientras manejaba, pero sólo pudo echar un vistazo a los encabezados que hablaban del fusilamiento de los que atentaron contra la vida del otro caudillo, el candidato... Se sintió peligrosamente vivo, prendido al volante, mareado por los rostros, los gestos..., hoy debía hacerlo porque mañana, fatalmente, los ultrajados de hoy lo ultrajarían a él... siempre había escogido bien, al gran chingón, al caudillo emergente contra el caudillo en ocaso. (Págs. 136-37)

No duda porque sabe que de su adhesión al triunfador resultará su tranquilidad personal, el lucro y el poder. Cruz, el coronel Gavilán y el general Jiménez, son ejemplos de la revolución traicionada.

> Se abrió la puerta de manijas doradas y salieron del otro despacho el general Jiménez, el coronel Gavilán y otros amigos que anoche habían estado con la Saturno y pasaron sin verlo a él, con las cabezas inclinadas y el gordo volvió a reír y le dijo que muchos amigos suyos habían venido a ponerse a disposición del señor Presidente en esta hora de unidad y extendió el brazo y le invitó a que pasara... vio... esos ojos de tigre en acecho y bajó la cabeza y dijo: —A sus órdenes, señor Presidente... Para servir a usted incondicionalmente, se lo aseguro, señor Presidente. (Pág. 138)

En este nuevo rico, ex revolucionario y oportunista es donde Fuentes parece ver los mayores fracasos de la Revolución Mexicana. Cruz, al ir a ver al político en turno se pone una "máscara" que le permite olvidar y hacer a un lado las luchas revolucionarias y a aquéllos que murieron en ellas. Al bajar la cabeza y ponerse la máscara, Cruz se convierte en uno más de los "chingones" quienes en nombre del movimiento revolucionario adquirieron poder político y social.

La falta de identidad

Uno de los temas que más parecen preocupar a Fuentes desde sus inicios es la identidad del mexicano tanto a nivel individual como nacional. Es interesante notar que algunos críticos han visto el desarrollo y madurez del escritor como un cosmopolitismo, casi como una negación de lo mexicano. Daniel Guzmán, a este respecto argumenta:

> As Fuentes has matured, oddly enough, he has become less able to accept Mexico as a

permanent residence. Whether this constitutes
a further rejection of so-called roots or
whether it is a confirmation of the wandering
pattern established during his childhood
does not matter —the important thing is that
he is becoming more of a cosmopolitan and
is no longer primarily considering or concer-
ned with what it means to be Mexican.[14]

A esto habría que argüir que Carlos Fuentes no
abandona su búsqueda de la identidad del mexicano.
Lo que sucede es que para hacerlo Fuentes no precisa
situar sus obras en la ciudad de México o presentar
personajes que han salido de la revolución. No hay que
olvidar que México ha cambiado y que Fuentes, como
novelista de su tiempo, adapta su narrativa a la
problemática que afecta al mexicano de hoy. Por otro
lado, es importante recordar que Fuentes, como otros
escritores contemporáneos parte de la realidad de su
país, pero no limita su perspectiva a un nivel nacionalista, es un escritor que traspasa las fronteras para así
abarcar problemáticas del hombre latinoamericano. Y
esto se ve no sólo en sus obras posteriores sino que ya
se observa en las novelas antes mencionadas.
    Fuentes es un novelista que en su búsqueda de la
identidad del mexicano no se limita a analizar un
período de la historia y de la cultura. Sus lectores, por
lo tanto, necesitan conocer no sólo la historia contemporánea de México sino además poseer un conocimiento
básico del período prehispánico y de las circunstancias
en que se lleva a cabo la conquista de México. Esto es
muy importante porque, muchas veces, detrás de los
personajes está la representación de un Cortés, de una
Malinche, de un Cuauhtémoc o de un dios de los
Aztecas.

---

[14] Guzmán, pág. 69.

En *La muerte de Artemio Cruz* el problema de la identidad se presenta a nivel de personaje, de país y de Latinoamérica. María Stoopen al hablar de este tema señala que en su obra Fuentes:

> Se interna en la búsqueda de identidad nacional, a base de rastrear los orígenes del alma del mexicano para descubrir los actos primigenios de violencia y de pretender una confrontación de sus actuales máscaras, sus nuevos mecanismos de emoción. De la obra literaria surge el rostro del mexicano que él cree verdadero, pero no plasma el rostro de un mexicano generalizado que, por lo demás, no existe; sino el de un hombre encarnado que es prototipo, sí, pero de una determinada clase social que tiene el poder; con una psicología característica del desclasado, del arribista; con una actitud no comprometida ante las exigencias históricas.[15]

Su búsqueda la lleva a cabo Fuentes a través de la vida y los actos de Artemio Cruz, "pelado" que nunca conoce su origen bastardo y que de la clase más baja logra convertirse en un aristócrata, en un potentado. En él, Fuentes simboliza la nueva burguesía nacida de la Revolución, que se ha puesto una máscara para, en nombre de dicho movimiento, enriquecerse y permitir el lucro de una minoría mientras el campesinado vive en la miseria esperando cambios prometidos que nunca llegan. Las trampas, marrullerías y los abusos de Cruz le proporcionan el poder pero conforme se va elevando en la escala social, a nivel personal, va perdiendo su identidad y la libertad de elegir o cambiar de idea.

---

[15] Stoopen, María. *La muerte de Artemio Cruz. Una novela de denuncia y traición* (México: Universidad Nacional Autónoma de México, 1982), págs. 9-10.

Al casarse con Catalina, Cruz traiciona los principios de la revolución puesto que su unión está primordialmente motivada por el interés económico. Su vida consiste en desbancar a los antiguos hacendados, en explotar al campesino con la falsa promesa de que más tarde les repartirá las tierras (págs. 95-100), en el chaqueteo político y en el proteccionismo extranjero al servir de "frente" a las compañías norteamericanas. Lo que Fuentes parece insinuar es que este rostro "democrático" y de "progreso" ha impedido que el mexicano tome conciencia de su verdadera situación y poco a poco haya perdido su identidad. Fuentes sugiere que para que el mexicano recupere esa identidad es necesario desenmascarar a los políticos y a los potentados como Artemio Cruz.

Las preguntas que se hace Cruz cuestionándose si es él quien se refleja en el bolso o en los espejos son las mismas preguntas que el mexicano puede hacerse con respecto a México. Si Cruz se niega a aceptar su vejez y su identidad, el mexicano de hoy se pregunta si el México presente, políticamente corrupto y dominado por un sólo partido, es el México por el que murieron tantos hombres durante las guerras de independencia y la revolución. La respuesta, igual que la de Cruz, es negativa. Fuentes se muestra pesimista ante la situación actual y sugiere que para que México y el mexicano recuperen su identidad, se precisan unos cambios drásticos en la estructura política.

Corrupción

La corrupción es un tema que en *La muerte de Artemio Cruz* se encuentra estrechamente ligado a la identidad nacional y existe en todos los sectores. Desde el punto de vista político, la corrupción de los líderes que se encuentran en el poder ha obstruido una reforma agraria que detenga el tipo de expoliación perpetuada por Cruz. Su posición le permite "comprar" y controlar autoridades ejidales, "persuadir" a funcionarios públicos para que le faciliten la transportación de su marisco y otros desmanes (págs. 14-15).

Uno de los momentos en que el novelista hace más evidente la podredumbre de los políticos es el día en que Cruz es convencido para que apoye al nuevo presidente. Fuentes se vale de esto para subrayar que la putrefacción política ha hecho de México no sólo una nación sin identidad sino además un país de la "chingada", un lugar donde, a través del tiempo, el hombre se ha convertido en expoliador y explotado.

> Brindaron y el gordo le dijo que este mundo se divide en chingones y pendejos y que hay que escoger ya... porque ellos eran muy buenas gentes y les daban a todos la oportunidad de escoger, nada más que no todos eran tan vivos como el diputado, les daba por sentirse muy machos y luego se levantaban en armas, cuando era tan facilito cambiar de lugar como quien no quiere la cosa y amanecer del buen lado. ¿A poco era la primera vez que él chaqueteaba? ¿Pues dónde había estado los últimos quince años? (Pág. 129)

Si esto ocurre en 1927, en los años posteriores Artemio Cruz no necesita ser convencido; los papeles se invierten y es él quien, a través de sus periódicos, sus financieras, su puesto de consejero de instituciones fiduciarias y otras posiciones de poder se convierte en el "gran chingón" (págs. 15-16).

La presencia de Artemio Cruz se deja sentir en todos los sectores de la vida económica, social, cultural y política de México. Fuentes lo presenta así porque de esta manera puede evidenciar que la corrupción se encuentra a todos los niveles y que el país precisa de unos cambios drásticos que erradiquen, desde sus raíces, este problema que, durante décadas ha estancado la vida del mexicano. Si se toma en cuenta la fecha en que fue escrita la obra, se nota que muchos de los problemas denunciados por Fuentes continúan latentes en la vida del país, el cual sigue siendo dominado por el PRI y la corrupción de políticos que al subir al poder, como Cruz, entran "pobres" y salen millonarios.

Opresión → Libertad → Opresión

En *La muerte de Artemio Cruz,* la libertad es un tema que se encuentra fuertemente unido al de la opresión. En su novela, el autor vuelve a tiempos anteriores a la Revolución Mexicana para evidenciar que la lucha del mexicano por liberarse de fuerzas que coartan su libertad ha durado siglos. Si se toma en cuenta que los personajes de Carlos Fuentes adquieren en esta obra una doble simbología, se puede notar que la opresión del mexicano viene desde tiempos de la conquista. En este sentido, Cruz podría verse como el conquistador y Catalina como doña Marina, mujer que fue clave en la conquista de México y que al ayudar al conquistador se convirtió en la primera "chingada", en la primera traidora de su cultura y de su gente.[16] En un plano más reciente, Fuentes retorna a un pasado más inmediato, a los resultados que han dejado las dictaduras de Porfirio Díaz y Santa Anna, así como la revolución mexicana. La visión es pesimista, Fuentes sugiere que

[16] Esta idea es original de Octavio Paz, quien ve a la Malinche como la primera "chingada". Para Paz, igual que para Fuentes y otros escritores mexicanos la corrupción y falta de identidad del mexicano tiene sus orígenes en la conquista.

de poco han servido todas esas luchas, pues el poder sólo ha cambiado de manos y el individuo continúa siendo explotado.

La opresión, tal como se ilustra en *La muerte de Artemio Cruz,* se ha sofisticado. Al hombre no se le consiente formar sindicatos que le permitan evitar ser expoliado o expresar sus ideas libremente. Y no puede hacerlo porque la prensa está en manos de hombres corruptos que ven en la sindicalización del obrero una amenaza a su lucro económico.

> "—Toma asiento, pollita. Ahora te atiendo. Díaz: tenga mucho cuidado que no se vaya a filtrar una sola línea sobre la represión de la policía contra esos alborotadores.
> —Pero parece que hay un muerto, señor. Además fue en el centro mismo de la ciudad. Va a ser difícil...
> —Nada, nada. Son órdenes de arriba.
> —Pero sé que una hoja de los trabajadores va a publicar la noticia.
> —¿Y en qué está pensando? ¿No le pago para pensar? ¿No le pagan en su 'fuente' para pensar? Avise a la Procuraduría para que cierren esa imprenta..." (Pág. 87)

Dada la corrupción existente, Fuentes no parece dar esperanza de cambio y si miramos la condición del obrero y el campesino de hoy veremos que los cambios han sido mínimos y que tal vez donde haya mayores logros sea en la libertad de prensa.

Incomunicación → *Aislamiento* → *Soledad*

El aislamiento y la soledad son fenómenos que afectan a la mayoría de los protagonistas y son el resultado de su rencor, de su incapacidad de olvidar y perdonar y, sobre todo, de la falta de comunicación que existe entre ellos.

Uno de los personajes en quien más se vislumbra el aislamiento y la soledad es Artemio Cruz, individuo que, a través de sus remembranzas, muy pocas veces se ve feliz. La ambición de riqueza y de escalar peldaños sociales convierten a Cruz en un hombre primordialmente solitario. Su matrimonio por conveniencias, sus atropellos iniciales para alejar del pueblo al único posible rival y la pretensión de haber sido amigo de Gonzalo traen como consecuencia que su mujer sienta por él un profundo rencor. La falta de comunicación que existe entre ellos impedirá que Cruz doblegue su orgullo y le confiese un amor que siente al principio.

> El deseaba borrar el recuerdo del origen y hacerse querer sin memorias del acto que la obligó a tomarlo por esposo. Recostado al lado de su mujer, pedía en silencio... que los dedos entrelazados de esa hora fuesen algo más que una respuesta inmediata... se dijo que la carne y la ternura hablarían sin palabras. Entonces otra duda le asaltaba. ¿Comprendería esta muchacha todo lo que él quería decirle al tomarla entre sus brazos? ¿Sabría apreciar la intención de la ternura? (Págs. 101-02)

La negativa de Catalina a olvidar el pasado revela a Artemio Cruz la imposibilidad de entrar en su mundo y alcanzar su amor (págs. 105, 110-15). Ante esta realidad, el protagonista empieza a buscar alivio a su soledad entre otras mujeres y en el poder del dinero. Con él, Cruz puede comprar el placer, pero no el sentimiento puro y, conforme avanza la obra, nos damos cuenta de que este hombre nunca logra vencer la soledad, pues aunque está rodeado de mujeres y de gente, él está consciente de que todos están cerca no por una amistad o cariño sincero, sino por su dinero. Esto es evidente en su aventura de Acapulco, en la fiesta de fin de año y a la hora de su muerte.

El aislamiento y la soledad se dan también en Catalina, mujer que no es capaz de olvidar ni perdonar al hombre que considera culpable de la muerte de su hermano y la humillación de su padre. Se puede decir que al principio, la soledad de esta mujer es peor que la de Artemio Cruz, pues vive debatiéndose entre lo que considera es su obligación y la atracción que siente por su marido. Y, al no poder vencer su rencor termina por aislarse refugiándose en la religión y la educación de sus hijos.

En *La muerte de Artemio Cruz* la soledad y la incomunicación se manifiestan además en personajes como Lilia, quien al convertirse en la amante de Cruz es aislada en la casa de Coyoacán donde se le proporcionan todas las comodidades pero no se le permite tener comunicación con otra gente. Ese aislamiento y soledad en que la tiene Artemio Cruz hacen de ella una borracha. Al parecer, Lilia busca en el alcohol alivio a la falta de libertad y aislamiento en que vive.

Intervención extranjera

Uno de los problemas que más preocupa a Fuentes es la intervención estadounidense en México y en la América Latina. Su crítica se deja sentir no solamente en sus novelas sino además en sus ensayos, entrevistas y su labor periodística. Al hablar sobre este tema Fuentes ha dicho:

> Mi oposición a la política imperialista de Norteamérica, más que de otra razón, deriva

> de ésta: de que los Estados Unidos siguen
> siendo el factor que anacroniza nuestras
> vidas y nuestros problemas, el apoyo visible
> a las estructuras y a sus representantes que...,
> sin el respaldo del gobierno de Washington
> se desplomarían...[17]

Fuentes ve a los Estados Unidos como una de las mayores causas del estancamiento económico, cultural y político. La influencia de dicho país en la República Mexicana la refleja el novelista a través de Mr. Corkery, socio de Artemio Cruz. Por medio de este personaje, Fuentes sugiere que los Estados Unidos han penetrado en la política de México y manipulan a los gobernantes pero cuidando de que no se les acuse de intervencionismo. Esto se ve en el momento en que Artemio Cruz pide a Mr. Corkery que telegrafíe a sus socios para que éstos muevan la prensa norteamericana y acusen a los ferrocarrileros de comunistas. Y le aconseja, además, que ejerza "presión" sobre el nuevo gobierno.

> "—Sure, if you say they are commies, I feel it
> is my duty to uphold by any means our...
> —Sí, sí, sí. Qué bueno que nuestros ideales
> coinciden con nuestros intereses, ¿verdad que
> sí? Y otra cosa: hable usted con su embajador,
> que ejerza poder sobre el gobierno mexicano,
> que está recién estrenado y medio verdecito
> todavía.
> —Oh, we never intervene.
> —Perdone mi brusquedad. Recomiéndele
> que estudie el asunto y ofrezca su opinión
> desinteresada, dada su natural preocupación

---

[17] Ortega Martínez, pág. 43.

por los intereses de los ciudadanos norteamericanos en México. Que les explique que es
necesario mantener un clima favorable para
la inversión, y con estas agitaciones...
—O.K., O.K." (Págs. 118-19)

Fuentes rechaza el proteccionismo que la burocracia
proporciona a Estados Unidos y denuncia su influencia
en la producción automovilística, maderera y minera.
El novelista sugiere que la presencia de los Estados
Unidos ha persistido gracias a la corrupción del
potentado que, como Cruz, sirve de parapeto en las
transacciones solapadas que se llevan a cabo entre
ambos países. Esto se observa en la concesión de las
minas de azufre. Al prestarse a servir de "hombre de
paja", Artemio Cruz no beneficia en nada a México
por más que intente justificarse, al contrario, intensifica
el poder de dicho país allí.

Puede afirmarse que los temas tratados en *La
muerte de Artemio Cruz* pueden extenderse a la
realidad latinoamericana ya que las guerras civiles han
producido resultados semejantes en otros países. Por
otro lado, la intervención estadounidense, así como la
corrupción política y la falta de libertad no son
privativas del mexicano ni del latinoamericano; y, en
este sentido, la obra de Fuentes adquiere un carácter
mucho más universal.

Técnicas narrativas

Desde el punto de vista técnico, Fuentes es un
escritor difícil de clasificar, pues lo mismo experimenta
con la narrativa de tipo tradicional como con las
técnicas más modernas, rompiendo con el concepto
tradicional de tiempo y espacio. Cada una de sus
novelas ofrece una experiencia diferente porque cuando

se piensa que se conoce el estilo de Fuentes, éste publica otra novela completamente diferente. Esto lo ha convertido en uno de los escritores más innovadores de la literatura hispanoamericana. Dada la complejidad de su obra y la gran variedad de métodos técnicos utilizados por el escritor, este trabajo se limitará al análisis de la estructura, la creación de personajes, los niveles narrativos, la ambigüedad, el uso del tiempo y el espacio, el diálogo, el monólogo y el estilo.

Estructura

Uno de los aspectos que más se ha estudiado de *La muerte de Artemio Cruz* es su forma. Para críticos como Alberto Pamies y Berry Dean, la novela es un montaje temporal en el cual el personaje está fijado en el espacio y su conciencia se mueve y vacila en el fluir del tiempo y su pasado se convierte en presente;[18] mientras que para Nelson Osorio la obra se divide en doce partes que comienzan siempre con el *yo, tú* y *él*.[19] René Jara, por su parte, propone una estructuración a base de los motivos, los cuales conducen a una estructura histórica, social y cultural hispanoamericana.[20] Sin negar la influencia cinematográfica de la obra, los motivos cainitas, por ejemplo, o la división por capítulos, *La muerte de Artemio Cruz* tiende mucho más hacia una estructura circular que comienza y termina con Artemio Cruz yaciendo en su lecho. Por otro lado, la división que se ha venido haciendo en doce partes está fuertemente influenciada por las

---

[18] Pamies, Alberto N., y Berry, Dean C. *Carlos Fuentes y la dualidad integral mexicana* (Miami: Ediciones Universal, 1969), pág. 56.
[19] Osorio, Nelson. "Un aspecto de la estructura de *La muerte de Artemio Cruz*", en Giacoman, *op. cit.,* pág. 133.
[20] Jara, René C. "El mito y la nueva novela hispanoamericana. A propósito de *La muerte de Artemio Cruz*", en Giacoman, *op. cit.,* pág. 191.

declaraciones que Fuentes ha hecho en más de una ocasión. De acuerdo con el novelista, la obra presenta doce momentos claves en la vida de Cruz los cuales aparecen fechados. Sin embargo, si se lee la obra con cuidado se puede notar que existen trece partes, la parte del 9 de abril de 1959, día de la muerte del protagonista. El trece es un número clave en la obra ya que a esa edad el mundo se le "abrirá" a Artemio Cruz y su vida estará "al filo del agua" (pág. 313).

Las fechas o momentos no siguen un orden cronológico, la mente del personaje retorna a sucesos acaecidos en fechas y lugares distintos. La obra está estructurada de tal forma que presenta los altibajos de la vida sentimental, económica, social y política del protagonista y finalmente su nacimiento y origen para volver al lecho donde muere. Como símbolo que es del desarrollo de México, Fuentes proporciona, de igual forma, la corrupción y condición del mexicano para volver, a lo largo de la novela, a las causas que han originado la situación actual.

En la primera parte, 10 de abril de 1959, el novelista crea una atmósfera ambigua que domina gran parte de la obra y subraya los rasgos que han caracterizado la vida del protagonista. Artemio Cruz, agonizante, se niega a recobrar el conocimiento y, al ver su rostro reflejado en el bolso de su hija Teresa, siente miedo de sí mismo, del rostro que se le presenta partido en "vidrios sin simetría". Se presenta a un Artemio viejo y falto de identidad. Se alude a un rencor que lo ha consumido, a su riqueza, a su corrupción y a su participación en la intervención extranjera. Se introduce a Teresa, Catalina y Padilla. Se establece la función del tú narrador, cuya función consistirá en enfrentar a Artemio Cruz con acontecimientos que él se niega a recordar.

La segunda parte, 6 de julio de 1941, incorpora al narrador en tercera persona. Se subraya la incomunicación que existe entre Artemio y su familia. La primera persona, es decir, el Artemio agonizante, evidencia la hipocresía de su mujer y su hija, alude a su segunda casa y a otra mujer, mientras que su doble le hace ver que por más que admire la eficacia, el poder e higiene de los gringos, nunca podrá ser como ellos.

La tercera sección nos regresa al 20 de mayo de 1919, al momento en que Cruz se presenta en la casa de Gamaliel Bernal y su hija Catalina. Gamaliel astutamente intenta establecer la diferencia de castas en la biblioteca y alude a su origen familiar. Consciente de su actual situación casa a Catalina con Artemio. Se subraya el influjo de la religión católica en la familia y en la vida del campesino. Se introduce el recurso de la grabadora, la cual es escuchada por el moribundo y revela su corrupción. Seguidamente, en la cuarta parte, 4 de diciembre de 1913, se vuelve al caos de la revolución mexicana y al momento en que Artemio Cruz aparece más sincero, más completo, desde el punto de vista sentimental. Se introduce a Regina, se destaca la importancia que ha tenido en la vida del protagonista y su muerte. Se subraya el poder de Artemio después de la revolución y su situación familiar. Se insiste en la intervención extranjera, la represión de la policía y la falta de libertad de prensa.

La sección cinco, 3 de junio de 1924, presenta los primeros años del matrimonio de Artemio y Catalina. Artemio se ha convertido en un cacique que engaña a los campesinos con falsas promesas de retribución de tierras. Se produce un enfrentamiento que trae como consecuencia el aislamiento y el rencor por parte de Catalina y Artemio. Su doble lo enfrenta con el abandono en que ha tenido a su hija, le recuerda su reunión con antiguos revolucionarios y su chaqueteo. En seguida, en la sexta parte, se vuelve al 23 de noviembre de 1927 para detallar sus inicios como diputado y su corrupción. Su doble le revela que él con su *yo* y *tú* forman parte de ese orden establecido —de "la chingada": un orden que lo destruye *todo*.

En la séptima parte, 11 de septiembre de 1947, se muestran los estragos del tiempo en el protagonista. Artemio aparece en un hotel de Acapulco con Lilia. Su experiencia con esta mujer le descubre a Cruz su vejez y su soledad. En su lecho recuerda a las mujeres que ha conocido; se burla de su mujer y su hija al hacerlas buscar el testamento en los lugares más absurdos y la primera persona le anuncia su enfrentamiento con el recuerdo de Lorenzo y Gonzalo. La octava parte, 22 de octubre de 1915, nos regresa al día en que Cruz y el yaqui caen prisioneros de los villistas y conocen a Gonzalo. Se destaca el caos de los últimos años de la revolución, la derrota de las fuerzas villistas y zapatistas y el hecho de que Cruz deja que Zagal fusile a Gonzalo y al yaqui para salvar su pellejo.

En la novena parte, 12 de agosto de 1934, se habla de otra oportunidad que Cruz desaprovecha. Se introduce a Laura, mujer que se niega a convertirse en su amante. Su hija lo culpa de la muerte de Lorenzo. Su doble lo enfrenta con ese recuerdo, el momento en que lo separa de Catalina y más tarde su partida para luchar en la guerra civil española. El capítulo 10, 3 de febrero de 1939, nos transporta a Cataluña durante los últimos días de la guerra. Se introduce a Miguel, quien igual que Lorenzo pelea del lado republicano. Se habla del romance de Dolores y Lorenzo y de la muerte de éste por los aviones fascistas, mientras intentan escapar a Francia.

En la parte once se vuelve a un pasado más inmediato, 31 de diciembre de 1955, a la celebración de la noche de San Silvestre. Allí se muestra la vida vacía del protagonista. Se reintroduce a Lilia quien, por conveniencia, se ha convertido en su amante. Por medio de los diálogos fragmentados se subraya la soledad del personaje, la corrupción política, el dominio del PRI y la manera en que los burgueses han amasado sus fortunas. Cruz es llevado al hospital, le echa en cara a Catalina su incomprensión, se resiste a morir y, en un último intento, pide a Regina que vuelva a morir por él. Se insiste en sus abusos, en su rapiña y la "comodidad" en que vivirán sus herederos.

El capítulo doce, 18 de enero de 1903, nos lleva a los orígenes del personaje. Se introduce a Lunero, a los Menchaca y se alude a Isabel Cruz. Se hace hincapié en la niñez del protagonista, su origen ilegítimo y su despertar a la vida. La sección trece subraya los últimos momentos de Artemio Cruz y la unión del *yo, él* y *tú*.

Como se puede observar, aunque los capítulos no tienen un orden cronológico, sí existe una unión entre unos y otros. Lo que el novelista hace es entrelazar momentos que han tenido una importancia primordial en la vida del protagonista. Parece que al fragmentar la vida de esta manera, Fuentes sugiere que la vida, igual que la historia, está constituida de fragmentos y de momentos claves que el hombre no debe dejar escapar.

Creación de personajes

En la creación de sus personajes, el novelista parte de la realidad mexicana y presenta unas criaturas que se debaten entre lo que son y lo que fueron o pudieron ser. Luján Carranza al referirse a los protagonistas de *La muerte de Artemio Cruz* señala que:

> Sus criaturas son seres en permanente interrogación, tratando de descifrar el sentido de la realidad, de su existencia, aun cuando no siempre consigan conquistar alguna meta. Son personajes sorprendidos en pleno acto de vivir, de existir, tomando conciencia de

ese existir y, a la vez, viendo existir a
otros...[21]

Son seres que se conocen por medio de sus actos, las
contradicciones que revelan sus subconscientes y lo que
otros piensan de ellos.

Artemio Cruz es el personaje que da título a la obra
y alrededor de quien gira una serie de protagonistas
que han sido afectados por sus actos o decisiones. Es
un individuo que, desde niño, va cambiando de
acuerdo con las circunstancias. Su transformación, sin
embargo, se presenta de forma revertida y fragmentada.
Fuentes revela primero al Artemio corrupto, poderoso
y dominante, a un individuo que se ha enriquecido
explotando al obrero y al campesino y protegiendo la
inversión estadounidense en su país. Fuentes lo presenta
como un hombre astuto y sin escrúpulos que mira
solamente por su bienestar y lucro económico. Ejemplo
de esto es el momento en que los norteamericanos
intentan convencerle de que él se puede quedar con las
ganancias de los bosques madereros y que allí hay
mucho dinero. Cruz los deja hablar, les permite que lo
traten como a un tonto para al final ponerlos en su
lugar.

El sonrió y se puso de pie. Clavó los pulgares
entre el cinturón y la tela de los pantalones y
columpió el puro apagado entre los labios
hasta que uno de los norteamericanos se
levantó con un cerillo encendido entre las
manos. Lo acercó al puro y él lo hizo circular
entre los labios hasta que la punta brilló
encendida. Les pidió dos millones de dólares
y ellos le preguntaron que a cuenta de qué:

[21] Carranza, Luján. *Aproximación a la literatura del mexicano Carlos Fuentes* (Santa Fé: Librería y Editorial COLMEGNA, S. A., 1974), pág. 31.

> ellos lo admitían con gusto como socio
> capitalista con 300 mil dólares... él les repitió
> que ésas eran las condiciones: ni siquiera se
> trataba de un anticipo, de un crédito, ni nada
> por el estilo: era el pago que le debían por
> tratar de conseguir la concesión... sin él, sin
> el hombre de paja, sin el front man... ellos no
> podrían obtener la concesión y explotar los
> domos. (Págs. 24-25)

Una vez que se ha establecido la desvergüenza y
cinismo del personaje, el escritor presenta su vida
anterior para, de esta forma, mostrar la manera en que
ha llegado a esa posición "privilegiada". El camino que
ha recorrido Cruz no es nada deseable: ha dejado morir
a otros para sobrevivir, ha impuesto su presencia a
Catalina, ha usurpado tierras, etc. En su vida, lo único
positivo que existe es el amor de Regina, por quien
estuvo a punto de desertar, y el de Laura que no supo,
o más bien no quiso mantener por guardar las
apariencias. Artemio Cruz es un hombre partido en
tres. En él existe el hombre que es, el que quiso ser y el
que pretende vivir a través de su hijo. Pero su intento
fracasa porque aunque Lorenzo lucha del lado que a él
le hubiese gustado pelear y muere como él hubiera
querido, no consigue su propósito, pues por más que lo
intente nunca logra reconstruir el día de la muerte de su
hijo y vive con un constante remordimiento. Los
recuerdos de su hijo revelan además a un hombre más
humano capaz de sentir un profundo cariño.

En la caracterización de Artemio Cruz, Fuentes
presenta a un hombre por el que se siente repulsión y
lástima. El Artemio del principio no es el mismo del
final pues como dice Harss:

> Artemio evoluciona en el curso de sus
> aventuras. Es cierto que su vida lo circuns-

cribe. Pero dentro del marco de lo que es, se profundiza cada vez más, y al final, aunque deteriorado, se conoce mejor que al comienzo, y por lo tanto en cierta forma es más hombre que lo que fue. Sabe y comprende... No es el soldadito de plomo de la literatura naturalista que entra por todas partes a los balazos. Tiene otras dimensiones.[22]

Catalina es el personaje a quien más afectan las acciones de Artemio Cruz. Es una mujer, en apariencia, de carácter débil y extremadamente burguesa y conservadora. Maria Stoopen señala que Catalina:

Es la figura femenina que representa más fielmente la pasividad. Ella, al ser incapaz de aceptar su propia sexualidad, perpetúa la violación inicial, la convierte en su sino.[23]

Sin embargo, se puede decir que la pasividad de Catalina es una pasividad rebelde puesto que no se deja poseer ni se entrega. El rencor que siente por su marido, su sentido de culpabilidad por sentirse atraída hacia Artemio la convierten en una mujer sola, llena de frustraciones que se debate entre el deseo y lo que considera un deber a su padre y a su hermano.

Debo decidirme; no tengo otra posibilidad en la vida que ser, hasta mi muerte, la mujer de ese hombre. ¿Por qué no aceptarlo? Sí, es fácil pensarlo. No es fácil olvidar los motivos de mi rencor. Dios. Dios. Estoy destruyendo mi felicidad... Mi padre y mi hermano están muertos. ¿Por qué me hipnotiza el pasado?

---

[22] Harss y Dohmann, pág. 369.
[23] Stoopen, pág. 31.

> Debería mirar hacia adelante. Y no sé
> decidirme... (Págs. 107-08)

Catalina es el resultado de una educación burguesa
fuertemente dominada por la religión y el varón. Desde
niña ha dependido de los demás, otros han decidido
por ella (pág. 109), y por eso en los momentos
críticos se deja dominar por el odio más que por lo que
realmente siente y termina por refugiarse en sus hijos
—mientras los tiene a los dos—, en la religión y en la
soledad.

Como contrapartida de Catalina aparece Laura,
mujer moderna y liberal que no se somete a la voluntad
de Artemio Cruz y lo obliga a decidirse por ella o su
posición social. Laura es el tipo de mujer que no se
resigna a convertirse en un simple objeto del hombre,
por eso se divorcia de su marido y rechaza la idea de
convertirse en la amante oficial de Artemio Cruz (págs.
216-19).

En Gonzalo y Lorenzo, el escritor personifica al
burgués revolucionario, al intelectual que se rebela
contra los valores y normas de su clase. El primero
muere consciente del fracaso y corrupción de la
Revolución Mexicana (págs. 196-98) mientras que
Lorenzo aún en su última carta se muestra optimista al
confesarle a su padre que siempre habrá hombres que
continúen la lucha por la libertad (pág. 240).

Niveles narrativos

Una de las mayores innovaciones en *La muerte de
Artemio Cruz* son los niveles narrativos. El novelista
experimenta con la primera, segunda y tercera persona
del singular y, dentro de estas tres voces se produce un
diálogo y el monólogo interior directo e indirecto.
Wendy Faris, al hablar de la alternativa que Fuentes
hace con estos tres narradores señala que:

The technique of alternating the three voices in small sections rather than presenting three long narratives foreshadows this final compression. It heightens the tension the reader experiences between the sympathy for Artemio Cruz and judgement for him, between allowing him to live as he wishes in the past of his potential goodness or to die as he must in the present of his accomplished harm. As Fuentes has said of Artemio Cruz, "Good or bad, the reader must choose". The shifting perspectives make the choice engaging, but difficult.[24]

La primera persona proyecta las reacciones más inmediatas del moribundo. Es la voz del cuerpo que rechaza las falsas caricias de su mujer, que le echa en cara no haberlo comprendido y con crueldad se burla de su ambición y goza humillándola a ella y a Teresa aun en sus últimos momentos (pág. 141). El *yo* agónico revela además que Artemio ha hecho su fortuna en una lucha que nunca entendió ni quiso entender y que en Lorenzo ha querido vivir su otra mitad que dejó en la revolución (pág. 242).

La narración en segunda persona enfrenta al personaje moribundo con la realidad que ha intentado olvidar o que no ha sido aceptada por él. Es una voz que conoce con detalle la vida y actos del protagonista, es:

...una conciencia que se coloca en un plano privilegiado sobre el yo del protagonista. Tiene acceso a todos los acontecimientos objetivos de su historia personal, como a su

---

[24] Faris, pág. 65.

vida interna. Conoce su pasado y está en contacto con su presente agónico.[25]

Fuentes coloca a su narrador en tal forma que éste no sólo interpela al personaje sino que modifica el tiempo y advierte a Cruz que el pasado se tornará futuro para que él pueda vivirlo como presente y así recordar su otra mitad. Esta voz encara a Cruz con el recuerdo de Regina, Laura, Lilia, Gonzalo, Lorenzo y Catalina.

la fruta tiene dos mitades: hoy volverán a unirse: recordarás la mitad que dejaste atrás: el destino te encontrará: bostezarás: ... las cosas y sus sentimientos se han ido deshebrando, han caído fracturadas a lo largo del camino: allá, atrás, había un jardín: si pudieras regresar a él..., bostezarás: estás sobre la tierra del jardín... los días serán distintos, idénticos, lejanos, actuales... (Pág. 17)

La narración en tercera persona presenta la información sobre la que Artemio Cruz no tiene control. Es la voz que más retrocede en el tiempo para mostrar el origen y la niñez del protagonista y la experiencia de Lorenzo en España.

Diálogo

En *La muerte de Artemio Cruz,* el diálogo adquiere unos matices muy peculiares, pues pocas veces revela una comunicación genuina entre los hablantes. El diálogo directo lo utiliza Fuentes para proyectar los altibajos en la vida de Artemio Cruz. Aparece en los

25 Stoopen, pág. 95.

recuerdos sobre Regina para reflejar la ternura que ha existido en esa relación.

>—Te seguiré.
>—¿En dónde vivirás?
>—Me colaré a cada pueblo antes de que lo tomen. Y allí te esperaré.
>—¿Y lo dejas todo?...
>—Artemio, ¿te volveré a ver?
>—Nunca digas eso haz de cuenta que sólo nos conocimos una vez. (Págs. 64-65)

Pero, a pesar del tono tranquilo y de sinceridad que se percibe en el diálogo, pronto nos damos cuenta de que tanto Regina como Artemio han trastocado las circunstancias en que se han conocido. Su encuentro junto al mar sólo existe en su imaginación; con eso han querido olvidar que Artemio la ha poseído en uno de los tantos asaltos a los pueblos.

El tono calmado y tranquilo de este diálogo se torna brusco y airado cuando el novelista narra la confrontación entre Artemio y su mujer. El ritmo se acelera y las oraciones quedan incompletas para de esta manera reflejar la imposibilidad de comunicación y las cosas que se callan.

>—Catalina... Yo te he querido... De mi parte no ha quedado.
>—Déjame. Estoy en tus manos para siempre. Ya tienes lo que querías. Conténtate y no pidas imposibles.
>—¿Por qué renuncias? Yo sé que te gusto...
>—Déjame. No me toques. No me eches en cara mi debilidad. Te juro que no volveré a dejarme ir... con eso...

—No te acerques. No te faltaré. Esto te pertenece... Es parte de tus triunfos.

—Sí, y vas a tener que soportarlo el resto de tu vida...

—Te va a pesar Catalina Bernal... (Pág. 111)

El diálogo indirecto aparece sobre todo en las secciones en que el narrador omnisciente coge el hilo de la obra y se utiliza para informar del diálogo entre Cruz y el comandante de policía o de la participación de Lorenzo en la guerra civil española. Es importante notar que en ocasiones el diálogo directo e indirecto se mezclan y otras veces se produce un "diálogo implícito" entre el agonizante y Padilla. En general, se puede concluir que el diálogo sirve, ante todo, para mostrar la incomunicación y la falsedad de los personajes. Tal parece que Fuentes quisiera decir que el diálogo resulta inútil cuando no existe el deseo de expresar los verdaderos sentimientos o lo único que se busca es mantener las apariencias.

Ambigüedad

La ambigüedad es un recurso que Fuentes utiliza ya desde el comienzo de la obra en la creación de la atmósfera anfibológica y absurda en que sitúa a su personaje. El lector tarda en saber quién es el moribundo y quiénes son las dos mujeres que se encuentran junto a su cama. Los nombres no sirven de mucho pues aunque en la primera parte se proporcione el nombre, la edad y corrupción del protagonista central, queda mucho por averiguar, y aún al final queda la duda de si los personajes son realmente como los proyectan las tres voces.

Por otro lado es importante destacar que normalmente, al introducir un nuevo personaje, Fuentes
recurre a la ambigüedad y presenta los hechos que
permiten "conocerlo-la" de una manera fragmentada y
revertida. Tal es el caso de Laura a quien el lector
conoce mientras Cruz está con ella en un piso y no es
hasta después que se habla del comienzo de sus
relaciones y del divorcio de ésta. La misma ambigüedad
se da en el episodio de 1939. Fuentes crea primero un
ambiente de bombas e introduce a Miguel, pero no es
hasta más tarde que nos damos cuenta de que el
"mexicano" es Lorenzo. En el uso de la ambigüedad
Fuentes se propone reforzar la falta de identidad de los
personajes, seres que realmente nunca se llegan a
conocer completamente.

Tiempo y espacio

Fuentes es un escritor que somete a sus criaturas a
una constante mutación de tiempo y espacio. En *La
muerte de Artemio Cruz* rompe con el concepto del
tiempo y espacio tradicional. El tiempo no es el de las
manecillas del reloj sino el del protagonista moribundo
y, aunque la acción presente se sitúa en una ciudad y
fecha concretas, la mente del protagonista y el narrador
omnisciente se remontan a lugares y fechas tan remotas
como España y 1889. Sin embargo, es importante
destacar que en la mente del personaje los sucesos se
presentan como si estuviesen ocurriendo en el presente.
Esto es posible gracias a la intervención del *tú*
narrador, que al enfrentarse con el *yo* crea la atmósfera
y previene tanto al protagonista como al lector de que
el pasado se tornará en futuro y éste será "vivido"
como presente. Octavio Paz, al hablar del tiempo en
esta novela opina que:

> Fuentes suprime el antes y el después, la historia como tiempo lineal: no hay sucesión, todos los tiempos y espacios coinciden y se conjugan en ese instante en que Artemio Cruz interroga a su vida.[26]

El transcurso del tiempo se presenta de forma fragmentada y revertida y lleva al lector de un lugar a otro sin previa preparación. El efecto del tiempo en los personajes se muestra por medio de alusiones a su condición física, fechas y lugares concretos. Sin embargo, esto no impide que las acciones, defectos y cualidades de los personajes puedan situarse o aplicarse a individuos de cualquier época puesto que Fuentes subraya hechos y características que se repiten en el tiempo y en la historia del hombre.

Lengua y estilo

En *La muerte de Artemio Cruz,* Fuentes crea un estilo y lenguaje propios y lo mismo hace que sus personajes hablen de forma refinada que con vocabulario fuerte y coloquial. En su afán por captar la realidad mexicana e hispanoamericana transmite el habla del campesino, del político corrupto, del burgués idealista, del esclavo sumiso, del inversionista extranjero o la conversación vacía de la mujer burguesa y desocupada. Fuentes además, muchas veces abandona la puntuación convencional, utiliza letras minúsculas o puntos suspensivos al principio o en medio de la oración, e intercala secciones en inglés.

Por medio de la estructura circular, la fragmentación, la ruptura del tiempo y del espacio y la experimentación

---

[26] Paz, Octavio. "La máscara y la transparencia", en Giacoman, *op. cit.,* pág. 19.

de la lengua en el uso del diálogo y el monólogo, Fuentes insiste en los problemas que afectan al mexicano y al hispanoamericano; en su falta de identidad y en la necesidad de cambios sociales y políticos.

TERCERA PARTE

ANALISIS COMPARATIVO

Delibes, Goytisolo, Benet, Carpentier, García Márquez y Fuentes son escritores que, partiendo de una
realidad y una problemática que afectan al individuo
de sus respectivos países, se elevan a un plano más
amplio y universal. Por medio de la experimentación
con la estructura, el lenguaje, la yuxtaposición de
tiempo y espacio, el diálogo y monólogo interior
directo e indirecto, la ambigüedad, la ironía, la sátira,
el absurdo, el laberinto, la creación de personajes, el
uso de diversos niveles narrativos, los retrocesos o la
combinación de lo real con lo fantástico; transforman
y alteran la realidad diaria para así acercarse a temas
que afligen al hombre contemporáneo en general.

El propósito de esta sección es señalar las coincidencias que se dan a nivel lingüístico, técnico y
temático entre los novelistas españoles e hispanoamericanos. El afán de los hispanoamericanos por emanciparse del español establecido por la Real Academia los
lleva a introducir en sus novelas americanismos que
han sido aceptados en el habla diaria, a crear neologismos o a utilizar palabras de otros idiomas que han
pasado a formar parte del habla común. Este deseo de
renovación de la lengua hablada y escrita se encuentra
también en los novelistas españoles. En cada uno de
ellos toma diversos matices. En Goytisolo se reflejará
en una abierta rebeldía contra el español de los

escritores clásicos, mientras que en Delibes y Benet se manifestará en la exploración de un lenguaje que evidencie la riqueza del castellano que escritores como Fuentes y Goytisolo consideran tradicional y academicista.

La importancia que ha creado la combinación de lo real con lo fantástico, lo irreal y lo absurdo en la creación del mundo en que pululan los personajes de los novelistas latinoamericanos, es otro elemento que se encuentra en Goytisolo, Delibes y Benet.

La complejidad temática y técnica de cada una de las obras se presta a diversos métodos de análisis comparativos. Por motivos de espacio y para facilitar la comprensión del cotejo, cada sección será separada por temas y se estudiarán al mismo tiempo las semejanzas y diferencias que existen entre los escritores.

La dictadura

El tema que los une a todos es el de la dictadura. Su nivel crítico varía, más que nada, según el concepto que el escritor tiene de la literatura. Así se encuentran grandes similaridades en la creación del mundo en que se mueve el dictador en García Márquez, Carpentier, Delibes y Benet, quienes sitúan la obra en países que, a pesar de haber referencias a lugares concretos, se caracterizan por su anonimato y atemporalidad. Pero, difieren en que tanto García Márquez como Carpentier, sin disminuir su calidad artística, presentan los horrores de las dictaduras de una manera más directa. Benet y Delibes, por su parte, realizan su denuncia de una forma más indirecta, a través de la creación de Región y la empresa Don Abdón S.L.

En escritores como Fuentes y Goytisolo la crítica se torna mucho más airada y directa. Son además dos novelistas que sitúan sus obras en un tiempo y lugar concreto, México y España. Difieren en el hecho de que el mexicano no se concentra en una dictadura específica; alude a la de Díaz y Santa Anna y sus efectos, pero sólo como trasfondo, mientras que Goytisolo hace sentir los efectos que la dictadura de Franco está ejerciendo, en esos años, en el pueblo español.

La figura del dictador es, físicamente, diferente en cada novelista. Delibes crea un dictador que se puede clasificar como un autarca ilustrado y científico puesto que lo mismo controla al hombre común que a los investigadores y sabios de su empresa. Físicamente se presenta como una caricatura donde se combinan rasgos masculinos y femeninos así como acciones un tanto infantiles con otras donde uno se percata del conocimiento y poder de don Abdón. En Benet, la figura de Numa aparece como una sombra, como un ser mítico a quien nadie ha visto ni conocido. Se le presenta como un hombre extraordinariamente fuerte a quien todos temen. En Goytisolo más que la figura de un dictador se siente la sombra de su poder.

Algo que une a García Márquez con Delibes y Benet es la creación del dictador. Como en Benet, el patriarca de García Márquez se ha convertido en una figura mítica que domina con la fuerza y a quien poca gente ha visto o conoce. Los separa el hecho de que García Márquez presenta a su dictador actuando y lo llena de defectos y rasgos animalescos y caricaturescos. En este sentido, García Márquez, al hacer hincapié en los rasgos sexuales, en sus acciones con Manuela Sánchez y Leticia Nazareno para subrayar lo caricaturesco o absurdo de sus actos, se acerca más a Delibes y a Carpentier. Difiere de todos en el hecho de que su dictador posee reacciones o partes de su cuerpo que recuerdan a ciertos animales (tiene "patas" de elefante y su órgano sexual recuerda el de los caballos, entre otras cosas), y, es un hombre astuto e "ignorante" que domina más con la fuerza como don Abdón y el Primer Magistrado de Carpentier, el patriarca delega, hasta cierto punto, su poder en sublíderes. Carpentier, igual que García Márquez, subraya el apetito sexual de su déspota pero le agrega el defecto del alcoholismo. Desde el punto de vista intelectual, el Primer Magistrado se acerca mucho más a don Abdón, pero se aleja de él en su origen humilde y su afición por las artes.

Es importante destacar que un factor que une a estos escritores es que más que la figura del dictador como personaje, les interesa presentar los efectos del despotismo; y el estancamiento que produce. De ahí el uso de la ambigüedad y el rompimiento con el tiempo y el espacio o la combinación de lugares concretos con los imaginarios en la creación de la atmósfera.

Guerras civiles

La visión general de las guerras civiles en estos escritores es pesimista y aparece sobre todo en Benet, García Márquez, Carpentier y Fuentes. En su exposición de este fenómeno los novelistas, si bien muestran simpatía por el lado liberal, no toman partido ni presentan unas guerras idealizadas. Se puede decir que si a nivel personal estos escritores se identifican más bien con movimientos izquierdistas (sobre todo los hispanoamericanos), en sus obras se mantienen en un plano neutral y presentan los fallos e imperfecciones tanto de los liberales como de los conservadores.

Uno de los aspectos que destacan los escritores es el caos y la falta de comunicación que ha existido en el partido liberal. Todos ellos parecen coincidir en la idea de que las guerras se han producido en momentos de inestabilidad política y el resultado ha sido la opresión y la dictadura. Tanto en *Volverás a Región* como en *El recurso del método, Cien años de soledad, El otoño del patriarca* y *La muerte de Artemio Cruz* los opresores han salido de las guerras civiles. La diferencia básica que existe es que en las novelas hispanoamericanas el opresor ha pertenecido al partido liberal y al subir al poder se ha corrompido y traicionado los valores y metas de la revolución, mientras que, del lado español, los nacionalistas han aprovechado el agotamiento y ruina del pueblo para alcanzar el poder.

Desde el punto de vista técnico, Benet, para presentar la lucha, recurre a una narración épica y a unos personajes que evidencian el caos y el oportunismo. Su crítica la realiza por medio de la ambigüedad, la simbología y el juego de palabras. En las obras de García Márquez el caos y confusión de las guerras se transmite a través de la exageración, el diálogo y la creación de personajes como Aureliano o Aureliano José. El acercamiento de Carpentier a este tema refleja, en *El recurso del método,* una semejanza con Benet. Carpentier utiliza un estilo épico para relatar los levantamientos de sus jefes militares, pero lo hace de una forma paródica para reflejar la cobardía y la diferencia numérica. Fuentes, por su parte recurre a la creación de un personaje moribundo y a la rememoración de momentos claves de la participación del protagonista en la revolución. Cabe destacar que Carpentier y Fuentes unen además a los dos continentes al hacer que Lorenzo forme parte de los que pelean del lado republicano en 1939 y Esteban y Sofía en el 2 de mayo.

La identidad

La proyección del tema de la identidad adquiere diversos matices. En Goytisolo y Delibes la falta de identidad del individuo es el resultado de la opresión, el aislamiento y la carencia de libertad. Este tema toma una tonalidad diferente en García Márquez y Fuentes. En *Cien años de soledad* se lucha por mantener una identidad y una cultura mientras que en *El otoño del patriarca* el individuo ha perdido su identidad a causa de la opresión y la suplantación de otra persona. Fuentes, por su parte, ve la falta de identidad como una consecuencia de la corrupción, la conquista y la traición de los principios de la Revolución Mexicana.

Los recursos técnicos utilizados son también distintos en más de un aspecto. En *Parábola del náufrago* Delibes recurre a la despersonalización y animalización de sus criaturas. Es en la transformación imaginaria de Jacinto San José donde se nota la presencia de García Márquez. La descripción que narra la penetración de los tallos en el cuerpo, sus paradas, su recorrido por diferentes partes del cuerpo recuerda la sangre que corre por las calles de Macondo para avisar a Ursula de la muerte de José Arcadio. Pero Delibes, al aplicar esta técnica a la despersonalización, y hacerla que ocurra en el subconsciente del personaje y anteceda a la transformación animalesca de Jacinto la convierte en una técnica propia y original. Por otro lado es importante destacar que en su acercamiento a dicho tema, Delibes acude además al lavado de cerebro, la experimentación de los científicos con el hombre y la naturaleza y, a un hombre idealista.

En contraste con Delibes, García Márquez y Fuentes; Goytisolo presenta a un personaje idealista que a través del recuerdo y de la historia busca su identidad propia y la de su pueblo. Goytisolo enfrenta a su personaje con realidades familiares y personales, lo hace cuestionar las tradiciones, la religión, la política y hasta su propia sexualidad. Todo esto se logra a través del monólogo interior, el laberinto y el absurdo. Otra diferencia entre Goytisolo y los demás radica en el hecho de que el protagonista, al no encontrar sus "señas de identidad" se marcha porque no desea contribuir a la ruina de su país y no quiere continuar presenciando su decadencia.

En García Márquez la lucha por mantener la identidad se proyecta a través de la familia Buendía y la creación de un fenómeno fantástico y absurdo que es aceptado de la manera más natural por la gente de Macondo —la peste del insomnio. El punto de partida para el tratamiento de este problema cambia completamente en Carlos Fuentes, quien inicia su búsqueda a través de un moribundo que se ha caracterizado por su corrupción y oportunismo. La técnica que más utiliza en su acercamiento es el desdoblamiento del yo-tú y la rememoración. El uso de los tres niveles narrativos, así como la denuncia directa a la corrupción política lo unen con el Goytisolo de *Señas de identidad;* con la pequeña diferencia que en éste, en vez de la tercera persona del singular se utiliza la primera del plural.

Libertad

La falta de libertad que existe en los personajes de Delibes, Goytisolo, Carpentier y García Márquez es el resultado de la opresión ejercida por la dictadura, y, con excepción de Delibes, de la corrupción. Delibes se acerca a este problema a través de la creación de un sistema paternalista donde al hombre se le proporciona el bienestar material pero se le niega el derecho a pensar y cuestionar el sistema. Goytisolo proyecta la falta de libertad del español por medio de una crítica bastante directa a la intervención de la Iglesia y el Estado en la vida política y personal del individuo.

En Alejo Carpentier y García Márquez la vida del hombre es una lucha constante por la libertad. Ambos escritores se alejan de los españoles en el sentido de que presentan a sus personajes enfrentándose a sus opresores en figuras como El Estudiante y Patricio Aragonés y, a la vez, reflejan lo efímero de la libertad en Hispanoamérica, la cual es sustituida frecuentemente con la opresión y viceversa.

Incomunicación

Un tema que se repite en la mayoría de los escritores es la falta de comunicación que existe en el mundo contemporáneo. La idea general es que la incomunicación es el resultado de la opresión, la rebeldía o la resignación del individuo. En *Parábola del náufrago* el novelista transmite la ausencia de comunicación a través de la resignación de la gente de la empresa, invención de idiomas y el aislamiento geográfico en que parece hallarse la casa Don Abdón, S.L. En Goytisolo y Benet, la incomunicación adquiere matices políticos. Los personajes de *Señas de identidad* buscan una comunicación que les permita encontrarse a sí mismos y entender a su gobierno mientras que en *Volverás a Región* la incomunicación que ha existido a nivel político y familiar ha resultado en el triunfo de los nacionalistas y en la resignación e indiferencia del hombre. Benet transmite esa falta de comunicación a través de un diálogo que se convierte en un monólogo y Goytisolo en el exilio de su personaje en busca de la ayuda de los intelectuales y, a nivel personal en la búsqueda de la comunicación amorosa.

La incomunicación entre los liberales de *Volverás a Región* semeja la de *Cien años de soledad* y *La muerte de Artemio Cruz,* la diferencia está en que en estas novelas García Márquez y Fuentes muestran que la incomunicación ha ocasionado la pérdida de la guerra y ha corrompido a los líderes liberales. Como Goytisolo, Fuentes subraya la falta de comunicación de su personaje a nivel familiar y personal. El contraste está en que los protagonistas de Goytisolo muestran su deseo de alcanzar esa comunicación a través del diálogo mientras que Fuentes, por medio de esta misma técnica, transmite lo vacío y hueco de la comunicación o el oportunismo de su personaje.

Aislamiento → *Soledad*

La incomunicación que existe en los personajes lleva generalmente al aislamiento y la soledad. El aislamiento es un fenómeno que se produce tanto a nivel geográfico como individual. En Delibes, Benet, García Márquez y Carpentier, el aislamiento en que se encuentran la empresa y los anónimos países ha traído como consecuencia la incomunicación y la soledad espiritual y física del hombre. Es importante notar que tanto los españoles como los hispanomericanos, al tratar este tema, subrayan, a través del monólogo, la soledad interior del personaje. Los latinoamericanos se alejan de los españoles en el sentido de que en ocasiones, la soledad es el resultado del poder que ha adquirido el hombre. Delibes transmite el aislamiento y soledad de su personaje por medio de la creación de un refugio de recuperación; Goytisolo a través de lo absurdo y el monólogo interior; Benet creando un lugar lleno de obstáculos y unos personajes que se encierran espiritual y físicamente. En este sentido, se produce una unión más cercana entre Benet y Rulfo. El aislamiento y la soledad en que viven los protagonistas de Benet, la "conversación" entre Marré y el médico recuerdan el "diálogo" de los muertos de Rulfo en *Pedro Páramo*. Por otro lado, los une además la ruina, la soledad y la muerte que domina el ámbito de Comala y Región. En su acercamiento a la soledad hay también relación entre Benet y el García Márquez de *Cien años de soledad.* En ambos existe una mujer que se encierra en la soledad y se pasa la vida tejiendo una, en espera del marido y, la otra, de la muerte. Como el médico de Benet, que se aisla en su casa, José Arcadio II se encierra en el cuarto de Melquíades a esperar la muerte. Aparte de esto, en ambas obras, la soledad del hombre y la mujer refleja, además, unas metas o deseos insatisfechos. Para transmitir este fenómeno ambos recurren a la narración en tercera persona y Benet además al monodiálogo. En *El otoño del patriarca* García Márquez, igual que Carpentier y Fuentes, se alejan de los demás escritores al revelar una soledad y aislamiento que es resultado del poder. Carpentier y García Márquez lo expresarán a través de sus dictadores mientras que Fuentes lo manifestará en un ex-revolucionario corrupto.

Intervención extranjera

Tema que une a los hispanoamericanos, la intervención extranjera aparece también en Miguel Delibes. En Carpentier, García Márquez y Fuentes, la presencia norteamericana se proyecta a través de cónsules, embajadores, hombres de negocios y compañías norteamericanas mientras que en Delibes aparece de una forma velada; por medio de alusiones al híbrido americano y al dólar. Algo que une a estos escritores es que en su proyección de este problema ven la presencia extranjera como un elemento que contribuye al estancamiento del hombre.

El análisis anterior permite observar que tanto en los escritores españoles como hispanoamericanos existen unos temas similares que reflejan su preocupación por la problemática del hombre contemporáneo en general. Los métodos de aproximación muestran además que todos ellos buscan llegar no solamente al lector de su país o continente sino que desean alcanzar una universalidad. El análisis de las técnicas narrativas evidencia el influjo que escritores como Rulfo, García Márquez y Carpentier han tenido en el realismo mágico de Benet y Delibes. Esto en sí confirma la idea expresada por Carpentier de que el realismo mágico o lo real maravilloso no es privativo de Hispanoamérica o cualquier otro país. A nivel narrativo, la influencia de Fuentes en Goytisolo se evidencia en los niveles narrativos y su rebeldía antes las imposiciones del castellano tradicional.

La utilización de otras técnicas similares reflejan unas influencias y semejanzas que revelan el deseo, por parte de los novelistas, de producir una obra que presente los problemas del hombre de hoy, pero que al mismo tiempo sea una obra artística.

BIBLIOGRAFIA GENERAL. (ESPAÑA)

Alvarez Palacios, Fernando. *Novela y cultura española de posguerra*. Madrid: Editorial Cuadernos para el Diálogo, S. A., 1975.

Amorós, Andrés. *Introducción a la novela contemporánea*. Madrid: Ediciones Cátedra, 1981.

Azuar, Rafael. *Diálogo y los personajes en la novela*. Alicante: Editado por el autor, 1970.

Baquero Goyanes, Mariano. *Estructuras de la novela actual*. Barcelona: Editorial Planeta, S. A., 1972.

— *Proceso de la novela actual*. Madrid: Ediciones Rialp, S. A., 1963.

— *Estructuras de la novela actual*. Barcelona: Editorial Planeta, 1970.

Bosch, Rafael. *La novela española del siglo XX*. Vols. I-II. New York: Las Américas Publishing Company, 1970.

Buckley, Ramón. *Problemas formales en la novela española contemporánea*. Barcelona: Ediciones Península, 1973.

— *Raíces tradicionales de la novela contemporánea en España*. Barcelona: Ediciones Península, 1982.

Burunat, Silvia. *El monólogo interior como forma narrativa en la novela española (1940-1975)*. Madrid: José Porrúa Turanzas, S. A., 1980.

Cabrera, Vicente, et. al. *Novela española contemporánea. Cela, Delibes, Romero y Hernández*. Madrid: Sociedad Española de Librería, S. A., 1978.

Cardona, Rodolfo. *Novelistas españoles de posguerra*. Madrid: Taurus Ediciones, S. A., 1976.

Domingo, José. *La novela española del siglo XX. 2 - de la posguerra a nuestros días*. Barcelona: Editorial Labor, S. A., 1973.

García de la Concha, Víctor. *El surrealismo.* Madrid: Taurus Ediciones, S. A., 1982.

García Viñó, Manuel. *Papeles sobre la "nueva novela" española.* Pamplona: Ediciones Universidad de Navarra, S. A., 1975.

Gil Casado, Pablo. *La novela social española.* Barcelona: Editorial Seix Barral, 1973.

Guillermo, Edenia, et al. *Novelística española de los sesenta.* New York: Eliseo Torres & Sons, 1971.

Gullón, Germán y Agnés. *Teoría de la novela. (Aproximaciones hispánicas).* Madrid: Taurus Ediciones, S. A., 1974.

Hargrave Kubow, Sally Ann. "The Novel as Irony: Luis Martín Santos, *Tiempo de silencio".* Tesis Doctoral. University of California, Riverside, 1978.

Ilie, Paul. *Literature and Inner Exile. Authoritarian Spain, 1939-1975.* Baltimore: The John Hopkins University Press, 1980.

Marcuse, Herbert. *An Essay on Liberation.* Boston: Beacon Press, 1969.

— *Studies in Critical Philosophy.* London: NLB, 1972.

Marill, René. *Metamorfosis de la novela.* Madrid: Taurus Ediciones, S. A., 1971.

Marra-López, José R. *Narrativa española fuera de España (1939-1961).* Madrid: Ediciones Guadarrama, 1963.

Martínez Cachero, José M.ª. *Historia de la novela española entre 1936 y 1975.* Madrid: Editorial Castalia, 1979.

— *La novela española entre 1939 y 1969. Historia de una aventura.* Madrid: Editorial Castalia, 1973.

Masoliver Ródenas, Juan Antonio. "10 años de novelística española". *Camp de l'arpa,* núms. 101-102 (julio-agosto 1982), págs. 14-21.

Morán, Fernando. *Novela y semidesarrollo. (Una interpretación de la novela hispanoamericana y española).* Madrid: Taurus Ediciones, S. A., 1971.

Nodeau, Maurice. *Historia del surrealismo.* Barcelona: Editorial Ariel, 1972.

Ortega, José. *Ensayos de la novela española moderna.* Madrid: Ediciones José Porrúa Turanzas, S. A., 1974.

Pérez Minik, Domingo. *La novela extranjera en España.* Madrid: Taller de Ediciones, 1973.

Rama, Carlos M. *La crisis española del siglo XX.* México: Fondo de Cultura Económica, 1960.

Rangel Guerra, Alfonso. *Imagen de la novela.* Monterrey: Universidad de Nuevo León, 1964.

Roberts, Gemma. *Temas existenciales en la novela española de posguerra.* Madrid: Editorial Gredos, S. A., 1978.

Sanz Villanueva, Santos. *Historia de la novela social española (1942-1975).* Vols. I-II. Madrid: Editorial Alhambra, S. A., 1980.

Schwartz, Ronald. *Spain's New Wave Novelists (1950-1974).* New York: The Scarecrow Press, Inc., 1976.

Sobejano, Gonzalo. *Novela española de nuestro tiempo (en busca del tiempo perdido).* Madrid: Editorial Prensa Española, S. A., 1970.

Soldevilla Durante, Ignacio. *La novela desde 1936. Historia de la literatura española actual. 2.* Madrid: Editorial Alhambra, S. A., 1980.

Spires, Robert C. *La novela española de posguerra.* Madrid: CUPSA Editorial, 1978.

Tacca, Oscar. *Las voces de la novela.* Madrid: Editorial Gredos, S. A., 1978.

Tovar Llorente, Antonio. *Novela española e hispanoamericana.* Madrid: Alfaguara, S. A., 1972.

Todorov, Tzvetan. *Introducción a la literatura fantástica.* México: Premia Editora de Libros, S. A., 1981.

Torre, Guillermo de. *Historia de las literaturas de vanguardia.* Madrid: Ediciones Guadarrama, 1965.

Varela Jácome, Benito. *Renovación de la novela en el siglo XX.* Barcelona: Ediciones Destino, 1967.

Villegas Morales, Juan. *La estructura mítica del héroe en la novela del siglo XX.* Barcelona: Editorial Planeta, S. A., 1978).

Yerro Villanueva, Tomás. *Aspectos técnicos y estructurales de la novela española actual.* Pamplona: Ediciones Universidad de Navarra, S. A., 1977.

Miguel Delibes

Textos

Delibes, Miguel. *La primavera de Praga* en *Obra Completa.* Tomo IV. Barcelona: Ediciones Destino, 1970.

— *Parábola del náufrago.* Madrid: Ediciones Destino, 1978.

— *Un mundo que agoniza.* Barcelona: Plaza & Janés, S. A., 1979.

— *USA y YO.* Barcelona: Ediciones Destino, S. L., 1980.

Obras de consulta

Bartolomé Pons, Esther. *Miguel Delibes y su guerra constante.* Zamora: Editor Víctor Pozanco, 1979.

Boudreau, H. L. *"Cinco horas con Mario* and the Dynamics of Irony". *Anales de la Novela de Posguerra,* 2 (1977), págs. 7-17.

Carrero Eras, Pedro. "El 'leitmotiv' del odio y de la agresión en las últimas novelas de Delibes". *Insula,* núm. 425 (abril 1982), págs. 4-5.

Conte, Rafael. "Miguel Delibes —Agustín García Calvo, entre la inocencia y la sabiduría". *Insula,* núm. 342 (mayo 1975), pág. 5.

De los Ríos, César Alonso. *Conversaciones con Miguel Delibes.* Madrid: Editorial Magisterio Español, S. A., 1971.

Del Valle Spinka, Ramona F. *La conciencia social de Miguel Delibes.* New York: Eliseo Torres & Sons, 1975.

Hickey, Leo. *Cinco horas con Miguel Delibes: El hombre y el novelista.* Madrid: Editorial Prensa Española, 1968.

López Martínez, Luis. *La novelística de Miguel Delibes.* Murcia: Publicaciones del Departamento de Literatura Española, 1973.

Ortega, José. "Dialéctica y violencia en tres novelas de Delibes". *American Hispanist,* 1, núm. 9 (May 1976), págs. 10-14.

Pauk, Edgar. *Miguel Delibes: desarrollo de un escritor (1947-1974).* Madrid: Editorial Gredos, 1975.

Quance, Roberta A. "Language Manipulation and Social Order in Delibes *Parábola del náufrago".* *Essays in Literature,* 3, núm. 1 (Spring, 1976), págs. 119-130.

Rey, Alfonso. *La originalidad novelística de Delibes.* Santiago: Universidad de Santiago de Compostela, 1975.

Rice, Miriam W. "El hombre masa en una obra de Delibes". *Language Quarterly,* 14, núms. 1-2 (Fall-Winter, 1975), págs. 17-19, 22.

Roig, Rosendo, S. J. "Alabanza de aldea... desde la ciudad. Análisis del último Delibes". *Razón y Fe,* núm. 926 (marzo 1975), págs. 261-276.

Umbral, Francisco. *Miguel Delibes.* Madrid: Ediciones y Publicaciones Españolas, S. A., 1970.

Winecoff Díaz, Janet. *Miguel Delibes.* New York: Twayne Publishers, Inc., 1971.

Juan Goytisolo

Textos

Goytisolo, Juan. *Señas de identidad.* Barcelona: Editorial Seix Barral, S. A., 1976.

— *Reivindicación del Conde don Julián*. México: Editorial Joaquín Mortiz, S. A., 1976.
— *Libertad, libertad, libertad*. Barcelona: Editorial Anagrama, 1978.
— *Problemas de la novela*. Barcelona: Editorial Seix Barral, S. A., 1959.
— *El furgón de cola*. Barcelona: Editorial Seix Barral, S. A., 1976.

Obras de consulta

Arenas, Francisco. "La razón de ser del último lenguaje de Goytisolo". *Cuadernos Americanos*, 192, núm. 1 (enero-febrero 1974), págs. 116-123.

Durán, Manuel. "El lenguaje de Juan Goytisolo". *Cuadernos Americanos*, 173, núm. 6 (noviembre-diciembre 1970), págs. 167-179.

Gimferrer, Pere. "El nuevo Juan Goytisolo". *Revista de Occidente*, núm. 137 (agosto 1974), págs. 15-39.

— *Voces*, núm. 1 (1984). Todo el número está dedicado a Goytisolo.

Gould, Levine, Linda. "Don Julián: Una 'galería de espejos' literarios". *Cuadernos Americanos*, 188, núm. 3 (mayo-junio 1973), págs. 218-230.

— *Juan Goytisolo: la destrucción creadora*. México: Editorial Juan Mortiz, S. A., 1976.

Navajas, Gonzalo. *La novela de Juan Goytisolo*. Madrid: Sociedad General Española de Librería, S. A., 1979.

Ortega, José. *Juan Goytisolo*. New York: Eliseo Torres & Sons, 1972.

Ortega, Julio. "An Interview with Juan Goytisolo". *Texas Quarterly*, 18, núm. 1 (Spring, 1975), págs. 56-77.

Pérez, Genaro J. *Formalist Elements in the Novels of Juan Goytisolo*. Madrid: Ediciones José Porrúa Turanzas, S. A., 1979.

Romero, Héctor R. *La evolución literaria de Juan Goytisolo*. Miami: Ediciones Universal, 1979.

Schwarts, Kessel. *Juan Goytisolo*. New York: Twayne Publishers, Inc., 1970.

Spires, Robert C. "La autodestrucción creativa en *Reivindicación del Conde don Julián*". *Journal of Spanish Studies: Twentieth Century*, 4, núm. 3 (Winter, 1976), págs. 191-202.

— "Modos narrativos y búsqueda de identidad en *Señas de identidad*". *Anales de la Novela de Posguerra*, núm. 2 (1977), págs. 55-72.

Ugarte, Michael. *Trilogy of Treason. An Intertextual Study of Juan Goytisolo.* Columbia: University of Missouri Press, 1982.

Juan Benet

Texto

Benet, Juan. *Volverás a Región.* Barcelona: Ediciones Destino, S. L., 1981.

Obras de consulta

Cabrera, Vicente. *Juan Benet.* Boston: Twayne Publishers, Inc., 1983.

Cañas, Gabriela. "A Juan Benet le aburre la lectura de libros". *El País.* Barcelona, 25 de agosto 1985. Sección *Libros.*

Carrasquer, Francisco. *"Cien años de soledad* y *Volverás a Región,* dos polos". *Norte Revista Hispánica de Amsterdam,* núm. 6 (noviembre-diciembre 1970), págs. 197-207.

Compitello, Malcolm Alan. "Juan Benet and his Critics". *Anales de la Novela de Posguerra,* núm. 3 (1978), págs. 123-141.

Costa, Luis F. "El lector viajero en *Volverás a Región", Anales de la Narrativa Española Contemporánea,* núm. 4, 1979, págs. 9-19.

Domingo, José. "Del hermetismo al barroco: Juan Benet y Alfonso Grosso". *Insula,* núms. 320-321 (julio-agosto 1973), págs. 20-21.

Durán, Manuel. "Juan Benet y la nueva novela española". *Cuadernos Americanos,* núm. 195 (1974), págs. 193-205.

Gimferrer, Pedro. "En torno a *Volverás a Región,* de Juan Benet". *Insula,* núm. 266 (enero 1969), pág. 14.

Gullón, Ricardo. "Una región laberíntica que bien pudiera llamarse España". *Insula,* núm. 319 (junio 1973), págs. 2-10.

— Introducción a *Una tumba y otros relatos.* Madrid: Taurus Ediciones, S. A., 1981.

Herzberger, David K. *The Novelistic World of Juan Benet.* Indiana: The American Hispanists, Inc., 1976.

Herzberger, et. al. *Critical Approaches to the Writings of Juan Benet.* Hanover and London: University of New England, 1984.

Martínez Torrón, Diego. "Juan Benet o los márgenes de la sorpresa". Introducción a *Un viaje de invierno.* Madrid: Ediciones Cátedra, S. A., 1980.

Núñez, Antonio. "Encuentro con Juan Benet". *Insula,* núm. 269 (1969), pág. 4.

Ortega, José. "Estudios sobre la obra de Juan Benet". *Cuadernos Hispanoamericanos,* núm. 284 (1974), págs. 229-258.

Saladrigas, Robert. "Reencuentro con las claves de Región". *La Vanguardia.* Barcelona, 3 de noviembre 1983. Sección *Libros.*

BIBLIOGRAFIA GENERAL.
(HISPANOAMERICA)

Adams, Michael Ian. *Three Authors of Alienation. Bombal, Onetti, Carpentier.* Austin and London: University of Texas Press, 1975.

Amorós, Andrés. *Introducción a la novela hispanoamericana actual.* Madrid: Ediciones Anaya, S. A., 1971.

Anderson Imbert, Enrique. "Misión de los intelectuales en Hispanoamérica". *Cuadernos Hispanoamericanos,* 128, núm. 3 (mayo-junio 1963), págs. 33-48.

— *El realismo mágico y otros ensayos.* Caracas: Monte Avila Editores, C. A., 1976.

Arrom, José Juan. *Esquema generacional de las letras hispanoamericanas. Ensayo de un método.* Bogotá: Instituto Caro y Cuervo, 1963.

Baciu, Stefan. *Antología de la poesía surrealista latinoamericana (1871-1945).* México: Editorial Joaquín Mortiz, S. A., 1974.

Baker, Armand Fred. "El tiempo en la novela hispanoamericana: Un estudio del concepto del tiempo en siete novelas representativas". Tesis Doctoral, University of Iowa, 1967.

Benedetti, Mario. *El escritor latinoamericano y la revolución posible.* Buenos Aires: Editorial Alfa Argentina, 1974.

Brotherson, Gordon. *The Emergence of the Latin American Novel.* London, New York: Cambridge University Press, 1977.

Burton, Julianne. "Learning to Write at the Movies. Film and the Fiction Writer in Latin America". *Texas Quarterly,* 18, núm. 1 (Spring, 1975), págs. 92-103.

Castagnino, Raúl Héctor. *Escritores hispanoamericanos, desde otros ángulos de simpatía.* Buenos Aires: Editorial Nova, S. A. C.I., 1971.

Conte, Rafael. *Lenguaje y violencia. Introducción a la nueva novela hispanoamericana.* Madrid: Al-Borak, S. A. de Ediciones, 1972.

Contemporary Latin American Literature. Proceedings of a

Conference on Latin American Studies. March, 1972. Texas: University of Houston, 1973.

Correa, Gustavo. "El nacionalismo cultural en la literatura hispanoamericana". *Cuadernos Americanos,* 98, núm. 2 (1958), págs. 225-236.

Coulthard, G. R. "La enajenación en las letras latinoamericanas". *Mundo Nuevo,* núm. 42 (diciembre 1969), págs. 41-44.

Donoso, José. *Historia personal del "boom".* Barcelona: Editorial Seix Barral, S. A., 1983.

Eyzaguirre, Luis B. "Disintegration as a Theme in the Spanish American Novel". *Texas Quarterly,* 18, núm. 1 (Spring, 1975), págs. 80-91.

— *El héroe en la novela hispanoamericana del siglo XX.* Santiago de Chile: Editorial Universitaria, 1973.

Fortes, José Antonio. "La novela hispanoamericana en España. Apunte bibliográfico años 70". *Insula,* núm. 388 (marzo 1979), pág. 11.

Franco, Jean. *Historia de la literatura hispanoamericana a partir de la independencia.* Barcelona: Editorial Ariel, S. A., 1983.

Gallager, David Patrick. *Modern Latin American Literature.* London, New York: Oxford University Press, 1973.

Gertel, Zunilda. *La novela hispanoamericana contemporánea.* Buenos Aires: Editorial Nuevos Esquemas, 1970.

González Bermejo, Ernesto. *Cosas de escritores. Gabriel García Márquez, Mario Vargas Llosa, Julio Cortázar.* Montevideo: Biblioteca en Marcha, 1971.

González, Manuel Pedro. "La novela hispanoamericana en el contexto de la internacional", en *Coloquio sobre la novela hispanoamericana.* México: Fondo de Cultura Económica, 1967.

González del Valle, Luis. *El teatro de Federico García Lorca y otros ensayos sobre literatura española e hispanoamericana.* Nebraska-Lincoln: Society of Spanish and Spanish-American Studies, 1980.

Hamilton, Carlos D. "La novela actual de Hispanoamérica". *Cuadernos Americanos,* 187, núm. 2 (marzo-abril 1973), págs. 223-251.

Hanffstengel, Renate Von. *El México de hoy en la novela y en el cuento.* México: Ediciones Andrea, 1966.

Harrs, Luis, et. al. *Los nuestros.* Buenos Aires: Editorial Sudamericana, Sociedad Anónima, 1966.

Jaksic, Iván. "La lógica del terror en la novela latinoamericana contemporánea sobre la dictadura". *Explicación de Textos Literarios,* 12, núm. 2 (1983-1984), págs. 37-48.

Jansen, Andre. *La novela hispanoamericana y sus antecedentes.*
Barcelona: Editorial Labor, S. A., 1973.

La crítica de la novela iberoamericana. Antología. México:
Universidad Nacional Autónoma de México, 1973.

Loprete, Carlos Alberto. *La narrativa actual.* Buenos Aires:
Editorial PLUS ULTRA, 1972.

MacAdam, Alfred J. *Modern Latin American Narratives. The
Dreams of Reason.* Chicago and London: The University of
Chicago Press, 1977.

Mañu Iraqui, Jesús. *Estructuralismo en cuatro tiempos. Ensayos
críticos sobre Darío, Cortázar, Fuentes y García Márquez.*
Caracas: Equinoquio, Ediciones de la Universidad Simón
Bolívar, 1974.

Martín, José Luis. *Literatura hispanoamericana contemporánea.*
Puerto Rico: Editorial Edil, Inc., 1973.

Mejía Duque, Jaime. *Narrativa y neocolonialismo en América
Latina.* Bogotá: Editorial la Oveja Negra Ltda., 1972.

Narradores hispanoamericanos de hoy. Simposio. Chapel Hill:
North Carolina Studies in the Romance Languages and
Literature, 1973.

Nueva novela latinoamericana. Buenos Aires: Editorial Paidós,
S. A. I. C. F., 1969.

Ocampo, Aurora M. *La crítica de la novela iberoamericana.
Antología.* México: Universidad Nacional Autónoma de
México, 1973.

Ortega, Julio. *Poetics of Change. The New Spanish American
Narrative.* Texas: University of Texas Press, 1984.

Pérez Galo, René. *La novela hispanoamericana. Historia y crítica.*
Madrid: Editorial ORIENS, 1982.

Portuondo, José Antonio. *La emancipación literaria de Hispanoamérica.* La Habana: Cuadernos Casa, 1975.

Rama, Angel. *Los dictadores latinoamericanos.* México: Fondo
de Cultura Económica, 1976.

Ramírez Molas, Pedro. *Tiempo y narración. Enfoques de
temporalidad en Borges, Carpentier, Cortázar y García
Márquez.* Madrid: Editorial Gredos, S. A., 1978.

Ríos, Roberto E. *La novela y el hombre hispanoamericano. El
destino humano en la novela hispanoamericana contemporánea.*
Buenos Aires: Editorial y Librería la Aurora, S. R. L., 1969.

Rodríguez, Monegal Emir. *El boom de la novela latinoamericana.
Ensayo.* Caracas: Editorial Tiempo Nuevo, S. A., 1972.

— *Narradores de esta América. Ensayos.* Montevideo: Editorial
Alfa, 1969.

— "Los nuevos novelistas", en *La crítica de la novela iberoamericana,* op. cit.

Rulfo, Juan. "Situación actual de la novela contemporánea". *ICACH,* núm. 15 (1965), págs. 111-122.

Sánchez, Luis Alberto. *Proceso y contenido de la novela hispanoamericana.* Madrid: Editorial Gredos, S. A., 1976.

Schulman, Ivan A., et. al. *Coloquio sobre la novela hispanoamericana.* México: Fondo de Cultura Económica, 1967.

Solá, Graciela de. *Proyecciones del surrealismo en la literatura argentina.* Buenos Aires: Ediciones Culturales Argentinas, 1967.

Tittler, Jonathan. *Narrative Irony in the Contemporary Spanish American Novel.* Ithaca and London: Cornell University Press, 1984.

Torre, Guillermo de. "La originalidad de la literatura hispanoamericana". *Revista de Occidente,* núm. 38 (1966), págs. 191-201.

Tovar, Antonio. *Novela española e hispanoamericana.* Madrid-Barcelona: Ediciones Alfaguara, S. A., 1972.

Uslar-Pietri, Arturo. "La imagen del hombre en el arte contemporáneo". *Cuadernos Americanos,* 122, núm. 3 (mayo-junio 1962), págs. 7-20.

Vera Ocampo, Raúl. "¿Complejo generacional en la nueva novela latinoamericana?". *Mundo Nuevo,* núm. 38 (agosto 1969), págs. 79-81.

Zum Felde, Alberto. *La narrativa en Hispanoamérica.* Madrid: Aguilar, S. A. de Ediciones, 1964.

Alejo Carpentier

Textos

Carpentier, Alejo. *El siglo de las luces.* Barcelona: Editorial Seix Barral, S. A., 1980.

— *El recurso del método.* México: Siglo Veintiuno Editores, S. A., 1976.

— *Tientos y diferencias.* La Habana: Ediciones Unión, 1966.

— *La novela latinoamericana en vísperas de un nuevo siglo.* México: Siglo Veintiuno Editores, S. A., 1981.

Obras de consulta

Asedios a Carpentier. Once ensayos críticos sobre el novelista cubano. Santiago de Chile: Editorial Universitaria, S. A., 1972.

Bockus Aponte, Bárbara. "El dictador ilustrado de Alejo Carpentier", en *Estructura y espacio en la novela y en la poesía*. California: The Hispanic Press, 1980.

Danielson, David J. "Alejo Carpentier and the United States: Notes on the *Recurso del método*". *Internacional Fiction Review*, 4 (1976), págs. 137-145.

Desnoes, Edmundo. "El siglo de las luces", en Giacoman, Helmy F. *Homenaje a Alejo Carpentier. Variaciones interpretativas en torno a su obra*. New York: Las Americas Publishing, Co., 1970.

Dumas, Claude. "*El siglo de las luces* de Alejo Carpentier; novela filosófica", en Giacoman, op. cit.

González Echevarría, Roberto. *Alejo Carpentier: The Pilgrim at Home*. Ithaca and London: Cornell University Press, 1977.

Historia y mito en la obra de Alejo Carpentier. Buenos Aires: Fernando García Cambeiro, 1972.

Leante, César. "Confesiones sencillas de un escritor barroco", en Giacoman, op. cit.

Márquez Rodríguez, Alexis. *La obra narrativa de Alejo Carpentier*. Caracas: Ediciones de la Biblioteca de la Universidad Central de Venezuela, 1970.

— *Lo barroco y lo real-maravilloso en la obra de Alejo Carpentier*. México: Siglo Veintiuno Editores, S. A., 1982.

Mocega-González, Esther. *Alejo Carpentier: Estudios sobre su narrativa*. Madrid: Editorial Playor, 1980.

Müller-Berg, Klaus. *Alejo Carpentier. Estudio biográfico-crítico*. New York: Las Americas Publishing Company, Inc., 1972.

Narváez, Jorge. *El idealismo en "El siglo de las luces" de Alejo Carpentier*. Concepción: Editorial Universitaria, 1972.

Pickenhayn, Jorge Oscar. *Para leer a Alejo Carpentier*. Buenos Aires: Editorial PLUS ULTRA, 1978.

Sánchez Boudy, José. *La temática novelística de Alejo Carpentier*. Miami: Ediciones Universal, 1969.

Santander, Carlos T. "Lo maravilloso en la obra de Alejo Carpentier". *Atenea*, 159, núm. 409 (1965), págs. 99-126.

Selva, Mauricio de la. "Con pretexto de *El recurso del método*". *Cuadernos Americanos*, 196, núm. 5 (septiembre-octubre, 1974), págs. 226-237.

Skinner, Eugene R. "Archetypical Patterns in Four Novels of Alejo Carpentier". Tesis Doctoral. University of Kansas, 1966.

Sorel, Andrés. "El mundo novelístico de Alejo Carpentier", en Giacoman, op. cit.

Gabriel García Márquez

Textos

García Márquez, Gabriel. *Cien años de soledad.* Buenos Aires: Editorial Sudamericana, Sociedad Anónima, 1974.
— *El otoño del patriarca.* Barcelona: Editorial Bruguera, S. A., 1983.

Obras de consulta

Amorós, Andrés. "Cien años de soledad". *Revista de Occidente,* núm. 70 (enero 1979), págs. 58-62.
Arnau, Carmen. *El mundo mítico de Gabriel García Márquez.* Barcelona: Ediciones Península, 1971.
Blanco Aguinaga, Carlos. *De mitólogos y novelistas.* Madrid: Ediciones Turner, S. A., 1975.
Bolletino, Vicenzo. *Breve estudio de la novelística de García Márquez.* Madrid: Playor, S. A., 1973.
Carrillo, Germán Darío. *La narrativa de Gabriel García Márquez. (Ensayos de interpretación).* Madrid: Ediciones de Arte y Bliofilia, 1975.
Cien años de soledad. Gabriel García Márquez. Compendios Vosgos, núm. 37. Barcelona: Editorial Vosgos, S. A., 1977.
Collazos, Oscar. *García Márquez: La soledad y la gloria.* Barcelona: Plaza & Janés, S. A., 1983.
Fernández-Braso, Miguel. *La soledad de Gabriel García Márquez. (Una conversación infinita).* Barcelona: Editorial Planeta, S. A., 1972.
García Márquez, et. al. *El olor de la guayaba.* Bogotá: Editorial la Oveja Negra Ltda., 1982.
García Márquez, et. al. *La novela en América Latina: Diálogo.* Perú: Carlos Milla Batres/Ediciones, 1967.
Giacoman, Helmy F. *Homenaje a G. García Márquez. Variaciones interpretativas en torno a su obra.* New York: Las Americas Publishing Company, Inc., 1972.
Gullón, Ricardo. *García Márquez o el olvidado arte de contar.* Madrid: Taurus Ediciones, S. A., 1970.
Jara, René, et. al. *Las claves del mito en Gabriel García Márquez.* Chile: Ediciones Universitarias de Valparaíso, 1972.
Lerner, Isaías. "A propósito de *Cien años de soledad". Cuadernos Americanos,* 162, núm. 1 (enero-febrero 1969), págs. 188-200.
Lipski, John M. "Embedded Dialogue in *El otoño del patriarca". American Hispanist,* 2, núm. 14 (January 1977), págs. 9-12.

López-Capestany, Pablo. "El estilo enfático de Gabriel García Márquez". *Cuadernos Americanos,* 201, núm. 4 (julio-agosto 1975), págs. 230-248.

— "Exploración del machismo. Particular referencia a Gabriel García Márquez". *Cuadernos Americanos,* 189, núm. 4 (julio-agosto 1973), págs. 104-121.

Ludmer, Josefina. *Cien años de soledad: una interpretación.* Buenos Aires: Editorial Tiempo Contemporáneo, S. A., 1972.

McMurray, George R. *Gabriel García Márquez.* New York: Frederick Ungar Publishing Co. Inc., 1977.

Mejía Duque, Jaime. *Mito y realidad en García Márquez.* Bogotá: Editorial la Ovela Negra, Ltda., 1970.

Muller, Leopoldo, et. al. *Psicoanálisis y literatura en cien años de soledad.* México: Fundación de Cultura Universitaria, 1969.

Nueve asedios a García Márquez. Santiago de Chile: Editorial Universitaria, S. A., 1969.

Ortega, Julio. "Gabriel García Márquez: Cien años de soledad", en *Nueve asedios a García Márquez,* op. cit.

Oviedo, José Miguel. "Macondo: un territorio mágico y americano", en *Nueve asedios a García Márquez,* op. cit.

Oviedo, José Miguel, et. al. *Aproximaciones a Gabriel García Márquez.* Montevideo: Fundación de Cultura Universitaria, 1969.

Peniche Vallado, Leopoldo. "El otoño del patriarca: Valores novelísticos en desequilibrio". *Cuadernos Americanos,* 207, núm. 4 (julio-agosto 1976), págs. 209-223.

Rama, Angel. "Un novelista de la violencia americana", en *Nueve asedios a García Márquez,* op. cit.

Rama, Angel, et. al. *García Márquez y la problemática de la novela.* Buenos Aires: Ediciones Corregidor, 1973.

Recopilación de textos sobre García Márquez. La Habana: Centro de Investigaciones Literarias. Casa de las Américas, 1969.

Salvador, Gregorio. *Comentarios estructurales a Cien años de soledad.* La Laguna-Tenerife: Universidad de la Laguna. Secretariado de Publicaciones, 1970.

Solá, Graciela de. *Claves simbólicas de García Márquez.* Buenos Aires: Fernando García Cambeiro, 1977.

Vargas Llosa, Mario. "García Márquez: De Aracataca a Macondo", en *Nueve asedios a García Márquez,* op. cit.

— *García Márquez: Historia de un deicidio.* Barcelona: Barral Editores, S. A., 1971.

Williams, Raymond L. *Gabriel García Márquez.* Boston: Twayne Publishers, Inc., 1984.

Carlos Fuentes

Textos

Fuentes, Carlos. *La muerte de Artemio Cruz.* México: Fondo de Cultura Económica, 1973.
— *La nueva novela hispanoamericana.* México: Editorial Joaquín Mortiz, S. A., 1969.

Obras de consulta

Brody, Robert, et. al. *Carlos Fuentes.* Austin: University of Texas Press, 1982.
Carranza, Luján. *Aproximaciones a la literatura del mexicano Carlos Fuentes.* Santa Fe: Librería y Editorial COLMEGNA, S. A., 1974.
Doezema, Herman Paul. "The Fiction of Reality: A Study of the Art of Carlos Fuentes". Tesis Doctoral, Ohio University, 1972.
Durán, Gloria B. *The Archetypes of Carlos Fuentes. From Witch to Androgyne.* Connecticut: The Shoe String Press, Inc., 1980.
Faris, Wendy B. *Carlos Fuentes.* New York: Frederick Ungar Publishing Co., 1983.
García Gutiérrez, Georgina. *Los disfraces. La obra mestiza de Carlos Fuentes.* México: El Colegio de México, 1981.
Giacoman, Helmy F. *Homenaje a Carlos Fuentes. Variaciones interpretativas en torno a su obra.* New York: Las Americas Publishing Company, Inc., 1971.
Guzmán, Daniel de. *Carlos Fuentes.* New York: Twayne Publishers, Inc., 1972.
Ortega Martínez, Fidel. *Carlos Fuentes y realidad de México.* México: Editorial América, 1969.
Pamies, Alberto N., et al. *Carlos Fuentes y la dualidad integral mexicana.* Miami: Ediciones Universal, 1969.
Salcedo, Fernando F. "Técnicas derivadas del cine en la obra de Carlos Fuentes". *Cuadernos Americanos,* 200, núm. 3 (mayo-junio 1975), págs. 175-197.
Stoopen, María. *La muerte de Artemio Cruz. Una novela de denuncia y traición.* México: Universidad Nacional Autónoma de México, 1982.

INDICE

*Este libro se terminó de imprimir
el día 28 de enero de 1990.*

editorial **BETANIA**

Apartado de Correos 50.767
28080 Madrid, ESPAÑA
Teléf. 314 55 55

CATALOGO

- **COLECCION BETANIA DE POESIA.** Dirigida por Felipe Lázaro:

— *Para el amor pido la palabra,* de Francisco Alvarez-Koki, 64 pp., 1987. ISBN: 84-86662-00-1. PVP: 300 ptas. ($ 6.00).
— *Piscis,* de José María Urrea, 72 pp., 1987. ISBN: 84-86662-03-6. PVP: 300 ptas. ($ 6.00).
— *Acuara Ochún de Caracoles Verdes (Poemas de un caimán presente) Canto a mi Habana,* de José Sánchez-Boudy, 48 pp., 1987. ISBN: 84-86662-02-08. PVP: 300 ptas. ($ 6.00).
— *Los muertos están cada día más indóciles,* de Felipe Lázaro. Prólogo de José Mario, 40 pp., 1987. ISBN: 84-86662-05-2. PVP: 300 ptas. ($ 6.00).
— *Oscuridad Divina,* de Carlota Caulfield. Prólogo de Juana Rosa Pita, 72 pp., 1987. ISBN: 84-86662-08-7. PVP: 400 ptas. ($ 6.00).
— *El Cisne Herido y Elegía,* de Luis Ayllón Carrión y Julia Trujillo. Prólogo de Susy Herrero, 208 pp., 1988. ISBN: 84-86662-13-3. PVP: 700 ptas. ($ 9.00).
— *Don Quijote en América,* de Miguel González. Prólogo de Ramón J. Sender, 104 pp., 1988. ISBN: 84-86662-12-5. PVP: 500 ptas. ($ 8.00).
— *Palíndromo de Amor y Dudas,* de Benita C. Barroso. Prólogo de Carlos Contramaestre, 80 pp., 1988. ISBN: 84-86662-16-8. PVP: 500 ptas. ($ 8.00).
— *Transiciones,* de Roberto Picciotto, 64 pp., 1988. ISBN: 84-86662-17-6. PVP: 400 ptas. ($ 6.00).
— *La Casa Amanecida,* de José López Sánchez-Varos, 72 pp., 1988. ISBN: 84-86662-18-4. PVP: 600 ptas. ($ 6.00).
— *Trece Poemas,* de José Mario, 40 pp., 1988. ISBN: 84-86662-20-6. PVP: 500 ptas. ($ 10.00).
— *Retorno a Iberia,* de Oscar Gómez-Vidal. Prólogo de Rafael Alfaro, 72 pp., 1988. ISBN: 84-86662-21-4. PVP: 400 ptas. ($ 6.00).
— *Acrobacia del Abandono,* de Rafael Bordao. Prólogo de Angel Cuadra, 40 pp., 1988. ISBN: 84-86662-22-2. PVP: 400 ptas. ($ 6.00).
— *De sombras y de sueños,* de Carmen Duzmán. Prólogo de José-Carlos Beltrán, 112 pp., 1988. ISBN: 84-86662-24-9. PVP: 500 ptas. ($ 8.00).

— *La Balinesa y otros poemas,* de Fuat Andic, 72 pp., 1988. ISBN: 84-86662-25-7. PVP: 400 ptas. ($ 6.00).

— *No hay fronteras ni estoy lejos,* de Roberto Cazorla, 64 pp., 1989. ISBN: 84-86662-26-5. PVP: 400 ptas. ($ 6.00).

— *Leyenda de una noche del Caribe,* de Antonio Giraudier, 56 pp., 1989. ISBN: 84-86662-29-X. PVP: 400 ptas. ($ 6.00).

— *Vigil/Sor Juana Inés/Martí,* de Antonio Giraudier, 56 pp., 1989. ISBN: 84-86662-28-1. PVP: 400 ptas. ($ 6.00).

— *Bajel Ultimo y otras obras,* de Antonio Giraudier, 120 pp., 1989. ISBN: 84-86662-30-3. PVP: 500 ptas. ($ 8.00).

— *Equivocaciones,* de Gustavo Pérez Firmat, 56 pp., 1989. ISBN: 84-86662-32-X. PVP: 400 ptas. ($ 6.00).

— *Altazora acompañando a Vicente,* de Maya Islas, 56 pp., 1989. ISBN: 84-86662-27-3. PVP: 400 ptas. ($ 6.00).

— *Hasta el Presente (Poesía casi completa),* de Alina Galliano, 336 pp., 1989. ISBN: 84-86662-33-8. PVP: 1.500 ptas. ($ 20.00).

— *No fue posible el sol,* de Elías Miguel Muñoz, 64 pp., 1989. ISBN: 84-86662-34-6. PVP: 400 ptas. ($ 6.00).

— *Hermana,* de Magali Alabau. Prólogo de Librada Hernández, 48 pp., 1989. ISBN: 84-86662-35-4. PVP: 400 ptas. ($ 6.00).

— *Blanca Aldaba Preludia,* de Lourdes Gil, 56 pp., 1989. ISBN: 84-86662-37-0. PVP: 400 ptas. ($ 6.00).

— *El amigo y otros poemas,* de Rolando Campins, 64 pp., 1989. ISBN: 84-86662-39-7. PVP: 400 ptas. ($ 6.00).

— *Un caduco calendario,* de Pancho Vives, 32 pp., 1989. ISBN: 84-86662-38-9. PVP: 600 ptas. ($ 6.00).

— *Tropel de Espejos,* de Iraida Iturralde, 56 pp., 1989. ISBN: 84-86662-40-0. PVP: 400 ptas. ($ 6.00).

— *Polvo de Angel,* de Carlota Caulfield *(Polvere d'Angelo,* traduzione di Pietro Civitareale; *Angel Dust,* Translated by Carol Maier), 56 pp., 1989. ISBN: 84-86662-41-9. PVP: 400 ptas. ($ 6.00).

— *Calles de la Tarde,* Antonio Giraudier, 88 pp., 1989. ISBN: 84-86662-42-7. PVP: 500 ptas. ($ 8.00).

— *Sombras imaginarias,* de Arminda Valdés Ginebra, 40 pp., 1989. ISBN: 84-86662-44-3. PVP: 400 ptas. ($ 6.00).

— *Voluntad de vivir manifestándose,* de Reinaldo Arenas, 128 pp., 1989. ISBN: 84-86662-43-5. PVP: 1.000 ptas. ($ 10.00).

— *A la desnuda vida creciente de la nada,* de Jesús Cánovas Martínez. Prólogo de Joaquín Campillo. 112 pp., 1989. ISBN: 84-86662-50-8. PVP: 800 ptas. ($ 8.00).

— *Sabor a tierra amarga,* de Mercedes Limón. Prólogo de Elías Miguel Muñoz. 72 pp., 1989. ISBN: 84-86662-51-6. PVP: 800 ptas. ($ 8.00).

● **COLECCION ANTOLOGIAS:**

— *Poetas Cubanos en España,* de Felipe Lázaro. Prólogo de Alfonso López Gradoli, 176 pp., 1988. ISBN: 84-86662-06-0. PVP: 1.000 ptas. ($ 15.00).

— *Poetas Cubanos en Nueva York,* de Felipe Lázaro. Prólogo de José Olivio Jiménez, 264 pp., 1988. ISBN: 84-86662-11-7. PVP: 1.500 ptas. ($ 20.00).
— *Poetas Cubanos en Miami,* de Felipe Lázaro (en preparación).
— *Poesía Chicana,* de José Almeida (en preparación).

● **COLECCION DE ARTE:**

— *José Martí y la pintura española,* de Florencio García Cisneros, 120 pp., 1987. ISBN: 84-86662-01-X. PVP: 800 ptas. ($ 10.00).

● **COLECCION ENSAYO:**

— *Los días cubanos de Hernán Cortés y su lucha por un ideal,* de Angel Aparicio Laurencio, 48 pp., 1987. ISBN: 84-86662-09-5. PVP: 500 ptas. ($ 6.00).
— *Desde esta Orilla: Poesía Cubana del Exilio,* de Elías Miguel Muñoz, 80 pp., 1988. ISBN: 84-86662-15-X. PVP: 800 ptas. ($ 10.00).
— *Alta Marea. Introvisión crítica en ocho voces latinoamericanas: Belli, Fuentes, Lagos, Mistral, Neruda, Orrillo, Rojas, Villaurrutia,* de Alicia Galaz-Vivar Welden, 120 pp., 1988. ISBN: 84-86662-23-0. PVP: 900 ptas. ($ 12.00).
— *Novela Española e Hispanoamericana contemporánea: temas y técnicas narrativas,* de María Antonia Beltrán-Vocal, 504 pp., 1989. ISBN: 84-86662-46-X. PVP: 2.000 ptas. ($ 25.00).

● **COLECCION EDICIONES CENTRO DE ESTUDIOS POETICOS HISPANICOS. Dirigida por Ramiro Lagos:**

— *Oficio de Mudanza,* de Alicia Galaz-Vivar Welden, 64 pp., 1987. ISBN: 84-86662-04-4. PVP: 400 ptas. ($ 6.00).
— *Canciones Olvidadas,* de Luis Cartañá. Prólogo de Pere Gimferrer. 6.ª edición, 48 pp., 1988. ISBN: 84-86662-14-1. PVP: 400 ptas. ($ 6.00).
— *Permanencia del Fuego,* de Luis Cartañá. Prólogo de Rafael Soto Vergés, 48 pp., 1989. ISBN: 84-86662-19-2. PVP: 400 ptas. ($ 6.00).
— *Tetuán en los sueños de un andino,* de Sergio Macías, 72 pp., 1989. ISBN: 84-86662-47-8. PVP: 700 ptas. ($ 8.00).

● **COLECCION CIENCIAS SOCIALES. Dirigida por Carlos J. Báez Evertsz:**

— *Educación Universitaria y Oportunidad Económica en Puerto Rico,* de Ramón Cao García y Horacio Matos Díaz, 216 pp., 1988. ISBN: 84-86662-10-9. PVP: 1.000 ptas. ($ 14.75).

● **COLECCION PALABRA VIVA:**

— *Conversación con Gastón Baquero,* de Felipe Lázaro, 40 pp., 1987. ISBN: 84-86662-07-9. PVP: 400 ptas. ($ 6.00).

- **COLECCION NARRATIVA:**

  — *Al otro lado de la zarza ardiendo,* de Graciela García Marruz, 232 pp., 1989. ISBN: 84-86662-31-1. PVP: 1.000 ptas. ($ 15.00).
  — *Hace tiempo... Mañana,* de Rodrigo Díaz-Pérez, 144 pp., 1989. ISBN: 84-86662-45-1. PVP: 1.000 ptas. ($ 10.00).
  — *El arrabal de las delicias,* de Ramón Díaz Solís, 168 pp., 1989. ISBN: 84-86662-49-4. PVP: 1.000 ptas. ($ 12.00).
  — *Mancoello y la perdiz,* de Carlos Villagra Marsal. Prólogo de Rubén Bareiro Saguier y epílogo de Juan Manuel Marcos (en preparación).

- **COLECCION TEATRO:**

  — *La Puta del Millón,* de Renaldo Ferradas, 80 pp., 1989. ISBN: 84-86662-36-2. PVP: 1.000 ptas. ($ 12.50).
  — *La Visionaria,* de Renaldo Ferradas, 96 pp., 1989. ISBN: 84-86662-48-6. PVP: 1.000 ptas. ($ 15.00).